转型中的福利国家

——全球经济中的国家调整

〔丹麦〕 戈斯塔·埃斯平-安德森 编
杨 刚 译

商务印书馆
2010年·北京

edited by
Gøsta Esping-Andersen
Welfare States in Transition
National Adaptations in Global Economies
**English language edition published by Sage Publications
of London, Thousand Oaks and New Delhi**
ⒸUNRISD,1996.

本书根据塞奇出版公司1996年版译出

联合国社会发展研究所

联合国社会发展研究所(UNRISD)是一个自治性机构,侧重对现代社会发展问题进行多学科研究。其工作理念是:只有理解社会与政治背景,才能形成有效的社会发展政策。研究所力图帮助政府、发展机构、草根组织及学者更好地理解社会发展政策,对有关经济、社会和环境变迁过程如何影响到不同社会群体加深认识。联合国社会发展研究所通过国家研究中心这一影响广泛的网络开展工作,致力于促进原创性的研究,并注重增强发展中国家的研究能力。

联合国社会发展研究所的研究主题包括:危机、调整及社会变迁;国际毒品贸易的社会经济及政治后果;环境、可持续发展与社会变迁;种族冲突与发展;融入发展政策中的性别角色研究;共产主义及后共产主义社会中财产关系的共享与变革;难民、移民与地方社会;政治暴力与社会运动。联合国社会发展研究所的研究计划关注1995年世界峰会中有关社会发展方面的内容,包括1990年代对社会发展的重新思考、经济重建及新的社会政策、种族多样性与公共政策,以及战争中断裂的社会计划。

目　录

前言 ………………………………………………………………… 1
编者序 ……………………………………………………………… 1
撰述人简介 ………………………………………………………… 1

1　黄金时代已逝？全球经济中福利制度的困境

　　戈斯塔·埃斯平-安德森 ………………………………… 1

第一部分　发达的福利国家在衰落还是在复兴？

2　斯堪的纳维亚福利制度：成就、危机与展望

　　约翰·D.斯蒂芬斯 …………………………………… 50

3　缺少工作的福利制度：劳动力流失的困境和

　　欧洲大陆社会政策中的家庭主义

　　戈斯塔·埃斯平-安德森 ……………………………… 102

4　澳大利亚和新西兰：以需要为基础的社会保护战略

　　弗朗西斯·G.卡斯尔斯 ……………………………… 137

5　当市场失灵时：加拿大和美国的社会福利

　　约翰·迈尔斯 ………………………………………… 179

目录

第二部分 正在崛起的新福利国家？

6 拉丁美洲社会政策的选择：新自由主义模式与
　社会民主模式的矛盾
　　　埃弗利娜·休伯 ·················· 218

7 东亚福利制度：巡走游学、适应性变革与国家建设
　　　罗格·古德曼　彭懿德 ·············· 288

8 中东欧的社会保护：一个滑行的锚和破裂的安全网的故事
　　　盖伊·斯坦丁 ··················· 335

结论
9 在一个抉择权衡的世界里寻找总体积极的解决办法？
　　　戈斯塔·埃斯平-安德森 ············· 380

索引 ··························· 399

译后记 ·························· 422

前　言

　　本书的主题——福利制度的未来,是我们这个时代最重要的社会议题之一。由于各地的社会政策处在变动状态中,因此本书的出版可能恰逢其时,并会由此成为引起充满热情的激烈争论的题目。本书的最大优点在于,它是以历史的、比较的视角来观察福利制度,根据近年来福利制度在经济政策、社会结构与政治结构中的巨大变化,来分析它新近的演化进程和可能的发展趋势。其成果是,对世界各地不同福利制度形成过程中起作用的关键因素,进行了卓有成效的全面评述,对日益一体化的全球经济中各国所作出的可供替代的各种回应和选择,作出了富有洞见的探索。

　　福利国家是工业化国家中为社会保护及社会保障所进行的长期斗争的顶点。人们有理由把它看做是战后时期最令人自豪的成就之一。它不仅为实现新兴工业化的转型中国家树立了榜样,更是成为贫穷国家渴望成就的标准和样板。人们通常把福利制度看做是具有同质性的实体,并且时常把它当做经济方案来看待。本书则清晰地指明,世界上不仅因地区差异而形成了不同的福利制度,即便在发达的工业化国家中,福利制度也具有丰富多样性。

　　本书还揭示了福利制度的多面性。福利制度不仅仅是经济方案,它同时又是某种政治共同体的显现,是某种社会团结的表达,是消除贫困、降低阶级差别、铸造富有凝聚力的稳定的社会共同体的某种尝试。它也充当了国民身份和公民权的某种界定要素。既然福利制度受到全球各种强大的力量和利益的威胁,那么,回顾一下它在促进经济保障和幸福、提升人类尊严、加强社会稳定,以及推动政治参与及权利赋予等方面所从事的工作和所取得的可靠成就,是至关重要的。

几乎所有福利制度都受到攻击,并开始朝新的方向进行重新调整。目前,有很多力量汇聚在一起,对福利制度的可行性、有效性和实用性提出质疑。这些力量包括:人口老龄化、家庭结构的变化、经济增长的减缓、高失业率、激增的财政赤字、对高税负的日益增长的抵抗、市场力量的支配、经济和社会活动的私有化、日益加剧的国内竞争和国际竞争、加速发展的全球化和技术变迁等。由于新的意识形态和强大的利益,都强调福利制度运作所造成的经济、社会和心理上的负面影响,导致上述力量所造成的压力进一步增强。结果是,越来越多的国家准备撤销主要保障项目,缩小福利范围,降低福利水平,减少福利种类。

在这种情况下,我们能做些什么呢?看来需要采取各种不同的行动,以保护福利制度的主要成就。首先,福利制度必须进行改革,以消除或者减少其所遭受的骂名和负面影响。比如说,如果说福利供给不利于人们寻找工作和获得技能,或者还鼓励不正当的旷工行为,那么,福利制度的改革就必须注重从效率和平等这两个方面着手。在对社会保障和各种福利进行规划和实施过程中,福利制度可以通过进一步向地方分权以及增强社区参与度来提高效率。同样,如果税率过高超出某个点,它也同样会对工作、投资、冒险产生不良影响,并且会使人们努力通过避税来获得回报。

第二,促进增长和就业的政策可能也有助于保护福利体制并使之强化。出于同样原因,持续的经济危机和停滞可能会逐渐损害对普适性的福利计划的支持,削弱其可行性。第三,对于处在相似发展阶段的各国,可能有必要在社会政策方面采取某些协作措施,以抵御为提高竞争地位而导致福利制度逐步解体或者削弱的压力。第四,必须在国内和国际层面作出共同努力,以促进贫穷国家的经济增长、就业和一系列主要权利的供给。从长远来看,发达国家能够保持福利制度的最可靠的保证,必定有赖于稳步降低国际收入的不平等,并将社会保护和福利逐步扩展到世界上处于弱势地位的群体中。

联合国社会发展研究所所长
达拉姆·盖(Dharam Ghai)

编 者 序

本书是在筹备1995年3月在哥本哈根举办的联合国世界峰会时,受联合国社会发展研究中心委托进行研究的成果。研究思路是要对当时正备受困扰的西欧、北美以及澳大利亚和新西兰的福利制度的未来作出评价,同时,对东亚、拉美及中东欧新兴民主国家的福利制度建设进行展望。后一组国家包括现在或许只有基本社会保障体制的国家,以及某些曾被吹捧为真正的全面的"苏联式"福利模式、现在则处于快速解体中的前共产主义国家。拉美一些国家,如阿根廷和智利,具有社会保险的悠久传统,但是现在采纳了自由化的策略。如今,东亚国家在经济发展上可同欧洲相媲美,但是其社会保障体系至今仍然很不全面。

事实上,"新兴"工业民主国家的发展趋势,与宣称经济发展会造成制度趋同的传统现代化理论很不一致。我们的研究将考察以智利为首的一组国家,它们都采纳了新自由主义路线;我们还要考察另外一组国家,以哥斯达黎加为样板,展现出尚处于萌芽阶段的社会民主特征;我们考察的第三组国家,以东亚为代表,他们走上了一条混合发展的道路。

显然,不是所有发展中国家都会沿着西方福利制度的发展轨迹前进。不过话又说回来,现在可以明显看出来,发达的西方民主国家已经建立起来各种不同的社会保障体制。而且,它们对现代

编者序

危机的回应也像那些"新兴"国家的社会政策发展一样,是多种多样的。简而言之,新自由主义的放松管制的主旨来自发达福利国家如美国、大不列颠以及澳大利亚和新西兰,当然,在一些新兴的工业化民主国家也有所体现。其他新兴的和老牌的工业民主国家则寻求与此十分不同的路径。由此看来,我们的研究不得不忽略一些国家。在发达国家组群中,没有研究英国,这看来可能令人感到非常困惑,因为它既是福利制度的先锋,又是欧洲迄今为止急剧变迁的唯一典型的案例。我们应当顺便讨论一下英国这个福利国家的案例,但是事实证明,要我们把它放在任何有关这一领域的标题中,实在是太难了。无论如何,有关英国情况的文献卷帙浩繁。同样,要在讨论中涉及像印度或中国这样的主要国家,还有整个非洲大陆,从逻辑上看,也不大可能。

这项研究的框架,是进行双层次的比较。我们对全球的"福利制度区域"进行比较,并在每一区域选取了有代表性的国家。我们选择这些地区的一个准则是,参照它们各自在新的全球秩序中的地位。西方福利制度面临的许多困境,都与来自东亚、东欧和拉丁美洲的新的竞争有关。反过来,当后者成为成功的工业化国家,传统形式的社会保障就难以维系,否则,这些国家绝对难以保持可持续增长,也难以形成任何民主。另外,我们考察的这些地区,其文化和政治遗产都相当有特色,在经济发展以及所具有的社会政策传统方面也相当突出。

不过,我们还是发现,每一个地区都存在明显不同的、大多数情况下是相反的社会政策选择。盎格鲁-撒克逊国家偏好放松管制,但是又不同程度地认同平等。欧洲国家则一分为二,一部分是处于危机中、改革泾渭不甚分明的北欧社会民主福利国家,另一部分主要还是"冻结的"欧洲大陆福利国家。同样,我们可以看到,拉美和中东欧正沿着两种明显不同的轮廓发展,一个具有强烈的新自由主义倾向,另一个则更倾向于"社会民主主义"。

戈斯塔·埃斯平-安德森

撰述人简介

弗朗西斯·G. 卡斯尔斯(Francis G. Castles)：澳大利亚国立大学社会科学研究院"澳大利亚社会机构改造"项目的协调者,此前曾是该大学公共政策研究项目负责人、公共政策教授。他是斯堪的纳维亚和澳大拉西亚社会政策发展方面的专家,曾经担任比较公共政策领域中许多富有影响的著作的编者,这些著作包括《政党的影响》(1982)、《公共政策的比较史》(1989)、《国家中的家庭》(1993)等。

戈斯塔·埃斯平-安德森(Gøsta Esping-Andersen)：现在是意大利多伦多大学比较社会体制的教授。他曾经在哈佛大学以及佛罗伦萨的欧洲大学任教。他的研究集中在社会民主、比较社会政策、福利制度以及劳动市场领域。其著作有:《反市场的政治学》(1985)、《福利资本主义的三个世界》(1990)。合作编著有:《变动中的阶级》(1993)。

罗格·古德曼(Roger Goodman)：牛津大学圣安东尼学院的教员,牛津大学日本社会人类学讲师。著有《日本的"国际青春期"》(1990)、《归国子女》(1992)。合作编著有:《现代日本的意识形态与实践》(1992)、《有关日本人权的个案研究》(1996)。

埃弗利娜·休伯(Evelyne Huber)：北卡罗来纳大学莫尔黑德校友会的政治科学教授、拉丁美洲研究所所长。她的研究兴趣集

撰述人简介

中在民主政治学和社会政策领域，侧重对拉丁美洲、欧洲与加勒比海地区进行比较研究。其著作有：《关于劳工参与的政治学：对秘鲁的比较视角研究》（与 John D. Stephens 合著，1986）、《资本主义发展与民主》（与 Dietrich Rueschemeyer 及 John D. Stephens 合著，1992）。

约翰·迈尔斯（John Myles）：以前是渥太华卡尔顿大学的社会学教授，现在是佛罗里达州立大学的社会学教授。他出版的著作广泛涉猎了福利制度、劳工市场以及当代阶级结构等内容。最近出版的著作是《统治关系》（与 Wallace Clements 合著，1994）。

彭懿德（Ito Peng）：出生于中国台湾，在日本和加拿大接受教育，在伦敦经济学院获得博士学位。为本书撰稿时，她还是伦敦经济学院丰田-三得利经济发展与相关学科国际研究中心（STICERD）的博士后研究员，当时正在东京大学社会科学研究所从事有关东亚福利体制的深入研究。现在她是日本札幌的北星学园大学的讲师。她还曾与日本厚生省及加拿大的安大略省政府合作，从事政策研究工作。

盖伊·斯坦丁（Guy Standing）：国际劳工组织劳动力市场机构主任。1992 至 1994 年，担任国际劳工组织中东欧组主任，这个研究小组设在布达佩斯，负责国际劳工组织的技术和咨询工作。他从剑桥大学获得经济学博士学位，最近出版的著作有：《复活逝去的灵魂：俄罗斯的企业复兴与大量失业》（1996）、《中东欧的最低工资：从保护到贫穷》（与 Daniel Vaughan Whitehead 合编，1995）。他是"基本收入欧洲网"的联合主席。

约翰·D.斯蒂芬斯（John D. Stephens）：位于礼拜山的北卡罗来纳大学的政治科学和社会学教授。著有：《从资本主义向社会主义的转型》(1979)、《牙买加的民主社会主义》(与 Evelyne Huber Stephens 合著,1986)、《资本主义的发展与民主》(与 Dietrich Rueschemeyer 和 Evelyne Huber Stephens 合著,1992)。他目前从事有关福利制度社会起源及其后果的历史的和定量的比较研究,还从事有关当前社会民主困境的研究。

1 黄金时代已逝？全球经济中福利制度的困境

戈斯塔·埃斯平-安德森

根据马歇尔的观点(T. H. Marshall, 1950)，现代公民权利是民主化的成果，这一民主化进程跨越了三个世纪。在18世纪，奠定了法律-公民权利准则的基础；在19世纪，政治权利开始显现；在20世纪，我们看到，作为民主理想的初步顶点，社会公民权利得以巩固。

在另一个世纪即将开始时，法律权利和政治权利看来已在大部分发达的工业化世界里牢牢扎根了。可是，社会权利却并未打牢根基。许多人相信，福利制度已经与其他一些令人珍视的目标，如经济发展、充分就业甚至还有个人自由相冲突，它还与发达的后工业资本主义的结构相左。

当我们不再局限于古老的、成熟的民主论调，而是把分析范围扩大时，社会公民权利必然成为第三个历史阶段的情形，这看来也是可以肯定的。不论几十年前现代化理论信奉什么，新兴的工业民主国家看来不会努力地一齐沿着西方福利制度的道路行进。那么，T. H. 马歇尔假定现代文明是累进的、不可逆转的这一论断是错误的吗？或者，换个不同的说法，未来可能出现哪一种类型的福利制度呢？

现代福利制度成为资本主义战后"黄金时代"的内在组成部分，那似乎是一个繁荣、平等以及充分就业完美和谐地结合在一起

1 黄金时代已逝？全球经济中福利制度的困境

的时代。其实这种完美和谐是不可能的，正是由于缺少繁荣，福利制度处于危机之中。战后令人目眩的经济增长早已不存在了，不过，自20世纪70年代中期石油危机以来，在富裕的经济合作与发展组织国家，净国民生产总值已经提高了令人起敬的45%。当然，公共的（和私人的）社会费用增长得更快，但是，这一趋势在20世纪80年代普遍停止了。正是在平等与充分就业的关联中，必定找得到危机的实质。

有多少专家，似乎就有多少诊断福利制度危机的药方。但大部分诊断方案可以适当地归结于三个主要论题之下。第一个是"市场扭曲"论，这种观点认为福利制度抑制了市场，侵蚀了就业、储蓄和投资的动力。第二个流行的论断关注于人口老龄化长期剧变的结果。第三组论断则关注新的全球经济的结果，这一经济无情地惩罚了挥霍的政府和无竞争力的经济。

我们的研究将不会否决这些论断。我们基本同意，在人人平等与就业之间存在着一个新的、相当基础性的平衡，全球竞争确实缩小了国内政策选择的领域；还有，老龄化确实是一个难题。同时，我们感到这些标准性的解释被夸大了，并且具有误导的危险。某种程度上，福利制度类型的多样性对于过多的普遍性概括就是一种反驳。某种程度上，我们必须仔细区分危机产生的主要的外生源是什么，主要的内生源是什么。一方面，福利制度今天所面临的许多难题都是由于市场失灵所引起的，也就是说，机能糟糕的劳动力市场对现有的社会方案造成了过重的负荷。当然，一些人坚持说这是福利制度本身的错误。既然如此，另一方面，可能也是由于福利制度的失灵，也就是说，在许多国家，社会保护这座大厦被冻结在一个不再存在的、过时的社会经济秩序中，致使它不可能充

1 黄金时代已逝？全球经济中福利制度的困境

分地回应那些新的风险和需要。

那些现在折磨着发达福利国家的不安,也影响着新兴工业民主国家内对社会保障发展的战略思考。最需要指出的是,似乎不再有一个瑞典那样的"中间道路"。新自由主义者指出,通向增长和繁荣的道路是以弹性和解除规制铺就的。因此,他们对于拉丁美洲和中东欧国家的建议就是仿效智利的私有化,而不是仿效瑞典的福利国家主义(welfare statism)。批评家认为,这种选择导致了过分的私有化和不必要的贫穷,而且它可能被证实对现代化而言是一种负面生产。他们坚持认为,由于传统的家庭、社区或者私有市场的福利安排不是完全充分的,因此,必须要有普遍性的社会保障;因为稳定的民主要求一定程度的社会整合,而只有真正的社会公民权利能够反复灌输这种观念;所以,普遍性的社会保障也是必需的。

实际上,这些问题同样也是战后欧洲的主要问题。那么,福利制度建设所暗含的就不只是现有的社会政策升级的问题。从经济学的观点来看,把收入和就业保障的扩展作为公民权利,就意味着对纯粹市场定律的有意背离。从道德角度来看,福利制度承诺了一个属于"人民的"更为普遍的、无阶级的正义和团结;它为那些被要求在战事中为公共利益而牺牲的人们提供了一线希望。因此,福利制度也是一个国家建设的政治计划:是自由民主主义反对法西斯主义和布尔什维克主义双重危险的郑重声明。许多国家自称是福利国家,不过就是给他们的社会政策贴个标签,以促进国家的社会整合。

在当代亚洲、南美和东欧国家,这些问题之所以备受关注,恰好是因为经济现代化撕裂了原有的社会整合制度。然而,这些国

1 黄金时代已逝？全球经济中福利制度的困境

家的政策制定者也担心这种道德的和政治的目标可能危害他们的比较经济优势(廉价劳动力)、传统的精英特权(拉丁美洲的富人免税)或者社会文化(东亚儒家文化)。

西方国家发达福利制度的建立是为了迎合由工业化生产主导的经济。在"凯恩斯共识"的时代，不存在人们所说的在社会保障与经济增长，以及平等与效率之间的权衡。因为潜在的假设不再存在，这种共识已经消失。非通货膨胀的需求引导式的增长在一国内似乎不再可能：在工业衰落之后，今天必须通过服务业才能获得充分就业；传统的由男性负担家计的家庭正在消逝，生育率正在下降，生命历程日益"非标准化"。

这种结构性的变动对传统的社会政策思维提出挑战。从许多角度来看，全球的危机特征都是相似的。从另外一些角度来看，则存在着明显的差异。欧洲最大的问题就是持续不断的高失业，而北美则是不断增长的不平等和贫穷。很多人认为，这两者都表明，在就业增长与慷慨的平等主义的社会保护之间要有一个基本的平衡。沉重的社会缴费和纳税、极高的固定工资制，还有不断扩大的工作权利，使得额外雇工非常昂贵，使得劳动力市场刚性过强。支持放松管制的状况看来在北美20世纪80年代的"就业奇迹"中得到了证实，尽管它是在极为不平等的背景下发生的。

批评家坚持认为，从两极分化和贫穷的情况来看，美国式道路的联合社会成本太高。他们提出一种替代性的"社会投资"战略。这种观点再次指明社会政策已经从当前主张消极地维持收入的倾向转向"使人们回去工作"这种积极的劳动力市场方案上，而不是严重的后退。这种社会政策帮助家庭成员协调好工作与家庭责任的关系，并且根据后工业时代所需要的技术来培训人们。在"生产

1 黄金时代已逝？全球经济中福利制度的困境

主义(productivist)的社会政策"的形式下着重于人力资本投资，几十年来成为瑞典模式的官方信条。现在它也成为克林顿政府的第一主题，在欧洲社会，还有东亚国家都是如此（见 European Community，1993b；Freeman，1993）。

"新兴"经济国家内部的争论与此极其相似。因为它们意识到其优势在于有竞争力的劳动力成本，自然不情愿建立昂贵的福利制度项目。许多这样的国家——尤其是日本——也面临着异常快速的人口老龄化和未来难以支付养老金负担的恐惧。然而，他们承认，由于工资成本的优势已经消失（总是有更廉价的经济等在起点），他们将不得不转向更高的增值生产，结果，东亚各政府都特别强调教育的重要性。

那么，当我们步入21世纪时，福利国家的前景如何呢？发达国家会被迫牺牲一些甚或是大部分的福利制度原则吗？新兴工业化国家会选择一个没有福利制度的模式呢，还是会选择采纳西方式福利制度的某些要素？

综合各种发展趋势，竟然不能给那些执著于福利制度（至少是传统思维中的福利制度）理想的人以一点儿安慰。发达国家所面对的平等与就业之间的新冲突愈加难以调和。战后西方国家中那些使得福利制度成为经济发展的重要组成部分的条件，可能并不适用于其他国家，比如说，当代的阿根廷、波兰或是韩国。在国内外环境的变迁中可以找到这种悲观主义产生的根源。

变动的国际环境

以充分就业和收入平等的和谐共存为特色的战后时代，看来不再可能了。许多人相信北美的积极就业成就可能仅仅是放松管

1 黄金时代已逝？全球经济中福利制度的困境

制以及自由开放市场的结果，进而，奖励优胜者，惩罚失败者：由此导致不断上涨的工资和家庭收入的不平等、不断提高的贫困率，甚至可能使得"下层阶级"（underclass）再出现（Gottschalk,1993；OECD,1993；Jencks and Peterson,1991；Room,1990）。在其更广泛的工业关联体、福利制度，还有力量甚为强大的工会制度下，西欧保持了平等，避免了贫困的增长，但是，这是以严重的（特别是年轻化和长期性）失业，还有大批增长的福利依赖者为代价的，这些问题共同加重了社会保障的财政负担。需求导向型的通货膨胀策略不再作为一种选择，这部分是由于失业不仅仅是周期性的，部分是由于收入的增长从购买进口商品的经济中浪费掉了[1]。

趋同化的实例：全球一体化

当今，世界一体化几乎不言而喻地预示着开放的经济。瑞典、澳大利亚和新西兰、智利以及欧洲前共产主义国家，全都放弃了以前各自支持福利制度安排的保护主义措施。

开放据说是要急剧地限制国家自主设计其政治经济的能力。澳大利亚和瑞典都是国家选择逐渐削弱的例证。正如卡斯尔斯在第4章中所示，只有坚持保护贸易的措施，澳大利亚才能够寻求它称之为"'工薪者'的福利制度"的就业保障模式，实行充分就业和高工资。澳大利亚为此所付出的代价是经济增长迟滞。而瑞典，正如斯蒂芬斯在第2章中所示，只有在政府能够控制国内信贷和投资，并且在劳动力市场的参与者大都同意保证适度工资的情况下，才能够平衡好充分就业与这一世界上最慷慨的和最平等的福利制度的关系。伴随着20世纪80年代初的自由化，瑞典经济遭受了资本流失海外的重创，同时，瑞典的集权式的国家社会协约

1 黄金时代已逝？全球经济中福利制度的困境

(social pacts)的传统也受到了侵蚀。扩大的开放迫使这两国政府（不管是左倾的还是右倾的）都削减了社会支出。那么，这是不是就意味着，开放不可避免地驱使着福利制度走向最低的公共福利呢？

目前，大多数拉丁美洲和中东欧国家正经历着激烈的自由主义调整的战略。从短期看，自由主义调整往往会引起严重的失业，收入经常急剧下降，还有更多的不平等出现。从长期看，如智利自20世纪80年代所显示的，通过自由主义调整可以提高国家的竞争力，促进增长并因此增进就业[2]。激进的自由化带来的问题是：其代价分配不均等，由此容易引发有组织的抵抗。智利的情况即是例证。休伯在本书第6章指出，智利的贫困率从1970年的17%上升到1986年的38%。1983年，智利的失业率达到了劳动力人口的1/3[3]。在专制主义统治下的智利，有组织的抵抗被有效地摧垮。在自由民主制度下，政策制定者们将不得不依赖劝服或者补偿性的社会保证来应对。劝服需要广泛的共识作为先决条件，而补偿则可能使本来已经脆弱的财政更为紧张。与中东欧一样，在拉丁美洲，社会需要与财政收入之间的差距，由于不断上升的"非正规"就业而加大。雇主和工人们从正规就业关系中退出，以逃避纳税和就业管理规定。

如果说全球工资竞争是发达国家福利制度危机产生的主因，那么颇为矛盾的是，趋同化的出现可能是对两种相反状况的应对。在欧洲和美国，至少是在过渡时期，降低工资成本可能会保护其他一些缺乏竞争力的国内公司。当然，可以说分化是对生产力成就贫乏的悄然制裁。趋同化的另一个根源来自全球主要竞争者之间不断攀升的劳动力成本，比如日本、韩国或是中国的台湾地区。其

1 黄金时代已逝？全球经济中福利制度的困境

相对劳动力成本已经在上升，并且，如果正像我们的研究所指出的那样，这些国家和地区在未来几年还要进行主要社会保障制度的改革，那么，其相对劳动力成本还会上升更高。

分散化的实例：各种制度的作用

我们不应当夸大全球力量过分决定了国家福利制度命运的程度，还另有原因。在比较研究中，最有力的结论之一就是，就经营福利、就业和增长目标而言，政治上和制度上的利益代表制以及政治共识建设事关重大[4]。战后欧洲经济之所以能够使得福利和效率最大化，要归结于相关利益团体能够承诺限制工资，以作为对充分就业的回报。由于这些原因，一个强大的社会安全网对经济的调整能力，或者更宽泛地说，对于经济增长，并没有较大的负面影响（Calnfirts and Driffill，1988；Atkinson and Mogensen，1993；Blank，1993，1994；Buechtemann，1993）。

但是，制度分散的国家就会缺少整合能力，难以调和各种利益纷争。截然不同的福利、就业和效率目标就更容易转化成零和抵换，从而导致通货膨胀，国家适应变化的能力因而可能会更弱。因此，一种有利的制度环境可能会像自由市场一样能够培育出弹性和效率。如此说来，引用罗纳德·多尔（Ronald Dore）所述，德·尼伯格（de Neubourg，1995：6）指出，对于日本为什么尽管制度僵硬，仍然努力做得很好这样的问题感到困惑，其实是个错误判断。取而代之，真正的问题应当是："到底是什么样的特征使得日本的制度安排获得成功？"与日本一样，强大的共识制度的建立，几十年来帮助瑞典避免了消极的替换。可以论证的是，20 世纪 80 年代这一制度的削弱，正是对瑞典近来令人惊诧的滑落的最好的解释。

1 黄金时代已逝？全球经济中福利制度的困境

对于新兴的工业民主国家来说，这些问题都具有明显的相关性。对于前共产主义国家来说，市场转型需要彻底的私有化以及制度重构，这当然毫无疑问。同样可以明确的是，拉丁美洲的保护主义制度已经抑制了经济增长。在东亚，可能也正是那个引发了充分就业增长的相当"严格"甚至是僵化的监管机制会逐渐削弱。比如，日本的终生就业保证，就正受到威胁(Freeman,1993;Freeman and Katz,1994)。

我们的研究证明了国家制度传统的持续支配。它主要体现在两个重要方面。第一，尽管战后西方福利国家都表现出大体相似的目标，但是，他们实现目标的雄心以及怎样实现目标这两个方面都不相同。第二，同样是福利国家，在当今寻求调整之时，做法迥异。其主要原因与制度遗产、沿袭下来的体制特征，以及由此所滋生的既得利益都有关[5]。

对西方福利制度的挑战

当今发达福利制度面临着两类挑战，一类是特定的针对福利制度自身的，另一类是由外部力量所引起的。关于前一类情况，我们看到，现存的社会保护制度与不断产生的需求和风险之间的分裂在不断增加。究其原因，是缘于家庭结构的变化（如单亲家庭的增多）、职业结构的变化（专门化增强、变动性加大），还有生命周期的变化（生命周期越来越显示出非线性和非标准化特征）。这种变化的结果，导致人们对福利制度应对不断出现的新需求之能力的不满也增加了。

关于第二类情况，福利制度危机的出现，是由于不断变化的经济条件（比如，缓慢的增长和"去工业化"）以及人口结构变化的趋

1 黄金时代已逝?全球经济中福利制度的困境

势(尤其是人口老龄化)所激发,这两方面都威胁着当前的福利制度,使得人们怀疑其所承诺的福利目标在未来能否实现。

人口结构变化和经济问题受到了最广泛的关注。前者是由于低出生率与更长的生命预期结合在一起所引发,其后果是导致负担沉重的供养比率、缺少强劲的经济增长,还有严重的财政负担。在欧洲经济共同体国家,老年抚养比(age dependency ratio)从现在起到 2020 年间将会提高 50%;按照现有的保障规则和补助标准,老年抚养比的提高、老年人福利项目的实现,将要耗费预计占 GDP 的 5%—7% 的额外费用(European Community,1993a:24)。经济合作与发展组织(OECD,1988)到 2040 年的发展计划指出,仅老龄化这一项就会使得医疗卫生保健和养老金支出成倍地或三倍地增长,特别是在像日本这样正经历快速老龄化的国家,其医疗卫生保健和养老金支出与其他一般国家相比会更高。

当然,人口老龄化不会自动产生危机。老龄化的代价在某种程度上取决于长期的生产增长。经济合作与发展组织(OECD,1988:70)预测,以年均 0.5%—1.2%(各国不同)的比例增长的实际收入将会满足对额外养老金支出的供给[6]。更为关键的问题是,人口结构变化的负担可能会受到政治管理的影响。许多国家今天正在彻底改变几十年来的降低退休年龄的政策。还有,最大限度地促进就业的政策也会自动降低抚养比。在这方面各国政策的差异很大,就像今天的斯堪的纳维亚,其总体就业参与率比欧洲大陆高出 10% 甚至 15%。其中,起决定作用的因素在于,所制定的社会政策是鼓励女性减少就业以及提前退休(比如在欧共体国家),还是鼓励她们最大限度地参与工作(比如在斯堪的纳维亚)[7]。起决定性作用的还有非正规就业因素,像在南欧和拉丁美洲,非正规

1 黄金时代已逝？全球经济中福利制度的困境

的、非法就业的发生率比较高并且还在上升。像意大利这样的国家,非正规工作的扩展就好像是一个内在的负向螺旋:由于超负荷的收入保护项目引发了沉重的社会税负,由此刺激了非正规就业的增多,而这反过来又加深了对税收基础的破坏。

老龄化问题主要取决于出生率。人们经常担心女性就业会威胁到出生率,认为这样会加重老龄化危机。然而,事实并不如此。高出生率可能伴随女性的低就业(比如在爱尔兰),但是,随后这种状况可能会改变(现在,意大利和西班牙在欧洲国家中出生率水平最低)。在斯堪的纳维亚,女性就业率和生育率都很高。这里面,福利制度起到了决定性的作用,因为如果可以享受到良好的社会服务和慷慨的生活保护,即使是生育女性也可能参加工作。但是,这种情况仅仅是在瑞典,而不是在大部分欧洲大陆国家。从某种程度上说,女性经济独立是后工业社会发展的决定性因素,为了使工作和家庭目标能够融合起来,当代家庭需要福利制度;同样地,福利制度也需要儿童。

要认识西方福利制度所面临的经济问题,最有代表性的就是失业问题。高工资成本(由于强制性的社会缴费)与刚性规则(如工作期限、昂贵的终止赔偿或者慷慨的社会津贴)相结合,形成工作增长的主要障碍,这已经为人们所认同。同时,人们还认识到,慷慨的社会津贴会促成懒惰,这样也降低了人们寻找工作的积极性。

有证据显示,较高的边际劳动成本和严格的工作权利限制了就业增长。然而,社会保障的私有化不可能提供真正的解决办法。第一,正如我们先是从美国,后来从智利所了解到的,私有计划的实现取决于实行了有利的税收优惠,其实也就是公共津贴。第二,

1 黄金时代已逝？全球经济中福利制度的困境

美国的经验显示,固定缴费制类型的职业福利计划与社会保险一样,可能引起同等程度的制度僵化和成本负担问题。职业福利计划往往会禁止劳动流动,因为工人们害怕会因为劳动流动而失去福利津贴,而且雇工必须具备合法享受职业福利权利的条件(在美国规定最低为五年工作期限);与社会保障一样,私营规划也把高额的固定劳动成本强加给社会[8]。结果,公共部门要努力去填平私人部门的社会保障的窟窿。在美国,职业计划中的覆盖面在过去几十年已经大大下降了:医疗保健覆盖面为14%,缴费固定型养老金覆盖面为25%。除此之外,主要是私人缴费计划获得了增长。

后工业社会的就业发展趋势也是个潜在的问题。因为它们青睐于专业性和技能性的职业,对于不符合资格的劳工的需求就主要取决于他们的低工资。这种状况似乎也促进了"非典型的"、不稳定的工作,比如临时性的工作、非自愿的兼职工作、家务劳动或者自我雇佣者的增多;其后果就是可能产生核心阶层和边缘劳动大军之间更加不平等的两极分化状况(European Community, 1993b;OECD,1993)。相比而言,美国失业率比较低,但是令人困惑的是,所得薪资低于贫困线工资之下的工作在增加。许多社会津贴也效仿这一标准,补助水平非常低,造成了前所未有的贫困出现。

的确,正如我们在美国所看到的,既然在低工资环境下,充足的社会转移支付可能会滋生贫困陷阱,那么,工资下降可能也易于产生社会津贴的严重负向下滑。因此,失业保险和社会福利计划会遭到明显削弱。贫困和两极分化出现,反过来可能威胁到社会秩序,这样一来,又加重了公共部门在其支出账目上的负担。美国男性犯罪人口超过100万以上(而且还在上升),使得监狱、法院和

1 黄金时代已逝？全球经济中福利制度的困境

治安的公共支出增加。安全警卫员和司法人员是美国最快速增长的职业之一；一年里每个囚室中监禁所花费的成本几乎是哈佛大学学费成本的两倍[9]。

福利制度"内生的"问题就是现有的项目设计与社会需要之间不断产生脱节，所提供的项目难以满足社会需要的增长。当代福利制度还在设法应对过时的社会秩序，其实新的社会秩序已经产生；福利制度所奉行的一体化和平等的理念，只是相对于同质的工业工人阶级而言，而现在，这种同质性也已经发生了变化。代表后工业社会特征的职业周期和生命周期差异越大，预示各种不同类型的需要和期待越多。所有公民都面临着多种多样的风险，包括职业不确定性逐渐增强、人们更为灵活的调整需求、变动中的家庭安排，还有女性就业等等。

福利制度往昔的"样板家庭"也不再那么突出了。我们可以看到，一方面，现在由夫妻双方供养家计的家庭增多，双职工家庭增多；另一方面，离婚者、单身者以及单亲家庭也增加了。当然，前者经常享有特权，但是，也很明显，妻子的劳动供给正在变成当今社会低收入家庭能够脱离贫困或维持一般的生活标准的唯一的方式。这种情况在美国表现明显(Mishel and Bernstein, 1993)。"非典型的"家庭构成了快速增长的高失业贫困群体[10]。

福利制度在其他领域所面临的挑战

老龄化问题在日本表现格外突出，在其他地区则没那么严重。然而，同样严重的人口结构变化问题则是人口大规模地涌入到城市工业中心，这个迁移过程也是破坏传统形式的社会保护的过程。在东亚，这一问题造成了福利制度建设(在日本和韩国是结合公司

1 黄金时代已逝？全球经济中福利制度的困境

计划)与儒家传统文化的重视家庭照料责任之间的两难选择[11]。

"非福利国家(non-welfare states)"的主要经济问题取决于它们在世界经济中的地位。在东欧，原来的共产主义福利体制以三个基本支柱为特征：充分的和半强制性的就业；广泛而普遍的社会保险；以及高度发达的、通常是以企业(公司)为基础的服务和附加补贴的体制。事实上，就像斯堪的纳维亚，其充分就业战略是体制平衡的主要因素，因为充分就业能够确保人们最大限度地减少对社会的依赖。遗憾的是，后民主改革已经削弱了第一和第三支柱。在这些国家，没有实现充分就业，而是出现了大规模的失业；国有企业倒闭(或私有化)，使得其提供常规性服务的能力降低。由于充分就业和提供常规服务的可能性都被破坏了，现有的收入保护计划面临着财政不足和过度负担的问题。正如我们在第8章中所揭示的，其后果就是，在这些国家里，贫困和死亡令人震惊地增长。

那些因为有利的劳动成本而形成竞争优势的国家，可能会比较警惕于福利制度的重大发展。然而，这种设想并非完全属实。一般来说东亚国家特别是韩国，步日本后尘，根据受教育的劳动力来预测其经济未来——这也特别像瑞典的"生产性"福利制度设计。这种设计显然表明了这些国家对教育、健康以及社会服务的不断增强的认同[12]。强大的收入保护体系在某种程度上可能难于避免这样的图景：(1)越来越多受过教育的、城市的专业劳动力可能更远离传统儒家文化的原则；(2)职业性的公司计划在覆盖范围上极其不平衡，在小公司或中等规模公司很少出现或根本难以孕育。

相比之下，拉丁美洲的发展在更大程度上是建立在自然资源的基础上。由于这些国家放弃保护主义的进口替代政策，所以，显

1 黄金时代已逝？全球经济中福利制度的困境

然,它们所面对的劳动成本问题就更为尖锐。鉴于此,人们应当理解智利从国家转向市场的先驱性努力。

过去十年中福利国家的适应性调整

在过去十年中,福利国家危机的混乱特征越来越明显。不管公众如何看待福利国家,姑且不论那些重大的变迁,可以说,福利制度的后退程度,迄今为止都是适度的。这一点从基本稳定的社会支出水平就清晰可见(见表 1.1—1.3)。除英国和新西兰表现出明显不同之外,大多数国家都将干预限于边际性调整,比如延迟津贴指数化、降低收入替代率,还有最近重新实施的以缴费为基础(而不是以收入为基础)计算养老金津贴。尽管如此,这种边际性的削减长期积累起来,还是有可能对福利国家的本质特征产生影响。如果社会补贴渐渐跟不上收入的话,那些能够在私营保险领域寻求补偿的人就会远离这一制度,这样一来,福利制度的广泛支持就削弱了。在"新兴国家"中,制度变迁的特征更为明显:一方面,是拉丁美洲和中东欧的积极的私有化;另一方面,是东亚处于萌芽状态的福利制度建设。

我们可以清晰地勾勒出自 20 世纪 70 年代初以来福利制度对经济和社会变迁的三种明显的回应。第一种回应是在斯堪的纳维亚,近来,斯堪的纳维亚仍然遵循着福利制度就业扩展的战略。第二是在盎格鲁-撒克逊国家,特别是北美、新西兰以及英国,他们从放松管制的工资和劳动市场战略中受益,这种改革战略在某种程度上与福利制度的削弱结合在一起。第三是在欧洲大陆国家,如德国、法国和意大利,在基本保持现有的社会保障标准的同时,促使劳动力供给减少。这三种战略都与其福利制度各自的性质紧密相连。

1 黄金时代已逝？全球经济中福利制度的困境

表 1.1 "1980—1990 年有关国家中公共社会保障和保健支出占 GDP 的百分比"

欧洲经合组织国家*	1980	1990
加拿大**	17.3	18.8
丹麦	26.0	27.8
法国	23.9	26.5
德国	25.4	23.5
荷兰	27.2	28.8
挪威	21.4	28.7
瑞典	32.4	33.1
英国	21.3	22.3
美国	14.1	14.6
其他国家*	**1975**	**1986**
捷克斯洛伐克	17.2	21.5
匈牙利	14.9	16.2
乌克兰	13.8	17.3
苏联	13.6	15.5
澳大利亚	10.3	9.2
新西兰	14.5	17.9
日本	8.9	12.2
阿根廷	6.8	6.1
巴西	5.2	5.0
智利	11.0	13.1
哥斯达黎加	5.1	7.3

* 这些资料来源于 OECD 的分析，与国际劳工组织规定不可比。

** 加拿大 1982 年和 1990 年的数据。

*** 来自国际劳工组织的数据。对于前共产主义国家来说，开支根据净物质产品计算。

资料来源：OECD，《就业一览》，巴黎，1994 年，表 4.7；国际劳工组织，《社会保障的成本》，日内瓦，1991 年。

1 黄金时代已逝？全球经济中福利制度的困境

斯堪的纳维亚路线

到 20 世纪 60 年代末期,就收入保护项目来看,斯堪的纳维亚福利制度已经大体达到了其福利目标。虽然事实上比预定目标更为广泛、普遍和慷慨,但就这一时期的福利目标来看,"社会民主模式"与荷兰或德国并无根本不同。到 20 世纪 70 年代和 80 年代,随着斯堪的纳维亚福利国家转向积极的劳动力市场、对社会服务的扩展,以及对性别平等的强调,才出现了真正具有显著特征的北欧——特别是瑞典——模式。这种变动预示了北欧福利国家进入另外一个阶段,其显著特点,就是通过最大限度地增加就业以及强调女性地位平等化,而把平等与生产性的社会政策结合起来。然而,它也激发了不断增长的就业问题。

由于北欧制造业就业稳定下滑,所能提供的就业岗位减少,再加上斯堪的纳维亚特殊的平均主义工资政策,政府从一开始就明显意识到,要维持充分就业,只有依靠公共部门的服务工作,更不用说女性就业的增长也要依靠公共服务部门了。确实,到 20 世纪 80 年代,在丹麦和瑞典(挪威落后了),当福利制度扩展停滞时,公共部门就业增长占两国全部就业净增长的 80%,公共就业现在构成了大约全部就业的 30%。从女性经济解放的观点来看,公共就业的政策是成功了。在丹麦和瑞典,由于公共日间照顾覆盖到大约 50% 的儿童,以及带薪产假和母亲休假的慷慨供给,所以,女性的就业参与率(也包括带小孩的女性)大约在 80% 左右,比欧洲其他国家青壮年男性的就业率还要高。

1 黄金时代已逝？全球经济中福利制度的困境

表 1.2 社会投资政策*：(a)享有公共培训和就业措施的劳动力占全部劳动力的百分比，1990—1993 年平均值 (b)1990—1991 年参加全日教育和培训的 18 岁人口的百分比

	(a)	(b)
丹麦	12.8	69
瑞典	6.3	56
法国	9.9	78
德国	4.9	81
意大利	4.8	无
荷兰	3.0	74
澳大利亚	4.9	52
加拿大	3.3	58
英国	2.0	25
美国	2.6	55
日本	0.1	无
捷克共和国	1.7	无
匈牙利(1992—1993)	3.0	无
波兰(1992—1993)	3.6	无

* 这些社会投资政策的数据不包括普通教育和私人培训项目。
资料来源：经济合作与发展组织，《就业一览》，巴黎，1994 年。

表 1.3 1990 年 60 岁以上老年人所占人口比例

	老年人比例(%)
欧洲	
捷克共和国	16.6
法国	18.9
德国	20.9
匈牙利	19.0
意大利	19.9
挪威	21.2
波兰	14.8
俄国	15.3
瑞典	23.4

1 黄金时代已逝？全球经济中福利制度的困境

续表

	老年人比例(%)
美洲	
阿根廷	13.1
巴西	7.1
加拿大	15.7
智利	8.9
哥斯达黎加	6.4
美国	16.9
亚洲和太平洋地区	
澳大利亚	15.3
日本	17.2
韩国	7.4
新西兰	15.1

资料来源：联合国，《人口统计年鉴》，纽约，1993年。

这一战略的后果，不管是有意的还是无意的，都既存在积极的一面，又存在消极的一面。从积极一面来看，它允许妇女把就业和生育融合起来。它也有助于使非熟练劳工得到收入比较好的就业。并且，它还创造了平等：女性和男性的收入差异以及生命周期行为之间的差异迅速缩小；两个赚钱者的双职工家庭现在成为规范家庭；与其他地方相比，在北欧，女性为主的家庭贫困率不显著。这种拥有最大限度的就业水平的福利国家，主要靠较高的税收收入和较低的扶养水平来加以保证[13]。

从消极一面来看，最令人吃惊的结果就是极其严重的性别分离，女性集中在（特别是兼职）公共部门工作，男性集中在私人部门工作。虽然这可能从某个侧面反映了妇女对更为灵活的公共就业条件的偏好，但我们还是要说，还有可能是高社会成本、高旷工率，以及与女性就业相连的与生产的分离导致私营雇主更加偏爱男性工人。在瑞典，工人旷工率实际上非常高[14]。另一个不太明显的

1 黄金时代已逝?全球经济中福利制度的困境

结果是,社会服务导向战略产生了很高比例的低技能(尽管收入不错)工作。众所周知,在美国,非技能服务工作所占的比例比较高,但是,事实上,在丹麦和瑞典,非技能服务工作所占的比例甚至比美国还要高。而这一点再次表明,受私人部门(像在美国)或是公共部门的驱迫,要么会产生大量的失业,要么会产生大量的次优的服务就业,在这二者间不可能达到令人满意的平衡。当然,从斯堪的纳维亚公共就业提供良好的工资和富有保障的福利这一点来看,情况就不大一样了,但是就这点而言,我们也推测出这个制度日益显现出来的唯一致命的弱点就是:巨大的公共部门劳动力市场引发了不断上升的税收负担。当生产增长率较高的时候,这一体制尚能够维持;当生产力或私人投资迟缓时,就会出现严重的成本问题。这就是北欧福利国家特别是瑞典今天所面临的形势:财政能力正在衰退,还要面临创造公共就业的压力以及(或)收入保护增长的压力。在北欧国家中只有挪威除外,它以石油为收入来源,保持着充盈的财政能力,迄今为止还没涉及这样的问题。在瑞典,政策制定者和工会主义者现在只能采取弹性工资政策,并对主要社会津贴进行削减[15]。

不过,北欧的社会政策发展趋势还是没有朝着"美国的"方向行进。确实,工资差异已经拉大,边际税率和社会权利已经调整,这些都是要以促进积极的工作激励办法、降低旷工率为目标。因此,疾病补贴的等待日期被再次引入,患病补助、父母亲假津贴,还有失业补贴的替代率都下降了,而且,在瑞典,还对第二层次的养老金项目(第二层次的、与收入相关联的养老金)进行了彻底改革:比如养老金缴费年限延长,更重要的是,现在养老金领取与缴费紧紧地联系在一起。这标志着瑞典的养老津贴制度发生了根本性变

1 黄金时代已逝？全球经济中福利制度的困境

革,过去那种把养老金领取作为与缴费不相关的某种权利的传统养老金分配制度将不复存在。

在北欧福利国家,还可以看出对于"工作福利"(尽管失业增多)明显特别强调。所以,瑞典失业保险制度中一直很强调工作和培训的需要,丹麦则引入了对失业一年的年轻工人的就业保证。还有,为反对非正规就业和消极的工作刺激,边际税率大大地减少了——跟里根改革差不多,对于高收入者来说边际税率更是大大减少。最后,社会服务呈现出权力分散化和私有化的趋势,特别是在瑞典体现得非常明显。然而,需要强调的是,如果把上述这些都看成新自由主义的市场化策略,那就错了。这些国家的福利提供者仍旧受制于集中规制的严格规则,而且,这些国家似乎都以效率为行动准则,在福利准入条件方面则通过更为多样化的服务,来满足各种不同客户的需要。在此,我们看到一个实例,就是变化多样的"后工业社会"的需要结构如何迫使社会民主违背其传统的普遍主义。不管怎样,如斯蒂芬斯在第 2 章中所提出的,这些改革只是边缘性的调整,而不是对福利国家基本原则的某种范式性的背离。

在斯堪的纳维亚福利国家,最为显著的趋势可能就是社会政策出现某种转向,优先照顾年轻人和成年人——这些群体在传统的充分就业背景下被假定仅仅需要福利制度的边际性干预。从某种意义上说,正在出现的是一种社会政策的新的生命周期的定义,政策制定者意识到,在人生中充满活力的成熟阶段,现代家庭和职业转型面临着新的风险和需求。这表现在政府制定了大量的成年人再培训政策和终生学习计划,也表现在政府实施了促进地区性流动及工作流动的计划,还表现在政府推出的父母共同休假的福

1 黄金时代已逝？全球经济中福利制度的困境

利规定中。同时，它还表现在政府试图保障新的家庭类型（如单亲家庭）获得经济福利方面。斯堪的纳维亚各国确实是欧洲福利国家中唯一的将其社会支出多用于对年轻人的照顾，而不是侧重用于对老年人照料的国家。

接下来的一个明显例证，就是正在兴起的"社会投资"方式。然而，这种社会投资方式的长期可行性却是加倍地不确定。第一，在普遍主义的平等原则和日益加剧的人口结构不均衡之间存在着冲突。有迹象表明，若根据福利制度在私人（主要是个人的）养老金计划或服务方面的情况来看，富有特权的社会阶层正从福利制度中退出。如此说来，若非不断改善福利项目，从长远来看，可能引发精英人群的流失，随之而来，就会破坏福利制度基础的稳定性。当然，其中所面临的困境就是，还不存在影响这种改善的财政能力。

第二点，也是更为严重的一点是，来自充分就业坍塌的威胁。公共就业增长已经达到极限范围，这意味着任何就业策略必须主要依赖于私人部门的服务。继而，就会形成投资动机和工资差别的问题。美国类型的低工资策略可能产生更多的工作岗位，但实际上，它将会严重削弱福利制度的大厦。

不论怎样，目前的高失业率看来是与积极的"社会投资"方式的有效性相冲突的。换句话说，目前瑞典模式的严重危机是否断言了新自由主义的观点，即巨大的福利制度不论以何种面貌出现都将被瓦解？答案将最终取决于对当前危机的个人诊断。有些人，像瑞典经济学家阿撒·林得伯格（Assar Lindbek，1994），将其诊断为一条随意的单行路：即一种主要由福利制度在工作、储蓄和投资方面的负面影响所引发的危机。然而，这一分析引起了激烈

1 黄金时代已逝？全球经济中福利制度的困境

的争辩。负面影响看来主要来自过于平均主义的工资结构和边际税收,它们对从事长时间工作以及对附加技能的投资都起到了抑制作用。不同的观点认为,这种对工作产生很大负面效应的说法缺乏证据(Atkinson and Mogensen,1993);而且,瑞典福利制度的长期生产绩效一点也不比欧洲国家或经济合作与发展组织的平均水平差(Korpi,1992)。事实上,在过去的5年到8年多时间,增长缓慢、生产力下降以及就业减少可能很容易归因于转瞬即逝的暂时性因素(特别是1992年,由于预料到欧洲单一市场即将到来而导致大量资金突然涌入欧洲经济共同体)或者周期性的因素(如最近的衰退)。由于瑞典现在成为欧洲共同体的正式成员,投资者唯恐被忽略在外的担忧应该平息下来了。归根结底,瑞典模式的可行性将主要取决于曾一度闻名的建立共识的基础结构是否有能力克服其当前的碎片化(fragmentation)。接下来,真正的问题可能更多地与制度重建而不是福利制度的瓦解有关。

新自由主义路线

在20世纪80年代,有些国家谨慎地采取了放松管制的、市场驱动的战略,比较突出的有美国、英国以及新西兰;稍逊其后的,有加拿大和澳大利亚。因为英国和新西兰曾经是强力作出充分就业承诺的福利国家先锋,从而成为激进的体制变革的样板。而美国却并非如此。

政策变动在各国之间极不统一。它伴随着新西兰和澳大利亚保护主义的减弱;它意味着在美国和英国工会令人瞩目的削弱;而相比之下,澳大利亚的自由主义化政策实际上是在与工会的合作下施行的。在任何一种情况下,政策的要义就是要用更大的劳动

1 黄金时代已逝？全球经济中福利制度的困境

力市场以及更富有弹性的工资条件设法应对经济衰退和国内的失业。这已经涉及社会政策，主要是在减少社会工资和法定的或者事实的最低工资方面的政策。除了新西兰采取积极方案废除这种方法之外，还有最受到人们认可的方法与以下方面的行动结合在一起，即更具选择性，通过不依据经济变革而调整的社会项目来逐渐削弱津贴并(或者)缩小覆盖范围，以及保证"工作福利"。正如迈尔斯在第5章中所指出的，这种极其"消极的"转变形式，在当前这一时期仅有边际性效用，但从长远来看，可能产生更为深远的后果。

这种"不调整"的方式代表了美国的社会政策。在美国，最低工资下降到仅占平均收入的38%，社会救助金(对需抚养子女家庭的援助计划：AFDC)的数值在1989年下降到24%(Moffitt, 1990:210)。同样，领取失业保险金的失业者比率持续下降，从20世纪70年代的大约70%下降到1989年的33%。这样一来，除养老金是重要的例外，本来已经相当微弱的美国社会保障网只能遭受进一步的削弱。

在美国模式中，一个基本的假设就是市场应当对基本的公共保障网进行补充。在战后时代，这主要意味着职业计划协议的达成。不过，在此意义上，也就是说，随着市场衰落，福利制度也会衰落：20世纪80年代间，医疗保健和养老金方面的私人保险额稳步下降，在青年人和低工资的工人中更是如此。其原因很明显：一方面，雇主试图降低较高的(或上升的)固定性劳动成本；另一方面，受雇于传统低保险额度的公司和部门中的劳动力日益增长。然而，当传统的职业计划减少时，更为个体化的雇员筹资(以及优惠税率)项目，比如401K计划，却呈现了显著的增长。

1 黄金时代已逝？全球经济中福利制度的困境

新自由主义道路的共同特征是日益加剧的不平等和贫困。20世纪80年代,最低10%的收入者收入大为减少,其收入与中等收入者相比,在美国减少了11%,在英国减少了14%,在加拿大减少了9%,在澳大利亚减少了5%(OECD,1993)。相反,大多数欧洲国家显示出其收入差异更具稳定性,贫困的上升也是适度的。

出现这一问题,其根本原因是缺乏对工资的管制。在这些国家,"低工资"现象在无技能、无组织的工人中,以及在年轻的新参加工作的群体中表现尤为严重。然而,正如我们所看到的,贫困的发生和收入的极端化因国家不同都有根本性的不同。卡斯尔斯(第4章)和迈尔斯(第5章)的研究揭示,它可以根据福利国家的差异来解释。与美国相比,加拿大的失业保险没有受到损害。澳大利亚和加拿大的福利政策不再那么普遍宽泛,而是更加集中且更富有针对性了。然而,集中化的方法,与传统的资产调查的方法极为不同:其合法性取决于收入基础或纳税回报,还有选择性原则旨在排除富人,而不在于仅仅能够证明是穷人这一点就行了。这样一来福利领取率就显得较高,保护高风险群体的方法也相当有效。事实上,澳大利亚确实提高了针对特别脆弱群体,比如有多个孩子家庭的补助金。根据这一原因,基本上就可以解释为什么澳大利亚的贫困发生率极低。

有些证据支持弹性工资所带来的积极就业效果。20世纪80年代,这些国家的就业增长,比起经济合作与发展组织的其他国家要高出2倍到3倍。它们与"鲍莫尔成本病(Baumol cost-disease)"的论题也极其一致,因为大多数工作的增长看来与服务业的较低工资相关(see Baumol,1967;Blackburn et al.,1990:72ff)。然而,问题是,这种就业结果是否具有可取性。低档的工作可能没有吸

1 黄金时代已逝？全球经济中福利制度的困境

引力,但是它们确实为易于获得初次登记的工作提供了巨大的资源。这有助于把年轻人、妇女以及移民整合起来使之进入劳动力市场。正是基于这一论点,美国的情况比欧洲更为有利。当然,焦点问题是,这些工作是否会成为没有尽头的贫困陷阱;也就是说,低工资战略是否培养了某种新型的持续贫困的后工业无产者。有关这个问题的研究仍然还是相当基础性的研究,但是大多数研究显示,只要有足够技能条件作为基础,流动机会还是相当多的,依其掌握的适当技能而定(Esping-Andersen,1993)。而无技能的工人仍然陷于高风险中。因此,如果我们不希望出现工作着的穷人无产者,那么,某种积极的社会投资战略看来就是极为重要的。

低工资战略滋生了在低生产力下"劣等工作"中的就业增长,就是说即便是专职的、全年的就业,结果获得的也只能是低于贫困线的收入(Burtless,1990)。因此,低工资的劳动力市场承受着双重危险:一方面,它使得更高的收入保护转移(比如社会救助)成为必需,同时,它也制造了贫困陷阱(因为低工资造成了人们不愿意去从事工作)。弹性工资方案还随之带来其他难以捉摸的后果。人们担心传统的共同福利中附加的一揽子津贴会减少。正在消失的工作岗位往往会出现在具有先进福利计划的工业部门中;大部分新工作岗位集中在很少或者没有职业补贴的公司中。尽管,美国把国内生产总值的13%用于医疗保健,但是,没有享受到充分保护的人口数量非常高(据估计有3000万—4000万),而且还在增长。换句话说,倾向于由公司提供补充性保障的美国福利制度模式,可能会面临充分社会保护日益增长的危机。

社会保护的匮乏在有年幼子女的家庭中表现最为严重。这是

1 黄金时代已逝？全球经济中福利制度的困境

由于单亲母亲的谋生能力低,再加上社会救助津贴的实际金额下降。而且,已婚妇女虽然有能力补充丈夫的低收入,却往往受到无力支付儿童照料费用的影响。这两种情形所导致的儿童贫困,在加拿大、英国和美国,都在急剧增长[16]。

与"低工资"战略相关联的贫困问题明显地集中于特别脆弱的群体,比如无技能的人和单亲家庭。从短期看,可能由于坚持收入保护项目的标准使得风险减少,但是,如果低工资仍然是福利依赖的唯一选择,那很明显就是在培育贫困陷阱。当今美国的政治冲突,受到两个反贫困陷阱的解决方法的强烈影响:一个是本质上是废除福利的右翼战略;另一个是克林顿政府所支持的带薪培训的积极的社会投资战略。假定弹性工资战略能够与积极的培训项目有系统地相连,那么,它的潜在的危害就更小了(Lynch,1993)[17]。

减少劳动路线

缺乏就业增长的情形在欧洲经济共同体中特别严重。如果我们回溯到20世纪60年代末,在斯堪的纳维亚、北美和欧洲大陆(平均65%的工作年龄人口),充分就业率基本是一致的。自那以后,美国工作年龄人口的就业率上升到男性76%,女性60%,在瑞典达到男性83%,女性76%;同时,欧洲经济共同体平均水平下降到57%。除了失业以外,主要的差异还在于已婚女性和老年男性的工作参与率[18]。

斯堪的纳维亚国家努力安排好"去工业化"所带来的冗余,其中大量是无熟练技能的需要再培训和为其创造工作岗位的平民百姓;美国削减薪资;欧洲大陆国家则倾向于对退出者提供资金补贴,特别是通过提前退休的办法来实现。按理来说,这样就产生了

1 黄金时代已逝？全球经济中福利制度的困境

"内部人—外部人"的分离,不多的、以男性为主的"内部人"劳动者,享受着高工资、尊贵的社会权利以及强大的就业保障,与之同时并存的是大量的"外部人",他们或者依靠男性家计供养者的工资生存,或者依靠福利制度的转移支付生存。

这一战略的根本问题就在于欧洲大陆福利制度高度(如果不是过度地)发达的社会保险(过多地倾向于养老金)以及并不发达的社会服务[19]。社会保险意味着与个人就业记录有关的权利,表明了长期稳定职业的必要性。其潜在的假设就是家庭成员能够依赖全职的男性谋生者,妻子们通常负责家庭内的社会照顾。因此,税收政策总是惩罚那些工作的妻子们,还有,这些福利国家在家庭社会服务方面极其不发达。儿童公共看护的覆盖率在德国、荷兰和意大利都低于5%。同样地,老年人与子女居住在一起的比率在意大利和西班牙大约是40%,而在斯堪的纳维亚则低于10%,在美国低于15%(OECD,1994a:表13)[20]。欧洲大陆的福利制度基本上就是这样一种向家庭式福利转移的制度。

这也有助于解释为什么在解决"去工业化"问题时它们把提前退休(或者残疾人养老金)作为主要的政策偏好。由此而来,它也解释了为什么存在高劳动成本问题、就业缺乏弹性,以及颇为悲惨的年轻人长期失业这些难题。可能劳动力减少所带来的生产率增长,很难抵过各种成本的联合。社会保险财政不断陷入赤字,因为缴费还不够支付津贴的付出。这个问题由于四分五裂的保险基金而强化:有些基金是针对衰落职业而建立起来(比如矿工或者普通工人的保险),它们所产生的赤字有时令人恐慌,而针对热门职业建立的基金则往往在财政上健康发展。

大量退休和大量失业所引起的不断增长的财政需要,意味着

1 黄金时代已逝？全球经济中福利制度的困境

社会缴费上升并由此产生固定不变的劳动成本。这在意大利和法国最具有代表性，在那里，劳动力供给最为急剧地减少了。所引起的间接后果就是雇主们将会更热衷于通过调整时间，而不是通过雇佣额外的工人来调节其对劳动力的需求；它也意味着兼职工人的边际成本趋于高涨，甚至让人难以承受，这样一来，形势对妇女就业格外不利。并且，在大规模失业的背景下，僵化而高昂的劳动力成本，意味着雇主和寻找工作的人都产生了强大的动机试图从正规雇佣关系中脱离出来。这种情况，从巨大的地下经济活动中，以及自我雇佣的增多中都常常可以见到，当然，这两者都能扩大福利国家的税收基础。

这种体制存在某种强化劳动力市场刚性的天然倾向。如果我们认为大多数家庭都是依赖男性收入者的工资并依靠社会权利而生活，当我们把由于推迟就业和提早退出工作而使得就业年限下降这一因素考虑进来的话，结果就是：作为典型代表的工人在其积极的就业生涯中难以承担任何风险或任何就业中断。其后果就是，选举者和工会将会尽可能强力保护现有的"内部人"的权利。为了保护年富力强的男性工人就业，一种潜在的共谋就会出现，甚至不惜使其妻子、儿子和女儿的就业期待遭受侵害。

显然，这一问题受到了各方面的关注，但是，由于工会、雇员乃至雇主的抵抗，为实现政策灵活性而作出的重要努力轻而易举地被阻碍或是不可能起到什么作用了。20 世纪 80 年代，意大利实行了兼职就业的自由化政策，实质上没有任何实际效果。许多国家都实施了临时的雇佣规定，但是，除西班牙和法国以外，其他国家的临时工人都没见有什么增长——在西班牙和法国这两个国家，改革增加了临时工人的就业比例，但不是总体的净就业增长。

1 黄金时代已逝? 全球经济中福利制度的困境

与此相矛盾的是,有可靠的证据表明,灵活就业的临时工总数的增长,仅仅强化了内部人的刚性,巩固了他们的特权地位(Bentolila and Dolado,1994)。

对于为什么灵活就业制会不起作用的问题,有两种同样看似合理的解释:一是要完全预见灵活就业制的效果还为时过早;二是雇主在为了保持和谐的劳资关系这一利益驱动下,可能避免向新的劳资实践转移[21]。一个恰当的例子就是,在比利时、法国和德国,不论怎样减少对工人的解雇金,雇主们的解雇行为几乎没有改变(Blank,1993:166)。

大多数人都赞同这些国家需要减少劳动力市场的刚性。这里面的问题是双重的。第一个方面,是个人的和家庭的福利正好依赖于那些最初形成劳动力市场刚性的因素:包括就业保障、高工资和昂贵的社会缴费。第二个方面就是,非正规的、反常的和通常在黑市中进行的交易活动,成为那些找寻工作者的主要补偿性策略。它们有共同之处,就是都避开了负担沉重的社会缴费和刚性的解雇条款。有证据表明,在意大利或者西班牙的经济活动中,自我雇佣是实现真正就业增长的唯一来源。

从这种观点来看,很明显,人为转移而引起的劳动力减少策略必然要彻底地扭转。事实上,社会对此存在广泛的认同。现在一致的扭转趋向是:提高退休年龄、放宽定期缴费的必要条件,以及减少指令性的社会缴费负担。有一种战略就是鼓励雇主计划的增长,在这一方向上的特定趋势是清晰可见的。尽管如此,还是不可能出现准确治疗的万能药,因为——在北美——这恰恰无法解决雇主的劳动力成本问题。那么,所谓私有化,更可能预示着私人保险计划,由此说来,其覆盖面就会更加不平等。

1 黄金时代已逝？全球经济中福利制度的困境

再宽泛些说，要降低福利刚性，显然必须减少家庭对唯一的男性收入者的依赖。接下来，关键就是要增加女性劳动者的需求和供给。这样的话，实在是难以预见欧洲大陆模式怎样才能够避免打破其传统的家庭主义的、收入转移的倾向。事实是，这一议题正是现代政治冲突所集中的焦点问题：左派明显地提倡"斯堪的纳维亚式"社会服务的扩展；右派（特别是基督教民主党）提倡强化家庭的"福利社会"方式——例如引进家庭主妇工资——以及地方社区志愿主义。考虑到当前社会保险体系的财政负担，这两种战略没有一种看起来特别可行[22]。

新的福利国家正在崛起吗？

中东欧、东亚或拉丁美洲这些国家是处于仿效西方模式的进程中，还是在沿着性质不同的新道路行进？是不是我们所说的"新"模式就意味着明显地偏离现有的福利制度模式，答案从根本上来说是"否"。我们的调查显示，不同发展道路的出现并不一定与区域的国家集团相对应。

包括中东欧、智利和阿根廷在内的一组国家，大体上遵循自由主义战略，这一战略建立在社会保险私有化，公共社会安全网减弱，向有针对性的、根据资产调查状况来决定救助的制度转移，在劳动力市场管理上则偏好自由市场。对于拉丁美洲的市场驱动战略，我们必须考虑到以下背景才能够理解，这个背景就是：在这一地区存在高度分化的、完全以买方为主的、资金严重匮乏的社会保险传统。

第二组国家，以巴西和哥斯达黎加为例，迄今为止它们避开了新自由主义，实际上，它们在加强公共社会安全网方面采取了一些

1 黄金时代已逝？全球经济中福利制度的困境

措施,在这两个国家中,都是根据人口覆盖范围采取了相当普遍的做法。

第三组是东亚国家,看来充满矛盾的是,它既是全球独特的,又体现出现有福利制度特征的混合。它与欧洲大陆模式一样,重视家庭主义、反对公共社会服务。它的尚不成熟的社会保险体系试图追随欧洲传统的职业分离计划,使特权群体如公务员、教师或者军人受益。在这些国家,社会保障的提供并不全面,也没有把目标集中在提供收入保护上。由于政府缺乏政策设计,因此出现了社会保护的真空,这种真空刺激了由公司发起的职业福利的增多,特别在日本,更是如此。结果是,某种程度的"美国化"逐步形成:公共福利的节制有赖于主要部门的男性工人将由私人计划所覆盖这一假定的基础之上。

当我们评估这些地区所采取的不同路径时,我们首先应当记住的是,拉丁美洲(近来还有中东欧)经济潜藏危机,与充满巨大活力的东亚经济之间形成鲜明的对比。事实上,前两个地区20世纪80年代总体经济环境超乎人们想象地极其相似:人均国内生产总值下降、通货膨胀压力加大、巨大的债务问题、直线上升的失业,还有迫切需要改革那些受到高度保护的垄断工业[23]。在20世纪80年代,这两个地区或多或少地都开始致力于严格的自由主义的稳定和重建战略。

前共产主义国家转型的一个共同特点,就是首先尝试用社会保障来缓解改革阵痛的休克疗法。起初,各国几乎都引进了慷慨的失业保险,对工业冗员则采取裁减员工(attrition)和提前退休这样的办法来消除。国家税收骤然下滑,与此相连,失业水平和收入损失都出乎预料(实际工资下降20%—35%,独联体国家下降则高达

1 黄金时代已逝？全球经济中福利制度的困境

50%之多），导致许多国家现有的社会保障体制实际上已经坍塌，并统一转向目标对准型的资产调查方法（targeted means-testing）。

1989年到1993年间，整个地区净就业岗位损失达600万（劳动力的12%）。不规则失业（irregular unemployment）和不充分就业（under-employment）上升，工作参与率下降（OECD,1994b）。虽然，失业和贫困在到处增长，但是，在匈牙利和捷克共和国那样的国家，与波兰和独联体国家之间，存在着显著的差异。正如波达（Burda,1993）和经济合作与发展组织（OECD,1994b）所指出的，前面那些国家越是倾向于达成转型战略，社会安全网就越牢固，就业政策就越加积极，特别是针对年轻人和无技能的人[24]。

正如斯坦丁在第8章中所力图证明的，休克疗法——与社会政策相结合——常常使已经存在的扭曲加剧。对工资增长征税的政策（作为遏制通货膨胀的手段）促使较大型企业转向非货币工资。该部门之外的人会发现，他们的生存标准突然降低了。最低工资通常急剧下降，不仅减少了各种收入，还使得大部分社会补贴也遭到削减（后者与最低工资挂钩，已经被逐渐削弱到相当于一般工资的20%—30%的程度：OECD,1994b）。从劳动力市场方面来看，这种从受保护的专职工作转向边缘的、往往是非法的地下经济活动的发展趋势，所引起的结果就是失业（失业的结果是使得税收问题恶化）、实际工资全面下滑，以及"第三世界"贫困率出现（目前，波兰是40%；据说乌克兰是80%）。

简而言之，被私有化的是个人风险，而不是克服风险的手段。由于财政体制根本不起作用，使得私营保险难以建立。所以说，随着公共社会保障制度逐渐瓦解，而选择私营计划这种替代性的方案尚存在障碍，现存的社会保护结构，越来越像发达国家成功地遗

1 黄金时代已逝？全球经济中福利制度的困境

留下来的贫困救济制度。

拉丁美洲那些着手实行新自由主义重建战略的国家,情况也与此极为相似。在大多数拉丁美洲国家,传统的社会保障可以最恰当地被形容为赞助人保险的拼凑物,通常有利于庇护特权工作者。恶性通货膨胀及合法避税意味着这些国家面临着严重的财政问题,而且即便是更为激进的改革努力也难以奏效。就是由于这些原因,还有其他原因,人们对智利的私有化实验一直保持着相当大的兴趣。

休伯(Huber)的研究表明,私有化迄今为止既有好处也有坏处。智利转向私有化的个人退休账户制度需要有巨大的公共补贴支持,结果,净效应事实上就是对私人福利的补贴。运作成本看来也高昂得令人难以承受。项目的实际覆盖范围看来也不太大,可能是因为它完全由雇员出资。这种新的私人计划,从本质上来说,针对大量低薪酬的边际劳动者或者失业工人来说根本无法运作。换句话说,智利的私有化主要意味着重复公共保险特征上的许多同样的错误。新制度的主要优势在于财政支付能力得到解决,还有,巨额的储蓄有助于资本市场发展。

正是在劳动力市场方面,智利的自由化战略显得更为积极,至少从较长远来看是这样。短期的影响,正如我们在前面已经指明的,是产业倒闭、大量失业、贫困化等方面的破坏性行为,就像我们看到的阿根廷的发展趋势那样。显然,拉丁美洲受到过度保护的垄断工业几乎无法施行,主要部门的劳动力市场也过于僵化。智利的休克疗法有赖于有能力瓦解工会的独裁体制来解决,但它不能因此作为其他国家可行性战略的样板。事实上,阿根廷的方法似乎更有利于与现存利益团体相调和。

1 黄金时代已逝?全球经济中福利制度的困境

如佩雷拉(Pereira,1993:60)所指出的,越早对项目进行调适,长期运作的成本越低。智利的各种指标,无论怎么看都是积极的。失业水平从1983年悲惨的30%下降到现在的5%,投资、国内生产总值和工资全部健全地增长。但是,还是应该考虑到智利过去所承受的衰退:1974—1975年,其人均收入下降了26%,1982年又下降了16%。1988年的实际收入没有超过皮诺切特政府统治前的收入,而收入分配却更不平等了(Pereira,1993:37—39)[25]。

另一种可供选择的回应,以哥斯达黎加和巴西为例证,明确地加强了普遍适用型的社会政策,特别是在医疗卫生保健方面(虽然,正如休伯在第6章所指出的,在巴西,由于存在严重的政治保护,其普遍主义尚令人怀疑)。迄今为止,这些国家既没有经历过收入下降,也没有经历过失业和贫困的增长。但是,这条路线长久来看是否可行,还不能确定。在哥斯达黎加,要是没有美国的慷慨援助,这种方式就不可能存在,再考虑一下通货膨胀(特别是巴西)、巨大的外债、停滞或下降的国内生产总值(GDP),对拉丁美洲"社会民主"模式的未来展望,看来也是令人捉摸不定。

最后的论述转向具有混合特征的特殊的东亚福利体制,从比较的框架来看,人们首要关注的就是这种体制的社会保障发展落后于经济成就。有论点指出,儒家的家庭福利与福利国家主义下的中央集权经济体制一样有效。批评者则认为,三代同堂家庭之所以存在,相当大程度上是由于缺少任何可替代性的选择。

即便如此,由于多种原因,福利制度建设这个议题,现在正处于热烈的争论中。在韩国和中国台湾地区,后民主国家建设的努力也意味着需要扩展公民权利。还有人口老龄化、城市人口流动以及现代化,正引起老年医疗保健需求日益上涨的危机。而且,韩

1 黄金时代已逝？全球经济中福利制度的困境

国和中国台湾地区以低工资为基础所创造的工业奇迹已经迅速地衰落下来,这暗示着需要再次席卷而来的全面的工业重建,随之而来,可能出现失业和许多新的福利问题。在更发达的日本,终生就业体制,还有与之相连的公司福利保护正在削弱。在日本,相当适度的公共津贴、私人补贴,还有实际就业保障(至少对男性劳动力如此)相结合所产生的均衡,不仅有赖于家庭照顾,而且还有赖于就业保护。

至此,这些快速增长的经济承受了劳动力短缺而不是失业的痛苦,这也有助于降低男性养家者的收入风险,保持家庭照顾的能力。但是,这种状况不可能无限制地持续下去。要应对"儒家模式"滥用而出现日益增长的负担,这些国家采取了一系列谨慎的措施,实行更全面的社会政策。但是,以20世纪80年代末韩国的改革为例,它既没有通过改革趋向于达到普遍性的覆盖,也没有通过补足津贴使领取人超出仅仅维持生存的最低生活水平。中国台湾地区近来的公民医疗保健改革(1994年9月)起初打算作为普遍的和强制的改革,现在却是自愿的,就这样可能还是有很多人未能覆盖到。

政策制定者对于承诺进行真正的收入保护制度仍然犹豫不决,部分原因是由于担心在未来的几十年中发展异常迅速的人口老龄化。这一点在日本特别突出。确实,在日本,保守派力图使儒家家庭主义再度复兴,把它作为补偿性战略。这一做法,与大多数欧洲国家的基督民主政策极为相似,然而,基本上是出于同样的原因,这种策略未必有效。与德国和意大利妇女一样,日本和韩国妇女几乎不大想要孩子(生育率现在远远低于替代率),而是越来越想进入劳动力市场。另外,日本的人口老龄化,相比较而言,更偏向于高龄老人,也就是那些有特别紧迫的看护需要的老人。到2020年,80岁以上老人的比率将会达到现在的三倍以上(OECD,1994a:表15)。

另一个关注点是有关储蓄可能产生的负面影响。亚洲虎的经济奇迹是建立在高储蓄基础上而不是凯恩斯主义基础上的:由于缺少充分的社会保障覆盖,人们才进行家庭储蓄。令人担心的是,真正的福利国家,将会削弱这种储蓄的动力。因为,除此而外,这些国家的经济特点是可持续增长和相当平等的收入分配,所以,可以说,认为大多数家庭都有能力储蓄的假定,具有某种合理性——至少如果他们是城市人口,并且依靠在主要部门工作的养家者的话。不管怎样,正如日本的情况所证实的,消费抑制不可能是永久的。东亚国家把重点更多地放在教育方面,而不是收入保护方面,大体是由于结构性失业以及(部分地)"去工业化"的预测。因此,它们在注重"社会投资战略"方面是潜在的先行者。

结论:主要发展趋势和政策困境

在大多数国家,我们都没有看到什么根本性的变化,毋宁说我们所看到的只是"冻结的"福利制度的景象。可以预想到那些抵抗变化的因素包括:长期建立的政策形成制度化,而且培育出恒久不变的既定利益;主要利益集团根据福利制度如何运作来确定其利益。因此,社会保障体制由强有力的利益集团所支持,不太容易进行彻底的变革,改革施行时,则倾向于通过协商谈判达成一致意见。欧洲大陆是谈判陷入僵局的最鲜明案例,澳大利亚和斯堪的纳维亚则代表着通过谈判显示出某些变化的类型。作为另外一个极端,在智利和前共产主义国家,全面地大规模变革的发生则肇始

1 黄金时代已逝？全球经济中福利制度的困境

于现存组织结构的坍塌或毁坏。在各个极端的案例之间,是诸如美国或英国这样的国家,在这些国家中,由于日渐衰弱的工联主义(trade uionism)的共同影响,社会保障遭受到较为缓慢的削弱与侵蚀。

过去十年中,全面而集中的"共识"机制衰退,是声名显赫的瑞典模式直到现在还遭受困扰并陷入困境的主要原因之一。瑞典模式长期具有的、把抱负远大与平等主义的福利目标以及充分就业调和起来的能力,已经严重地衰落了。

在平等和就业之间似乎有一种普遍的均衡。其根基可能主要存在于新的全球秩序之中,而我们的研究则指出了不同国家所作出的意义深远的回应。在发达福利国家集团中,仅有少数国家采取了根本变革,或是打压或是放松对现有体制的管制。不管怎么说,所有国家都试图削减边际津贴,或是谨慎地引进具有灵活性的措施。正如我们所见,采取更激进的自由主义策略的国家,在就业方面做得更好,但是付出了不平等和贫困的高昂代价。相反,那些采取灵活性变革的国家则付出了高失业的代价——欧洲大陆最为突出。

在平等和效率之间权衡抉择的相似认知,一直主导着社会政策的争论。战后时代,凯恩斯主义的福利制度提供了总体积极的解决办法,被人们广泛接受。今天,很少有人会对可行的"第三条道路"持乐观态度。不过,我们评述的许多国家仍旧遵循着调停或缓和权衡抉择的战略设计。以澳大利亚和加拿大为代表的一种战略,把自由化与向更具选择性和更富有针对性的转变,与提高针对那些陷入困境中的人的补助金结合起来。它们采取的选择性方法是广义的而不是狭义的,目的在于确保不再出现赤贫和巨大的不平等。关于收入和贫困的可比数据显示,这一战略获得了某种成

1 黄金时代已逝？全球经济中福利制度的困境

功。这些国家享有可以与美国相媲美的就业成效,也没有出现令人恐慌的贫困率。

比较明显的另外一种战略,是斯堪的纳维亚,它坚持使福利制度资源从消极的收入保护转向促进就业和家庭发展上。显然,公共就业增长的时代已经结束了,取而代之的政策,是直接将政策侧重于积极的劳动力市场措施,比如劳动力的培训和流动,还有工资补助等。现在看来,斯堪的纳维亚已经接受了更大程度的不平等是难以避免的这样的观念,但是,它们还是要努力建立起一些保证,以防止这种不平等集中在任何特定的社会阶层,或者避免使之成为人们生命历程中长久不变的影响因素。由此可以说,北欧福利国家在充当"社会投资"战略的先锋。很显然,它们还未能避免高失业,或者没能避免对社会福利水平进行重大削减。然而,对斯堪的纳维亚的失业记录必须要根据以下背景来判定,即它们有很高的就业率,而且,与欧洲大陆相反,在斯堪的纳维亚,其社会边缘化、社会排斥还有年轻人失业水平都较为适度。

更笼统地说,如果不得不依赖更大程度上的收入不平等以及大量充斥的"劣等的"服务工作才能回归到充分就业,那么,积极的社会投资政策应当减少那种使特定群体成为长期失败者的可能性。如果"劣等的"工作仅仅是权宜之计,或是简单的初次登记,是刚走出校门的人或者流动工人的临时工作,那么它就仅仅构成边际性的福利问题(并且甚至可能有益)。如果就此演变成生命周期陷阱,那就酿成重大问题了。我们知道,教育和技能能够为人们提供向更好的工作流动的最好机会。因此,如果职业流动和就业改善能够得以保证,那么,以低工资为基础的就业战略就可能兼顾平等。

1 黄金时代已逝？全球经济中福利制度的困境

在当前谈及福利制度的危机时，私有化是受到最普遍提倡的战略之一。事实上，私有化战略被弘扬，有两个显著的原因：一个原因是，它能减少公共支出的负担，鼓励自力更生；另一个原因是，它能应对后工业社会的更具差异性和个体化的需求。在实践中，迄今为止还很少有实质性的私有化改革，智利的案例由此看来仍然是相当独特的。不过，在许多国家，私有化可能正在循序渐进地开展，主要是由于社会保险津贴或者服务水平逐渐降低。

如果私有化导致了福利责任向公司的转移，那么，它就不太可能成为某种万能的灵药，因为公司计划同样会抑制灵活性，并导致高昂的固定劳动力成本出现。确实，为了加快发展公共计划，公司计划遭受到打压。此外，这种计划在以服务为主导的就业结构中，几乎是不可行的，在这种结构中，公司规模较小，也缺少工会这样的组织把工人联合起来。可替代性的战略选择就只能是固定缴费型计划或私人保险计划（如智利模式，或美国快速增长的个人退休金账户 IRA 或 401K 之类的计划）。

个人计划确实产生了积极作用。除了鼓励储蓄外，个人计划还允许个人制定符合自己的一揽子福利计划。然而，如果说这意味着对公共计划的替代，而不仅是补充的话，那么，个人计划是否具有以任何普遍方式提供社会保障的能力就令人怀疑了。除此而外，这些个人计划的增长完全需要由公共津贴提供支持，比如优惠的税收待遇。

与私有化并行的还有一种特定的转变，就是领取者的权利从受益确定型（defined-benefit）转向缴费基准型（contribution-based），特别表现在养老金项目上。这意味着，福利国家（或公司）正在从根本上取消他们对充足社会保险金的承诺——这一承诺是 1960 年

1 黄金时代已逝？全球经济中福利制度的困境

代和 1970 年代主要的福利改革之一。在瑞典这个例子中,由于基本的、普遍的"'人民'养老金"保证了高水平的收入保障,很少会产生重大的不平等。但是,其他许多体制就并非如此了,比如说智利,以私人缴费为基础的计划是维持收入的唯一来源——在这个国家,缺少以资产调查为基础的公共救助。

在许多福利国家,收入转移项目在过去几十年一直被滥用,成为人们不想去工作的诱因。在欧洲大陆国家,这一策略加剧而不是减缓了作为根本的就业问题:把劳动力成本的负担附加到日益萎缩的"内部人"劳动力身上,由此提高"外部人"的准入成本,特别是年轻人加入劳动力队伍的成本。它使得家庭对唯一(通常是男性)供养者的工作稳定性及其工资的依赖性增强。

于是,显然,未来福利制度所面临的最巨大的挑战之一就是怎样协调家庭组成中女性的就业。女性要求就业,还要求在经济上更加独立;一个家庭如果能够靠两个人来赚钱,那么,这个家庭可能更为灵活融洽,更不可能陷入贫穷;如果人口出生率增长,老龄化的负担就会减轻。斯堪的纳维亚的经验证明,这些需求能够与全面的公共服务网络融合在一起。然而,现代福利国家的财政压力通常会阻碍这样的扩展;而高昂的工资成本则使得它不太可能在私人部门中出现。

社会保障与就业之间的权衡,在一定程度上是由全球工资竞争所引发,就此而言,还会出现引起总体积极后果的可替代性资源,因为在不久的将来,发达经济国家的主要竞争者可能会建立起更加全面的社会保护制度。如果西方国家为保持竞争而摧毁福利发展的动力,而与此同时,主要竞争又会提高其劳动成本的话,那么,这实在是个可悲的讽刺。

1 黄金时代已逝？全球经济中福利制度的困境

最后要说明，我们不应该忘记的是，战后福利制度背后的原动力超越了较为狭窄的社会政策所关注的范畴。作为促进社会整合、消除阶级差别，以及国家建设的一种有效机制，发达福利制度获得了巨大成功。今天，福利制度的部分危机可能只是财政紧张和失业增长的问题。从某种意义上说，有些危机显然也同社会整合、团结以及公民权利新模式的不太切合实际的需要相关。市场可能确实是一种高效分配的机制，但它不是建立起团结的机制。几乎没有任何疑义的是，在亚洲、南美和东欧的新兴工业民主国家，这些更为虚幻的性质构成了福利制度进化萌芽阶段的重要因素。可以确定的是，人们肯定不会忽视福利制度的经济成果。然而，我们不应该忘记，经济效率背后唯一可信的理论依据就是：经济效率会产生福利。因此，社会公民权的理念可能也会延伸到21世纪。

注释

[1] 虽然这一观点普遍存在于当前的争论中，但是我们必须以严谨的态度去接受它。例如，如果来自新兴工业国家（NICs）的进口份额以强劲的速度增长，那么，它还会维持以下的实际状况，即它在整个欧共体成员国之间的贸易总份额预计能占到80%。

[2] 对拉美地区贸易自由化的最近研究结果显示，自由调整对生产绩效的改善和生产力的提高起到了积极明显的效果（Edwards，1994）。

[3] 存在于前共产主义国家里的贫穷趋势似乎同新政权体制所推行的激进的"休克疗法"（shock therapies）政策的程度密切相关。在近期的一次概述中，科尼亚（Cornia，1994）就"极贫"（ultra-poor）概念提供了一些数字说明，即指那些收入不到平均工资25%—35%的家庭。从1989年到1992年，波兰的极度贫困户数比例从8%上升到20%，罗马尼亚极度贫困户数从19%增加到30%，俄罗斯则从3%上升到27%。与此相反，匈牙利（3%到6%）和捷克斯洛伐克共和国（从1.5%到7%）的上升幅度适中。同样，捷克斯洛伐克共和国和匈牙利国家遭遇的失业率也比较低（OECD，1994b）。

1 黄金时代已逝？全球经济中福利制度的困境

4   事实上,关于这个论题的文献著作相当多。如要了解近期的比较研究,请见弗里曼的相关著述(Freeman,1993);如要了解总论研究,请见埃斯平-安德森的相关著述(Esping-Andersen,1994)。近期,斯特里克(Streek,1992)发表了个人观点;这些几乎相同的条件也是有利于经济作出调整以适应新的、更为灵活的生产方法。

5   有两个例子足以说明这个观点。第一点,正如卡斯尔斯在第4章所作出的例证,澳大利亚劳工党与工会组织一同追求的协商的自由化策略,与新西兰在同种存的利益组织发生冲突中所追寻的策略相比,在促进社会公平和经济增长方面,赢得了更多的赞同和支持。第二点,社会保障组织机构建立的几十年间培养了既得利益群体。因此,要从职业角度着手把具有排他性的社会保险计划融合在一起,就显得不合实际。

6   国家在经济方面的生产绩效由此变得十分关键。在过去几十年间,许多国家的收益绩效显示,达到较高的经济增长水平并非那么容易。例如,在1980年代期间,美国实际制造业收入每年以平均0.2%的速率减少。在劳动力裁减日益明显的欧洲,生产力的增长和工资都以较高的速率增长(法国1.7%,意大利0.9%,德国2.4%)(Mishel and Bernstein,1993:图9A)。

7   弗里曼(Freeman,1993:3)证实,1973年,在欧洲和美国,15岁到64岁的人所从事的工作(按工作时数进行调整)的百分比是相同的。截止到1990年,欧洲就业率要比美国低12个百分点。因此,弗里曼得出结论,美国人每年的月工作量往往多于欧洲人。

8   在美国,典型的企业要缴纳工资总额的11%用于法定的社会缴费,还要缴纳12%的工资总额用于企业补充福利资金(Blank,1993:167)。与之相比,欧共体将平均工资的24%用于前者,5%的部分用于后者。像意大利这样社会缴费负担沉重的国家,用于前者的比例接近于47%,而用于补充福利也不过是2%(再计算的数据来源于European Community,1993a,表21)。

9   我把这观点归功于理查德·弗里曼(Richard Freeman),他有合理的理由,将美国监狱人口看做是欧洲长期失业者(个人观点)。

10 对20世纪80年代的卢森堡国家收入研究(LIS)资料的分析数据显示,单亲家庭(基本上都是以女性为主)面临着极高的贫困风险。按照中等收入的(已调整)50%的标准作为测量贫困的尺度,在美国,处于贫困状态家庭

1 黄金时代已逝？全球经济中福利制度的困境

所占比例达到 60%，加拿大为 57%，德国是 27%，法国和意大利则为 19%。相反，瑞典单亲家庭贫困数占了 4.5%。离婚在经济上所带来的也是灾难性的冲击，至少对于妻子们而言是如此。伯克豪泽等人(Burkhauser et al.,1991)证明，美国妇女离婚一年之后的收入下降了 24%，德国妇女的收入则整整下降了 44%。而丈夫的收入损失相对于离婚的妇女而言则显得微不足道：在美国，其收入比离婚前下降 6%，在德国则是 7%。

[11] 桥本(Hashimoto,1992:38)指出，在日本 65%的老人同他们的孩子生活在一起(从 1970 年的 77%比例开始下降)。张(Choi,1992:15)的数据显示，韩国达到了更高比例(76%)。他进一步指出，44%的老人在经济上完全依靠子女。根据韩国官方贫困线界定，有超过 22%比例的老人是贫困者；其中有一半存在着经济困难问题；而在那些享受政府救济津贴的老人中，有超过一半的人认为难以依靠津贴维持生活。被用来分析老人群体贫困的一个主要理由，就是他们的孩子在逃避供养责任或者是没有能力供养父母。

[12] 对教育的强调已经显而易见。在第 7 章古德曼和彭的数据显示，中学(初级中学)毕业生继续中等教育(高级中学)的比例在日本达到 96%，在台湾地区和韩国达到了 90%左右。

[13] 这次讨论重点集中在政策的性别视角上，但可以把它准确、恰当、详尽地应用到大部分人身上，尤其是应用于老年工人群体。因此，到目前为止，通过把实施再培训、残疾人技能培养和工作岗位再安排的积极劳动力市场就业政策结合起来，该策略在维持年轻人和老年人的高就业率水平方面取得了成效。60—64 岁之间的男性就业率是 64%，在德国为 32%，美国为 54%，法国是 25%，荷兰仅有 15%。

[14] 总体上看，瑞典缺勤率大概是德国或荷兰的两倍。1985 年，瑞典哺养 0—2 岁婴幼儿的妇女在"任何特定日"里的缺勤率高达 47.5%。评论家认为，瑞典整个福利体系过于慷慨，因此刺激了人们对权利的滥用。这种观点从某种程度上说具有一定的真实性，但另一方面，它却忽视了瑞典福利政策在推动残疾人和就业难群体从消极的收入维持到积极就业转变方面所作出的巨大努力(Bjorklund and Freeman,1994)。

[15] 尽管难以找到确凿的证据(但可参见 Atkinson and Mogensen,1993)，但人们还是普遍认为，高工资成本和税收刺激了消极工作的动机和隐性就业的增长。不过，仍有预见可以表明，在促进就业岗位增加方面，自我雇佣

1 黄金时代已逝？全球经济中福利制度的困境

依然是 20 世纪 80 年代瑞典增长最快的就业形式。

16 基于 LIS 资料计算的数据显示,在整个 20 世纪 80 年代,美国双亲家庭中的儿童贫困率较之前增长了一倍(从 12%增到 22%),英国增加了两倍(从 5%增到 15%),加拿大的儿童贫困率上升平缓(从 11%增到 14%)。除英国单亲家庭儿童贫困率下降外,其他国家甚至出现了更为明显的增长势头。

17 如果积极就业政策不能与强大的组织机构相配合,那么它完全起不到任何作用。正如索斯凯斯(Soskice,1991)揭示,英国由于缺乏相应的配套机制,所以仅有小部分 16 岁离校生获得学徒培训机会。

18 再有,60—64 岁的男性就业率,在 20 世纪 60 年代开始时的情形差不多,但是,现在,法国男性就业率下降到 25%,德国下降到 31%,荷兰下降到 15%。相比而言,瑞典男性就业率为 64%,美国为 54%。然而,必须注意的是,从 20 世纪 80 年代开始,在兼职工作已普遍存在的德国、荷兰,女性,尤其是较年轻女性的就业率,已经上升。

19 在意大利,有 60%的社会总支出用于老年人,在德国大致是 45%,与之相比,瑞典(该国同样是老龄化国家)为 30%,美国是 40%(OECD,1994a:图表 1)。

20 东亚出现了明显的下降趋势。老年看护问题越发严峻,因为(极为昂贵的)住院治疗是唯一能够真正替代家庭看护的可选择方式。

21 几项研究都相信前者的解释,认为在 20 世纪 90 年代期间,向临时工转变的速度将会加快(Standing,1993)。另一方面,布克特曼(Buchtemann,1993)对德国的经验进行分析,指出雇主们利用临时合同作为筛选器,但随后在大多数情况下却扩大了永久合同。

22 过去十年间,意大利的自愿者组织,尤其老年人、残疾人或吸毒者关护方面的团体,以强劲的势头发展。然而,有证据表明,正是由于大批没有工作的年轻人和妇女的存在,这种局面才得以形成。

23 国家所有制在拉美国家分布广泛,占工业产值的 40%(东欧占 80%—90%)(Przeworksi,1991:143)。

24 我们对捷克共和国的例子很感兴趣,因为其失业率低,还有就业减少水平(达 10%)与其他国家相同。这可以部分由退休,部分由工作岗位创造计划(1992 年共创造了 250000 个工作岗位)来解释。这似乎也说明,在对公司进行合理化之前所采取的私营化策略,避免了更大幅度的就业减少

1 黄金时代已逝？全球经济中福利制度的困境

(OECD,1994b)。

[25] 自由化策略自由到何种程度尚不明确。对市场的鼓励似乎需要大量的公共补贴；如我们所知，这些补贴部分是养老金，部分是对私营企业的补贴，在1980年代，用于私营企业的补助金约占国内生产总值(GDP)的4.3%(Pereira,1993:37)。

参考文献

Atkinson, A. B. and Mogensen, G. V. (1993) *Welfare and Work Incentives*. Oxford: Clarendon Press.

Atkinson, A. B. and Rein, M. (1993) *Age, Work and Social Security*. New York: St Martin's Press.

Baumol, W. (1967) 'The macro-economics of unbalanced growth', *American Economic Review*, 57: 415-26.

Bentolila, S. and Dolado, J. (1994) 'Spanish labour markets', *Economic Policy*, April: 55-99.

Bjorklund, A. and Freeman, R. (1994) 'Generating equality and eliminating poverty, the Swedish way', National Bureau of Economic Research, Working Paper no. 4945.

Blackburn, L., Bloom, D. and Freeman, R. (1990) 'The declining economic position of the less skilled American men', in G. Burtless (ed.), *A Future of Lousy Jobs?* Washington, DC: Brookings Institution. pp. 178-204.

Blank, R. (1993) 'Does a larger safety net mean less economic flexibility?', in R. Freeman (ed.), *Working under Different Rules*. New York: Russell Sage.

Blank, R. (ed.) (1994) *Social Protection Versus Economic Flexibility*. Chicago: University of Chicago Press.

Buechtemann, C. (1993) *Employment Security and Labor Market Behavior*. Ithaca, NY: ILR Press.

Burda, M. (1993) 'Unemployment, labor markets and structural change in Eastern Europe', *Economic Policy*, 16.

Burkhauser, R., Duncan, G., Hauser, R. and Berntsen, R. (1991) 'Wife or Frau, women do worse', *Demography*, 28: 353-60.

Burtless, G. (1990) *A Future of Lousy Jobs?* Washington, DC: Brookings

1 黄金时代已逝？全球经济中福利制度的困境

Institution.

Calmfors, L. and Driffill, J. (1988) 'Bargaining structure, corporatism, and macroeconomic performance', *Economic Policy*, 6:14-61.

Choi, S. (1992) 'Ageing and social welfare in South Korea', in D. Phillips (ed.), *Ageing in East and South East Asia*. London: Edward Arnold. pp. 148-66.

Cornia, A. (1994) 'Poverty, food consumption and nutrition during the transition to the market economy in Eastern Europe', *American Economic Review*, May: 297-302.

de Neubourg, C. (1995) 'Switching to the policy mode: incentives by the OECD jobs study to change our mindset'. Unpublished paper, Faculty of Economics, University of Maastricht.

Edwards, S. (1994) 'Trade policies, exchange rates, and growth', National Bureau of Economic Research, Working Paper no. 4511.

Esping-Andersen, G. (1993) *Changing Classes*. London: Sage.

Esping-Andersen, G. (1994) 'Welfare states and the economy', in N. Smelser and R. Swedberg (eds), *Handbook of Economic Sociology*. Princeton: Princeton University Press.

European Community (1993a) *Social Protection in Europe*. Bruxelles: EC.

European Community (1993b) *Green Paper on European Social Policy*. Bruxelles: DG5 (communication by Mr Flynn).

Freeman, R. 1993. 'How labor fares in different countries', in R. Freeman (ed.), *Working under Different Rules*. New York: Russell Sage. pp. 1-28.

Freeman, R. and Katz, L. (eds) (1994) *Differences and Changes in Wage Structure*. Chicago: University of Chicago Press.

Gottschalk, P. (1993) 'Changes in inequality of family income in seven industrialized countries', *American Economic Review*, 2:136-42.

Hashimoto, A. (1992) 'Ageing in Japan', in D. Phillips (ed.), *Ageing in East and South East Asia*. London: Edward Arnold. pp. 36-44.

Jencks, C. and Peterson, P. (1991) *The Urban Underclass*. Washington, DC: Brookings Institution.

Korpi, W. (1992) *Halkar Sverige Efter*. Stockholm: Carlssons.

1 黄金时代已逝? 全球经济中福利制度的困境

Lindbeck, A. (1994) *Turning Sweden Around*. Cambridge, MA: MIT Press.

Lynch, L. (1993) 'Payoffs to alternative training strategies', in R. Freeman (ed.), *Working under Different Rules*. New York: Russell Sage. pp. 63-96.

Marshall, T. H. (1950) *Citizenship and Social Class*. Oxford: Oxford University Press.

Mishel, L. and Bernstein, J. (1993) *The State of Working America, 1992-1993*. Armon, NY: M. E. Sharpe.

Moffitt, R. (1990) 'The distribution of earnings and the welfare state', in G. Burtless (ed.), *A Future of Lousy Jobs?* Washington, DC: Brookings Institution. pp. 201-35.

OECD (1988) *Ageing Populations*. Paris: OECD.

OECD (1993) *Employment Outlook*. Paris: OECD.

OECD (1994a) *New Orientations for Social Policy*. Paris: OECD.

OECD (1994b) *Unemployment in Transition Countries: Transient or Persistent?* Paris: OECD.

Pereira, L. (1993) 'Economic reforms and economic growth: efficiency and politics in Latin America', in L. Pereira, J. M. Maravall and A. Przeworski (eds), *Economic Reforms in New Democracies*. Cambridge: Cambridge University Press.

Przeworski, A. (1991) *Democracy and the Market*. Cambridge: Cambridge University Press.

Room, G. (1990) *New Poverty in the European Community*. London: Macmillan.

Soskice, D. (1991) 'Wage determination: the changing role of institutions in advanced industrial countries', *Oxford Review of Economic Policy* no. 6: 36-61.

Standing, G. (1993) 'Labor regulation in an era of fragmented flexibility', in C. Buechtemann (ed.), *Employment Security and Labor Market Behavior*. Ithaca, NY: ILR Press. pp. 425-41.

Streeck, W. (1992) *Social Institutions and Economic Performance*. London: Sage.

第一部分
发达的福利国家在衰落还是在复兴?

2 斯堪的纳维亚福利制度：
成就、危机与展望

约翰·D.斯蒂芬斯

斯堪的纳维亚福利制度将慷慨的福利制度津贴与快速的经济增长、低失业以及很高程度的劳动力参与，特别是妇女的参与结合起来，因而享有国际声誉。它们似乎已经实现了社会平等与经济效率的奇妙结合。近至1988年，瑞典、挪威和芬兰作为国际特例，在此前的十年间，还切实扩展着福利制度津贴，他们保持着非常低的失业水平。而丹麦，由于十年来持续的高失业以及随之而来的各种经济问题，似乎成了"圈外人"。最近五年来，瑞典、挪威和芬兰这三个国家都经历了前所未有的失业增长。其实，在瑞典和芬兰，经济形势的转折被广泛地称作"危机"，其程度等同甚至超过了大萧条时代。

许多分析家将北欧经济的糟糕状况归咎于其福利制度。他们认为，津贴代价高昂，使得斯堪的纳维亚的经济缺乏竞争力。由于经济国际化以及欧洲一体化使得国际竞争迫在眉睫，导致这一问题加剧。对于北欧福利制度的这种批评性观点，看来甚至得到了其主要设计者——社会民主主义者和工会的某种认可，因为他们近来已经同意削减某些津贴，比如降低收入替代率，引入福利津贴等待期等。而且，对于1992年提议创立欧盟的长远结果，斯堪的纳维亚以及欧洲其他地方的工联主义者及社会民主主义者表示担心，担心福利制度供给将会依相应条款降低至欧盟范围内最低的

2 斯堪的纳维亚福利制度:成就、危机与展望

普通水平。

在这一章里,我要考察斯堪的纳维亚福利制度的发展、成就以及当前的危机。我主要关注的是社会政策,但是,这并不是说我没有考虑到与之相辅相成的经济政策,因为后者创造了增长,并因而提供了就业支持。我的主要论点是:从整体来看,如果说,福利制度津贴对斯堪的纳维亚各国当前的经济问题有某种直接影响,那也是微乎其微的。我们有理由证明,实际上,许多福利津贴造就了竞争方面的优势。我宁愿认为,直到 20 世纪 70 年代中期,斯堪的纳维亚增长与就业模式都是相当成功的,而如今,其效能却大大降低。这种情况进而造成过去国家能支付的福利制度津贴,现在已无力负担。简要地说,当失业增加,更多的人在向社会福利制度索取,而更少的人为之作出贡献的时候,这就使得完全同样的一套政府津贴计划,现在则显得过于昂贵了。

我先描述斯堪的纳维亚福利制度及支持它们的经济政策,然后对当前的危机进行分析,最后对该地区经济与社会政策的未来发展轨迹作一些思考。我自始至终聚焦于瑞典,而把其他三个国家作为比照和对比。我之所以这样做,不仅因为对这四个国家给予同样深入的关注将会使得本章过于冗长,而且也是因为瑞典经常被挑选出来作为社会民主主义的范例。此外,其他三个国家的行动者们经常试图仿效(或回避)瑞典的政策。

社会政策模式:共性及差异

新近关于福利制度的学术研究,受到蒂特姆斯(Titmuss)"社会政策模式"三分法的启发,致力于发展福利制度的类型学(参见 Esping-Anderson, 1990; Palme, 1990; van Kersvergen, 1991;

第一部分 发达的福利国家在衰落还是在复兴？

Huber et al.,1993;Korpi and Palme,1994)。按照埃斯平-安德森(Esping-Anderson,1987,1990)的分类,这些类型学体系通常把福利制度区分为三种类型:社会民主主义的或曰制度型的;合作主义的、天主教的或曰工作业绩型的;还有自由主义的或曰剩余型的(参见 Castles and Mitchell,1990;Ragin,1994;Kanags,1994)。埃斯平-安德森和科尔伯格(Esping-Andersen and Kolberg,1992b)认为,这些社会政策类型是与劳动力市场的进出模式以及就业模式联系在一起的,并将此二者的结合状态作为"福利制度体制"的特征。而且,就斯堪的纳维亚来说,许多分析者把社会政策与促进增长和就业的政策联系在一起,以指明那种充分就业福利制度的"斯堪的纳维亚模式"。[1]

帕姆(Palme,1990:82ff)向我们提供了一个关于养老金分析的很好的起点。在他的分类中,制度型养老金模式把"基本保障"与"收入保障"统一起来。在实践中,这样一种体制把作为公民权利(即不论工作经历如何,所有公民都可以享受)的基本统一费率的养老金以及与收入挂钩的、具有较高的收入替代率的养老金结合在一起。要是将其扩展到作为一个整体的福利制度,我们可以说,机制型模式(institutional model)把所有公民都平等享有的公民津贴,与工作人口在临时(疾病、失业)或者长期(退休、工伤)中断工作的情况下享有的收入保障结合起来。那些主要的转移支付项目(养老金、疾病津贴、工伤、失业补偿、产假和父母亲假)的设计,都是为了提供收入保障。此外,作为斯堪的纳维亚各国养老金体系的第一层次,统一费率的公民养老金为公民提供基本保障,一些国家还提供额外的公民津贴,比如疾病和失业津贴。而且,上述四个斯堪的纳维亚国家都提供统一费率的儿童津贴,以及通常与

2 斯堪的纳维亚福利制度：成就、危机与展望

需求相关联的住房津贴。

表 2.1 显示了针对普通产业工人的主要转移支付项目的替代率和覆盖率。从这些数据中可以很明显地看出，北欧福利制度确实接近机制型模式。覆盖率和替代率都很高。基本公民养老金的效果可以从最低养老金的数据中看出来，所谓最低限度，就是没有劳动力市场经验的单个人将会获得的养老津贴数。卢森堡收入研究(LIS)资料清晰地显示，北欧三个国家中，公民养老金在减少老年人贫穷方面卓有成效，因为 LIS 资料显示，只有 5％的挪威老年人、4％的芬兰老年人，以及不到 0.5％的瑞典老年人生活在贫困之中[2]。

表 2.1　1985 年普通生产工人的收入替代率（工资的百分比）及主要转移支付项目的覆盖率（％）

	瑞典	挪威	芬兰	丹麦
收入替代率				
养老金				
最低标准	48	48	48	54
全额享受	77	67	69	56
疾病津贴(26 周病休)	90	100	74	77
产假/父母亲假	92	83	77	83
（26 周休假）				
失业(26 周)	72	61	56	59
覆盖率				
养老金	100	100	100	100
疾病津贴	87	85	92	81
产假/父母亲假	100	100	100	81
失业	75	90	63	80

资料来源：大部分数据来源于哈根(Hagen,1992:141,147,151,154)；另一些数据来源于奥利·康各斯(Olli Kangas)及帕姆(Joakim Palme)（私人通讯）。

第一部分　发达的福利国家在衰落还是在复兴？

35　　表2.1中的养老金资料显示：丹麦模式在某种程度上并未机制化。它的第二层次的养老金只提供与工作经验相关，而不是与收入程度相关的适度的补助；这样一来，当收入增长时，收入替代率直线下降。相比而言，在其他三个国家，补充性养老金与收入相关联，在瑞典和挪威，补充性养老金随着收入不断增长直到上限，也就是"基本数额"的7.5倍到8倍（大约是普通产业工人工资的3倍），而在芬兰，补充性养老金的增长没有上限。由于表2.1中显示的病休津贴、父母亲假以及失业保险给付方面的替代率是针对普通产业工人的，它没有反映出，较其他三个国家来说，丹麦高收入工人相应的替代率大幅度下降。丹麦的立法规定，通常替代率要达到相当于普通产业工人收入的90%。瑞典和挪威的替代率通常是90%—100%，并且支付上限与公共养老金上限相同，这样一来，其所提供的高替代率，足以让普通产业工人达到白领阶层的地位。芬兰的规定有所不同，但是，在较高收入雇员的收入替代率方面，与瑞典和挪威比较接近。

　　从某一方面来看，芬兰的转移支付体系确实不同于其他的斯堪的纳维亚国家：即便已经立法，其主要制度体系仍然由国家机构之外的部门所管理，这方面在公共预算以及表2.1的数据中没有显示出来。从第一周的疾病津贴与工伤保险来看，确实如此。

　　如果我们从更广泛的含义来理解，福利制度设想将诸如教育、日间看护、老年保健、公共交通补助、住房津贴以及积极的劳动力市场支出等各项服务也包括进来，那么，转移支付费用还不到总支出的一半。与天主教福利国家相比，斯堪的纳维亚福利国家更注重服务项目（Huber et al., 1993）。在斯堪的纳维亚，医疗保健、教育是公民权利或居民权利，可以免费获得或者只需要少量的共同

2 斯堪的纳维亚福利制度:成就、危机与展望

付款,还有,日间看护也是如此,只是程度更弱一些。在所有四个国家里,医疗保健、教育以及日间看护这三项构成了社会服务支出的主体。

有一点必须着重说明,就是斯堪的纳维亚福利制度在公共服务扩展方面,有何独到之处。在过去二十年中,上述这些服务连同父母亲假一起,已经成为福利制度进行革新的主要领域。正如库塞克和瑞恩(Cusack and Rein,1991)所指出的那样,20 世纪 80 年代中期,在这四个斯堪的纳维亚国家中,福利制度就业(即公共卫生、教育以及福利就业)平均占工作年龄人口的 15.4%,相比之下,在六个欧洲大陆国家(大致等同于基督教民主福利国家的分类)这个比例为 5.1%,在四个英美国家(自由主义福利国家)为 6.1%。有可比性资料表明,1975 年到 1985 年,从福利制度就业占工作年龄人口的百分比来看,丹麦、挪威和瑞典提高了 5.6%,其他六个国家与之相比仅提高了 0.3%[3]。较之对老年人口的关注来说,北欧福利制度的特点是更关注年轻人以及工作年龄人口,这关系到大多针对年轻人和工作年龄人群的公共社会服务(如就业、日间看护、劳动力市场培训),还有转移支付项目(如父母亲假和儿童津贴)。

如此说来,广泛的、通常是普遍的覆盖范围、高收入替代率、公民权利的范围以及服务的强化是斯堪的纳维亚福利制度的四个基本的制度参数。此外,还有享受津贴的自由条件、综合性,以及福利国家主义等参数。正如我们在上文所指出的,斯堪的纳维亚福利制度所提供的基本养老金和大多数服务是建立在公民权或者仅仅是居住权的基础上。从其他转移支付项目来看,与其他地区对享受条件的类似要求相比,斯堪的纳维亚福利制度的享受条件更

第一部分 发达的福利国家在衰落还是在复兴？

为自由(例如在开始领取津贴前的等待日期,有资格享受部分津贴或全额津贴所需的工作周数或年数)。在北欧福利国家,为获得津贴所需的资产调查、需要审查或收入审查并不常见。住房津贴、针对那些没有收入或者只有少量养老金收入的人的特殊的补充性养老金,以及社会救助金,是需要进行这些审查的仅有的重要项目。

所谓综合性,我指的是,北欧福利国家的社会供给事实上覆盖了任何一个发达的工业民主国家所能提供的国家服务或津贴的所有领域。说到国家主义,我指的是,服务由国家,而不是由享受资助的非营利机构(比如宗教组织)或者转包的私人企业来提供。正如上文所指出的,在这方面,芬兰部分是个例外。所有这些特征的结果是,公共供给把诸如达成协定的集体性津贴或者私人保险等私人的替代选择都排挤出去了。与其他发达工业国家相比,这些私人的替代选择在斯堪的纳维亚国家所起的作用更弱。

形成斯堪的纳维亚福利国家的社会和政治力量,首先是社会主义党和手工业者协会,还有白领协会以及农民党[4]。对于他们来说,制度参数本身并不是主要的立法目标。真正的立法目标是保障、去商品化、劳动力培训、组织动员以及再分配。我的观点是,斯堪的纳维亚福利国家所达到的这些目标,甚至未被其支持者认识到。有关保障和非商品化,从福利国家本身所特有的制度性特征中就可以看出来,对此无可争议。高收入替代率、公民津贴、宽松的享受条件以及综合性,所有这些都促进了社会保障。斯堪的纳维亚福利国家普遍覆盖的福利、对大多数转移者的高收入替代率、公民享有的津贴和服务,以及宽松的享受条件的结果,用埃斯平-安德森的术语来说,就是"去商品化",也就是说,是公民身份而不

2 斯堪的纳维亚福利制度:成就、危机与展望

是市场参与以及市场地位,作为获取收入或是享受公共物品和服务的权利的基础,而且,个人无论是暂时离开还是永久退出有薪工作,所遭受的收入损失都相对较小。

至于说到培训和劳动力流动,那会使我们的讨论离题太远,从而无法对斯堪的纳维亚的教育和劳动力市场培训体制在提供高技能劳动力方面的作用,作出全面而有效的评估。所以,只要说劳工素质对这些国家来说是个重要的比较优势,这就足够了。就劳动力流动的情况而言,最好的说明就是有关劳动力参与的数据,以及直到 20 世纪 80 年代末才出现的失业。重要的是,我要在这里指出,劳动力培训和参与的目标与去商品化可能会彼此冲突。正是前面所述的那些特征降低了人们参与工作的积极性,因此近年来它已经备受攻击。当然,也有老生常谈的观点(不仅仅从权利角度),认为高税收和慷慨的转移支付容易产生工作倦怠。但是,对丹麦和瑞典(还有德国和英国)研究的全面回顾证明,经验性的证据要比通常人们设想的要混杂得多(Atkinson and Mogensen,1993)。有些发现充分证实:慷慨的提前退休金确实导致了劳动力的提前退出,而旨在促进女性劳动力参与(父母亲假、公共日间照顾,等等)的一系列政策目标已经产生预期的影响。除此之外,对某些群体,比如对壮年男性群体来说,有关劳动力供给的负面影响通常较小或不太显著,积极影响则很大。而且,项目变数相当巨大,在一个国家的发现结果并不一定适用于另一个国家。比如说,在斯堪的纳维亚引起热烈争论的疾病保险的例子,格斯塔森・克赖维曼克(Gustafsson and Klevmarken,1993:95)指出,替代率的增长(而不是等待日期减少)与瑞典旷工数量的提升具有强相关性。相比之下,康哥斯(Kangas,1991)的跨国研究则显示,高旷工

第一部分 发达的福利国家在衰落还是在复兴?

率与较少的等待日期相关,而不是与高替代率相关。埃斯平-安德森与科尔伯格(Esping-Andersen and Kolberg,1992a)发现,虽然瑞典、挪威和丹麦所提供的疾病津贴都比较慷慨,但这些国家在旷工率方面却大不相同。

关于再分配,有两点值得强调,而这两点,对我们得出有关北欧福利制度未来发展方向的结论相当重要。第一,如米切尔(Mitchell,1991)在关于直接税收和转移支付对再分配影响的著作所指出,社会民主类型的福利制度存在大量的再分配。同样,建立在LIS数据的基础上,桑德斯(Sauders,1991)的著作指出,公共服务具有再分配作用的结论格外强化了传统的再分配效果[5]。第二,虽然与收入挂钩的补助金,看来会明显减少福利制度再分配的影响,但是,相反情况也成立。这种与直觉相反的发现,可以为如下事实所解释,那就是,制度型福利国家剔除了极不平等的私有化替代选择。这一点在康哥斯和帕姆(Kangas and Palme,1993;Palme,1993)关于养老金的结论中,还有科比和帕姆(Korpi and Palme,1993)更为广泛的关于福利制度补贴的著作中得到证实。

38 康哥斯和帕姆(Kangas and Palme,1993)提供的十个国家的LIS数据显示,比起公共养老金分配,老年人所获得的其他支持来源在分配上不平等得多(基尼系数随资金来源和国家不同,从0.41到0.82不等,而公共养老金的基尼系数最高为0.15)。他们还指出,慷慨的公共养老金大大减少了对这些替代性选择的依赖。虽然,在那些建立起与收入挂钩的养老金的国家,公共养老金在分配上更不平等,但是,总收入(以及最终的可支配收入)的分配更为平等。比如,公共养老金收入的基尼指数在瑞典是0.15;在实行资产调查型养老金制度的澳大利亚,则是-0.07[6]。然而,针对总收

2 斯堪的纳维亚福利制度：成就、危机与展望

入(包括税前的所有收入来源)以及最终可支配收入的基尼指数而言,瑞典(分别是 0.24 和 0.14)比澳大利亚(分别是 0.34 和 0.28)要低许多。帕姆还提供了更多的证据,证实制度型养老金体制平均主义的性质,这些证据表明,他所说的养老金制度主义标准(如上面所定义的)与可支配收入不平等(-0.83)密切相关。嘉提等人(Jantti et al.,1994)对芬兰老年人从 1966 到 1991 年六个时点的收入分配的分析也显示,芬兰与法定收入相关方案的成熟导致了收入不平等的显著下降(变量的平方系数从 1966 年的 0.57 向 1991 年的 0.16 迅速下降)。他们由此得出结论,"不论收入等级如何,法律规定的普遍性项目已经通过剔除老年人收入一揽子计划中递减的部分而使得结果平等化。"

经济模式:共性和差异

正像埃斯平-安德森和科尔伯格(Esping-Andersen and Kolberg,1992b)所指出的,斯堪的纳维亚福利制度已经与独特的劳动力市场体制紧密联系在一起。到"黄金时代"结束时,所有四个国家都具备了极低水平的失业、女性劳动力的高水平参与,以及高水平的公共健康、教育和福利就业等特征。把劳动力市场体制看做斯堪的纳维亚经济和社会政策的交叉点是有益的;上述三个特征在逻辑模式上或多或少是相互关联的。说到就业体制,人们可以依据那些能够进行对比的不同国家的实际经验,制定如下一些粗略的特征作为参照的基础。到 20 世纪 60 年代中期,就业和经济增长模式使得劳动参与率提高,男性失业率降低。与其他欧洲国家不同,斯堪的纳维亚禁止招募非北欧的外国劳动力。这就使女性获得了在私人部门工作的更多机会。对于女性就业者来说,更为重

第一部分 发达的福利国家在衰落还是在复兴?

要的是,斯堪的纳维亚福利制度成为强化服务型的制度,因而为妇女提供了在公共健康、教育和福利领域就业的机会。由于产假和父母亲假以及日间看护的发展,对国家提供公共健康、教育和福利有所促进,而后者,反过来,又可以提供更多的工作。同时,女性就业参与率提高,又产生了更多的对各种转移和服务的需求。

积极的劳动力市场政策(公共就业服务、搬迁津贴、工作培训、临时的公共就业,以及公共部门或私人部门的扶持性就业)通常被视作北欧福利制度或劳动力市场体制不可缺少的组成部分。确实,斯堪的纳维亚福利制度全都实行积极的劳动力市场政策,可以说,致力于这种积极的措施而不是像失业补偿那样的消极措施,确实是他们不同于欧洲大陆福利制度的特征。然而,这四个国家又有很大的差异,而这种差异与经济增长和就业政策直接相关。其中,瑞典是最为独特的,形成了为其他三个国家所效仿的模式[7],其原因概括如下。1970年,当所有四个国家的失业率都还非常低的时候,瑞典就未雨绸缪,花费比其他国家三倍还多的投资来发展积极的劳动力市场策略。1987年,芬兰失业率为5%,丹麦是8%,瑞典仅为1.9%,不过,瑞典花费了1.9%的GDP支出用于积极的劳动力市场措施,相比之下,芬兰的花费仅占0.9%,丹麦只有1.1%。

虽然北欧四个国家的政策目标从广义上来说都是相同的,但是,各国特定的经济和就业政策与其福利国家主义体制相比却各不相同。尽管如此,人们还是能够认同普遍适用于所有北欧国家(丹麦除外)的北欧类型[8]。这些国家的经济是比较小型的、开放的,因而依赖富有竞争力的出口。出口部门传统上建立在国家原材料的基础上,并与金融利益紧密相连。这些国家的经济以强大

2 斯堪的纳维亚福利制度:成就、危机与展望

的人力资本为基础,形成强有力的、全面一体化的工业联合体。而这些,又同日益增长的资本密集结合在一起,使这些国家不再停留于原材料和半加工材料的出口,在国际竞争中地位日益重要。

斯堪的纳维亚鼓吹它们是工业社会中工会密集度最高的国家,工会高度集中化。同样,雇主组织良好并高度集中。强大的工会与出口依赖紧密结合在一起,使得工资限制必不可少,并且由于集中控制的讨价还价而成为可能。工会对工资限制进行"额外补偿(side payment)"成为充分就业和制度化的福利制度的重要内容。为了使充分就业与制度化福利制度之间的权衡起作用,必须加强与政府合作。从工会的角度来看,由于社会民主党近来经常获得执政地位,也促进了这种合作。于是,一种政府、企业主和工人三方在工资、经济和社会政策上讨价还价的协商模式("新社团主义")在斯堪的纳维亚出现了。

鉴于这种力量的平衡,在经济政策设计中,优先考虑充分就业和基于迅速的技术变迁基础上的经济增长,并不会令人感到奇怪。偶尔会出现货币贬值,辅助财政政策适度地逆经济周期而行。然而,我们不能过分强调这些方面,长期增长与就业政策的核心就是经济供给政策。经济供给政策不仅包括一般措施(如教育和工作培训、基础设施建设、低利率的信贷政策,以及对研究和开发的普遍支持),还包括一些选择性的措施(比如积极的劳动力市场政策、对工业借贷者而不是对消费者和投机者更有利的信贷政策、区域性政策以及对有选择的工业部门提供补贴或实行补贴性信贷)。通过信贷分配(credit rationing)以及公共部门积累(public sector surplus),保持较低的利息率。相应地,财政政策通常从紧,这些国家通常实行预算盈余。总需求问题主要是对斯堪的纳维亚出口

第一部分　发达的福利国家在衰落还是在复兴？

的世界需求问题。

北欧国家在其他许多重要方面也各有其独特性。在瑞典,商业属性最为突出。与芬兰和挪威相同的是,出口制造业高度集中。但不同的是,瑞典的出口工业一直由少量私人拥有的、国际化的和有国际竞争力的寡头垄断控制下的企业所主宰。比起其他两个国家,瑞典更为迅速地从原材料和半加工品的出口转向资本货物以及消费成品的出口。

瑞典商业部门的性质鼓励了雇主联合会(SAF)的攻击性政策的发展。起初,其目标是要击垮新生的工会运动;之后,当击垮工会的行动失败,它就企图限制工会的政治影响;最后,当限制影响的行动也失败,它又企图考虑保持私人所有权和雇主在工作单位的特权,还有整个投资过程中的私营部门的方向[9]。

在1936年重新选举后,社会民主党雇主联合会放弃了企图击败劳工运动的想法,并开始与工会同盟(体力劳动者工会的中央组织)谈判,导致1938年索尔托索巴登协议的出台。科比(Korpi, 1983:47—48)对这种两党在创造经济增长方面同意合作而达成的"历史性和解"的长期效果进行了描绘:劳工运动不仅仅会受到生产结果的影响,更会受到生产结果以外其他因素的影响;雇主将会保留控制生产过程和投资方向的权利。合作主义的安排给劳资和睦以及后来在国家层面上的集中的劳资谈判铺就了道路。

战后瑞典的劳工运动纲领包含了许多更具雄心的计划,这些计划会使得瑞典更接近于实行以挪威和芬兰为代表的更具国家统制的投资方向。这种变动由于社会民主党在战后的"计划性之争" (planning debate)中的败退而中止。结果是,瑞典式的斯堪的纳维亚边际供给模式逐渐集中在劳动力供给方面,而只是间接地考

2 斯堪的纳维亚福利制度:成就、危机与展望

虑投资方面。

该政策框架从有关经济上同工同酬[所谓的社会连带主义(solidaristic)的工资政策]的著名的瑞恩-敏德勒模型(Rehn-Meidner model)中显现出来。这一政策将迫使劳动密集型的、低生产率的企业或走向经营合理化或离开商业圈。于是,被迫裁减的劳工将会通过积极的劳动力市场政策转向高生产率的部门。在高生产率的部门中,工资就会受到限制,以促进国际竞争和鼓励投资[10]。积极的劳动力市场政策减少了结构性失业,将会进一步促进工资限制,进而降低失业和通货膨胀之间的权衡,使得菲利浦曲线下降并向左移动。

为促进工资限制,应当遵循严格的经济政策。充分就业将通过积极的劳动力市场政策和其他选择性措施,包括从诸如养老基金这样的公共储蓄中得到低息贷款而实现。国家对货币和信贷市场的控制,促进了宏观经济的调整。令人满意的劳动力分配结果,是通过减少国内需求、抑制利润水平这样的紧缩财政政策的实施[11],以及通过扩大转移支付,还有免费的或补贴性的公共物品和服务而获得的。假定有适度的利润水平,充分适用于经济增长的商业投资水平将从公共储蓄得到的低息贷款而获得。税收制度也有利于对利润分配进行投资。

当然,经济增长对福利制度扩展来说至关重要,同样重要的还有创造就业机会的模式。低水平的失业以及高水平的劳动力参与,意味着更多人可以通过税收来支持福利制度,尽管他们领取的津贴很少。所以说,如果相较于另一种情况而言,即是斯堪的纳维亚的劳动力参与率像欧洲大陆那样低迷(或者说失业率像欧洲大陆那样高),那么相较于这一情况,目前这种慷慨的福利津贴,

第一部分　发达的福利国家在衰落还是在复兴？

就不算是代价高昂了。

挪威和芬兰缺少瑞典那样国际化的、大规模的社团结构。这可能有助于解释为什么保守党接受了计划经济下的国家领导制度。这也反映出，挪威和芬兰企业为发展雄心勃勃的工业化项目，在动员必不可少的资本中所面临的困境，也反映出他们即使想反对这一项目，政治能力也极其微弱。

挪威模式以低利率的积极的工业政策为特征，这一政策由工业和银行业的广泛的国有所促进。米约瑟把挪威模式概括为"信贷社会主义"（Mjøset，1986：121）。

挪威模式对积极的劳动力市场政策并不那么热衷。一个原因是针对不景气的领域的就业，挪威可能通过直接干预来加以支持。所以，与瑞典相比，挪威政策总是有强大的地区补贴因素在内，而结果是，其工业承受着微观效率问题的困扰，这一点比瑞典更明显。

如果说芬兰有什么特别之处的话，那就是，在工业化进程中，芬兰这个国家更为积极。这种积极不仅表现在对工业多样化的促进和补贴性的发展政策方面，而且国家直接拥有并创造新的工业企业。与挪威和瑞典差不多，国家采取了低利率及针对产业使用者的信贷调拨。为创造足够的公共储蓄，这种模式在财政上表现得非常保守，其财政要保持不断地出现盈余。与挪威和瑞典不同，在芬兰，劳工在意识形态上被分裂，大部分被排斥在政策制定过程之外。芬兰的情况适用于莱姆布鲁希（Lehmbruch，1984）提出的"无劳工合作（concertation without labour）"的理念，形成了与日本和东亚新兴工业国家相似的特征（Vartiainen，1994）。

20世纪60年代中期，标志着芬兰政策向瑞典和挪威模式的

2 斯堪的纳维亚福利制度:成就、危机与展望

转变。1966年的选举显示,社会民主党执政时期与共产党或农民党的合作,克服了工会运动的分裂,工会会员数量开始迅速上升。结果,芬兰在1968年达成全面收入政策协议后,转向三党合作主义(tripartite corporatism),这个协议是芬兰此类协议中的第一个,象征性地表明了芬兰体制的转型。社会政策遵循同样的模式:由于新的力量出现,在芬兰,以左派为中心的政治路线在20年间实行了一系列的社会改革,一直延续到其他三个斯堪的纳维亚国家走向衰落或倒退。正因为如此,芬兰福利制度终于赶上了其邻国,步入所谓的斯堪的纳维亚模式。

丹麦模式的不同特点可能要追溯到其工业结构方面。直到20世纪60年代,丹麦的出口还是以农业产品为主导,工业还呈现出传统的小规模的、手工业为导向的特征。甚至在1950年代末"第二次工业革命"开始后,小规模的生产业仍然占据着这个国家新的出口制造工业导向的地位。还有,丹麦缺乏像在瑞典、挪威和芬兰都具有的那种金融和工业的联系。

因此,在丹麦,代表农民的利益群体更强大,左派的力量更微弱,工会就更为分散。这种结构限制了强大的中央计划,也限制了瑞典式的那种更适度的供方政策的发展。丹麦金融市场强有力地融入到国际信贷市场中,因而利息率比其他国家都高。由于没有长期的供方政策,所以,政府反失业的努力,主要是以短期的凯恩斯主义的需求管理方法为主导,这些措施引发了通货膨胀,进而威胁到收支平衡,其后果是导致实行紧缩措施,这就是为英国政治经济学派所熟知的通胀与紧缩交替的财政政策循环[12]。

这些国家相同的经济和政治特征强烈地影响到社会政策的产出效果。通常,社会民主党不能没有农民激进党派(the agrarian

第一部分　发达的福利国家在衰落还是在复兴？

Radicals)的支持。因此,他们在试图通过与收入挂钩的补充养老金法案时失败了。同样,丹麦的工会运动——特别是非熟练工人的工会——赞同提高统一利率的养老金,而不是发展第二支柱的养老金,在大多数转移支付项目中,通常还反对针对上层收入者的高收入替代率。结果,如我们所见,在丹麦,当一个人的收入超过了普通产业工人的收入水平,受益水平就迅速下降(Salminen,1993:275—276)。就雇主社会缴费率非常低的情况来看,丹麦在国际社会范围内也很突出。丹麦福利制度在财政大体上通过一般税收就可以实现,这主要是由于丹麦雇主规模较小的特点所决定。

斯堪的纳维亚模式的危机

在有关发达国家政治经济的研究中,"危机"可能是个使用得最泛滥的词。在20世纪70年代,它通常指的是突如其来的低经济增长。自1971年布雷顿森林体系(the Bretton Woods)固定而灵活的汇率被打破,还有1973年OPEC石油价格上涨,发达的经济制度经历了根本性的巨变。这些事件与现实的长期变化结合在一起,这些现实的变化包括:诸如贸易、资本和金融日趋国际化,货币的不稳定性、工业的下降以及服务业的增长。所有这些趋势,对斯堪的纳维亚模式的危机的确负有责任。在本节中,我将指出,它们确实对就业和经济增长,以及劳动力市场模式产生巨大影响,但只是通过因此发生的失业增长,间接地影响到福利制度。

瑞典

与其他斯堪的纳维亚国家一样,瑞典政府起初只是把新的经

2 斯堪的纳维亚福利制度:成就、危机与展望

济时代看作暂时的低迷时期[13]。因此,社会民主党政府就采取了逆周期性的措施。当困难消逝,1976年接管政权并几届继任的资产阶级联合政府,引进了限制性与扩展性相结合的措施,被米约瑟概括为"摸索性"的特征(Mjøset,1986)。联合政府试图防御失业、保护福利制度津贴,以证明社会民主党所进行的相反的宣传是不当的。然而,他们没有审查通过任何有关社会政策的创新,也没有对社会福利进行任何巨大的削减。为抵抗失业,政府对部分工业进行补贴,并接管失败的企业。结果,预算赤字不断增加。政府在1980年比较适度地引进了一些削减权利的措施,比如减少对兼职养老金的补偿,引进个人疾病津贴的等待日期等,某种程度上是出于对预算赤字的反应,但更多地是由于作为保守派方面的新自由主义登场,还有咄咄逼人地秉持新自由主义立场的雇主联合会(SAF)的出现(Marklund,1988)。

在1982年社会民主党重新执政的选举中,疾病赔偿等待日期成为一个重要的议题,这表明福利制度在瑞典获得广泛的社会支持,以及新政府所得到的政策授权。新政府了解到,变化的世界需要新政策。在进入内阁前,社会民主党经济学专家得出结论,认为要扩大公共支出占GDP的比率是不可能的。因此,任何新的改革只有通过削减其他预算或是经济增长来获得财政支持(Feldt,1991)。社会民主党当时,不仅减少了公共支出占GDP的百分比(当然,令人惊奇的是,这个举措实际上引起了一些新的改革),而且减少了其他方式的国家经济干预,在1985—1986年,他们明显放松了对金融市场的管制,改革直接针对所有的国营企业,把创造利润当成唯一的目标,此时,一部分国有企业已经私有化。

毫无疑问,由于这些政策采纳了财政大臣菲尔德(Feldt)这位

第一部分 发达的福利国家在衰落还是在复兴？

极具新自由主义倾向的顾问的意见(至少是在瑞典社会民主党背景下的新自由主义),它所产生的影响比许多劳工运动更为深远,更重要的是,劳工组织领导人与劳工组织经济学家,一旦掌握了这些政策,一定会付诸实施。不过,在有关福利制度的规模方面,达成了一致意见。1986年,一群劳工组织政策专家(这些人不能算做是菲尔德联盟成员)发表了一个报告,主张从保证社会安全和平等的基本目标来看,福利制度并无必要再行增长。从某种意义上说,劳工组织报告证实了瑞典福利制度是充分发达的。综合劳工组织报告与菲尔德组的评估来看,人们可能说,尚存的瑞典福利国家的倡导者已无多少事情可做,而且,他们也没有多少方法可利用了。

尽管依然处于在野党的立场,但是社会民主党还是支持由中间-自由派政府提出的降低中高收入阶层之间的边际利率的税收改革。这预示着由社会民主党政府与自由党合作实施的1989—1990年度的"世纪税收改革",将边际税率减少到高收入阶层边际税收的50%。这意味着更少的再分配,以及对高边际税收降低了对储蓄和工作的激励这种观点的接受[14]。

新社会民主党的"第三条道路"(介于凯恩斯的通货膨胀和撒切尔夫人的铁腕政策之间的政策)是对这些发展趋势的回应。前些年货币贬值最高是10%,当前的货币贬值为16%,为瑞典工业创造了重大的竞争优势。新社会民主党还尽力通过保证工会对工资实行限制和削减赤字等措施,来继续保持这一优势,这些措施导致对消费的抑制,从而进一步创造了利润的猛增,实现了从劳动到资本的收入再分配。受到重新恢复的国际需求的扶持,这一政策看来非常成功,因为经济进程加速、失业和赤字下降。在这一成就的基础上,社会民主党赢得了1985年的选举,到1988年选举时,

2 斯堪的纳维亚福利制度:成就、危机与展望

"第三条道路"看来获得了广泛的成功:社会民主党当政时占GDP 8%的预算赤字已经消除了;失业率降到2%以下;贸易收支顺差;各项新的社会改革也获得了通过。除此以外,社会民主党还在1988年竞选时作出实行新一轮社会改革的承诺:引入六星期的假期,将父母亲假保险从9个月延长到15个月,为一岁半以上学龄前儿童提供公共日托照顾的场所。

不幸的是,在再次当选的一年里,想象的泡沫破碎了。由于社会民主党政府在当政时遭遇经济危机,无法履行所有那些承诺,遂于1990年2月引入了紧缩开支的一揽子计划,要求冻结薪酬和禁止罢工,它对于作出的关于不干预劳资谈判的承诺食言了。虽然由于缺少议会的支持而导致政府的这个一揽子计划失败,但是它重整旗鼓,两个月后,在自由党的支持下,通过了一个类似的紧缩开支的一揽子计划(虽然已经没有令人讨厌的劳动力市场特征)。在其他项目中,把最初三天疾病赔偿的替代率从90%降低到65%,第4天到第90天的降到80%。1990年秋,社会民主党对欧共体的立场改弦易辙,成为其赞同成员之一。

若说瑞典社会民主党的选举成功,主要是缘于人们对它具有独特能力的共同认知,认为它既能开始进行社会改革,又能使经济运转有效的话,那么,他们在这两方面的明显失败的做法,甚至导致了1991年选举这一自1928年以来最糟糕的选举结果,也就不会令人感到奇怪了。之后,在保守党引领的少数联盟操纵之下,经济持续恶化。公开失业率从1990年的1.6%上升到1993年的7.7%;如果把积极的劳动力市场措施下的失业也包括进来的话,失业率则从2.1%增长到12.5%(OECD,1994:36)。1991年、1992年和1993年GDP呈现负增长。在欧洲货币市场发生骚乱

69

第一部分　发达的福利国家在衰落还是在复兴？

的1992年,政府和社会民主党用相当长时间来捍卫克朗*,达成两个"危机中的一揽子计划",包括福利享受权益的重大削减,比如减少养老金和疾病津贴,引入一日等待期等制度。最后,这些措施都未成功,克朗浮动起来。虽然浮动的决定意味着,达成协议的基础已经丧失,但是,很明显,所有的政治代理人都认同经济形势危急,这样就保证了在权益方面进行削减改革。而有些权利是早就建立起来了的。在瑞典,之所以必须对福利进行削减,是由于人们都认同在可以预见的未来,瑞典无论如何不能退回到接近2%的公开失业率上(在劳动力市场措施下不过额外增加1%)。自我筹资的失业保险体制的新政策主张正常失业率在5%左右,这一事实显示政策就是建立在这一假定基础上[15]。这样一来,虽然在最近适当地削减之前,财政预算在1989年是盈余的,但现在人们认为,那时出现的是结构性赤字(不只是周期性的)。

为应对现有的危机和未来可能出现的变化,瑞典福利制度会实行一些改革,在描述这些改革之前,首先要指出在危机发生前,政府已经制订了许多改革计划,这一点至关重要。在此我们需要提及三项改革[16]。第一项改革,就是由于可以预见到的人口结构负担,与收入挂钩的养老金体系(ATP)在未来会面临危机,因为仅仅有部分积累的资金支持。由于所实施的改革要能够持续到遥远的未来,所以,议会委员会中制订计划的各方,都要彼此广泛协商以使计划良好运行。很快达成一致的基础是,在新体制中,每一代都必须为自己进行养老金缴费。全额的养老金现在需要40年的缴费期,对"最佳收入年份"没有任何特殊考虑;保险金要建立在

---

* 克朗(crown,krona),瑞典、丹麦、挪威等国的货币单位。——译者

2 斯堪的纳维亚福利制度:成就、危机与展望

终生收入的基础上。这一原则的根本性变化是,新体制是一种养老金固定缴费型(defined contribution)而不是固定收益型(defined benefit)。再有,此前的体制是由雇主纳税出资所支持,而新体制是由雇佣者和被雇佣者双方各出薪水的 9.25% 作为资金。结果,新的制度设计使得专职的、全职的工作者(应认定是男性工作者)都会受益。政府很快意识到,妇女以及(在更小程度上)接受了更高教育的工作者,无法从这一体制中获益,从而必须对这一体制作出调整。因此,执政党和社会民主党 1994 年达成议案,提供额外补助金用于儿童看护、学习以及义务兵役服务。该体系包含了某种再分配,因为受益津贴有上限(实际经济增长的指数化)而缴费支出尽管低了一半,但还是高于津贴的上限。

第二项改革,20 世纪 80 年代后期,快速增长的疾病津贴和工伤保险支出,已经引起了相当多的关注。在工伤案例中,20 世纪 80 年代初的法庭裁定,放开了工伤的认定条件,结果导致无财政赔偿调节的工伤索赔的请求迅速增加。20 世纪 80 年代初,疾病津贴等待日期的废除,以及提高赔偿额,导致了旷工的增加以及相应成本的增加。其实,在就业危机开始前,政府就已经开始考虑这些项目改革。20 世纪 80 年代末,工作环境委员会提出,强调"工作路线(workline)"的方法可以成为节约成本同时又维持慷慨津贴的可能途径。依据这种观点,工伤保险的费用以及提前退休的养老金,以及疾病补偿的费用,可能都会通过恢复就业和其他促使人们停留在劳动力队伍中的努力而有所减少。有一个方法将会为工人和雇主提供适当的激励,使他们保持就业而不是求助于社会保险。例如,把需要花费的资金转移给那些工伤和疾病发生率较高的工作场所的雇主,将会提供某种激励,促使他们努力改进工

第一部分　发达的福利国家在衰落还是在复兴？

环境。

　　第三项改革,20世纪80年代,公共服务的提供受到来自各方的责难。首先,消费者对福利制度总体服务越来越表示不满。特别是,在扮演客户这一角色时,病人和父母作为公民感到他们无从选择各种类型的服务或是不知道从哪里能够获得所需要的服务。所以他们认为,福利制度服务的提供者就是冷漠的官僚主义者。其次,政治家越来越关注包括福利服务在内的所有公共服务的成本。

　　保守党给出的答案是促进私有化和竞争,以便提高服务提供的质量并降低成本,而中间党派则促进了分权化管理。一般来说,社会民主党人,特别是奥拉夫·帕姆(Olaf Palme),认为1970年选举失利,部分程度上要归因于缺乏责任心的冷漠的公共官僚(Feldt,1991)。在1982年重新掌握政权后,他们设法要解决这一问题。在起初几次失利之后,政府制定了一个方案,决定开始把服务提供的权力分散到较低层级的政府中,实行分权化改革,并强调在公共服务中,把政府责任与市场模式结合在一起,比如根据服务量付款(Olsson,1990;Rothstein,1992)。

　　起初,社会民主党抵抗任何趋向私有化的运动,特别是福利服务的私有化。资产阶级政党主张,原则上应允许其他的私人服务提供者与公共服务提供者进行竞争,从而在这场有关未来福利制度基本原则的罕见的争论中获胜[17]。在此,让我们再来明确一下以下观点:瑞典倾向于允许在公共的和私人的提供者之间进行选择。他们不认为私人提供者就一定更好。相反,绝大多数人相信,在讨论服务提供这个问题时,除儿童照顾之外,其他每一项主要服务的提供,只有"国家的或地方的权威"是"最合适的";甚至提到儿

2 斯堪的纳维亚福利制度:成就、危机与展望

童照顾服务时,大多数人都认为国家和地方权威是最合适的,其次才是家庭。

社会民主党已经接受了私人可以同国家竞争的观念,尽管认为它还是要从属于国家规制和财政支持。保守党一方也从私有化和放松管制的新自由主义理想中退出,承认需要持续不断的国家管理。尽管如此,在有关提供平等服务的目标中,仍然存在着微小的但是重要的差异。许多保守党成员赞同让家庭支付额外的服务费用,而社会民主党则坚决反对这一观点,认为它会创造双重等级(或多重等级)的服务体系。而且,社会民主党跟大多数自由主义者一样,坚持任何私有化的选择必须避免选择性和社会倾销的难题。例如,他们反对学校的入学考试,认为入学考试可能导致这样的情况,即私人学校只收好学生,而那些在学习或行为方面有问题的学生则被推到公立学校。

迄今为止,在服务提供领域发生了三个重要的变化。首先,在教育方面,资产阶级政府引进了凭单制度(voucher system),根据这一制度,父母可以选择任何公立的或私立的学校。对于那些选择私立学校的人,政府会提供相当于在公立学校培养一个学生教育成本的85%的费用担保。学校被获准收取可以高于担保总额的学费。第二,引入了在与公立学校同等条件下,私立学校提供者可以选择提供日间照顾的制度。第三,还引入了一种所谓"家庭医生"的制度,它允许个人自由选择医生,扩大了私人执业者行医的可能。然而至今,私人提供者看来在以下领域还都没有受到足够重视:他们仅仅占到医疗保健服务的8%、学校教育服务的1.5%,以及日间看护服务的2%[18]。

1991年当选的保守党政府,对社会补贴进行了大量削减,而

第一部分 发达的福利国家在衰落还是在复兴?

这些补贴大多是社会民主党所支持的[19]。由于劳动力市场疲软,将不再支付提前退休养老金。疾病津贴也在 90 天后减少到 80%,基本养老金被削减到基本数额的 98%。工伤保险与疾病津贴要协调一致,意味着替代率降低,两种受益津贴的享受条件也更加苛刻。雇主现在必须为前两周的疾病津贴付费。因为随之而来的政策是雇主对这一体制缴费的相应减少(因而对政府没有任何积累),这一政策变化的主要设计是想通过提高雇主对疾病索赔的监督以减少旷工。失业津贴方面,1980 年由社会民主党政府废除的五天等待期限,被再次引入并且把替代率降低到 80%。随着新的补充养老金制度的出台,雇主现在必须与雇员共同支付疾病津贴保险。虽然,社会民主党反对失业制度的这些变革,还有工伤制度中的大多数变革,一旦掌权,他们就把父母保险的替代率从 90% 降低到 80%,使失业赔偿、疾病以及工伤保险保持一致性,现在则更甚,他们计划把替代率降低到 75%。

随着津贴削减以及享受条件严格化,为提高就业而实施的积极的劳动力市场政策方面的支出也增加了。如此说来,从总体来看,这些改革遵循的是社会民主党提出的"工作路线"政策。然而,改革重点已经发生变化。此前,政府给雇员提供更多的培训、康复和其他积极的激励措施,促使他们留在活跃的劳动队伍中,而对雇主,则提供"胡萝卜"加"大棒"的政策,为的是减少旷工和工伤。过去几年中通过的这些政策,对雇员来说,在实行"胡萝卜"政策的同时加进了一些"大棒"政策;其实,雇员们需要更有力的激励政策,以便接受雇佣继续坚持工作,减少对福利补贴的依赖。变革的出现显然是受到减少支出这一需要的驱动,主要是为了应对经济危机、失业增加,以及由此而产生的不断上涨的预算赤字。

2 斯堪的纳维亚福利制度：成就、危机与展望

削减政策实施后，产生了一些预期效果。甚至在这些政策实行之前，无故的旷工已经开始下降，这要充分归因于失业上升的压力。工伤和疾病赔偿保险项目的改革确实导致了这两个项目赤字的终结。然而，失业保险项目仍然还牢牢地陷在赤字中。

这一系列事件提供了有说服力的证据，近来，瑞典福利国家的经济衰退就是由于失业上升，还有，人们总是相信失业不会退回到从前的水平。有关正是政府津贴计划本身使得瑞典工业缺乏竞争力这样的主张难以站住脚，特别是克朗浮动使瑞典工资成本一年内减少1/4之后。然而，高失业和由此带来的对各种政府津贴计划进行削减的压力依然存在。

这些正是我们要将注意力转向瑞典模式问题的起因。正如庞特森(Pontusson,1992)所指出的，社会民主党所面临的这些许多问题是发达工业经济的结构性变迁的产物。然而，政策失误与这些结构性变迁相互作用，导致危机产生，重要的是，必须把政策失误与结构性变迁这两方面区分开来，对瑞典福利国家作出某些评估。我将首先从结构性制约的变化开始谈起[20]。

瑞典国内经济和国际经济并行发展的状况，逐渐损害了旧有的分配战略。由于贸易量稳步提升、跨国公司增多，还有财务往来大量增加，世界经济日益国际化。布雷顿森林体系的坍塌，终结了固定而灵活的汇率体制。石油输出国家组织(OPEC)的出现，结束了一直支撑战后经济增长的能源成本的长期下降。在1973年后的时代，国际利率明显增高，部分原因是由于发达的工业世界的政府试图以透支战胜衰退而直接引起。金融市场的国际化和放松管制使得各国政府难以偏离国际利率。仅有那些具备巨大贸易顺差的政府，才能够在没有巨大汇率压力的情况下，追求低利率的政

第一部分　发达的福利国家在衰落还是在复兴?

策。如莫思(Moses,1994)在关于瑞典和挪威的比较研究中所指出,在两次世界大战的战争时期,贸易受到管制,而战后时期,资金流动受到管制,所以说,与两次世界大战之间的时期相比,当前时代是一个财政和贸易开放的时代。因此,既不能利用资本控制,也不能利用贸易规制来保持外贸的平衡。

来看一下瑞典,正是由于国际化,导致20世纪80年代的瑞典连续不断地放松对金融市场的管制。这就剥夺了政府作为供方政策的主要因素,过去政府一直是获得充分就业、价格稳定、经济增长和再分配目标中必不可少的因素,现在,积极的劳动力市场政策渐渐成为唯一的政策工具。

瑞典工业的许多特殊倾向加剧了这一状况。瑞典工业日益显示出外贸导向型,特别是从20世纪70年代开始,渐渐呈现出多国化发展趋势(参见 Erixon,1985:45ff)。资本也日益与瑞典的原材料基础相分离。瑞典商业交易的国际化特征、不稳定的汇率以及研究与开发在总投资中的更大作用,都使得投资更具风险。因此,投资对盈利预期的依赖程度,比雷恩-梅德那模式(Rehn-Meidner model)所假定的还要严重得多。

由于瑞典经济增长和就业模式改变了资本利息,改变了劳动与资本之间权力的平衡,因此,瑞典工业的发展出现许多难以预料的后果。因为重新定向,瑞典商业显然不愿意与国内劳工达成妥协。反而,它主要关注如何与外国市场接轨,如何进一步降低工资成本,以及如何减少来自公共部门的劳动力竞争。这些关注有助于解释雇主20世纪70年代末以来的新的政治攻势:不断增加的对福利制度的批评,以及他们对私有化、放松管制和成为欧洲共和体成员的提倡(Pestoff,1991;Pontusson,1992)。此外,这些极其

2 斯堪的纳维亚福利制度:成就、危机与展望

相同的倾向(与增长的资产阶级政党力量一同),也进一步削弱了工会的相关地位。

资本力量的日益强大和资本利息的变化,使得瑞典工会、政府与资方这种三足鼎立局面终结:1980年代以来资本力量下降,1990年集体谈判终结;之后,1991年瑞典资本家针对工会成立的雇主联合会(SAF)的代表从国家机构委员会中退出。如庞图森和斯文森(Pontusson and Swenson, 1992)在研究中所指出的,还有我们在会见工会和雇主经济学家时也得到证实的,重要工程部门的雇主开始是把弹性工资摆在优先位置考虑,这意味着他们反对集中谈判以及连带主义的工资政策。他们特别反对工会组织将连带主义工资政策从开始仅是要求同工同酬,扩张到要求缩小低薪工作和高薪工作之间的工资差距,因为,按照他们的观念,这样的话,要吸引有技能的劳动者并给予奖赏,就不太容易。我们发现,20世纪80年代工资差距加大(Hibbs,1990),这有助于解释为什么与战后的长期趋势相反,那十年间收入不平等有所增加(Fritzell,1993)。

庞图森和斯文森对瑞典集中谈判终止的陈述理由并不充分。然而这种终止解释了统一工资政策终结的原因。奥地利这个国家的情况证实,即使没有统一的工资谈判,集中谈判也是完全可能的。然而,终止集中的工资谈判确实使得工资差异加大,也使得工资限制更为困难,对雇主来说其实显然是损失。我们对雇主联合会和劳工组织所做的访谈显示,对雇主来说,终止集中谈判还另有原因,那就是要削弱劳工组织中既包括政治构成又包括工资谈判的分支构成成分。就是说,雇主觉察到,工会各分支的组成非常复杂,在交易过程中更有弹性,所以,雇主要减少面对它的风险。更重要的是,20世纪70年代,劳工组织屡屡诉诸各种立法,首先是

第一部分　发达的福利国家在衰落还是在复兴？

在工业民主方面的立法,之后是工薪者基金的立法,然而,那时与雇主联合会的谈判未能达成一致意见,没有达到劳工组织所预期的结果,却让雇主联合会看出,劳工组织在政治上是软弱的,而他们正期待劳工组织如此。这一点大体上可以解释,雇主联合会为什么从1991年三方合作制度中撤出全体代表:这一事件与弹性工资生效关系不大,更多地是由于雇主联合会认识到,这些机构就是要拉拢雇主,强化对劳工和左派的影响[21]。

转向政策失误这方面,现在可以明确的是,"第三条道路"战略从长远看是不成功的。到1989年,不充分的工资限制和生产的低增长,已经耗费掉了货币贬值的获益[22]。此外,由于国内生产总值增长缓慢,还有对福利制度增长的限制,使得政府对一直在努力争取工资限制的工会,运用社会政策革新为之提供补偿的空间是有限的。

但是,这些结构性变迁并没有影响到最终结果。20世纪80年代,高利润政策与紧缩的劳动力市场相结合,鼓励雇主支付的工资超出协定水平之上。在这一背景下,政府对公共部门就业的持续拓展,加剧了这种状况。最重要的是,政府并没有放松对信贷市场的管制。1985年采取这些措施时,对消费利息支付仍然有慷慨的税收减免政策[23],而且在那个经济过热的时期,它刺激了前所未有的信贷和消费繁荣,从而使得对工资的限制不太可能实现。

所引起的结果是,瑞典出口越来越缺乏竞争力。尽管工资限制行动失败,社会民主党和保守党还是拒绝让克朗贬值,以恢复出口工业的成本竞争力。直到经济严重衰退时才出现货币贬值,因此导致贸易失败、市场失利以及工作丧失。

社会民主党和资产阶级政府一直遵循着非有意地对消费者行

2 斯堪的纳维亚福利制度:成就、危机与展望

为施加强烈的超周期影响的政策,这次是在经济极度衰退的背景下实施的。当1990年经济进入衰退时,税收改革降低了资本收入的税率,意义重大。通货膨胀下降和稳定的名义利率实行,意味着税后的实际利率实质上升了。在经济衰退过程中,所有这些因素都促使家庭储蓄率上升,并相应降低了萧条时期的个人消费水平(OECD,1994:16—17)。

从银行方面来看,也呈现出相同的景象——随着对金融放松管制而来的投机行为,引起了资产的跌宕起伏——许多银行破产。仅在1991年和1992年,政府为帮助银行运作以渡过难关,就花掉了国库公共资金的740亿克朗(GDP的5%),由此加重了本来已呈螺旋式上升的预算赤字(OECD,1994:129)。

生产率增长越是强大,为保持国际竞争而对工资进行限制的负担就越有可能消除。但是,就这一点来说,在这段时期瑞典与其他发达国家几乎没有什么差异(Moene and Wallerstein,1993)。尽管如此,这一时期,瑞典生产率的增长比以前低,原因之一就是瑞典供方类型的主要经济工具,包括为工业提供低息信贷及偏重对工业投资者而不是其他有潜力的信贷利用者提供信贷,这些都由于金融市场的放松管制而不再可能实现了。生产率增长低的另一个原因,就是瑞典商业投资越来越使海外市场受益,特别是对遵守1985年独立欧洲法案的欧洲共同体国家的投资(Pontusson,1992:322)。因此,高利润政策并未刺激国内投资。

挪威

由于巨大的石油收入,挪威避免了严重的失业危机,由此也避免了福利制度倒退的需要。总而言之,过去的十年,我们既没有看到衰退,也没有看到革新。一方面,产假津贴在1986年、1987年

第一部分 发达的福利国家在衰落还是在复兴？

和 1993 年上升,提供了 52 周的产假、津贴相当于 80%的收入替代率(或者 42 周和 100%的补偿),其慷慨程度仅次于瑞典。此外,自 1990 年开始,失业赔偿的享受条件已经放宽了。另一方面,津贴指数得到修正;补充养老金计划的替代率削减了 3%;强化了失业赔偿的工作要求;残疾人的享受条件也严格了;在残疾人抚恤金中引进了严格的医疗标准来定残。挪威政府现在也实施"工作路线",这仅仅证明了挪威政府制定了更为严格的失业、残疾和疾病津贴的享受条件,还有在再就业方面作出了更大的努力。与其他北欧国家相比较,挪威没有削减替代率,也没有提高等待期。例如,疾病津贴的替代率仍旧是 100%,而且没有等待期。

在这种混合景象之下,挪威经济政策模式所遭受的某些严重困难,实际上被石油部门的收入所掩饰。虽然与瑞典相比,挪威来自石油部门的财源仍然对国家起到巨大的调节作用,但是挪威政府指导信贷和投资的能力已经削弱了[24]。像瑞典和芬兰一样,20 世纪 80 年代中期,挪威对信贷市场放松管制导致消费支出激增,随之而来的是大量银行破产和消费萎缩。像瑞典一样,各级政府都努力寻求坚挺的货币政策,这些政策确实使工业竞争力进一步恶化,直到 1992 年秋,挪威被迫浮动克朗(虽然对货币价值来说,影响并不大)。工党政府甚至把战胜通货膨胀问题摆在失业问题之上(Moene and Wallerstein,1993)。

集中谈判已经削弱,因为地方层次上的谈判对工资增长起到很大作用(Moene and Wallerstein,1993)。然而,"社团主义"(Corporatism)还没有垮掉。在大体考虑清楚要像瑞典的雇主联合会那样从公共委员会退出之后,挪威雇主协会加入了社会民主党政府的一项创议,旨在促进包括商业、政府和劳工领导者在内的

2 斯堪的纳维亚福利制度:成就、危机与展望

工业革新(Mjøset et al.,1994:71)。挪威与瑞典这两个国家的反差确实在某种程度上与其民族资本特征相关联。挪威资本不仅不具有跨国特征,而且更多与国内资源相联系,而且与最重要的国有自然资源——石油相连。

20世纪80年代中期,失业开始上升,在积极劳动力市场措施实施过程中又增加了3%,1992年失业率达到5.9%。此外,还包括没有获得医疗认定的接受残疾养老金人数的直线上升。经济合作与发展组织估计,如果把这些人也计算在内,失业率还要高出2.2%。这样一来,由于"实际"失业率超过11%,所以,毫不奇怪,连挪威也开始求助于前面所提到的一些紧缩措施。

芬兰

在黄金时代结束后,芬兰充满活力的社会改革还得到了充分扩展(Marklund,1988:35—38)。芬兰虽然一直是福利制度的落后者,但其经济增长仍然强劲,这并不令人感到奇怪。实际上,20世纪80年代,芬兰的经济增长仅次于日本,居于第二位(Korpi,1992:64)。在20世纪70年代和80年代,与挪威或瑞典相比,芬兰确实经历了高失业,这有助于解释为什么福利制度扩张时期却一次次受到紧缩的打击。尽管如此,晚至1989年,各种情况看起来都非常乐观,那时,在马克贬值之后,工业主义者协会的统计者宣布,芬兰的人均收入已经超越了瑞典和挪威(Anderson et al.,1993:30)。

在芬兰,由于先前经济增长速度太快,其崩溃也异常悲惨。GDP增长滑落到1990年的0.4%并在1991年(−6.4%)和1992年(−3.6%)转为负增长(OECD,1993:14)。失业率上升到劳动力的17%。芬兰已经开始对支出进行重大削减,它会广泛影响到转移支付和社会服务领域。领取失业津贴的更为严格的享受资格

第一部分 发达的福利国家在衰落还是在复兴?

条件已获通过,替代率减少了 3%[25]。疾病赔偿的替代率降低(从 80%下降到 67%),缴费提高,等待期从 7 天提高到 9 天。双亲补贴的替代率同样遭到削减,受益期已经从 275 天减到 263 天。处方药的补偿津贴也大幅度减少。与收入挂钩的公共雇员养老金替代率从 66%削减到 60%,还引入了雇员要缴纳收入的 6%这一政策。所有雇员的养老金替代率还要进一步削减到 55%甚至 50%,芬兰还准备以生命周期为基础计算替代率,而不是以最后的收入为基础来计算。许多新的税收和缴费政策都被引入进来。

对芬兰来说,比较独特的问题是:对苏联贸易的坍塌。除此之外,芬兰也呈现出我们已熟悉的模式:对金融市场放松管制,导致消费借贷(超前循环)繁荣、资产价格暴涨和经济过热,随后发生的是银行倒闭、消费紧缩。芬兰的银行危机是三个国家中最为严重的,这一项就花掉了政府和中央银行相当于 GDP7%的费用。在瑞典,以及程度稍微轻一些的挪威,由于尝试遵守坚挺的货币政策,两个国家的经济困难进一步加剧,最终导致该政策失败,像芬兰一样都被迫实行货币浮动。在芬兰,由于政府实行传统的正循环(pro-cyclical)政策,又加剧了经济困境(Anderson et al.,1993)。

尽管出现了这些政策失误,但是不能掩盖国内和国际经济基本而长期的变化对政策产生的影响。对金融的放松管制和高利率政策,逐渐削弱了供方市场政策的重要性。从需方市场来说,芬兰对核心资本主义国家出口需求的下降曾由与苏联贸易来填补,如今,这一政策选择已经不复存在了。像瑞典一样,芬兰商业日益国际化,特别在 20 世纪 80 年代后半期,国外的直接投资大量增长。这样,即便说在某种程度上,政府政策能够鼓励投资,却难以保证,在芬兰也会如此。

2 斯堪的纳维亚福利制度：成就、危机与展望

丹麦

继第一次石油危机冲击之后，丹麦的失业率几乎是立即上升，从 1973 年的 0.9% 上升到 1975 年的 5.1%，之后又持续上升到 10.5% 的高峰，到 20 世纪 80 年代回落，仅在 1992 年时达到一个新的高峰 11.3%（Furåker et al.，1990：148；Kosonen，1993：27）。丹麦之所以在国际竞争中更为脆弱，失业率上升，主要是由于它所奉行的自由主义市场的经济政策，还有它更注重消费出口的政策，而缺乏工业政策和积极的劳动力市场政策所导致。事实上，其充分就业时期仅仅延续了 15 年。

由于经济陷入困境特别是失业，使得获得现有的政府津贴要付出高昂的代价。连续几届丹麦政府都以巨大的福利削减作为应对困境的手段，虽然仅仅是阻止政府支出上升太快而已。这些福利削减措施包括：更多的选择性和收入审查、指数修正、暂时的去指数化、享受条件的提高，等待期的引入等。失业补偿从 1975 年的 80.5% 大幅度下降到 1985 年的 59.2%，事实上并没有降低享有完全符合资格的工人的名义替代率（Haggen，1992：154；Marklund，1988：31—35；Norby Johansen，1986：362—363）。有些补助金有所改善，但是，除产假确实增加之外（从 98 天提高到 144 天），以下这些也可作为对失业危机的回应：提前退休养老金的领取条件更为灵活、对雇佣新工人的工业补助津贴提高、服务津贴补偿提高，还有积极的劳动力市场规则的引入（Hagen，1992：145；Nørby Johansen，1986：363）。近年来，丹麦政府形成了独特的工作或"积极路线（active line）"的模式（DNISR，1994：29）。其特征是把正向激励（比如改善职业培训和工作培训）与负向激励（如对工人来说实行公共就业项目的工资封顶线，对雇主来说，有

责任负担前两天的失业补偿金)相结合。对既往规则而言,发生了一个巨大的转变,那就是从 1994 年开始,对 70 岁以上的老人发放公民养老金要根据收入审查才能确定。

结论

毫无疑问,斯堪的纳维亚模式正遭受着巨大的冲击。20 世纪 70 年代中期以前,斯堪的纳维亚四国的失业率不断增长,已经令政府难以承受。对挪威、瑞典和芬兰而言,失业率高涨的主要原因就是由于高利率和放松金融管制,使得优越于其他消费者之上的工业借贷特权——也就是这些国家采取供方管理的一个关键因素——已经不太可能。而且,集中谈判协议的减少,导致宏观经济管理中另一个重要的工具——工资限制的出台,更是增加了问题的严重性。此外,还有国际需求停滞的影响。最后,由于各种不同的原因,到 20 世纪 80 年代末,就业这一"疏通战略(bridging strategies)"已经黔驴技穷:所有这四个国家中,都出现了公共部门的扩张;在挪威,出现了公共企业中的保护性就业;在芬兰,出现了对苏贸易的扩展(Huber and Stephens,1995)。

1993 年,莫奈和沃勒斯坦(Moene and Wallerstein,1993)指出,福利制度已经成为斯堪的纳维亚模式最有韧性的部分。虽然四个国家在失业危机出现之前,权利扩张之所以减弱,经济困境仅仅是其中一个原因,并且可能不是主要的原因。根据综合性、统一性或者津贴慷慨性的原则来看,北欧福利制度确实是"增长到极限"了。即使是社会服务这一 20 世纪 70 年代和 80 年代(芬兰除外)北欧福利制度革新的主要领域,除了日间看护有所扩展外,看不出有什么其他迫切的需要促使制度变化发展。结果,税收负担

2 斯堪的纳维亚福利制度：成就、危机与展望

也顺理成章地达到了饱和点。这并非证明再无事可做，而是像我所说的那样，是没有什么更多的事情可做，而且能利用的方法也更少了。

北欧四国一直都在抵制福利制度出现的重大倒退，直到一场严重且显然是长期的就业危机袭来。这意味着对福利制度的需求上升，而社会保障缴费的纳入人口和税收都下降了，以至于国家财政连通常的法定权利都承受不起。所以，替代率降低，等待日期引进，享受条件提高，服务也减少了。而且，削减的程度反映了就业危机的深度和持续时间，芬兰和丹麦削弱最多，挪威则最少。

紧缩代表了斯堪的纳维亚福利制度的质变吗？要回答这个问题，让我们回到在本章开始那节里所勾画的制度性特征和目标纲要。就制度性特征而言，在所有四个国家的许多项目中，享受条件变得非常严格，除挪威外，所有的国家都对主要转移支付项目替代率作出了重大削减。虽然出现了某种提供私有化服务的趋势，但只是限于公共财政的框架之内。还很难说这些因素会导致根本性的变革。只有在丹麦关于失业补贴的案例中，其主要转移支付项目的替代率低于1970年的水平。相比而言，如今所有四个国家，失业保险的覆盖率都远远高于以往的水平(Hagen,1992)。有关父母亲假和公共服务的例子，是20世纪70年代和80年代两个主要的创新领域，这方面的补贴即使在最近削减之后，也比20年前慷慨得多。要说服务私有化是一个根本性的变革，现在还为时过早，虽然它可能是未来变革的主要领域。

不管怎样，我们可以说，最近的一系列改革代表了对各种不同目标都强调的重大变化：以去商品化为代价，劳动力培训和劳动力组织动员大大地加强。我们应该注意的是，除了丹麦以外，其他国

第一部分 发达的福利国家在衰落还是在复兴?

家的这一目标在就业和预算危机出现之前就产生了变动。由此,即使是在假定(不太可能)退回到低失业的情况下,这一目标可能还会变动。

斯堪的纳维亚福利制度正在经历另外三种制度变迁。第一,在瑞典,与收入挂钩的养老金体制已经从固定受益型转变为固定缴费型。第二,在所有斯堪的纳维亚国家中,都引进(或再次引进)了雇员缴费。第三,许多新的改革目标旨在使转移支付项目获得自筹资金的支持,而不是政府财政支持。这三个变化代表了在转移支付体系中呈现出更为重要的"市场一致性(market conformity)"的趋势。

从表面来看,这些变化可能意味着减少了对再分配目标的强调。但我认为,它们对再分配目标的影响可能再适度不过了。虽然这看起来似乎跟经验不符,但我认为,较低的替代率或与收入挂钩的津贴的较低限额,更有可能减少社会供给中再分配的影响。这里,我要阐述的理由建立在本章第一节所提到的资料,还有我在别处分析中各种有关比较的、历史的证据(Stephens,1995;还可参见 Korpi and Palme,1994)的基础上。首先,政府出台政策使得每一个项目在财政上合理化,并不必然意味着在项目中就没有再分配。第二而且是更为重要的,与收入挂钩的津贴的重大削减可能意味着雇主将为高级雇员提供额外津贴,而不提供给体力劳动者。这会导致更大的不平等。

如果紧缩至今尚不能代表斯堪的纳维亚福利制度的根本变化,那么,接下来的问题就是:紧缩仅仅是个开始吗?确实还需要进一步削减,从而改变北欧福利制度的根本特征吗?为了对未来斯堪的纳维亚福利制度进行思考提供基本线索,我们首先来揭示

2 斯堪的纳维亚福利制度:成就、危机与展望

为什么这些极其慷慨的福利制度会如此抵抗倒退,这显然是有益的。首先,与保守党所希望的,还有社会民主党所担心的相反,人们很难有理由相信,国际经济一体化会迫使任何一个国家的福利制度降低到最低的普通水平上。要使慷慨的福利制度维持下去,就像维持高工资[26]一样,最终取决于国际竞争。高社会工资和高市场工资取决于劳动生产率,取决于单位劳动成本。关于市场一体化必然对社会供给施加强大的负向影响的假定,建立在低工资的竞争性优势将比资本密集和高素质劳动力的优势更为重要这一假定的基础上。在欧盟的案例中,假定1992年末以前一直存在的非关税贸易壁垒对低工资国家更为歧视,而对欧洲经济区的其他成员国更为友好。这一假定还很不明晰。相反,欧盟结构性基金(structural funds)的逻辑就是,低工资地区将会受到国际一体化过程的伤害。

第二,再详细看看有关斯堪的纳维亚的案例,斯堪的纳维亚福利制度极力抗拒国际竞争所引起的变化,因为之所以建立这些福利制度,就是要使国内制造业出口部门最具国际竞争力。所以,拉丁美洲以及澳大利亚和新西兰(分别见第6章和第4章)这些国家,其主要部门出口所得实质上用于给城市中受保护部门的工人发放权利性补贴;对斯堪的纳维亚来说则不同,贸易关税壁垒的终结并没有使斯堪的纳维亚产生任何变化,同样,日益加深的贸易国际化呈现出来的仅有量的变化而无质变。

最后,支持福利制度的政治联盟,在政党层次和公众舆论层面都非常广泛。因此,只有广泛的危机意识才能够导致执政党启动倒退,这一点并不令人感到奇怪。保守党与其支持者是在理念上赞同福利制度倒退的唯一集团。只有在政党支持下进行长期的持

第一部分 发达的福利国家在衰落还是在复兴?

续的变革,才有可能形成对福利制度大厦的主要攻击。一旦制度建立,社会各界对于基本的和最为昂贵的福利制度项目的支持,就会极其广泛地扩展到远远超出起初支持改革的阶层和政党,过去是这样,现在也是(Pontinen and Unsitalo,1988;Svalforss,1991,1992)。还有,就像我们通过其他国家所看到的那样,福利制度扩展的政治学不同于福利制度倒退的政治学(Pierson,1994;Stephens et al.,1994)。特别是斯堪的纳维亚特有的普遍权利型的福利制度,一旦建立起来,要退回到原有的权利水平是非常困难的。

未来设想

斯堪的纳维亚福利制度的未来是什么:是进一步的倒退、停滞,还是新的变革?如果我所作的关于失业重要性的分析是正确的,那么,从表面上看来,前景似乎不太妙。丹麦已经经历了15年的高失业;瑞典,尤其是芬兰,近来的发展正处在危机中。仅有挪威,由于其石油收入还能让人看到希望,其石油财富掩饰了,或者说得好听一点是有能力,使北欧国家最缺乏效率的制造业经济维系下去。如果没有石油收入,挪威肯定会面临当前芬兰正在忍受的那种痛苦的经济重建的复苏过程。

幸运的是,现实的图景并没有这么悲观。芬兰经历着许多艰难的年代,但是主要应归因于与苏联集团贸易的坍塌以及银行危机,而不是在国际竞争或福利体制中出现了根本性的缺陷。在瑞典、挪威和芬兰,我们看到,当前的危机与其说仅仅是结构性地确定的,而毋宁说是结构变化与一系列政策决定相互作用的产物,这些政策决定使当前情形急剧恶化。另一方面,希望将失业率降回

2 斯堪的纳维亚福利制度:成就、危机与展望

到2%—3%也可能无法实现。作为金融国际化和放松管制的结果,旧有的供方模式的主要因素是无法恢复了;至多可以通过选择性措施来提供低息信贷,并鼓励适度水平的投资。需方则通常主要依赖于其他国家的经济繁荣。5%的失业率似乎就是中期达到的最佳成就。如果在这一失业水平上,政府预算还不能达到结构性平衡,那么政府就会采取进一步的削减措施,现在看,在这方面芬兰和挪威表现较为突出,而不是瑞典。

失业看来还会继续持续下去,主要是因为,在这些国家,我们还看不清究竟什么样的部门会产生新的工作岗位。在过去20年里,斯堪的纳维亚的工作增长几乎完全是公共服务扩张的产物,人们普遍认为这种模式无法继续。就是说,就任何发达的工业经济来说,制造业都未能产生意义重大的就业增长,斯堪的纳维亚国家的高工资结构阻止了私人部门服务像美国那样快速增长(Esping-Anderson,1990)。近来,丹麦试图通过立法对新企业提供两年的补贴,并通过补贴鼓励私营家庭服务增长,鼓励小企业发展。在挪威,个人独立建立企业,就有资格得到长达6个月的失业补偿(DNISR,1994)。在挪威和瑞典,政府提出更为灵活的工资计划,允许雇主以较低工资雇佣年轻人从事工作,但是遭到了工会的质疑。所有这些都是政府刚刚实施的计划,所以还无法评估这些计划是否会具有意义重大的前景。

对于就业创造来说,还有什么样的长远可能性,有太多的未知因素。但是,立足于当前的历史,有一个方面看起来确实相当清晰。20世纪80年代期间,斯堪的纳维亚国家很难通过限制工资以保护竞争。集中谈判的减少必然使这些困境加剧。20世纪80年代末和90年代初,这些国家尝试推行坚挺的货币政策的负面经

第一部分　发达的福利国家在衰落还是在复兴？

验表明,除非这些国家找到控制工资发展的可靠方法,不然他们还是需要采取货币贬值的方法,脱身于欧洲货币联盟[或者,对挪威情况而言,不应该僵硬地把货币与埃居这一欧洲货币单位(ECU)挂钩,因为 ECU 在功能上与货币联盟等同]。的确,考虑到衰退时期不对称的冲击,当货币联盟国家在经济上遭受到沉重打击时,他们一定会降低工资。

在这些宏观经济参数范围内,我们能够大致思考出斯堪的纳维亚福利制度中期的未来。首先,支持福利制度的基础是广泛的,但是,福利制度的需要与以往相比更为多样化,因此有必要对某些领域的政策作出调整。第二,在紧缩潮流下,那些积极支持国际竞争并且(或者)遵从市场规律的项目最有可能保留下来,而与此相反的项目可能会被重构,以支持国际竞争或是与市场一致。接下来,让我们用当前瑞典的形势来解释一下这些调整与选择。

虽然瑞典福利制度获得了公众的广泛支持,但是,国家对各种项目和补贴都会区分各种不同社会群体按照优先次序来进行分类。公共就业、服务、白领就业和女性劳动力参与的增长,福特制生产效率的下降,以及技术差异的提高,所有这些都意味着福利制度的支持者日益分化。而这种分化也带来了要求满足不同社会服务的压力。未来可能要加强的,就是使妇女能够进入劳动力队伍并支持双职工家庭的长期政策。还有,在过去 20 到 30 年实行的日间看护、父母亲假、灵活的工作日等等,在财力允许的情况下可能也会得到深化。

不过,原有的"福特制"的支持者仍保留了下来,在财力有限的情况下对革新造成竞争性的、充满矛盾的压力。1988 年选举前社会民主党内纷争就是这方面的例子(Feldt,1991:357ff):妇女运动

2 斯堪的纳维亚福利制度:成就、危机与展望

迫切要求延长父母亲假,而劳工组织迫切要求增加一星期的休假津贴。最后,在看来可能没有足够财力满足其中任何一个要求的情况下,社会民主党却把两个要求都纳入了竞选纲领。

福利制度服务中引进私人服务提供者(虽然仍然由公共财政支持)这一可替代的选择,代表了社会政策理念上的重大变化。虽然只有很少的公民倾向于私人服务选择,但是,这种变化可能确实使得福利制度在满足客户的日益多样的需求方面更具灵敏性,这种服务的满足,不仅可以通过私人选择的做法来实现,而且可以通过刺激公共部门服务的多样性和灵敏性来实现。然而,正如我们看到的,在公共部门与私人服务中出现了一些平衡,至少部分是由于这种独特的项目设计。

1994年选举之前,社会民主党宣称,要求废除学券制度(the school-voucher system),这将有效地终止几乎是针对富人的所有的私人选择。社会民主党深深关注双级教育制度的发展。但是,该政党刚执政就缓和了其立场,明显地只是把学券的价值降低到公立学校学生教育成本的75%。在日间看护方面,我们没有看到任何政策倒退,可能只是因为极少私人提供者出现:他们还完全不能与公共部门竞争。资产阶级政府的医疗保健改革的效果解释了成本问题的另一方面。正如其他国家的经验显示,成本的提高,有些是因为私人医生受到以服务收费为基础的补偿,创造了对不需要服务的供应的激励。结果,社会民主党政府设立各县可以选择的家庭医生制度(县是医疗保健的主要提供者),如果继续出现成本问题,就可能发生政策进一步的倒退,或者是在县区层面上,或者是在由中央政府授权的情况下。

近来瑞典经验显示,一方面,未来的发展方向将取决于如何考

第一部分　发达的福利国家在衰落还是在复兴?

虑成本这一因素。有关社会服务私有化的政治权利的主张是,私有化将使得所付出成本更具效率。从日间看护方面来看,显然并非如此;从医疗保健方面来看,私有化实际上导致了成本的提高。假定有严格的预算限制,在证实私有化能够增加储蓄的情况下,社会服务私有化肯定还会继续发展。另一方面,学校教育的例子证明:对成本的考虑并非高于一切,意识形态和政党路线,仍旧发挥着极其重要的作用。由于私有化导致了获得服务不平等的情况,因此,它可能受到左派强大的抵制[27]。

在某种程度上,受宏观经济条件的影响,政府必须对一些转移支付项目作出进一步的削减,这些削减可能会集中在那些损害或者至少不支持国际竞争的项目上,就是说,人们要通过削减对近来实施的项目的经验进行反思[28]。退一步说,即便不进行削减,看来福利项目也可能朝着"就业路线"的方向进行重建。还有可能把这些项目进一步"市场化",以建立起坚实的财政基础。如此一来,项目改革不仅会消除转移到国家预算上的损失,而且,如果以瑞典养老金制度为范例来看的话,事实上它们将会创造储蓄及再投资的资源,从而恢复旧有的供方模式的特征。[29]

注释

在研究和写作这一章的过程中我积下了一大堆债务。1992年5月在瑞典的研究由瑞典-美国200周年社会基金会(the Swedish Americom Bicentennial Foundation)的赞助所支持。瑞典研究所在安排与社会研究所、斯德哥尔摩大学访谈方面提供了重要帮助,为我提供了振奋人心的支持环境。休伯与我合作进行了这项研究。这篇文章是我做瑞典社会科学高级研究大学的研究人员时起草的。帕姆和康哥斯提供了有价值的数据,还有其他很多人都对早期的手稿提供了有益的建议。

2　斯堪的纳维亚福利制度：成就、危机与展望

1. 这并不意味福利国家体制可以明确划分到这三种类型群中，特别是如果加入就业体制和相关的经济和工业政策的话。我已经在别处批评了这种观点。然而，三种类型的设计可以说是一种理想型，瑞典是社会民主的或制度型的最恰当的经验事例。而且，在这三种福利国家类型中，斯堪的纳维亚这一组显示出最具经验性的倾向。
2. 书中所说的贫困水平是中等收入的50%。这些数字是由帕姆和康哥斯向我提供的。要想了解进一步的分析，请参考帕姆的著作(Palme,1993)。
3. 根据丘萨克等人的数据(Cusack et al.,1989:478)重新计算而来。
4. 这个关于斯堪的纳维亚福利国家社会力量形成的问题仍然是有争议的领域。比较 Baldwin,1990；Immergut,1992；Esping-Andersen,1985；Korpi,1983；Olsson,1990。书中所说的这个观点是我个人的观点，并且是最一般的观点。更详尽的观点见我的著作(Stephens,1979,1994a；Huber and Stephens,1995)。
5. 我意识到我的关于"大规模再分配"的主张是有争议的，这里我所展示的资料不能明确解释质疑。想了解更详尽的分析，可参见我的著作(Stephens,1995)。
6. 由于基尼指数在最终可支配收入基础上进行计算，所以可能出现了负向的基尼指数。它表明，低收入的领取者可以获得比高收入者更多的养老金。
7. 这里的描述是根据富拉克等人的著作(Furåker,et al.,1990)，除了芬兰失业数据来自 OECD(1993)以外，其他所有数据都引自富兰克等人的资料。
8. 这一特征的总结主要依靠米约瑟等人的著作(Mjøset,1986,1987；Andersson et al.,1993)。
9. 不意味着这种看法在挪威和芬兰雇主中就不存在。他们只是没有抵抗国家的原动力。可能对他们来说，很难宣称，在没有国家援助甚至是指导的情况下，他们可以组织动员快速工业化所需的资本。
10. 关于这一政策是怎样同时影响到平等与效率的正式分析，参见莫恩与沃勒思坦的著作(Moene and Wallerstein,1994)。
11. 至少在理论上如此。事实上，出口部门的利润无法由财政紧缩政策来加以控制。
12. 丹麦和英国都有支持这一政策的特征：强大的、分散的工会，工业不太集中，银行和工业的联系很少，以及金融利益的强大的国际一体化。

第一部分 发达的福利国家在衰落还是在复兴？

[13] 关于这个时期的政策分析，参见马丁的著作(Martin,1984,1985)。

[14] 随着边际税率的降低，改革消除了许多扣除项目，与此同时，税收漏洞和儿童津贴也增加了。一项独立模拟的研究证实，政府激励作为整体的改革在再分配上是中立的。虽然，公共认知特别是在社会民主党的支持者当中，另当别论。

[15] 1993年6月我与伯格斯特姆(Willy Bergstrom)见面时所谈到的。

[16] 关于这些改革的详细情况，参见休伯和我的著作(Huber and Stephens, 1993)。我们的研究建立在1992年6月和11月对瑞典进行研究的基础上，研究包括与政治家和研究社会政策问题的利益集团的专家的谈话。

[17] 要理解有关这一议题及其对1991年击败社会民主党的贡献的详细情况，参见罗斯坦的著作(Rothstein,1992)。

[18] 这些数据是由罗斯坦(Bo Rothstein)根据他正在进行的研究而提供给我的。

[19] 这里所提到的这些变化，还有一些其他的关系不大的变化在丹麦国立社会研究所著作(DNISR,1994)中有阐述。

[20] 除庞图森的著作(Pontusson,1992)外，我还利用了埃里克森等人的著作(Erixon,1985;Pestoff,1991,Pontusson and Swensson,1992)，费尔德的回忆录(Feldt,1991;他于1982年到1990年任社会民主党财政大臣)，以及与政治家、理论经济学家，还有工会和雇主1992年5月、1992年11月以及1993年6月在斯德哥尔摩举行的25次访谈。这些访谈也是我对现代社会政策分析的主要基础。我也参考了莫思和沃勒斯坦等人关于挪威和瑞典并列发展的出色的比较分析(Moene and Waller Stein,1993;Moses,1994)。

[21] 参见马丁(Martin,1991)关于集体谈判权力下放的政治含义的分析。

[22] 埃里克森提出(Erixon,1991)，货币巨大贬值自身有些是错误的。他主张，而且现在许多工业发言人承认,1982年的货币贬值过大，挣钱太容易了；工业没有受到生产合理化和竞争的压力，使得瑞典生产率增长降低。

[23] 课税扣减随着1990年的税收改革而消除。

[24] 关于挪威政治经济近来发展的更为深入的分析，参见莫斯等人的著作(Moene and Waller Stein,1993;Moses,1994;Mjøset et al.,1994)。

[25] 这些社会政策变化资料来源于丹麦国立社会研究所的著作(DNISR,1994)以及与Olli Kangas的交流。

2 斯堪的纳维亚福利制度:成就、危机与展望

[26] 社会工资与市场工资之间的比较在文献中大体被忽略了。不管怎样,很少有主张说作为欧洲整合的结果,市场工资存在大量的向下压力。有一个例外,请参见艾德林的著作(Edling,1992)。
[27] 在此,我没有论证一个特例(资产阶级政府的教育改革)的优缺点。可以论证,学券制不允许额外付费,不允许学校挑选最好的学生,这不会是不平等主义的。参见罗斯坦就这个问题所作的一般讨论(Rothstein,1994)。有趣的是,丹麦的政治左派是私人(可理解为"替代性的")学校的主要捍卫者,10%还多的丹麦儿童加入了这样的学校。
[28] 请允许我在这里加以澄清。斯堪的纳维亚转移支付和税收的负向激励效果的经验性证据是薄弱的,甚至可以说对强化这种作用的计划来说,也是不可行的,比如说,瑞典和挪威的疾病津贴制度提供了90%—100%的替代率,无需等待天数,无需医生证明。可能更精确地说,当预算限制令削减成为必需,无法对工作起到激励作用的供给可能首先就要削减。

参考文献

Andersson, Jan Otto, Kosonen, Pekka and Vartiainen, Juhana (1993) *The Finnish Model of Economic and Social Policy: From Emulation to Crash*. Åbo: Nationalekonomiska Institutionen, Åbo Akademi.

Atkinson, A. B. and Mogensen, Gunnar Viby (1993) *Welfare and Work Incentives: a North European Perspective*. Oxford: Clarendon Press.

Baldwin, Peter (1990) *The Politics of Social Solidarity: Class Bases of the European Welfare State 1875-1975*. Cambridge: Cambridge University Press.

Castles, Francis G. and Mitchell, Deborah (1990) 'Three worlds of welfare capitalism or four?' Australian National University, Public Policy Program, Discussion Paper 21.

Cusack, Thomas R. and Rein, Martin (1991) 'Social policy and service employment'. Unpublished paper, Wißenschaftszentrum Berlin.

Cusack, Thomas R., Noterman, Ton and Rein, Martin (1989) 'Political-economic aspects of public employment', *European Journal of Political Research*, 17: 471-500.

DNISR (1994) *Recent Trends in Cash Benefits in Europe*. Copenhagen:

第一部分 发达的福利国家在衰落还是在复兴?

Danish National Institute of Social Research.

Edling, Jan (1992) *Labour Cost and Social Protection: an International Comparison.* Stockholm: LO.

Erixon, Lennart (1985) *What's Wrong with the Swedish Model? An Analysis of its Effects and Changed Conditions* 1974-1985. Stockholm: Institutet för Social Forskning, Meddelande 12/1985.

Erixon, Lennart (1991) 'Omvandlingstryck och produktivitet', in *Konkurrens, Regleringar, och Produktivitet: Expertrapport nr. 7 till Produktivitetsdelegationen.* Stockholm: Norstedts.

Esping-Andersen, Gøsta (1985) *Politics against Markets.* Princeton: Princeton University Press.

Esping-Andersen, Gøsta (1987) 'State and market in the formation of social security regimes'. European University Institute, Florence, Working Paper 87/281.

Esping-Andersen, Gøsta (1990) *The Three Worlds of Welfare Capitalism.* Princeton: Princeton University Press.

Esping-Andersen, Gøsta and Kolberg, Jon Eivind (1992a) 'Decommodification and work absence in the welfare state', in Jon Eivind Kolberg (ed.), *Between Work and Citizenship.* Armonk, NY: M. E. Sharpe. pp. 77-111.

Esping-Andersen, Gøsta and Kolberg, Jon Eivind (1992b) 'Welfare states and employment regimes', in Jon Eivind Kolberg (ed.), *The Study of Welfare State Regimes.* Armonk, NY: M. E. Sharpe. pp. 3-36.

Feldt, Kjell-Olof (1991) *Alla Dessa Dagar ... I Regeringen 1982-1990.* Stockholm: Norstedts.

Fritzell, Johan (1993) 'Income inequality trends in the 1980s: a five country comparison', *Acta Sociologica*, 36: 47-62.

Furåker, Bengt, Johansson, Leif and Lind, Jens (1990) 'Unemployment and labour market policies in the Scandinavian countries', *Acta Sociologica*, 33(2): 141-64.

Gustafsson, Björn and Klevmarken, N. Anders (1993) 'Taxes and transfers in Sweden: incentive effects on labour supply', in A. B. Atkinson and Gunnar Viby Mogensen (eds), *Welfare and Work Incentives: a North European*

Perspective. Oxford: Clarendon Press. pp. 50-134.

Hagen, Kåre. (1992) 'The interaction of welfare states and labor markets: the institutional level', in Jon Eivind Kolberg (ed.), *The Study of Welfare State Regimes*. Armonk, NY: M. E. Sharpe. pp. 124-68.

Hibbs, Douglas A. Jr (1990) 'Wage compression under solidarity bargaining in Sweden'. FIEF, Stockholm: Economic Research Report no. 30.

Huber, Evelyne and Stephens, John D. (1993) 'The Swedish welfare state at the crossroads', *Current Sweden*, no. 394, January.

Huber, Evelyne and Stephens, John D. (1995) The social democratic welfare state: achievements, crisis, and options. Unpublished manuscript.

Huber, Evelyne, Ragin, Charles and Stephens, John D. (1993) 'Social democracy, Christian democracy, constitutional structure and the welfare state', *American Journal of Sociology*, 99(3): 711-49.

Immergut, Ellen (1992) *The Political Construction of Interests: National Health Insurance Politics in Switzerland, France and Sweden*, 1930-1970. New York: Cambridge University Press.

Jäntti, Markus, Kangas, Olli and Ritakallio, Veli-Matti (1994) 'From marginalism to institutionalism: distributional consequences of the transformation of the Finnish pension regime'. Paper delivered at the XIIIth World Congress of Sociology, Bielefeld, 18-23 July, 1994.

Kangas, Olli (1991) *The Politics of Social Rights: Studies on the Dimensions of Sickness Insurance in OECD Countries*. Stockholm: Swedish Institute for Social Research.

Kangas, Olli (1994) 'The politics of social security: on regressions, qualitative comparisons, and clusters', in Thomas Janoski and Alexander M. Hicks (eds), *The Comparative Political Economy of the Welfare State*. New York: Cambridge University Press. pp. 346-64.

Kangas, Olli and Palme, Joakim (1993) 'Statism eroded? Labor-market benefits and challenges to the Scandinavian welfare states', in Erik Jørgen Hansen, Robert Erikson, Stein Ringen and Hannu Uusitalo (eds), *Welfare Trends in the Scandinavian Countries*. Armonk, NY: M. E. Sharpe. pp. 3-24.

第一部分 发达的福利国家在衰落还是在复兴?

Korpi, Walter (1983) *The Democratic Class Struggle*. London: Routledge and Kegan Paul.

Korpi, Walter (1992) *Halker Sverige Efter?* Stockholm: Carlssons.

Korpi, Walter and Palme, Joakim (1994) 'The strategy of equality and the paradox of redistribution'. Paper delivered at the XIIIth World Congress of Sociology, Bielefeld, 18-23 July 1994.

Kosonen, Pekka (1993) 'Europeanization, globalization, and the lost stability of national welfare states'. Paper delivered at the Conference on Comparative Research on Welfare States in Transition, Oxford, 9-12 September 1993.

Lehmbruch, Gerhard (1984) 'Concertation and the structure of corporatist networks' in John H. Goldthorpe (ed.), *Order and Conflict in Contemporary Capitalism*. Oxford: Clarendon Press. pp. 60-80.

Marklund, Steffan (1988) *Paradise Lost? The Nordic Welfare States and the Recession* 1975-1985. Lund: Arkiv.

Martin, Andrew (1984) 'Trade unions in Sweden: strategic responses to change and crisis', in Peter Gourevitch et al. (eds), *Unions and Economic Crisis: Britain, West Germany, and Sweden*. London: Allen and Unwin. pp. 189-359.

Martin, Andrew (1985) 'Distributive conflict, inflation, and investment: the Swedish case', in Leon Lindberg and Charles Maier (eds), *The Politics of Inflation and Stagnation*. Washington: Brookings Institution. pp. 403-66.

Martin, Andrew (1991) *Wage Bargaining and Swedish Politics: the Implications of the End of Central Negotiations*. Stockholm: FIEF.

Mitchell, Deborah (1991) *Income Transfers in Ten Welfare States*. Brookfield: Avebury.

Mjøset, Lars (1986) *Norden Dagen Derpå*. Oslo: Universitetsforlaget.

Mjøset, Lars (1987) 'Nordic economic policies in the 1970s and 1980s', *International Organization*, 41(3): 403-56.

Mjøset, Lars et al. (1994) 'Norway: the changing model', in Perry Andersen and Patrick Camiller (eds), *The Contours of the West European Left*. London: Verso. pp. 55-76.

2 斯堪的纳维亚福利制度:成就、危机与展望

Moene, Karl Ove and Wallerstein, Michael (1993) 'The decline of social democracy', in Karl Gunnar Persson (ed.), *The Economic Development of Denmark and Norway since* 1879. Gloucester, UK: Edward Elgar.

Moene, Karl Ove and Wallerstein, Michael (1994) 'How social democracy worked: labor market institutions'. Paper delivered at the Conference on the Politics and Political Economy of Contemporary Capitalism, University of North Carolina, Chapel Hill, NC, 9-11 September 1994.

Moses, Jonathon (1994) 'Abdication from national policy autonomy: what's left to leave?', *Politics and Society*, 22(2): 125-48.

Nørby Johansen, Lars (1986) 'Denmark', in Peter Flora (ed.), *Growth to Limits: the Western European Welfare States since World War II*, vol. 1. Berlin: Walter de Gruyter. pp. 197-292.

OECD (1993) *OECD Economic Surveys: Finland*. Paris: OECD.

OECD (1994) *OECD Economic Surveys: Sweden*. Paris: OECD.

Olsson, Sven E. (1990) *Social Policy and Welfare State in Sweden*. Lund: Arkiv.

Palme, Joakim (1990) *Pension Rights in Welfare Capitalism: the Development of Old-Age Pensions in 18 OECD Countries 1930 to 1985*. Stockholm: Swedish Institute for Social Research.

Palme, Joakim (1993) 'Pensions and income inequality among the elderly: "The welfare state and equality" revisited'. Paper presented at Åbo Akademi, 3 January.

Pestoff, Victor (1991) 'The demise of the Swedish model and the resurgence of organized business as a major political actor'. School of Business Administration, University of Stockholm, Working Paper.

Pierson, Paul (1994) 'The new politics of the welfare state'. Paper delivered at the Conference of Europeanists, Chicago.

Pöntinen, Seppo and Uusitalo, Hanno (1988) 'Stability and change in the public support for the welfare state: Finland 1975-1985', *International Journal of Sociology and Social Policy*, 8(6): 1-25.

Pontusson, Jonas (1992) 'The political economy of class compromise: capital and labor in Sweden', *Politics and Society*, 20(3): 305-32.

第一部分 发达的福利国家在衰落还是在复兴？

Pontusson, Jonas and Swenson, Peter (1992) 'Markets, production, institutions, and politics: why Swedish employers have abandoned the Swedish model'. Paper delivered at the Eighth International Conference of Europeanists, Chicago, 27-9 March 1992.

Ragin, Charles (1994) 'A qualitative comparative analysis of pension systems', in Thomas Janoski and Alexander M. Hicks (eds), *The Comparative Political Economy of the Welfare State*. New York: Cambridge University Press. pp. 320-45.

Rothstein, Bo (1992) 'The crisis of the Swedish Social Democrats and the future of the universal welfare state'. Paper delivered at the Eighth International Conference of Europeanists, Chicago, 27-9 March 1992.

Rothstein, Bo (1994) *Vad Bör Staten Göra*. Stockholm: SNS Förlag.

Salminen, Kari (1993) *Pension Schemes in the Making: a Comparative Study of the Scandinavian Countries*. Helsinki: Central Pension Security Institute.

Saunders, Peter (1991) 'Noncash income and relative poverty in comparative perspective: evidence for the Luxembourg Income Study'. Paper delivered at the Conference on Comparative Studies of Welfare State Development, Helsinki, Finland, 29 August to 1 September 1991.

Schwarz, B. and Gustafsson, Björn (1991) 'Income redistribution effects of tax reforms in Sweden', *Journal of Policy Modelling*, 13:551-70.

Stephens, John D. (1979) *The Transition from Capitalism to Socialism*. Urbana: University of Illinois Press.

Stephens, John D. (1994a) 'The Scandinavian welfare states: development and crisis'. Paper delivered at the World Congress of Sociology, Bielefeld, Germany, 18-23 July 1994.

Stephens, John D. (1994b) 'Welfare state and employment regimes', *Acta Sociologica*, 37:207-11.

Stephens, John D. (1995) 'The future of the social democratic welfare state', *Nordic Journal of Political Economy* (in press).

Stephens, John D., Huber, Evelyne and Ray, Leonard (1994) 'The welfare state in hard times'. Paper delivered at the Conference on the Politics and

Political Economy of Contemporary Capitalism, University of North Carolina, Chapel Hill, NC, 9-11 September 1994.

Svalforss, Stefan (1991) 'The politics of welfare policy in Sweden: structural determinants and attitudinal cleavages', *British Journal of Sociology*, 42(4):609-34.

Svalforss, Stefan (1992) 'Den Stabila Välfärdsopinionen: Atityder till Svensk Välfärdspolitik 1986-92'. Unpublished paper, Sociologiska Institutionen, Umeå Universitet.

Titmuss, Richard A. (1974) *Social Policy*. London: Allen and Unwin.

van Kersbergen, Kees (1991) 'Social capitalism: a study of Christian democracy and the post-war settlement of the welfare state'. PhD dissertation. European University Institute, Florence.

Vartiainen, Juhana (1994) 'The state and late industrialization', in Douglas Hibbs (ed.), *Politics, Growth, and Distribution*. Oxford: Oxford University Press.

3 缺少工作的福利制度：
劳动力流失的困境和欧洲大陆
社会政策中的家庭主义

戈斯塔·埃斯平-安德森

德意志帝国的社会保险改革成为大多数欧洲国家竞相仿效的典范。至于俾斯麦，他所推动建立的社会政策的动机并非出自任何平均主义的考虑。简单来说，社会政策的改革是由德国保守派上层人物所推动的结果，他们憎恶自由放任主义，就如同憎恶来自社会主义的威胁一样，为此，他们寻求用道德戒律、社会绥靖政策和国家建设来挽救、维持旧的统治秩序（Rimlinger,1971;Flora and Alber,1981）。俾斯麦的目的并不是要建立一个福利制度，而是要建立一个福利的君主政体。同普救主义中所主张人人平等的理想——该观点之后逐渐用来界定英国贝弗里奇计划或斯堪的纳维亚社会民主党所提出的"人民之家"理念——相比较，早期欧洲大陆社会政策的缔造者基本上是一些权威主义者、国家主义者和社团主义者。

保守主义遗留下来的许多思想在当代福利国家制度中得到应用。在其他大多数国家，现代福利制度的出现是由社会民主党派或左翼自由党派推动建立的；而战后的欧洲福利制度得以巩固，则主要靠右翼阶层或右翼中间派联盟——尤其是基督教民主党（Christian Democracy）所支配的。即使在基督教民主党的影响力不够强大的国家里，如法国或西班牙这些国家，其天主教的社会教

3 缺少工作的福利制度:劳动力流失的困境和欧洲大陆社会政策中的家庭主义

义仍然会对社会政策的制定和推动产生显而易见的影响。

之所以要强调欧洲福利制度的党派基础,有两个重要原因。一个原因是,从运用转移支付来支持男性养家者与女性照料者的模式这个意义上来理解,基督教民主党的"补充性原则",已经使家庭主义制度化了。特别是南欧各国,以慷慨的现金转移和几乎就不存在的社会服务供给为特征。[1]

而保守的天主教也深深地影响到了当前的危机和紧缩政治。在盎格鲁-撒克逊国家,甚至在斯堪的纳维亚国家中发生的由意识形态差异而引起的党派之争在欧洲大陆明显不存在了。在欧洲大陆国家,新自由主义右派的政治力量实质上微不足道,只能打打擦边球。这些大概是所有现代福利制度最为一致的特点,而且,正如我们在本章结尾所能看到的,这些特征还有助于解释:为什么即使面临如此紧迫的、重大的根本性变革,福利制度的大厦却依旧岿然不动。

以社会保险为主导的解决路径包含两方面的含义。第一是,社会权利(social entitlements)主要来自就业而不是公民权(如北欧模式),或者来自那些切实的需求(如北美及澳大利亚和新西兰中更具目标化的制度模式)。那么,就是说,家庭中被抚养者会依赖于养家者(通常是男性)的社会权利。第二点含义是,社会保护依据各种职业分层而有所不同,社会保护津贴可以反映通常的社会地位和收入差异,却无法反映社会再分配的目标。简而言之,这种体现团结和风险共担的领域是狭窄的和具有针对性的,而非普遍适用的。

社会地位差异化的程度根据国家不同和项目不同而有所变化。在德国,失业保险模式是统一的,养老保险则根据不同的职业

第一部分 发达的福利国家在衰落还是在复兴?

类别进行大致划分(如工人、工薪者、矿工和公务员等),医疗卫生保健则划分成 1200 个根据不同的区域、职业或是以公司为单位而设立的基金,错综复杂。相反,法国和意大利的养老金体制将庞大的职业混合计划与大量关于特定身份的计划合并在一起。意大利的医疗保健体制是统一的;而法国(和比利时)则建立起广泛的职业基金。在欧洲大陆型的福利制度中,公务员往往享有特殊的权利。我们还会看到,社会保险的长期财政稳定同社会地位分层化的程度呈负相关。

天主教社会教义的影响,依然会阻碍服务的国家供给,尤其是那些同社会看护和家庭社会再生产方面相关联的服务供给。因此,欧洲大陆呈现出与北欧国家截然不同的福利模式:它轻社会服务而重转移支付[2]。

如我们将会看到的那样,就业的后果重大。社会服务业的缺少与妇女日益增长的就业愿望相矛盾,而这一点有助于解释为什么欧洲整体就业发展缓慢。尽管妇女日益渴求工作,但是,高工资成本却使其承受不起另外选择的私人看护,因此,这一制度迫使妇女在就业与生育之间仔细权衡得失,难以兼顾。考虑到这一背景,我们就可以理解,为什么当前在意大利和西班牙会出现空前低的人口出生率。

从广义来看,对社会保险政策的强调依然是整个战后期间福利制度得以完善发展并保持其活力和较强适应性的源头。按照福利要满足收入增长和日益富足的中产阶级社会需求这一原则,同英国或北欧的定额给付计划(flat-rate schemes)相比,社会保险给付水平更易于改善。到 20 世纪 70 年代,由于低通货膨胀和低失业所带来的可持续性经济发展,以往因承受全额收入维持保障而

3 缺少工作的福利制度:劳动力流失的困境和欧洲大陆社会政策中的家庭主义

导致的极为沉重的财政支出问题,很容易就消解了(Gordon,1988)。

由于大多数社会阶层能享受到充足的社会保险,因此也就暗示了人们对私人部门涉足社会保险领域的需求非常微弱,特别是在养老金领域。既然实行缴费的社会保险逐渐培养了人们通过契约形式来确立个人所得的权利意识,那么,这些社会保险体制也就获得了极其广泛的公众合法性。尽管还存在日益加重的财政负担,以及对官僚政府与服务质量不可避免的抱怨,但是,在斯堪的纳维亚、英国和美国曾经爆发的反对福利制度的抵抗运动,现在在这些国家显然已不存在了,即使在德国、法国和意大利也消失了。

本章关注的焦点是,由于过去几十年来社会经济的彻底变革,引发特定的福利制度模式所面临的巨大问题和压力。比如,斯堪的纳维亚模式对"去工业化"和失业所采取的主要政策回应是刺激劳动力退出市场,而不是促进就业。这种方法对于恢复传统工业,如汽车制造业的竞争力可能是有利的。然而,从长期效果来看,还是会有相当大的问题。由于退休人员激增,还有经济停滞甚至劳动力萎缩,导致极不合理的人口抚养比。其结果是令人难以承受的极高的固定劳动力成本,由此阻碍了就业增长,或者,换句话说,促进了非正式部门工作或"自我雇佣者"的增长。简而言之,这些体制本身已经陷入自我强化的负向螺旋中,不断恶化,特别是难以适应当前劳动力市场的灵活变动以及妇女争取经济独立所带来的巨大压力。总之,西欧大陆的福利制度目标陷入到与后工业经济新兴的需求间的冲突之中,无力自拔。

在更为深入地分析这些问题之前,我先提供一个关于战后欧洲福利制度模式重要特征的简要框架。在本文的第三部分和最后

第一部分 发达的福利国家在衰落还是在复兴?

部分,我将会根据当前普遍认同的发展趋势,审视未来图景。

战后社会保障模式

战后欧洲大陆福利制度的巩固,意味着在涉及实质性收入津贴(包括事故、疾病、残疾和养老金以及失业)和医疗保健等方面对现存社会保险的扩充和细化。在德国、意大利等国家,战后的改革者支持贝弗里奇式的建立普救主义体系(universalistic system)的观点。然而,维护原有社会保险模式的既得利益集团极其强大。要求更具普遍性的压力反而促使它转变成一种拼凑的而非系统的政策,将保险对象扩展到此前并未涵盖的人群(如自我雇佣者);在普遍保护伞的基础上,巩固多层次的保险基金;还有为无法参加社会保险的群体建立基本的最低收入支持计划——主要针对那些弱势群体。由此,旧的社会救助项目受到重视,或者开始引入类似的计划(如意大利社会养老金或法国、比利时的最低收入保障)。随后,与普遍的家庭津贴或儿童津贴计划一同出现,普救主义的要素和以公民资格为基础的权利结合在一起,成为主导的社会保险模式。

如果说这是社会保险的一般模式,那么,它也有特例。意大利就是这样一个国家,它从来就没有引入真正意义上的失业保险,其国民健康医疗保险(从1978年起建立)逐渐成为普遍公民权利和保险的混合品(通过来自劳动收入和一般性收入中的附加费获得财政支持)。事实上,在20世纪80年代高失业率的时期,意大利由于没有失业保险,结果不得不滥用养老保险计划特别是残障保险金[3]。像意大利健康医疗保险一样,荷兰养老金制度将保险原则(缴费制)同普遍覆盖和(慷慨的)定额给付合为一体。针对雇员,

3 缺少工作的福利制度:劳动力流失的困境和欧洲大陆社会政策中的家庭主义

设立有一种委托管理形式的第二层次的职业养老金保险项目。荷兰的残障保险金在减少劳动力供给方面也起着主要的(且极具争议性的)作用。当大多数国家在收入审查式的救助项目中引入国家标准时,在地中海国家,社会救助却依然接近于传统的贫困救济模式。

除了采取谨慎的普遍化原则外,战后唯一最重要的变化就是采纳了现金给付标准适度的原则。这一原则促成了筹资方式从缴费制到以收入为基础的津贴计算方式的转变,之后,则采取了非精算的现收现付的做法。家庭主义者和关注维持现状者共同激发了这次变革。实质上,正如社会收入会反映固有社会地位差异性一样,社会转移支付水平要以家庭工资的标准作为转移支付的依据。因此,欧洲大陆尤其是南欧的养老金替代率位于世界最高水平。

1957年由德国创立,之后接连被其他国家引入的给付水平(benefit levels),现在是按前期收入计算的(参见表3.1)。在欧共体(EC),平均养老金占净收入的81%;疾病和失业保险津贴则占66%左右。不同国家之间确实存在差异,特别是失业和疾病保险方面。而社会最低收入计划更是突出了剩余型特征。因此,如表3.1所见,针对老年人的最低保障,无一例外地占到人均GDP的50%。根据比较研究显示,这个结果对一些群体,诸如寡妇或依靠非保险的福利转移支付的单身母亲,仍然具有较高的贫困风险。与之相反,对于通常的职业家庭来说,贫困率则非常低。在退休夫妇家庭和有专职收入者的非老年人家庭中,其贫困发生率(20世纪80年代中期)与斯堪的纳维亚国家一样低。然而,对于缺少主要养家者(男性)的家庭来说,安全网变得很脆弱。单亲家庭的儿童贫困率在意大利是18.7%,法国是19.2%,德国是26.7%

第一部分 发达的福利国家在衰落还是在复兴?

(相比之下,瑞典是 4.5%)[4]。

表 3.1　1990 年转移支付水平[1] 占净收入的百分比

	养老金	疾病	伤残	失业	社会最低保障
比利时	80	100	113	79	32
德国	77	100	60	63	29
法国	83	53	46	80	30
意大利	89	31[2]	56	26	16
荷兰[3]	67	70	69	74	41
西班牙	98	60	32	80	28
欧共体	81	69	60	61	30

1　社会最低保障津贴用人均 GDP 的百分比来表示。

2　在意大利,大多数雇员在患病期间,有权利享受工作期间的连续全额的工资待遇。失业津贴并没有涉及产业裁员的停产补贴(Cassa Integrazione)制度,其补贴额度为雇员工资的 70%—80%。*

3　荷兰的数据资料反映了 1987 年改革中替代率的降低。

资料来源:European Community,1993。

说到收入替代,有两个问题非常重要。第一个涉及就业和缴费条件。不管确切标准如何变化,获取基本养老金通常需要有大约 30—35 年的缴费。为达到福利收益最大化,则可能需要 40—50 年的缴费期限(比如在德国)。当政府开始劝诱人们提前退休时,这些标准已经大大地降低了。最近,在意大利,公共部门的工人只需到达到 25 年的就业期限就可以退休,从而导致"儿童养老金领

---

* 这是一笔补偿金,专门用于对那些工作时间短,或受经济危机和结构调整影响的企业员工进行补偿。期限为两年内累计享受这种补贴不得超过一年,由意大利社会保障局发放,资金来源是企业缴纳的相关基金。该政策的主要目的首先是为了解决暂时停业的工人的生活问题,此外,也起到支持企业克服结构性危机、缓解企业遇到的问题与困难等作用。——译者

3 缺少工作的福利制度:劳动力流失的困境和欧洲大陆社会政策中的家庭主义

取者"(baby pensioners)概念的出现。

当然,就养老金而言,具有长期稳定的就业依然被认为是最理想的。因此,社会保险不可避免地要向男性收入者倾斜。德国的数据明显地阐释了这个现象。女性体力劳动者平均仅有 22 年的缴费期限(男性为 36 年),女性白领雇员要达到 27 年的缴费期限(男性为 38 年)。只有 8％的女性(相比之下,男性为 53％)达到40 年的缴费期限(Scheiwe,1994:Table 9.3 and 9.4)。其结果是,女性平均养老金给付率非常低[5]。

第二个问题是关于缴费和给付的最高限额。如果划定的给付限额相当低,那么高收入雇员自然就会寻求私人补充保险的保护。如果缴费最高限额相对较高的话,就会出现一定程度的再分配。欧洲大陆社会保险的合作主义原则的特点,就是要使缴费与给付达到协调一致。在大多数国家,无论是缴费还是给付,其最高上限额都相当高;在有些国家,比如意大利,两者的上限都一同给取消了(Palme,1990;European Community,1993)。不过,在德国,人们收入达到平均工资两倍时,替代率就开始下降;在西班牙,则是个人收入达到平均工资三倍时,替代率才开始回落(European Community,1993:88—90)。在德国(公务员除外),出现了某些莫名其妙的待遇下降,其实也可以用来解释为何补充性的私人养老金计划在高收入群体中普遍存在(Esping-Andersen,1990:表 3.1)[6]。

只有当精英阶层也觉察到社会保险适当的时候,福利制度才有可能享有稳固的忠诚。但是,它也意味着沉重的公共支出负担,如果那些计划的实施有充足的资金加以保障,那么,公共支出再沉重,也许不会引发财政危机。而问题存在的根源恰恰在于,不仅没有足够的庞大资金做后盾,而且还需要越来越多的政府补贴作保

第一部分 发达的福利国家在衰落还是在复兴？

障。由于担心财政危机即将到来，从而面临保障匮乏，因而政府鼓励相当多的私人保险业的发展。但是到目前为止，类似的私人保险业的作用还是相当小的。1980年的数据显示，在欧洲大陆，私人养老金支出占所有养老金支出1%—4%的比例，相比而言，英国、加拿大和日本占10%—12%，美国占17%，澳大利亚占20%(Esping-Anderson,1990:表4.3)。

可是，为迎合精英阶层的需要，欧洲大陆福利制度却在平等主义方面付出了代价。在德国，最顶层的1/5养老金领取者几乎得到全部公共养老金转移支付的30%，而在英国这些人只能领取到20%的养老金。相反，处在社会底层1/5比例的德国人仅能领到11%的公共养老金，而在英国则可以领取到17%的养老金(West-Pedersen,1994)。再来看看私人养老金，其分配原则无论在哪个国家都具有明显的不公正性。在德国、英国和荷兰，最顶层的1/5比例的养老金领取者，所领取到养老金的比例达到65%—70%。

表3.2　1990年社会保障支出以及服务的作用

	社会保障支出(% GDP)		服务和转移支付比率[1]
	1980	1991	
比利时	28.0	26.7	无
法国[2]	25.4	28.7	0.12
西德	28.7	26.6	0.16
意大利	19.4	24.4	0.06
荷兰	30.8	32.4	无
丹麦	28.7	29.8	0.33
瑞典			0.29

1　社会服务不包括医疗卫生保健在内。
2　表中法国的数据是1989年的统计数据。
资料来源：OECD,1991；European Community,1993。

3 缺少工作的福利制度：劳动力流失的困境和欧洲大陆社会政策中的家庭主义

换句话说，欧洲大陆福利制度是以慷慨的社会转移支付和不发达的社会看护服务而著称的——这两者都反映了其家庭主义的倾向。在福利制度服务承诺方面，欧洲和斯堪的纳维亚之间存在着很大的差异，这一点从表 3.2 中可以看出[7]。尽管，有关公共服务提供方面的跨国系统比较资料还很少，但是格斯塔夫森和斯坦福（Gustavsson and Stafford, 1994）所提供的资料可以证明，瑞典日间看护服务覆盖了 50% 的儿童，而荷兰只有 2%。根据奇曼（Zimmermann, 1993:214）所进行的估算，这个数据在德国为 1.4%，而引自 OECD 的数字表明在意大利儿童日间看护服务的覆盖率达到了 5%。法国虽然仅为 3.7% 左右的儿童提供日间看护服务，但是它鼓励私人日间看护的大规模发展（OECD, 1990:191）[8]。

服务供给方面的差异对就业结构也产生了深远影响。20 世纪 80 年代后期，丹麦和瑞典在卫生、教育和福利服务等公共部门就业的劳动力达到了 25%，相比之下，欧洲大陆在 6%—11% 之间（德国为 7%，法国和意大利都是 11%）。同北欧国家进行这种对比应该说是恰当的（Esping-Andersen, 1990:158），因为在北欧国家也一样，由于高昂的劳动力成本，限制了大多数家庭享受市场服务的平等消费。

由于缺少市场或国家提供的看护服务，因而造成女性低就业率及低生育率。由此而引发全面的低水平就业，其实说明社会中存在着不适当的就业与抚养比（ratios of dependants to actives），这也意味着要对确实在工作的少数群体征收较高的边际税。另外，我在下面将要讨论到，可以证明，限制女性就业成为灵活机制的一个主要障碍。

第一部分　发达的福利国家在衰落还是在复兴？

支出与财政

社会保险的重要力量就在于它造就了某种平等意识：即你获得你所挣来的,你挣得你所应得的。从保证广泛的合法性方面来说,"大陆模式"是强有力的证据。起初,社会保险意味着严格的保险精算：即给付津贴同缴费直接挂钩。起初,财政资金要由雇主与雇员平等分担。

如今,这些国家全都实行现收现付制,其财政结构也发生了改变。一些是把"扣留工资"策略作为抑制工资增长的手段,雇主和政府现在负担了大部分的财政资金份额。在所有社会保障收入中,雇主们的缴费现在占 50%—60% 的比例,雇员的负担则占 30% 的比例,剩余部分由政府的一般收入来解决。由于要支付高额的提前退休费用,要弥补日益增长的财政赤字,因此,在过去的 10 年间,养老金计划中的财政补助急剧上涨了。

过去几十年间,由于给付水平增长,还有受益人数激增(由于老龄化、提前退休和未保险群体的加入),因而在国际范围内产生了相当高的资金需求。其结果是导致财政失衡以及劳动力成本上涨。比利时、法国、德国、意大利和荷兰等国家的固定劳动力成本占所有工资费用的比例(对一位有两个孩子的已婚工人来说)一直徘徊在 50% 左右(European Community,1993:83)。我们可以看到,这确实加重了欧洲长期的就业问题。

从表 3.3 中可以发现,除有少数例外,欧洲各国社会保障体制的财政地位都开始恶化。为了弥补缴费缺口,政府增加了补助金,而这反过来又使得当前的预算赤字增长。据预测,意大利当前每年度的公共债务中大约有一半(约占国内生产总值的 13%)用于

3 缺少工作的福利制度:劳动力流失的困境和欧洲大陆社会政策中的家庭主义

弥补社会保障体制总收入的不足。

表 3.3 部分欧洲国家 1980—1991 年社会保障财政收入:
社会缴费与福利支出之间的差额比较(%)

	1980	1991
比利时	−5.9	−3.2
法国	+1.7	+0.9
德国	+3.1	+5.2
意大利	−3.9	−4.3
荷兰	无	−2.4
西班牙	无	−1.1

资料来源:OECD,1991。

20世纪80年代,各国社会支出扩大的趋势出现了明显的回落,但是到1991年,除德国和比利时外,其他国家社会总支出占国民生产总值的份额均高于1980年(见表3.2)。在比利时、德国、荷兰,平均年增长率(维持在固定价格水平)达到约1%—1.5%,法国为3%,西班牙和意大利达到4.5%—5%。除了后一种情况下出现追赶效应(a catch-up effect)外,通常共同推动社会支出上涨并由此产生财政负担,其缘由可归结于在处理过去20年间的社会和经济问题时,社会保险所承受的负担。

日益繁重的财政负担主要集中在三个项目上。一是由于持续的高失业率,导致了支出的扩大。在上述国家[意大利除外,该国此项支出以养老金支付或开工不足补贴(Cossa Integrazione expenditures)的形式支出],"消极"的失业补偿支出(1992)费用约占国内生产总值的1.5%到2%。而且,对失业人员的转移支付所造成的不断增加的财政负担表现在对"活跃"的劳动力市场措施,诸如培训、工作岗位创造、人员流动等产生了不良的挤出效应

第一部分 发达的福利国家在衰落还是在复兴?

(OECD,1993)。第二个领域是医疗卫生保健,其成本上涨同人口老龄化密切相关。因此,OECD(1988:表31)预测,截止到2000年,总计会有超过50%的医疗卫生保健支出划入到老年人口账户中。第三,正如我们所看到的,人口老龄化和提前退休导致了养老金成本的剧增。由于职业分化也加剧了养老金的财政负担:一些劳动力群体如矿工和体力工人的劳动力供给减少,结果出现了缴费总额日益减少以及提前退休的人数日益增加的局面。

在所有欧洲国家,领取养老金者同缴费者之间的比例都出现了更大的失衡。在意大利,按照一定比例缴费并领取相应养老金的人数从1971年的60%上升到1987年的84%,并很快就达到同等比例。空前低的出生率也使未来几十年的老年人抚养负担大大加重。

换个角度来看,欧洲大陆福利制度已成为"养老金领取者"的制度,这样说并不是因为它那里的老龄化问题比其他任何国家出现得更早,而是因为其政策偏向于支持消极的收入保护和劳动力供给的减少。因此,从老年人社会支出与非老年人社会支出之间的总体比例来看,欧洲大陆国家比斯堪的纳维亚国家要偏高些(平均达到约1.5%)。意大利的情况实属例外,1990年该国用于老年人的社会支出几乎是用于非老年人社会支出的5倍多。而且,同北欧国家不同的是,随着时间的推移,欧洲大陆国家的偏向老年人的政策还在不断加强[9]。

若养老金计划具有职业排斥倾向的话,那么财政失衡也将随着职业结构变化发生显著变化。因此,在现今德国的矿工养老金计划中,会员缴费仅够弥补支出的30%;其他工人的养老金计划,则会将近70%比例可以弥补财政支出。与此不同的是,工薪雇员的养老金

3 缺少工作的福利制度:劳动力流失的困境和欧洲大陆社会政策中的家庭主义

计划通过缴费可以达到收支平衡(Statistisches Bundesamt,1992:表19.1和19.4.9)。

我们已经注意到,较高的社会缴费和高劳动力成本可能对就业产生消极影响。另外一个因素与一些欧洲国家纳入到税收制度中的对已婚妇女的收入进行苛刻征税(和社会转移支出效应)的政策有关。这样就从总体上格外阻碍了女性的(全职)就业,特别是阻碍了母亲劳动力的供给(Gustavsson and Stafford,1994;Zimmermann,1993)。如此一来,对于男性劳动者挣得平均工资维持家计的独生子女家庭来说,如果妻子决定去做全职工作(收入与男性相等),就可能会对家庭的可支配净收入产生负面影响。在法国,其影响结果是适度的(弹性比是0.93),但是,在其他国家,情况却相当严峻(比利时的弹性比是0.71,德国是0.58,荷兰是0.52)。对瑞典来说,这种情况恰好与其完全处于中度地位形成反差。而对于有3个孩子的家庭来说,这种苛税效应会产生更为严峻的后果(基于欧共体1993年数据计算,European Community,1993:表24)。

所以说,如果我们能将已婚妇女就业产生的税收-收益效应(the tax-benefit effect)与儿童服务和其他家庭服务的普遍缺乏联系起来,进行通盘考虑的话,那么,我们也就能明确地看出女性总体就业比例低的主要原因了。反过来说,女性的非就业活动对社会具有双重作用,一方面,它会抑制为福利制度提供财政支持的积极就业人群的规模,另一方面,它会使家庭永久地依靠男性养家者的收入和社会权利。而这些,都会转化成较高的社会转移支出水平。

对当代福利制度问题的诊断

当今的欧洲福利制度,是在充分就业的"福特制"(Fordist)时

第一部分 发达的福利国家在衰落还是在复兴？

期的社会、经济和人口的条件下形塑出来的。那个时期确立欧洲大陆社会政策基础的许多设想，同时也成为该政策要实现的目标。

这些基本设想中最重要的是，充分就业条件下具有稳定而充满活力的非通货膨胀的经济增长。因此，无论政府是否积极遵从凯恩斯的反周期制度(实际上，法国、德国、意大利并非如此)，它们都可以通过国内外对制造商品的需求的可持续性扩张来实现经济增长。

二战后，大多数欧洲国家经历了非熟练农村人口大规模的迁出过程。这一潜在的福利问题主要通过大规模工业生产的扩张得以解决。福利政策的主要任务是，当男性养家者处于生命周期的被动阶段——尤其是在他们年老时，能够保障家庭稳定和安全。这一目标的实现，主要依靠市场以获得高工资和工作岗位的增长(并且以此来增加总消费需求)。在微观层面上，工薪阶层家庭则要依靠终身的收入作为保障。由此，就产生了标准工人和标准化的生命周期。

以这些前提为基础来看，福利制度本身就是成功。所有资料表明，随着养老金水平提高和普遍化，老年贫困人口大大减少(Mitchell,1991)。但是，就生命周期中积极参与工作的年份而言，福利制度是相对消极的，福利制度将自身限定在确保能够抵抗突发疾病、伤残以及应对(设想的)失业的边际性风险上，而且直到最近几年，这一消极性的问题还没有引起足够的重视。

当代人口与劳动力市场的变化，意味着正是由于对生命周期中参加工作的阶段不够重视，结果引发了一些问题的出现。比如，到处充斥着越来越不稳定的婚姻，以及随之而引发的一系列新的贫穷风险。在比利时、德国、法国这些国家，单亲家庭占有孩子家

3 缺少工作的福利制度:劳动力流失的困境和欧洲大陆社会政策中的家庭主义

庭的比例大约是 10%—12%。这些家庭的贫穷发生率都很高——在德国,大约有 27% 是贫穷的,在法国和意大利大约有 19%(这些数据是我基于卢森堡研究数据的资料进行的估算)——而且这些群体越来越依赖由政府提供的公共援助。比如说在法国,从 1970 年到 1986 年,依靠社会救助生活的单亲家庭的比例增长了 185%(Room,1990:52)。类似的情况也发生在失业群体中。在 1970—1986 年期间,在德国所有接受救助的人员中,失业者所占比例从原来的不到 1% 飙升到 33%,而在荷兰则从 3% 飙升到 67%(Room,1990:62)。

战后,充分就业观念通常仅限于男性养家者。随着农村和城镇的个体自营业者减少,工薪阶层,甚至包括非技能人员都指望到薪水丰厚的工业部门就业。正是在这种情况下,政策制定者就要考虑允许(实际上也在鼓励)妇女成为全职的专业家庭主妇。从这方面来看,社会政策同产业联系是协调一致的。家庭几乎完全依赖男性养家者的收入和社会权利,这就意味着工会要为工作保障(工龄规则、雇用和解聘的操作规则)和"家庭工资"而进行斗争。在工资协议和在社会福利结构中都一样,家庭工资的原则在欧洲大陆并没有制度化。这也有助于说明在社会保障中为何出现相对较高的收入替代率。

换言之,社会政策假定并创造出"标准的工人家庭"。实际上,在 20 世纪 60 年代,为应对严重的人力资源短缺问题,德国、比利时以及法国等国家所采取的战略性选择就是吸纳外籍工人,而不是雇佣国内女性,这恰好强化了"标准工人家庭"这一逻辑。自 20 世纪 60 年代开始,当斯堪的纳维亚和北美地区的女性劳动力参与率加速增长时,在欧洲大陆经济中,它基本上还处于停滞阶段,之

第一部分 发达的福利国家在衰落还是在复兴?

后,直到 20 世纪 80 年代,欧洲大陆的女性参与率才开始上升。

战后福利制度是以与标准家庭紧密相连的一系列社会人口设想为依据的。其中最重要的设想是关于男性在为参与经济活动期与就业期之间生命周期的安排情况。因此,假设人们一般在 15—16 岁开始进入劳动力市场,到 65 岁时退休,因此在退休前可能有 40—45 年的积极就业期(进行相应的社会缴费)。至于说女性的生命周期,假定女性在年轻时仅有较短的就业期,之后由于结婚和建立家庭,或多或少有一段时期就会离开劳动力市场。这反过来能保证女性能够全身心地投入对儿童的社会照料,以后,还包括全身心地投入对老年人的照料。

简要地说,战后福利制度设想,男性职业是全职的、长期的、没有任何中断的,只是在死亡前有几年退休期。而全职女性则毕生致力于社会再生产活动。欧洲大陆不仅比其他国家更为信奉这一原则,而且直到现在还依然保持这一原则。因此,欧洲大陆国家里的劳动力相对来说以男性为主,并且受到充分的保护。

同其他地区一样,欧洲大陆现在却不具备这些基本条件。还有,同其他地区一样,其体制所面临的危机主要来自人口老龄化。当然,欧洲大陆国家确实也显示出年龄结构不利的一面。但是,关于老龄化为何并没有成为其主要社会问题,其实还另有原因。所谓依赖负担,主要是生育与退休行为作用的结果,而生育与退休都是福利国家本身所固有的问题。在很大程度上,可以说,欧洲老龄化危机就是福利国家劳动力缩减战略的副产品。

现在已经不再具备的另外一个条件就是有关就业结构的问题。一方面,工业化带来的就业正在迅速下降,服务业在当今已成为就业增长的主要来源。另一方面,人们普遍认为,劳动力市场需

3 缺少工作的福利制度：劳动力流失的困境和欧洲大陆社会政策中的家庭主义

要越来越强的灵活性。众所周知，后者即劳动力市场的就业灵活性具有积极和消极两个方面的影响：从消极方面看，它与标准化的稳定就业关系背道而驰，转而支持不太稳定的临时合同契约关系，并使得工资差异拉大；从积极方面看，它更适应对劳动力的新技能技术的要求(Rodgers and Rodgers, 1989)。在这两种情况下，工人们越发不能指望去依赖"福特制"关于保证工资稳定增长的终身工作的承诺。

欧洲大陆对后欧佩克政策所作出的回应，既明显不同于斯堪的纳维亚，也明显不同于英国、美国、澳大利亚和新西兰所主张的要求取消政府管制的新自由主义政策。欧洲大陆并没有遵循灵活的"廉价劳动力"的策略，也没有遵循代表盎格鲁-撒克逊政治经济特征的劳动力市场自由化路线，或者是北欧国家的公共就业导向的战略，他们所倡导的主要做法是，通过减少劳动力供给来解决劳动力市场出现的问题。虽然在某种（相对适度的）程度上，这一做法导致外籍工人的再出口，但是，主导政策最终还是集中在男性工人提前退休和阻止女性参与就业的问题上，该政策往往同缩减工作时间相结合，这样做的目的是为了缓解年轻人失业的状况。

从本质上看，欧洲大陆的这一策略显然同社会保险制度相关。因此，可以看出，除了对边际收益调整等类似情况外，我们所讨论的这些国家还有一个共同的特点，就是他们并没有致力于削减或改革社会保障制度（正如下面我们将看到的，最近几年除外）。实际上，这些国家的政治经济政策最终取决于他们为保护福利制度大厦所作出的努力。

我们可以举个令人信服的例子，那就是，如果福利国家中的劳动力大多是一些不符合职业资格或者技能过时的很容易被劳动市

第一部分 发达的福利国家在衰落还是在复兴？

场淘汰的工人,那么,福利制度对劳动力供给的限制将会产生积极的净福利效果。现代经济的一个特点就是对非熟练工人的需求迅速下降。美国的做法,简单地说,就是准许相应地降低这些工人的工资。这显然产生了消极的再分配效果。而在斯堪的纳维亚国家,所采取的另一个措施就是提供具有保护性的公共补助就业。通过福利计划来缓解失业问题,欧洲大陆的这一政策建立在三个假定的基础上,而这三个假定,越来越受到人们的质疑。首先,第一个假定是,最终的生产力效益足以弥补无息的收入保护费用所消耗的财政成本。第二个假定是,劳动力供给受到有效抑制的人实际都是不符合职业生产资格的生产率低下的工人[10]。第三个假定是,目前非技能人力资源的过剩是短期行为;一旦产业结构调整顺利完成,这类问题就会得到解决[11]。

正如我们所见,社会支出随着从事非经济活动人口占从事经济活动人口比例的日益恶化呈现出持续上升的态势。除了总收入不足这一根源以外,工人的平均有效缴费期急剧缩减,这也加剧了财政预算的失衡。因此,与传统假定中将 40 年至 45 年作为参加工作的缴费期相比较,我们可以发现,在我们所说的这些国家里,平均每个工人将在大约 18—20 岁之间进入就业期,在 55—59 岁之间退休。如此一来,人类生命周期中出现失业和工作丧失的几率日益增加,因此,总计大概能达到平均 35 年或至多 40 年的积极就业期,例如,从财政缴费来说,应缴费的比例就下降了 10%—20%[12]。部分是由于较早从劳动力市场脱离,部分是由于寿命延长的缘故,每个工人平均享受养老金的年限比传统模式所假定的年限要延长许多年。自 20 世纪 50 年代开始,男性生命预期(在出生时)已提高了 5.9 年,而女性则提高了 8.5 年。因此,如今在 60

3 缺少工作的福利制度:劳动力流失的困境和欧洲大陆社会政策中的家庭主义

岁退休的男性可以领取到17—18年的养老金,女性则可以领取到20—22年的养老金。将二者进行汇总、平均的话,与20世纪50年代黄金时期的情况相对比,普通的单个工人在退休之前要少支付15%的保险费,退休时则可拿到比那个时期多30%的养老金。

在欧洲大陆,真正的人口问题不是老龄化问题,而是低生育率和低参与率问题。因此,与北欧国家相反,德国、意大利、荷兰的妇女们在选择职业与组成家庭间要进行极为慎重的权衡。意大利生育率如今是世界最低的(1.3),其次是西班牙、德国;爱尔兰和瑞典的生育率最高,虽然原因各不相同。事实上,格斯塔夫森和斯坦福(Gustavsson and Stafford,1994)认为:在客观上,瑞典生育率的增长与儿童日间看护的便利、就业的灵活性(如兼职、弹性工作时间和带薪休假等自由条件)密切相关。而这些要素恰恰是欧洲大陆福利制度的政策项目中所缺少的部分[13]。

基本人口变化趋势的后果就是老年抚养比上升。然而,老年抚养比是可以控制的,这有赖于生产力绩效(国内生产总值增长)和劳动力供给行为的调整来实现。所以说,人口概况的变化是由退休决策、进入就业的平均年龄、男性与女性就业比例、移民以及经济成效来决定的。关键就在于,欧洲福利制度是以促使潜在问题进一步恶化的方式来处理这些变量的。

就业问题

为什么欧洲大陆福利制度偏偏无法创造就业的增长呢？把欧共体作为整体来看,工作适龄人口的就业比例实际上从1968年的大约64%下降到1988年的57%(European Community,1989)。

第一部分 发达的福利国家在衰落还是在复兴？

与之相反,美国在 1968 年为同一水平,在 1988 年达到 72%,瑞典则超过了 75%。

　　某种程度上,欧洲就业率下降同男性提前退休有关。1960—1985 年,男性就业率在美国和加拿大下降 6%,而在德国、荷兰、比利时、意大利则下降了 15%—20%。同时,在某种程度上,欧洲就业率下降还同女性就业率几乎停滞有关。瑞典女性总体就业率达到 80%左右,相比之下,在比利时和德国仅有 50%,法国为 55%,荷兰、意大利和西班牙则为 40%—45%(OECD,1993)。

　　自 20 世纪 80 年代中期开始,女性就业参与率上升,特别是在德国和荷兰,兼职工作已经成为青年人群体中普遍的就业方式。但是,由于供给不足,创造净工作岗位的总体水平已经下降,从而使得失业水平不仅非常高,而且具有长期性,特别是青年群体的失业非常严重。过去 10 年间,除德国外,欧洲平均失业率徘徊在大约 10%左右。在比利时、意大利、西班牙和德国,各类失业中,长期失业比重达到 50%—70%,法国和荷兰的比例是 40%。作为劳动力市场排他性可能最为敏感的指标,青年失业率在意大利(33%)、西班牙(35%)、法国(22%)和比利时(20%)都达到相当高的比例。

　　换言之,欧洲大陆的就业状况,展示了"内部人—外部人"劳动力市场所具有的一切特征。因此,成年男性工人的低失业率与大量被淘汰的或边缘化的工人联系在一起。总之,失业可归因于工业就业的下降和服务业就业增长的极其缓慢。在我们所谈论的这些国家,其独特性就在于出现了缓慢的服务业增长比例,还有某些部门出现了真正的停滞、下降趋势(尤其是个体服务业)。因此,从 20 世纪 70 年代中期到 80 年代中期,欧洲共同体服务业平均增长率还不到美国的一半。

3 缺少工作的福利制度:劳动力流失的困境和欧洲大陆社会政策中的家庭主义

新自由主义评论家反复声称,"欧洲僵化症"是福利制度和产业关系协会(industrial relations institutions)协力合作而留下的继子。服务业就业增长匮乏(除商业、金融等高端服务行业外),可归因于古典的成本弊病问题(Baumol,1967)。既然大多数个人服务行业和社会服务行业偏爱适度发展的原则,那么,可以说,如果工资与劳动力成本根据高生产力部门的发展趋势而进行相应的调整的话,即使生产力提高了,也无法创造更多的工作岗位。就像欧洲普遍存在的平均主义和高工资(家庭工资)结构一样,由于成本过于高昂,从而放弃私人部门的服务,如洗衣店、洗车房、旅馆侍者或日间看护等服务。对此,一个解决办法就是,通过公共部门就业来提供此类服务。另外一个解决办法,就是鼓励实行弹性工资[14]。出于与福利制度相关的各种显而易见的原因,这两个方案在欧洲大陆都不可能实行。为保护家庭工资,工会不会允许低工资的市场出现;社会缴费提升了固定劳动力成本,因此额外雇佣一个工人就意味着增加边际成本。而且,固定的社会缴费已经出现大幅度的上升。除了天主教派主张的家庭主义之外,正是欧洲福利制度所承受的极其沉重的转移支付负担(和公共债务支付负担),阻止了任何有效的公共就业策略[15]。

那么,其结果就是公共部门和私人部门服务性就业的缓慢增长。传统产业链实施的连续性,以及工作权利法规的确立,使得原本入口就狭窄的"内部人"劳动力市场越发封闭和僵化,难以进入。因此,便出现较低的女性参与率、大量的青年人失业与稳定的和以男性占主导地位的内部人劳动力市场共存的局面,而这个内部人劳动力市场,恰恰需要依靠高工资和大量缴费的终身就业承诺,才能确保整个生命周期中的家庭福利。

第一部分 发达的福利国家在衰落还是在复兴?

核心问题是,代表欧洲大陆模式的这种有关福利制度、家庭和工作三者之间特定的联结出现了某种嵌入式的倾向,这种联系正力图破坏或削弱支撑它们的体系。由于不能推动就业的进一步扩展,这一模式就转而采取减少劳动力供给的政策,对于男性来说,这就意味着面临失业和养老金支付成本增加;对于女性而言,则必须持续地依靠男性这个养家者。在这两种情况下,由于"内部人"不得不捍卫其就业的稳定性,所以,这种情况就会演变成要付出相当高的劳动力成本,并保证较强的劳动力市场刚性的局面。这样,劳动力市场依然还是僵化地封闭起来,依然没有能力提供主要的工作供给。

内部人—外部人分裂程度的加深,使得劳动力市场无法实现更大的灵活性。从雇主这一方来看,最重要的是工资弹性(依据生产力和利润制定工资级别)、功能弹性(如对新科技具有更强的适应性)和就业弹性(根据市场需求雇佣和解雇职员)。而从个人和家庭角度来看,灵活性意味着能处理好双职工婚姻生活中有关家庭义务,日益增多的家庭破裂的可能,职业生涯中期不断变化的可能,比如失业、接受再教育、转换职业和总体上越来越多样化,越来越非标准化的生命周期等各方面问题。

欧洲大陆福利制度模式共谋行动,抑制了任何对灵活性的需求。"内部人"劳动力深深陷入对终身工作保障的依赖,并由此通过集体组织来抵抗任何有关削弱"标准就业关系"的尝试。很明显,由于日益缩短的经济活动缴费年限,把终身就业这个索套给箍紧了;如果要获得令人满意的养老金,就至少要工作35—40年,按此逻辑,工人们会努力使可能出现的任何就业保障降至最低。

3　缺少工作的福利制度：劳动力流失的困境和欧洲大陆社会政策中的家庭主义

当然，福利制度会放宽相关的资格限定条件，或通过别的形式来补偿职业风险。实际上，这是过去几十年来社会保障改革的一个核心要素。一方面，福利制度（特别是在德国）在受教育、失业和服兵役期间准免相关的保险缴费，因此，即便是提前退休和就业中断这样的风险，也不影响个人可能建立起符合标准缴费的个人档案。另一方面，福利制度积极培植家庭观念，准许将养老金的积分（或者甚至包括母亲的薪资）转让给那些选择离开劳动力市场的妇女。所以说，灵活性又是以社会保障预算的额外失衡为代价，或者以固化传统的两性劳动分工为代价来实现的。

选择一种趋向灵活性的可替代方案——这在目前似乎颇为流行——就意味着脱离了传统福利制度和就业之间的关系。支持这方面论点的资料本来就非常缺乏，但是毋庸置疑的是，雇主与雇员都被赋予了特别强烈的动机去再造市场。可以说，有福利制度在其中给他们以动力支持。因此，为了避免固定劳动力成本提高，雇主与雇员联合起来按最长雇佣年限来低报工资（还有相关的缴费）而这是为福利金目的而考虑的因素。在意大利的制度体系中这是人所共知的。同样，提前退休者和雇主在非正式就业关系中存在共同利益，因为提前退休者不再需要积累社会权利，雇主也不需要再有所付出。所以，在意大利，提前退休的男性中估计有50%会继续工作，领取额外工资补偿的人员中下岗失业的人数也达到近似的比例。另一个可替代的方法就是可以把生产以家庭副业形式发包出去。按照最保守的估计，在意大利有70万名妇女，在西班牙有50万名妇女以家庭副业形式进行生产，没有任何形式的社会缴费，工资是按件计酬；另有估算认为，在意大利采取这种工作形式的妇女人数已达到200万。

第一部分 发达的福利国家在衰落还是在复兴?

其他两个趋势也显示出类似的情形。一个趋势就是自我雇用者的比例不断增长——常常出现假冒有特许经营权的工人——特别是在意大利、法国、比利时和西班牙。事实上,与其他类型的"非典型就业"如临时工人相比,这种自我雇佣趋势是创造就业的主要来源,特别是在诸如餐饮、旅馆和娱乐业这样的劳动密集型服务行业里(OECD,1993;European Community,1989)。另一种趋势就是非合法的地下经济活动,尽管这种经济活动主要吸纳的是已就业人员(含从事第二职业的兼职人员)或刚退休人员,然而,它可能并不像许多人想象的发展得那么快。尽管如此,恰恰就是在那些高福利导致高成本和就业刚性的国家,产生非合法性经济活动的程度也较高。当然,像瑞典这样的高税收国家似乎不存在这样的情况。所以,在北欧,非合法性经济活动所提供的工作大概占国内生产总值的5%或者略低些,而意大利、西班牙的比例大约占到10%—20%(European Community,1989)[16]。

所有这些形式的不规则就业往往都是劳动力市场行为者为避开规则经济的刚性和高成本而发生的事例。它们汇聚在一起,形成了不利于福利制度发展的一个共同要素:即他们享受着福利制度的福利,却都完全没有向任何财政机关进行缴费。因此,恶性循环进一步加深。至于灵活性,有越来越多的迹象显示,诸如临时合同自由化,这类偏失的灵活性政策实际上可能深化了"内部人—外部人"之间的区分。西班牙的情况颇具说服力,20世纪80年代,西班牙的所有工作岗位的净增长甚至都是临时工人出现所带来的;这些人员目前占所有就业人员的1/3。然而,他们要拥有永久的就业关系的几率却是微乎其微(只占10%—15%)。确实,有证据表明,那些终身就业的"内部人",其工资和工作保障的特权得到

3 缺少工作的福利制度:劳动力流失的困境和欧洲大陆社会政策中的家庭主义

了增强,而这恰恰是因为企业可以通过易于解聘的临时工来调节企业的边际劳动力(Bentolila and Dolado,1994)。

未来福利制度的前景

所有发达西方福利制度都经历了某种程度的社会经济转型,然而,它们并没有为转型作好充分准备,主要是因为经济、家庭和人口结构发生变化,原有的建制不再适用了。各国政策对这些变迁的回应有实质上的不同。迄今为止,欧洲大陆国家一直沿着其特有的轨迹而行,其福利制度明显地引发了劳动力供给的减少。它的一个结果就是僵化的"内部人—外部人"劳动力市场的滋生,随之而来的还有边际化和边缘化,在年轻人和女性工人中表现特别突出[17]。该策略对现存的社会保障项目的依赖,导致主要成本的急剧上涨,以至于如果没有公共资金持续地补贴,有些国家的社会保险资金就会面临着破产的境地。

为回应体制所呈现出的自我强化的负向螺旋上升,家庭和劳动力市场的行动者就会采取相应的对策:往往是通过在正式的制度之外,寻找灵活性的解决办法,人们通过从事非规则的就业来避开税收、缴费和就业法规,而女性必须在就业和孩子之间作出明确选择,因而不得不推迟和降低生育。不言而喻,如果选择非正式的灵活性解决方案的个体越来越多,也就越发会将国家制度推入致命的境地。这样一来,个人的理性选择就等于集体的非理性选择。

有证据表明,在许多国家,针对福利制度是否具有实现预期收益的可持续能力这一问题,公众的信任度下降(European Community,1993;Grasso,1989)。近几年,尤其是在比利时、德国、法国、荷兰还有意大利也出现了向私人养老金储蓄计划转变的趋势,其形式

第一部分　发达的福利国家在衰落还是在复兴?

包括企业年金或者是个人年金计划。由于担忧日益逼近的福利补贴缩减和资格限定更为严格,人们纷纷采取提前退休行动,从而导致提前退休计划加速运转这样的不良影响。

到目前为止,福利制度改革基本上局限于小修小补的边缘性调整:通过延迟领取保险金年限和减少福利受益金指数或通过限制医疗保健最高支出来抑制成本的增长。有些国家,特别是荷兰,采取了更直接的措施来降低替代率,鼓励私人部门保险的发展。最近,意大利也延长了退休年龄,但是,由于各种显而易见的原因,这一改革还处在渐进阶段,无论如何,只有长期实施后,才能显现积极效果。为了抵抗财政欺诈,也为了恢复制度中至为重要的保险精算原则,养老金的规定出现了引人注目的新动向,即转向以缴费为基准(而不再是以收入为基准)的社会权利的实现上。目前,意大利所进行的改革可能成为其他国家进行类似改革的先锋。

在劳动力市场方面,政策纲要基本上是相似的。在荷兰,兼职就业立法方面的宽松政策有利于推动妇女就业的增长,然而,在意大利,几乎就不存在这种可能性。答案相当简单,就是由于固定的管理费用高昂,意大利雇主基本上没有动力向求职人员提供兼职合同。同样,人们只能通过一些非实质性的举措,如降低工资成本以及由政府提供工资补贴,来为青年人提供灵活的就业机会。

然而,有一点很明确,那就是无论是在社会保险方面还是在劳动力市场中所进行的边缘性调整,都无法使制度摆脱失衡的境地。正如西班牙的临时合同工这一案例所显示的那样,如果这些制度仅仅是有选择地实施,那么要进行全面改革实际上就可能产生某种与之相悖的结果。当然,临时合同确实有利于为求业者,特别是妇女和青年人提供首次进入劳动力市场的机会。但是,来自西班

3 缺少工作的福利制度:劳动力流失的困境和欧洲大陆社会政策中的家庭主义

牙和法国的资料显示,如果不能额外创造就业净增长,那么,这些临时合同就助长了二元分化的情形。偏颇的灵活性政策,实际上可能加深了核心劳动力和边际劳动力之间的无法逾越的鸿沟。

总之,很明显,假定一个制度必须依赖家庭工资的逻辑以及以长期性的职业缴费为基础,在微观层面上会对人们的生命周期行为,在宏观层面上对并不太理想的劳动力参与水平,产生严重的僵化影响。因此,对于这些福利制度而言,最为紧迫的问题就是应立刻采取行动,找到促进就业供给与需求增长的解决办法。使得劳动力成本下降到较低程度是一个办法,却无助于解决妇女在工作与家庭之间所面临的两难境地。如果不能充分地提供家庭看护服务供给的话,妇女进入劳动力市场的人数将可能会持续上升(事实的确如此),但是要以极低的生育率作为长期的代价。

社会照料服务的供给不充足,也会面临着创造某种极为不平等的风险的可能。在特权职业社会阶层中,双职工家庭都能得到"家庭工资"并以双份的"家庭社会工资"而获得累积的社会权利。对这些家庭来说,因为有能力支付奶妈和保姆的费用,因此,即便是缺乏公共日间照料,对他们来说影响也不大。可是,对大多数家庭来说,情况却并非如此,因此,具有不同收入能力的家庭会很容易导致两极分化,同样两极分化的是,家庭在如今的劳动力市场供给中巧妙地应付和灵活调整的能力。双就业的家庭可大大减少个体收入者所面临的工作变化、流动或失去工作的风险。相反的是,传统男性养家者的家庭会理性地将上述事件的发生看成某种威胁。因此,按此逻辑,工会将继续支持传统的工作权利,赞成巩固相关的劳动力市场保护政策。

实际上几乎可以肯定,未来的家庭和劳动力市场要求急剧减

第一部分 发达的福利国家在衰落还是在复兴?

少家庭的社会看护责任。还有,日趋明显的是,人类生命周期中所进行的社会风险分配正转向"经济活跃的成人期"。一方面,是由于不断变化着的家庭行为包括离婚、单亲家庭数量的增加,另一方面,是由于劳动力市场会日益减少它所承诺的传统式的终身就业保证。从这两方面看,由于欧洲大陆"养老金领取者"的福利国家模式对这些变化缺乏必要的准备,以至延误了解决这些问题的时机。

既然,福利国家的财政状况已经如此不堪重负,那么,很难想象,它们还能够按照我们前面所勾勒的图景来进行新的改革。不过,新自由主义所支持的那种彻底的放松管制的改革策略同样也难以推进。欧洲大陆的福利制度是由保守派所建立的,现在,实质上也正是通过这些政治力量来对其加以维护和巩固。正如我所指出的,人们已经陷入到对这些福利制度的依赖中,可以想象,任何一个福利国家福利水平的剧烈下滑,都难以得到民众的广泛支持。有征兆显示,如今,大多数由保守派领导的政府都试图寻找解决办法,以便巩固现存的国家福利的大厦。因此,1994年,德国政府通过了一项关于老年人看护的社会保险计划。而新一届的法国保守党政府也打算提高附加税,为失业人员创造有财政补贴的工作岗位,并延长母亲的产假,提高养老金的给付水平。

当然,与此同时,政府必不可少要削减福利开支,特别是像意大利这样财政收支难以平衡的体制。不过,削减福利开支通常就表明是保护——而不是破坏——现存的上层建筑。显然,这就是意大利进行养老金改革所隐含的原则:通过逐步提高退休年龄,以及通过增强缴费对受益金计算的重要性,来保证养老金计划持续发展。而提议加大私有化力度的支持者对这一改革并无热情。比

3 缺少工作的福利制度：劳动力流失的困境和欧洲大陆社会政策中的家庭主义

如说，最明显的事例是，如果私有化意味着实施公司福利计划，那么，在雇主已经承担一定的固定劳动力成本前提下，这一想法根本就不现实。个人的私人福利计划尽管可能进展缓慢，但呈现出逐步上升的势头。然而，从长远来看，我们无法确定它是否会导致重要的"制度变迁"。从某种程度来说，由于公共福利计划是否可行具有不确定性，私人福利计划还会加强，而且，如果公共福利计划建立在更为稳固的财政基础上，那么私人福利计划的推动力可能就会限定在相对小规模的、高收入的客户群中。而且，从某种程度上来看，个人或集体保险大规模发展不太可能，除非政府准予实行税收优惠。但如今的状况下，还难以看出，政府可以承担这样的改革。

如果把家庭主义和次优就业率(sub-optimal activity rates)相结合，作为解释引起欧洲大陆福利制度危机的关键性因素，那么，可以说，很难在中短期找到总体积极的解决危机的办法。因为，既然高昂的社会服务大量出现的想法不太现实，同时，随着妇女融入到经济活动的可能性增加，欧洲的极低生育率就可能持续下去。财政危机显然会迫使政府减少提前退休的做法，从这方面来看，劳动力裁员的策略也会失效。但是，怎样才能推动工作岗位的增长呢？怎样才能解决日益加深的内部人—外部人之间的矛盾呢？

注释

[1] 这一组福利国家包括(西)德、法国、意大利、澳大利亚、比利时、西班牙和葡萄牙。荷兰在某种程度上是个特例，这是由于该国收入维持制度中所含有的重要因素是非常接近北欧普救主义模式的。既然在本章中不能逐一来验证这么多国家的分类情况，因此我把重心放在了德国(在社会保险做法中作为首要的最全面的典型)和意大利(作为不够完整的和独特的"家庭主

第一部分 发达的福利国家在衰落还是在复兴?

义"福利制度的例子)。对其他国家将作些不太系统的讨论。

2. 因此,1990年,德国社会服务(不包括医疗保健)同社会转移支付之间的比率达到0.16,而在法国和意大利分别是0.12和0.06;但在丹麦和瑞典,比率分别是0.33和0.29(注:美国的比率低至0.07,这主要是由于鼓励市场选择的做法所导致)。换个不同的说法,斯堪的纳维亚福利国家中1/3的国家致力于满足家庭需求的服务;而在中欧国家,家庭服务需求的满足就仅占到1/10。非医疗的社会服务部包括日间看护、对青年人的服务、对老人和残疾人的照顾和家庭帮助服务等类似的服务项目,而且还包括与就业相关的服务,如再就业计划和职业变换。

3. 因此,南部高失业地区的伤残抚恤金(不需要正常的缴费要求)准许达到北部的3倍。除了减少失业比例作为目标之外,伤残抚恤金还成为政治上一个主要的手段。在意大利制度中,其专门委托代理的信息,可参看帕西的论述(Paci,1989)。意大利唯一的真正失业保护计划是开工不是补贴(Cassa Integrazione),用于保证主要部门经济中部分地或完全下岗工人的收入。由于该计划是一般养老基金(INPS)所资助,所以目前非常高的解雇率进一步增加了养老金保险的赤字。

4. 这些数据是我根据卢森堡收入研究的系列数据(LIS)计算、统计的,将(相当于)中等收入的50%作为贫穷线的划分标准。用于统计1980年各国家(不包括意大利在内)的类似数据值是由米切尔(Mitchell,1991)提供的。北欧国家(可扩展到荷兰)所实行的普遍定额给付养老金(具有自动补充调整功能)为的是确保任何国民的收入保障不会低于中等收入的50%(可见Palme,1990)。最近,欧共体的调查研究(European Community,1993)尝试模拟了关键要素。因此,中断职业生涯的单身老人,在法国、德国和荷兰,能拿到60%比例的标准养老金,而在意大利仅能拿到23%,但在丹麦,可以拿到93%的养老金。

5. 对于终身工作的女性而言,其平均养老金的收益还不到男性养老金收益的一半。对于丧夫的女性,有权领取寡妇养老金的平均收益也只是男性平均养老金的60%。

6. 在筹措资金方面,法国、德国缴费的最高限额是非常高的,而在比利时和意大利两国,不存在这样的缴费情况。就像最近美国社会保障改革的情况一样,对缴费最高限额的取消或提高等调整已经成为征缴额外税收收入的一个手段。一些迹象表明,人们越来越担心现存的养老金计划中财政负担的

3 缺少工作的福利制度:劳动力流失的困境和欧洲大陆社会政策中的家庭主义

可行性,因而开始增加了私人养老保险计划,不管是职业类的,或是个人年金的计划。在法国,生命保险型计划正以每年 20%—25% 的比例递增,在比利时,公司年金计划得到迅速地发展(Grasso,1989:附录)。而且,荷兰最近也开始通过寻求私人保险计划来灵活地处理复杂的求保问题。

7 然后,在这里需要解释的是,送学前儿童到幼稚园的习惯在意大利基本是普遍存在的。事实上,这一习惯的起源同教会密切相关。在这里,还要强调的是,在照顾社会弱势群体和需要帮助的群体方面,有时宗教自愿团体所起的援助作用是非常重要的。

8 由欧洲共同体所指导的调查研究得出了非常相似的结果。即使将私人日间看护服务也一同包括进去,法国和比利时的儿童覆盖率也仅接近 20%。

9 因此,在 1980 年到 1990 年之间,法国的该比例从 1.36 上升到 1.49;意大利从 3.18 上升到 4.75;比利时从 0.95 上升到 1.14。而在丹麦,则从 0.76 下滑到 0.55;瑞典从 0.86 下降到 0.83。德国也出现类似的略降趋势(从 1.39 下降到 1.35)。

10 第二种假定的有效性相当不可靠。我们知道,在无技能工人和符合从业资格(甚至是专业工人)的工人之间,他们在选择及早退休行为上几乎是没什么差别的。而且我们也清楚,女性接受教育的权利基本上是与男性同等的,在一些国家里甚至是超过了男性受教育程度。

11 既然该观点认为,如果具备全面技能的新生劳动力军团的出现是劳动力市场所需求的话,那么这个假定也是令人质疑的。然而,现存教育和培训体系在这方面的短缺是普遍被大家所承认的。

12 在意大利,受过技能培训的雇员,首次进入劳动力市场的年龄一般在 25—26 岁,德国则是 28—30 岁。所有的数据显示,他们的退休选择是完全不同于体力劳动工人的,如他们的社会保险缴费期限是不超过 30—35 年的。当我们在思考他们高额的养老金福利和较长的生命期限时,这个群体的养老金缴费成本率却将会出现严重的不合理趋势。关于退休行为方面更为详细的资料可参看科利等人的著作(Kohli et al.,1993)。

13 日间看护和类似的社会扶助性服务的缺乏,对妇女就业并不能起到真正的阻碍作用。任何国家的青年人参与经济活动的比例正以快速的势头增加。大概这就是生育率日益降低的主要原因。如果雇主愿意接受这种新的就业方式即兼职就业的话,那么这将有利于将就业和生育有机地结合在一起并起到相得益彰的作用。在意大利,通过引证其居高不下的固定

第一部分 发达的福利国家在衰落还是在复兴?

劳动力成本数据,我们可发现这些雇主是明显反对这一做法的。然而,正如克鲁斯特曼(Kloosterman,1993)所指出的,在19世纪80年代,荷兰通过实施更为灵活的工资计划和降低社会成本的政策,极大地推动了女性(兼职就业)就业,但女性全职就业的局面却未因此发生任何的改观。

14 最近,关于收入差异化的数据已将这个问题摆上议事日程。在美国、英国(也包括澳大利亚在内)处于最底层的收入群体中有1/5比例的收入者,在过去的二十年时间,已经没有任何实质性的保障。而在德国和意大利却不存在这样的情况。

15 1989年公共债务占国民生产总值的比例,在比利时达到了128%,意大利达到了99%,荷兰占了79%。如果德国(占43%)和法国(占36%)能很好地控制这个上升的趋势的话,那么它们也就处在较有优势的地位。

16 然而,齐美尔曼(Zimmermann,1993:233—234)指出,1960年到1980年间,德国非法经济活动所提供的工作出现了明显的上升趋势。

17 正如受到许多欧洲国家所推崇的言论所指明的,日趋明显的内部人—外部人之间的分割,极易产生社会二元主义。因此,法国谈及了"加速发展的二元社会"(法文)和德国谈到的三分之二社会(*zweidrittelgesellschaft*)。以法国为例,最近,美国报道了法国存在的真正边缘化事实:在18—24岁之间的年龄群中,有26%比例的人失业,而另外25%比例的人则靠打些零工度日。

参考文献

Baumol, W. (1967) 'The macroeconomies of unbalanced growth', *American Economic Review*, 57:415-26.

Bentolila, S. and Dolado, J. (1994) 'Spanish labour markets', *Economic Policy*, April:55-99.

Dallago, B. (1990) *The Irregular Economy*. Aldershot:Dartmouth.

Esping-Andersen, G. (1990) *The Three Worlds of Welfare Capitalism*. Oxford:Polity Press.

European Community (1989) *Employment in Europe*. Luxembourg:EC.

European Community (1990) *Childcare in the European Communities* 1985-1990. Bruxelles:European Commission.

European Community (1993) *Social Protection in Europe*. Luxembourg:EC.

3 缺少工作的福利制度:劳动力流失的困境和欧洲大陆社会政策中的家庭主义

Flora, P. and Alber, J. (1981) 'Modernization, democratization, and the development of welfare states in Western Europe', in P. Flora and A. Heidenheimer (eds), *The Development of Welfare States in Europe and America*. New Brunswick, NJ: Transaction Press. pp. 37-80.

Gordon, M. (1988) *Social Security Policies in Industrialized Countries*. Cambridge: Cambrdge University Press.

Gottschalk, P. (1993) 'Changes in inequality of family income in seven industrialized countries', *American Economic Review*, 2: 136-42.

Grasso, F. (1989) 'L'evoluzione degli squilibri del sistema pensionistico', in R. Brunetta and L. Tronti (eds), *Welfare State e Redistribuzione*. Milano: Franco Angeli. pp. 409-66.

Gustavsson, S. and Stafford, F. (1994) 'Three regimes of childcare: the United States, the Netherlands, and Sweden', in R. Blank (ed.), *Social Protection versus Economic Flexibility*. Chicago: University of Chicago Press. pp. 333-62.

Kloosterman, R. C. (1993) 'Three worlds of welfare capitalism?' Unpublished paper, University of Utrecht.

Kohli, M., Rein, M. and Guillemard, A. (1993) *Time for Retirement*. Cambridge: Cambridge University Press.

Mitchell, D. (1991) *Income Transfer Systems*. Avebury: Aldershot.

OECD (1988) *Employment Outlook*. Paris: OECD.

OECD (1990) *Lone Parent Families*. Paris: OECD.

OECD (1991) *National Accounts. Detailed Tables*. Paris: OECD.

OECD (1993) *Employment Outlook*. Paris: OECD.

OECD (1994) *New Orientations for Social Policy*. Paris: OECD.

Paci, M. (1989) *Pubblico e Privato nei Moderni Sistemi di Welfare*. Napoli: Liguori.

Palme, J. (1990) *Pension Rights in Welfare Capitalism*. Stockholm: SOFI.

Rimlinger, G. (1971) *Welfare and Industrialization in Europe, America and Russia*. New York: Wiley.

Rodgers, G. and Rodgers, J. (1989) *Precarious Work in Western Europe*. Geneva: ILO.

第一部分 发达的福利国家在衰落还是在复兴?

Room, G. (1990) *New Poverty in the European Community*. London: Macmillan and the Commission of the European Communities.

Scheiwe, K. (1994) 'German pension insurance', in D. Sainsbury (ed.), *Gendering Welfare States*. London: Sage. pp. 132-49.

Statistisches Bundesamt (1992) *Statistisches Jahrbuch fur Deutschland*.

United Nations European Region (1993) *Welfare in a Civil Society: Report for the Conference of European Ministers for Social Affairs*. Vienna: European Centre.

West-Pedersen, A. (1994) 'What makes the difference? Cross-national variations in pension systems and their distributional outcomes'. Paper presented at Workshop on Convergence and Divergence, Sorö, Denmark, 9-11 June.

Zimmermann, K. (1993) 'Labor responses to taxes and benefits in Germany', in A. B. Atkinson and G. V. Mogensen (eds), *Welfare and Work Incentives*. Oxford: Clarendon Press. pp. 192-240.

4 澳大利亚和新西兰：以需要为基础的社会保护战略

弗朗西斯·G.卡斯尔斯

在19世纪大部分时期——澳大利亚和新西兰成为特殊社会保护方法的最鲜明的范例——虽然在不同时期程度不同，两个国家的保护程度也各不相同。所谓特殊方法就是针对那些符合特定条件的人，保证他们拥有最低水平的社会生活保护。其中一个条件就是在紧急需要或陷入困境的情况下，这些国家能够提供资产调查基础上的收入支持津贴制度，堪称世界上最广泛的制度。对澳大利亚和新西兰来说，资产调查当然并非其独特之处，其独特之处在于，它们有一整套更详尽的办法，对那些虽已就业但是可能与社会政策所界定的需要相关的人士，给予最低收入保护。所有这些保护措施汇聚在一起，强化了澳大利亚和新西兰的福利模式，使之有别于西欧和北美等福利国家模式。

20世纪早期，新兴的澳大利亚和新西兰这两个国家常常被认为是尝试开创性社会实验的实验室。1913年，一位美国学者认识到，指明"鼓舞澳大利亚人民和澳大利亚立法者，将社会性法规全文加入其法典全书的这种理想，已经把全世界的目光都吸引到澳大利亚，标志着在社会民主国家中业已实施的最显著的实验"，是非常适宜的(Hammond, 1913: 285)。1949年，国际劳工组织指出，新西兰1938年的《社会保障法案》，"不同于任何其他法典，它确定了社会保护的实践意义，并如此深刻地影响到其他国家的立

第一部分 发达的福利国家在衰落还是在复兴?

法进程"(ILO,1949:iii)。然而,最近,这些国家显示出的特征却是,社会支出总体偏低,资产调查四处泛滥,如此一来,在福利制度发展的黄金时代,它们只是给自己留下了社会发展最落伍者的恶名。如今,黄金时代已成为一个记忆,而我们来阐释澳大利亚和新西兰福利制度模式的突出特征,对于那些要在这个"遏制和创新之间的抉择"(Heidenheimer et al.,1990:17)毫无疑问成为当今社会秩序的时代,寻求社会保护的基本原则以拓展政策选择能力的国家,可能会具有指导意义。

工薪者的福利制度

其他形式的社会保护

有许多证据可以表明,第二次世界大战之后,大约是20世纪70年代中期的时候,在澳大利亚和新西兰,威胁到"工人阶级生命历程"的那些紧急需求大体上得到了满足(Myles,1990:274)。1950年,澳大利亚和新西兰的人均GDP水平分别排在世界第五位和第六位(Summers and Heston,1991),这两个国家都有由国家制定的、覆盖广泛的最低工资制度,所以,相对于可比的其他多数国家而言,这两个国家所面临的工资压缩(wage compression)更大(Lydall,1968:153;Easton,1983)。由于更倾向于选择在生活富有的基础上建立累进所得税制度,而不是依靠间接的税收或直接施加于普通工薪者的社会保障缴费,因此,大多数工人的工资袋也没有因为税收而削减多少。

最重要的是,在这两个国家,由于把凯恩斯的需求管理与对地方工业采取保护的措施结合起来,导致失业水平相当低。在新西兰,"1956年3月仅支付了5份失业津贴,因此,政治家们声称只

4 澳大利亚和新西兰:以需要为基础的社会保护战略

知失业之名,看来并非妄言"(Shirley,1990)。经济学家认为,澳大利亚在 20 世纪 50 年代"享有充分的就业"(Karmel and Brunt, 1962),而 1961 年,失业率上升到超过 2%,几乎使长期执政的自由党政府大厦将倾,迫使它采取紧急的通货再膨胀措施。澳大利亚直到 20 世纪 70 年代中期都保持着充分就业,新西兰则一直持续到 20 世纪 80 年代初期。考虑到这些条件,再加上低离婚率、高生育率(UN,1970),还有,直到 20 世纪 60 年代末大大低于经济合作与发展组织标准的女性劳动力市场参与率,预示着对家庭抚养关系的强大约束(OECD,1992:表 2.8),所有这些都可以表明,在那一时期,工薪者及其家庭成员都享受到了相当高水平的社会保护。

至少从表面来看,对于那些处在劳动力队伍之外、依赖社会保障的人,情况则并非如此。在澳大利亚,除儿童津贴外,所有的社会保障津贴都在资产调查基础上实施,在新西兰,唯一不进行资产调查的制度,还是儿童津贴,另外,还有在 65 岁时普遍支付的、须缴纳所得税的退休养老津贴。在这两个国家,所有津贴都是按统一比率支付,所有的津贴都由财务总署直接拨付。1960 年后,澳大利亚和新西兰是经济合作与发展组织中唯一没有任何形式的社会保险定期缴费的国家,这个事实确实有助于解释为什么这两个国家的制度能够朝着更具普适性的方向发展,而不存在任何压力,那是因为:定期缴费不仅仅是为津贴提供资金支持,而且还创造了一种观念,即所有人都应该由此而受益。

说到澳大利亚的替代率,有一些是根据实际生存水平确定(失业和疾病津贴)的,有的仅按基本生存基础标准(养老金),各种情况不尽相同(见 Henderson et al.,1970)。在新西兰,总的支出水平在开始那段时期比较高(ILO,1972),允许特定地区提供极其慷

第一部分 发达的福利国家在衰落还是在复兴？

慨的津贴。然而,右翼政党长期执政后,津贴受益水平就因难敌通货膨胀而遭到削弱。1972年,在澳大利亚和新西兰,都是工党政府当选,他们下令提高福利支出,但是随后的十年,如果按照收入保障支出占GDP百分比来计算,澳大利亚和新西兰成为OECD国家中仅有的下降的国家。正是因为出现这些特征,当代的欧洲观察家和国内评论家才指出,澳大利亚和新西兰的福利制度是脆弱的。

尽管如此,并没有证据显示,在我们所讨论的这段时期,出现了由于补贴制度不足,而导致这两个国家中工人阶级的生命历程比其他发达国家更易于变动的情况。之所以如此,当然最显著的原因就是以下事实,即失业微乎其微而且完全是由摩擦产生的。但是,在澳大利亚和新西兰的社会政策计划中,还存在其他一些内在因素,很大程度上抵消了其福利制度体系中可能具有的弱点。若考虑到只要对权利稍作规定,就可以一概排除那些收入领域中不符合资格的情况,那么可以说,失业、疾病和伤残津贴的收入检验,实际上有时并不像社会政策界所想象的那么重要(参见Esping-Andersen,1990:78)。而且,随着时间的推移,保护的重点领域也会逐渐发生变化,比如资产调查的设计,渐渐不是把目标对准非常贫穷的人,而是为了要排斥中产阶级。新西兰的普遍养老金计划,还有澳大利亚对累进养老金收入审查放宽的政策,越发倾向于被排除者这种剩余的概念,而不是加入者这样的制度化概念,用流行的概念说,被排除者就是一个福利制度中退休的"流浪汉"(澳大利亚最偏爱的术语)或者"平庸的家伙"(新西兰的表达)。

资产调查到处流行,人们认定它会产生恶果,那么,除了上述因素可以减轻其有害影响之外,还有其他一些可以缓和那些相对

4 澳大利亚和新西兰:以需要为基础的社会保护战略

较低的统一费率津贴之影响的因素,也会减少其有害影响。其中最重要的是,补充制度是基于依赖者的需要而建立起来的,所以看起来不太多的统一费率的失业补助金或疾病津贴,对于受益人及其家属来说,则可能意味着 2 倍或 3 倍的价值支持。我们还应当强调,统一费率的津贴,对于维持基本生活水平或低于平均工资水平的人,比起那些拥有更高收入、处于更高层次生活阶层的人来说,受益只会更大。在其他因素都平等的情况下,运用资产调查、统一费率的福利制度,与其说是普遍的、与收入挂钩的福利制度,还不如说它是再分配的福利制度。

与内在因素同样重要的是制度安排,严格说来这是福利制度很少被考虑到的问题,它减轻了这些国家因较低的转移支付或转移支付下降而产生的负面影响。所以说,正是两个福利国家中这些显著的制度特征,向我们解释了:在澳大利亚和新西兰,为什么疾病,特别是老年人的疾病,在生命周期中对于大多数人来说,并不构成对收入保护的最重要的威胁。虽然在这一时期,用 OECD 国家标准来衡量,两国的社会保险疾病津贴支出水平相当低(Varley,1986),并且迄今还是如此(Kangas,1991),但是,其原因是,实行最低工资水平这种相同的工资管理体制,保证了工人在规定的病休天数内由雇主支付全额工资。在澳大利亚,这个规定可以回溯到两次世界大战之间的时期,这意味着,在实践中,澳大利亚是这种社会供给形式的先锋(Castles,1992)。

从比较的视角来看,在澳大利亚和新西兰,有两个因素减轻了贫困对老年人的影响。第一个因素是从年龄分布曲线来看,这两个国家比欧洲大部分国家都更为年轻化。第二个因素,高度制度化的、从文化上来看根深蒂固的私人家庭所有权,可以用于弥补养

第一部分 发达的福利国家在衰落还是在复兴?

老金的低替代率,在战后大部分时期,澳大利亚和新西兰拥有房屋自有权的业主的数据都在大约70%左右(关于新西兰,可参考Thorns,1984;关于澳大利亚,可参考Kemeny,1980)。对于老年夫妇家庭来说,无抵押债务的所有权极为普遍,这两个国家的最新数字大概都在85%—90%左右(关于新西兰,可参考Thorns,1993:98;关于澳大利亚,可参考Gruen and Grattan,1993:84)。因为家庭所有权导致对现金收入需求大幅减少,因此,必定要把它看成是这两个国家对收入保护金低替代率的非常重要的补偿。

当然,实行这种建立在工资紧缩和低水平的、以需要为基础上的收入保护制度,并不意味着贫困和赤贫在这两个国家就全然不存在了。不过,没有理由认为,在这一时期,澳大利亚安全网的供给缺口比其他发达国家会更大。毕竟,它们的定位不同。20世纪60年代末,有关澳大利亚重大贫困问题的研究者罗纳尔德·亨德森(Ronald Henderson)指出,澳大利亚与其他大多数经济合作与发展组织国家之间的主要差别,就在于澳大利亚劳动力大军中穷人的比率更低。总体来看,在经济合作与发展组织国家,有一半的穷人在工作,而澳大利亚只有1/4,他还指出,"在澳大利亚,有关最低工资的高标准和全面覆盖的最低工资立法……意味着澳大利亚'贫困劳动人口'的规模更小"(Henderson,1978:169)。鉴于新西兰福利制度的主要基础也是建立在"执行最低工资规定,为工资制度之外的人提供有选择的津贴补助"(Davidson,1989:250),看来,认定新西兰制度与澳大利亚具有同样的制度倾向,确有合理性。

澳大利亚和新西兰被描述成"'工薪者'的福利国家",甚至在许多情况下,这作为一个指定的称谓在南半球这两个国家都得到

4 澳大利亚和新西兰:以需要为基础的社会保护战略

了某种程度的认可,其理由是,它们把工资规制的运用作为重要的社会保护工具,而且,由此派生出来独特的社会政策产出模式也为这一称谓奠定了基础。工薪者福利国家在这一时期形成的典型的生命周期样态,与其他类型福利国家明显不同——最为显著的特征是,它力求在劳动人口(减少工资分散)和依赖补贴生存的人口(统一费率的津贴供给)之间推进异乎寻常的平衡目标,同时体现出劳动期与受益期这两种生命周期的不同阶段的相对巨大的差别,之所以出现这样的特征,是由于这一体制并非对所有的受益人都那么慷慨,而只是针对那些低于平均工资的人或是刚刚超过平均需要的人。

起源和逻辑

简单说,与其他地区相比,澳大利亚和新西兰具有不同的历史背景,因而塑造了其独特的社会保护战略。澳大利亚和新西兰的社会发展,比起欧洲和斯堪的纳维亚来说,可能更大程度地受到财富增长的影响以及工人阶级政治活动的作用。然而,对于澳大利亚和新西兰来说,与欧洲国家不同的是,它们都是19世纪后半叶就先期走向富裕,并且,作为新兴的民主安定的社会,其劳工运动在政治上强大起来也比欧洲要早得多(世界上第一个劳工政府是1899年昆士兰州少数派政府)。这意味着,与20世纪30年代和40年代的欧洲相比,澳大利亚和新西兰社会改良的推进是在极为不同的知识环境中产生——在这个环境中我们可以看到,关于需求问题的处理是根据通常所说的"工资问题"来理解的,而不是将其看作国家福利支出问题。

19世纪末20世纪初,澳大利亚和新西兰的社会改革者,受到强大的劳工运动支持,开始直接解决"工资问题",因此,有权确定

第一部分 发达的福利国家在衰落还是在复兴？

工资比率的仲裁法庭成为这一时期最重要的创新。这样一来，工资裁定就得服从于市场之外的各种影响力，而且，还特别以社会政策标准为基础，为固定工资留有余地。新西兰当代评论家指出"按照殖民标准足以给予工人体面的生活的……公平的工资理论"(Le Rossignol and Stewart, 1910:239)，而澳大利亚仲裁法庭提出，"公平合理的工资"可以满足"普通雇员在人类文明社会中生存的正常需要"(Higgins, 1922)。因为这个时代的"普通雇员"是男性，因为他的"正常需要"包括家庭责任，所以，"公平工资"极其迅速地被解释为能够养活妻子和两到三个孩子的充足的工资。在这个意义上，从 20 世纪的前 25 年开始，"家庭工资"的理念就已经深入到澳大利亚和新西兰社会政策和工资政策的核心。

但是，就其自身来看，强制仲裁的建立不能被视为解决资本主义经济中社会保护问题的充分基础。得到充足的工资只是问题的一部分；另外一个问题，是得到一份工作，近来的经济情况可以充分证实这一点。强制性仲裁之所以成为社会改良的显著战略，其基础就是，它或多或少被塑造成明显的政治交易，有些作者把它的身价抬高，称之为可以与 20 世纪 30 年代斯堪的纳维亚相媲美的"历史性和解"(有关澳大利亚，见 Castles, 1988:110—132；有关新西兰，见 Davidson, 1989:177—187)。这场交易的实质是：公平工资以政策措施为辅佐，原则上，可以视为就是确保雇主有能力提供充足的高工资的工作。还有一种被形容为"内部防御"的战略的政策措施与之相结合(Castles, 1988)，包括限制国外竞争、加强国内制造业基础的高度关税保护，控制移民同时排除低薪("亚洲的")劳工，还有在按照需要而设定的范围内保证人口增长，以此来保护相当紧张的劳动市场。

4 澳大利亚和新西兰:以需要为基础的社会保护战略

将内部防御战略转变为工薪者福利制度的逻辑显而易见。在某种程度上,有关工资的规定为所有的男性雇员提供了充足的家庭工资,这样说的话,是假定妇女和儿童都依赖男性赚钱养家,只是当男性失业或者未能为养老作好充分准备时,才需要由国家进行额外干预。但是,随着工资成为反对贫困的前端武器,并且,假定供给充足的高薪工作是由于关税壁垒的保护和移民的控制而产生,则社会政策可能是双重剩余型的(residual):仅仅提供给贫穷者,仅仅当工资机制不充分的时候,它才明显地起作用。换句话说,在澳大利亚和新西兰,与众不同的以需求为基础的收入保护措施的特征,就是其事实上的功能,大多数家庭的需要假定在确定工资过程中受到保护,而这种保护紧紧围绕社会政策目标。

这些思考,向我们解释了为什么这些国家的社会支出计划逐渐转向有选择性和滞后供给,以及为什么税收制度不强大而且强调再分配。目标基准型的津贴(targeting benefits)只是针对那些不知为何从工资控制机制的重要网络保护中掉落下来,从而陷入生活困境的人,对他们来说,这一津贴就是第二道安全网。在澳大利亚和新西兰,除资产调查的养老金外,其他津贴的引进都比很多欧洲国家晚许多,因为起初的假设是,假定由充分工资而带来的私人储蓄能够充分地满足临时应急情况如摩擦性失业,或者可以确保个人可以预见的医疗成本需要。确实,从19世纪后半叶开始,直到第二次世界大战,在这两个国家中大为盛行的模式就是:主要以普通的男性劳动者为服务对象的、储蓄规模很小的、往往组织良好的和睦社会。

经过很长一段时期,当工资充足这一假设被证明并非属实时,才开始引入新的津贴,即便在那时,最初的倾向也还是要通过工资

第一部分 发达的福利国家在衰落还是在复兴？

报酬制度寻找良方,比如有关疾病休假的例子。强调公平工资的逻辑导致资产调查制度的实行,在收入方面也同样采取的是较低的税收制度。对普通工薪家庭沉重税务负担的反感,以及由此产生的依赖累进所得税的强大偏好,自然而然地出自这样的理念,那就是:就业所得工资是依法建立起来的文明生存准则的最低需要。从总体来看,紧紧围绕消费和收入两方面的税收转移支付制度这种再分配工具所设定的偏好,在全盛期,使工薪者福利制度置身于不同寻常的平等或"激进的"的角色(Castles and Mitchell,1993)。

建立在社会政策考察基础上的法定工资水平,也说明了澳大利亚和新西兰工薪者福利制度的其他重要特征。在这两个国家,女性(特别是已婚女性)劳动力参与水平相当低,就是缘于直接的家庭工资这一概念,这个概念导致仲裁法庭把女性基础工资的比率大致设定为只有男性工资的一半,女性通常不承担养家的责任(有关澳大利亚,参见 Bryson,1992:167—170;有关新西兰,参见 Brosnan and Wilson,1989:21—34)。考虑到澳大利亚和新西兰法定制度建构是女性从属,妇女主义评论家正确地意识到,早在战后几十年,这两个国家的模式就成为"男性工薪者"的福利制度(Bryson,1992;Du Plessis,1993)。最后,由于这些国家相对富有而产生的高工资率,还有依仲裁制度而引起的工资相对比较集中,都给财产高度私有权创造了极佳的环境;还有,抵押赔偿服务,最终成为欧洲那种与收入挂钩的福利,就是水平的生命周期收入分配形式的功能性替代选择。当然,到20世纪50年代和60年代,在澳大利亚和新西兰,政府视家庭所有制为一项福利,通过资助补贴或者规定利息的借贷方式提供给所有阶层的人口,这种将所有制和福利之间等同的状况,最引人注目的例子就是1958年上台的

4 澳大利亚和新西兰：以需要为基础的社会保护战略

新西兰劳工党提出的关于允许"预支"部分未来的儿童津贴,作为对私人购买房屋的总付款(Thomson,1991:39—40)。

这里所讲述的是有关内部防御这一发展中的经济政策战略,促进了工薪者福利制度成熟的故事,当然,这是一种理想型的典型发展的代表,它经过了几十年的发展后才出现,并且在两个国家还存在许多重要的差异。在这一背景下,需要引起关注的主要差异就是:新西兰的社会保障制度在20世纪40年代和50年代形成和发展,那个时候,除了选择性之外,它在其他方面都与世界上其他福利制度一样广泛。最独特的是,这种差异要归因于以下事实,同斯堪的那维亚一样,20世纪30年代大萧条之后,获得执政地位的政党是工党。在持续14年的大多数裁定原则统治下,工党力求把制度设计成为全面、慷慨的社会保障国家体系,包括世界上第一个由国家提供的公共医疗卫生服务,通过仲裁制度为工薪阶层提供工资保证等。按理说,这样产生的结果会是福利制度的高度模糊化——"不伦不类"——但是,事实却充分地证实,新西兰是社会保障发展的世界领先者之一,关于这一点,当代的观察者已经确信不疑。

在战后时代的前半期,工薪者福利制度在新西兰不声不响地重新出现了,或多或少是由于右翼国家党的连续执政,破坏了社会保障供给的慷慨。尽管如此,首届工党政府为福利制度沿着欧洲路线前进留下了重要的合法遗产,1972—1975年,由第三届工党政府以立法形式重新加以显现,引进了基金式的、与收入挂钩的养老金计划。但是,有关新西兰福利制度如何建设的歧义还在持续。国家党把吸引力建立在被形容为"公然的贿选"的基础上,重新登上执政舞台,并理所当然地推行替代率合理慷慨的"国家养老金"计划,在以下方面更是如此:将受益者资格的年龄降低到60岁,以

第一部分 发达的福利国家在衰落还是在复兴？

及提供全民补助津贴。这种制度的模糊之处,也是其特明显的财政困难之处,在于它把养老金统一利率,以及通过国库将其建立在与工薪者福利制度的其他津贴的基础相同的基础,把旧的养老金计划和新的计划捆绑在一起。

相反,澳大利亚尽管从未有那么慷慨,但是其福利制度发展更具持续性。虽然,在20世纪40年代,澳大利亚工党政府已经确立了标准的社会保障计划——儿童津贴、失业津贴、疾病津贴和遗属津贴——除儿童津贴之外,所有的津贴都采取的是类似1908年养老金那种选择性的、不慷慨的、统一比率的传统模式,它代表了工薪者福利制度剩余型安全网的延伸,而不是终止。战时的工党政府试图按照新西兰路线来创造国民公共医疗体制的尝试,虽然没有成功,但是,除此之外,他们亦信奉战后经济重建的最重要的任务是充分就业和经济增长,这将使得福利"只是治标的措施……甚至越来越没有必要了"(Chifley,1944:1)。自由党长期连任,从未挑战过现有的社会政策模式,他们相信,在消除绝对贫困问题上,可以证实澳大利亚的这一制度是成功的(Wentworth,1969:3)。1972到1975年,工党再次执政,最终在引进国民医疗保健制度方面取得成功,津贴的提供更为慷慨,甚至在为超过70岁的老人设立普遍养老金方面迈出了谨慎的步履。然而,尽管如此,同新西兰一样,在澳大利亚,与收入挂钩的养老金的观念仍旧盛行,由于"与收入挂钩的计划与澳大利亚根据需要领取统一比率津贴的传统实践之间存在原则上的冲突",澳大利亚最终还是放弃了这一模式(Henderson,1978:175)。最后,1975年执政的弗雷泽自由党政府,把货币主义政策视为对日益发展的经济危机的正确应对,所以绝无任何试图脱离澳大利亚低税收福利制度传统限制的打算。

4 澳大利亚和新西兰:以需要为基础的社会保护战略

改变社会保护的类型

一个新的社会实验室

如果认为澳大利亚和新西兰在19世纪末作为施行国家实验的社会实验室,确实给予了其他国家以更大的启迪的话,那么,用同样的眼光来看待其20世纪后20年的发展,可能就并非如此了。20世纪80年代和90年代初,澳大利亚和新西兰身处盎格鲁-美国为主的集团之中,它们不只是要寻求增量的和零星的解决办法,而是要进行系统改革,以应对外部经济环境中经济和社会政策遭受新的破坏的后果(Castles,1993:3—34)。取而代之的是,一反多年来国家干预的最终结果,留下的只是缺乏经济效率的重大遗产这个前提,这些国家正在努力实践对所有庞大的经济和社会机构进行重大改革的承诺,特别是,它们以对市场规则作出更为积极的反应这种方式来寻求制度的重构。这种对20世纪70年代经济混乱更为全面的政策回应,通常被看做发源于"新右派"的观念,虽然,在澳大利亚——一个可能揭示此国家所采用的路径的差异的重大指标——"经济理性主义"的政治标签还没太公开化,但是,它已经获得了一些赞同,至少因为它是本土产物。

可以说,澳大利亚和新西兰两国所采取的政策,并非仅仅是对英国撒切尔主义和美国里根主义的"新右派"主流的无关紧要的回应。澳大利亚和新西兰在过去十年中奇特的经济和社会改革如此引人注目,是由于其存在传统上与国家干预主义以及各种社会保护措施相关联的政府。在澳大利亚,改革的基础是1983年首次当选的工党政府,随后又连续在此后四届选举中获胜。新西兰经济

第一部分 发达的福利国家在衰落还是在复兴？

改革的方针由 1984 到 1990 年实施统治的第四届工党政府建立，并由其继任者国家党明显推进，特别是在劳动力市场和社会政策领域。

与"新右派"的胜利相连的各种经济政策和福利结果——与其说强调失业、放松劳动力市场管制、减税、削减公共支出和严格设定目标群体，以及在收入分配方面更为不平等，还不如说更强调价格稳定——同时这些结果经常与后工业社会所预想的福利制度是"贫穷的、肮脏的、粗野的和短命的"命运联系在一起。从某种意义上说，澳大利亚和新西兰在过去十年间提供了极好的实验室，来验证认为以当代社会发展为动力的经济改革，对战后初期几十年建立起来的各种社会保护有害而无益这一理论的局限性。处于世界经济体系边缘地位的这两个国家，在对市场派干预或者右派的方法没有任何偏袒的政府的领导下，着手进行广泛的政策改革，这种改革显然是为了使经济对市场的反应更为有效。假如这两个国家的经验表现出共同的一致毁坏社会进步这种趋势的话，早就有人会认为，有充分的证据可以表明，即便在传统的社会保护的国家，在政府假定恪守社会保护目标责任的情况下，政府也力图与国际竞争需要保持一致，这个事实，就是治疗福利制度崩溃的不可避免的一剂处方。

事实上，正如本章其他部分所要证明的，虽然，澳大利亚和新西兰福利制度的成果证实了那一时期的某种普遍趋向，但是，两者在本质上极不相同。一个重要的差别就在于以下事实，即不论这两个国家的经济目标有多么相似，两国政府在寻求达到目标时所采取的政策手段却极其不同。看来，这至少暗示了未来福利制度发展的轨迹比评论家所认定的还要开放。在这里提出的理由的要

4 澳大利亚和新西兰:以需要为基础的社会保护战略

旨,与在前一节提到的要旨一样重要。前一节指明了劳工运动政治在这两个国家的社会保护议事日程中所起到的表达枢纽作用。这里揭示的是,不管广阔的社会和经济发展对福利制度的发展轨迹的形塑具有多大作用,但是,那种忽略政治选择和政府机构的解释,在某种程度上,将总是有缺陷的。

经济和社会变迁的进程

共同趋向表现最为明显的领域,是经济和社会要素最直接影响到劳动者和潜在劳动者生命周期前景的领域。这些领域使得战后经济稳定的破坏力得以释放,在后工业社会转型中运用政策加以调停,不论是因为政策无效、因为政策制定者有意识地从前任的干预主义战略中退出,还是因为转型过于原则化,不可能在政策层面找到解决办法。表 4.1 总结了澳大利亚和新西兰不同种类项目的产出结果,并且与列表中其他重要的发达国家作一比较。

表 4.1 所显示的是自黄金时代结束以来世界变化的程度。十年或者更长时间的低速经济增长,以及直至 20 世纪 90 年代初以前都到处存在的周期性衰退,在 20 世纪 50 年代和 60 年代产生了不同程度的意想不到的失业。劳动力的特征也发生了变化。在各地,社会服务都跃为主导,男性参与率显著下降,女性进入到劳动力队伍中的数量则是前所未有。从社会结构方面来看,也出现了许多转变,家庭破裂的比率上升,更多人口受到更好的教育,而且在受到良好教育的人口范围内,女性有了更多更好的发展机会。

第一部分 发达的福利国家在衰落还是在复兴？

表 4.1 经济衰退和后工业变迁的经济和社会指标

	澳大利亚	新西兰	北美	欧洲大陆[1]	斯堪的纳维亚
经济衰退					
人均增长率 1979—1990[2]（%）	1.6	0.8	1.7	1.8	2.2
失业率 1992[3]（%）	10.7	10.3	9.4	10.2	8.8
劳动力构成					
服务部门 1980—1990[2]（%）	65.9	59.3	68.9	60.4	63.0
男性劳动力 1992[3]（%）	85.8	82.2	84.2	77.2	83.4
女性劳动力 1992[3]（%）	62.5	63.2	68.5	54.7	74.9
兼职就业 1992[3]（%）	24.5	21.6	17.2	16.1	20.4
社会结构					
离婚率 1990（或接近于离婚）[4]（每1000）	2.5	2.6	3.9	1.5	2.5
高等教育 1991（%）[5]	38.6	44.8	79.7	36.2	41.4
女性高等教育 1991（%）[5]	42.0	48.0	87.8	34.8	44.9

1 比利时、法国、德国、意大利和荷兰的平均数。
2 出自 OECD,1992。
3 出自 OECD,1993。
4 出自 UN,1992。
5 出自 UNESCO,1993。

然而，尽管表现出共同的发展趋向，但是，就像埃斯平-安德森在他收入本书的文章中所强调的，对于不同的国家群体来说仍然

4 澳大利亚和新西兰：以需要为基础的社会保护战略

存在相当大的差异，特别是同劳动力发展有关的差异。在这些群体中，欧洲大陆劳动力就业较少向服务领域变动，与其他国家相比，其男性劳动力流失率更高，女性工人参与率更低。相反，澳大利亚和新西兰的男性劳动力就业堪与北美和斯堪的纳维亚国家相媲美。然而，从女性参与率来看，澳大利亚和新西兰则落后于北美和斯堪的纳维亚国家，虽然，随着兼职就业成为转型的手段，但是，从这两个国家的发展轨迹可以明显看出，它们正走向更高的水平。从社会结构来看，欧洲大陆与之明显不同，从婚姻破裂方面来看，澳大利亚和新西兰显然同斯堪的纳维亚更为相似；至于教育普及率，这两个国家的数字则下降到介于斯堪的纳维亚和欧洲大陆之间。

再来看看澳大利亚和新西兰发展的特殊性，可以明显看出，其经济及劳动力市场的产出，历经20世纪50年代和60年代两个时期，在提供体面的和平稳的生活标准方面，成为工薪者福利制度成功的主要验证，然而，自20世纪70年代中期以来，这两个国家则每况愈下，或开始转型。直到20世纪70年代中期，两个国家人均GDP的相对水平都保持在经济合作与发展组织国家缴费的中上层次，但是此后，由于生产缓慢增长和贸易的严重低迷，导致人均GDP的水平大大下降。1985年，澳大利亚人均GDP水平达到经济合作与发展组织平均水平的98%，新西兰达到90%；1992年，澳大利亚的数据变成91%，新西兰是76%（Easton，1993：11）。到后来，新西兰的经济增长率如表4.1中显示，实质上甚至低于那个时期的最低标准，与经济合作与发展组织国家中的其他国家相比，其人均GDP仅仅超过爱尔兰、希腊、葡萄牙、西班牙和土耳其（OECD，1994）。

当然，澳大利亚和新西兰的经济地位下降，绝对具有重大意义，它促使人们意识到，需要某种能够导致国家竞争力增强的政策

第一部分 发达的福利国家在衰落还是在复兴？

变化。由于经济地位下降,特别促使财政向放松管制的方向转移,并破除了曾经作为传统"国内保护"战略核心构成的外部保护的藩篱。在所有政策领域取消管制,对一些国家来说,是一个特别令人感兴趣的政策改革方案;这些国家历史上一直是把经济管制作为治愈所有问题,特别是那些被认为是发端于国际经济问题的最佳疗法。新的放松管制之风气兴起是以保守党政府的失败为标志的,此政府曾用加强管制之方式来应对20世纪70年代末的经济危机;毫不奇怪,这种新风气的兴起,对于在充分就业的经济环境中对传统的工薪者福利制度缩减工资的战略造成了根本压力。

研究显示,直到20世纪80年代中期,澳大利亚的男性收入分布,与其他经济合作与发展组织国家相比,仍然相当低,大体上与瑞典相当,但是,自20世纪80年代中期后则显著提高(Bradbury,1993)。澳大利亚在过去大约十年间,出现了更大程度的工资不平等趋势,这一点与享受标准工资的全职工作取代了低工资的兼职就业,从而导致中等收入阶层逐渐消失这一证据相吻合(Gregory,1993)。同样的工资分布趋势,在第四届工党政府执政时期,和其后由国家党政府执政的新西兰也清晰可见(Brosnan and Rea,1992)。尽管有些评论家证实说,这些趋势正是澳大利亚和新西兰国家的内部经济政策受到谴责的特定原因,但是,实际情况是,所描述的工资分配倾向对许多经济合作与发展组织国家来说都是如此,还有那些批评,如果是正确的,应该要更多地关注在这两个国家中怎样才能更好地去除那些藩篱,使之不再脱离于世界市场趋势。尽管两个国家经济学者的意见一致,而且不只是"新右派"和理性主义经济学家,所有经济学者都认为,不管怎样,这些藩篱都不可能持续很长时间,不管过去其存在的合理性是什么,但到20

4 澳大利亚和新西兰:以需要为基础的社会保护战略

世纪 80 年代早期,则完全变为负效应的(counter-productive)。

是变革,而不是恶化,才能确切地形容这几十年发生的其他变化。随着妇女获得更多教育机会,在经济上更加独立,更为宽广的服务业就业承担了强化其他经济区域生产能力的部分功能。然而,如果从比较的角度来评价这些国家的话,可以说发生了结构性的巨变。在澳大利亚,服务就业从 1960 年占公共就业的 50.1% 增长到 1990 年的 69%,在新西兰,从 46.8% 增长到 64.8%(见 OECD,1992)。15 岁到 64 岁女性人口中劳动力的参与率从恰好低于 OECD 国家的平均水平增长到比平均水平略高——在澳大利亚,从 1960 年的 34.1% 增长到 1992 年的 62.5%,在新西兰,同样的时期从 31.3% 增长到 63.2%(OECD,1993)。在澳大利亚,从 1973 到 1992 年,兼职就业占全部就业的百分比从 11.9% 提高到 24.4%,在新西兰,相应的数据是 11.2% 和 21.6%(OECD,1993)。最后,转向教育相关的就业变化,从 1980 到 1991 年,高等教育的注册率在澳大利亚从 25.4% 上升到 38.6%(女性是从 23.7% 上升到 42%),在新西兰,从 28.6% 提高到 44.8%。

与经济合作与发展组织许多国家相比,在澳大利亚和新西兰并不怎么明显的一个变革就是,自 20 世纪 70 年代初以来,由于工业生产下降而导致男性劳动力减少,同时,劳动力市场总体状况也更加恶化。在澳大利亚,从 1960 到 1992 年间,男性劳动力减少仅 11.4 个百分点;在新西兰,则是 11.6 个百分点。有关男性劳动力减少的这些数据,与女性劳动力队伍的扩张一同证明了,西欧在这段时期里通常所运用的劳动力供给减少战略,澳大利亚和新西兰并没有采用(见 Esping-Andersen,1990;von Rhein-Kress,1993)。然而,与斯堪的纳维亚国家不同,这两个国家总体劳动力供给的扩

第一部分 发达的福利国家在衰落还是在复兴?

展,并不是随公共就业扩展而扩展的。更确切地说,这两个国家进入 20 世纪 80 年代中期的就业情况,至少与其他英美国家在这段时期的就业情况大体类似,就是说,这些国家所采纳的税收体制为从事兼职工作提供了根本动力,从而成为促进女性劳动力进入市场的主要因素,同时,由于政府具有采用财政刺激手段的独特意愿,从而确保了一定水平的全面就业。

这段时期,澳大利亚和新西兰劳动力构成所产生的变化,确实改变了在家庭和工作之间存在明确界限的典型印象,虽然如此,并不能就得出它对大多数雇佣劳动家庭的生命周期保护来说天生地是有害的结论。当前,两个国家的大多数家庭在生命周期的初期和晚期,通常都有更多家庭成员能够获得某种形式的有薪就业,这一确凿的事实,可能是澳大利亚和新西兰尽管经历了二十年的经济减速和阶段性失业,仍然保持了高水平的家庭财产所有制的一个重要因素(Castles,1994)。另一方面,男性兼职和已婚女性就业表明,工薪者福利制度的"家庭工资"理念和女性作为依赖者的观念早已成为过去时。

两国情况如此,可以说还是社会道德和法律规范变革的结果。两个国家有关离婚法的改革都是从 20 世纪 70 年代开始进行,明显导致了更多家庭解体,每 1000 人口中的粗离婚率(crude divorce rates)全世界最高(见 UN,1992;见表格 4.1),由此导致单亲家庭的比重也大大地提高:在新西兰,从 1971 年占家庭总户数的 5% 提高到 1991 年的 9%,在澳大利亚,从 1976 年占家庭总户数的 6% 提高到 1991 年的 9%(Australian Bureau of Statistics,1994)。变动的劳动力构成本身不可能损害普通工薪者生命周期的安全性,而家庭解体却明显地会损害生命周期的安全,与大多数其他发

4 澳大利亚和新西兰:以需要为基础的社会保护战略

达国家一样,单亲家庭在这两个国家中可能是最易于陷入贫困的群体。

毫无疑问,在过去二十年里,与女性相关的就业和社会变迁,已经成为澳大利亚和新西兰后工业转型中最为重要的展示。在人们预期后工业变迁会产生更多灾变的前提下,几乎没有人想到会出现这样一个有意思的反应,即在两个国家官僚体制内,女性政策机制获得强大发展,还有曾经创造了福利制度更大的性别平等的两国劳工政府(但不是国家党政府)实行了一系列政策变革(有关澳大利亚,见 Sawer,1990 and Shaver,1993;有关新西兰,见 Curtin,1992),使福利制度得到修正与扩展(如儿童看护津贴),促进更多女性劳动力参与。如此说来,我们就会看到,这些国家新时期的劳动规则,会推动澳大利亚和新西兰政策朝着与斯堪的纳维亚模式更为接近的方向,而不是向欧洲大陆模式(女性劳动力参与低)或者北美模式(国家不介入)的方向进展。

然而,对澳大利亚和新西兰来说,这一道路仍旧很漫长。工薪者福利制度假定,女性依赖并不利于培育那种要求在家庭内部把劳动力参与同照顾家庭充分结合的收入保护体制。在这两个国家,仍然存在许多阻碍因素。对于单身母亲来说,这些因素包括:不那么慷慨的津贴(然而,比照表 4.2 还有相关评论),附加了很高的有效边际税率的资产调查,这种调查阻碍了妇女重新进入劳动力市场,其程度比斯堪的纳维亚或者更确切地说,比其他英美国家更明显。对于所有工作女性来说,促进劳动力再进入和保持工作津贴的范围非常有限。这些显然都是这些国家福利改革的明显重要的目标。

第一部分 发达的福利国家在衰落还是在复兴？

表 4.2 1993 年各种津贴占人均 GDP 的百分比

津贴	澳大利亚	新西兰
失业		
18 岁以下	14.4	20.4
青年	26.4(18—20 岁)	25.6(18—24 岁)
成人	34.7(21 岁以上)	30.8(25 岁以上)
夫妇	57.9	51.3
夫妇＋两个子女	76.3	69.3
疾病		
成人	34.7	32.1
夫妇	57.9	58.3
夫妇＋两个孩子	76.3	73.1
单亲		
＋一个子女	47.1	53.8
＋两个子女	56.4	62.9
老年人		
单身	34.7	43.9
夫妇	57.9	67.6

资料来源：根据澳大利亚社会保障部及新西兰社会福利部的官方资料计算而来。因为新西兰津贴是收税的，表格中的这些数据根据净税收而计算。有子女的家庭的数据包括所有可支配的儿童津贴。

有趣的是，虽然工薪者的概念对女性福利需要来说本质上是一种阻碍，但是，要达到更大的性别平等，目前的变化与工薪者福利制度传统机制所达到的平等来说，还相差许多。仲裁制度，曾经是家庭工资制度的保护者，在 20 世纪 60 年代末和 70 年代初成为通过奖励决定积极地促进女性获得平等报酬的机制。结果，在最近几十年，按照国际标准来看，澳大利亚和新西兰的性别工资不平

4 澳大利亚和新西兰:以需要为基础的社会保护战略

等程度一直是相当低的,还有,在新西兰,传统的固定工资制度不复存在(有关新西兰,见 Hammond and Harbridge,1993)。最近,澳大利亚工会运动一直迫切要求在生育和双亲抚养费方面,建立一种工资裁决制度基础上的新的职业津贴,一次性付款初步奏效,资产调查的(但是按照通常的澳大利亚方针,只是排除了最高位15%的有薪者)生育津贴在1995年5月的预算中宣布实施。总之,将国家作为达到女性福利目标的一种"易于把握的"机制,可以看作是对以规制和干预主义为代表的澳大利亚和新西兰政府孕育出工薪者模式的一个强大回应。

显然,工人阶级在战后几十年中短暂而平稳的生命历程已经发生了巨大的断裂,促成这一变化的就是失业增长。到1993年,两个国家的失业率都在11%左右,虽然到1995年中期下降到低于9%(所有的失业数据除了最近的以外都来自OECD,1993)。在澳大利亚,1983年劳工党从其前任的货币主义者那里继承的是10%的失业率,到20世纪90年代初,又达到同样高的水平,不只是由于20世纪80年代末期实行较高的实际利率政策的结果。然而,在80年代这一中间时期,失业率大幅下降,到1989年下降到约6%的低点。在新西兰,直到20世纪80年代中期,失业在某种程度上一直被凯恩斯主义和国家主导的投资政策所限制,1983年低于6%,1986年低于4%。自那之后,一直到1993年,新西兰失业率每年都有所提高,与世界经济周期的发展趋势并不太吻合,但是,毋宁说这是由于第四届工党政府及其继任者政策启动的结果,特别是,自20世纪80年代中期之后,他们继续使用货币主义和实际利率的疗法来应对通货膨胀的难题。

第一部分　发达的福利国家在衰落还是在复兴?

处于危险中的工薪者福利制度

再退一步说,这些国家过去十年中经济政策发展的结果大体一致,这意味着在主要的领域里,工薪者福利制度或者不再提供给付或者所提供的给付产品没有以前那样优厚。澳大利亚和新西兰的经济和劳动市场不能再像世界上最好的国家那样保证生活标准,不能再保证充分就业,也不再保证高水平的工资水平等,虽然,看来其供给确实仍然保持着非常高的水平,更确切地说,是家庭所有制的标准。而且,这些不复存在的保证,正是澳大利亚和新西兰的福利策略不同于欧洲福利制度模式的效率要求所依赖的。尽管如此,自 20 世纪 80 年代中期以后,这两个国家之间,在劳动力市场政策和劳动力市场产出方面也出现重大差异,在把劳动力市场参与所获得的经济回报转变为家庭收入的税收政策方面也不同。这些差异可以非常清楚地证实,澳大利亚工党政府比相应的新西兰政府和国家党政府得到更大的认同,他们更加保护自然选区中处于社会平均收入的人群和低于社会平均收入的人群,使这些人避免遭受经济上放松管制项目的完全影响。

就业政策就是一个体现重要差异的领域。在新西兰,采取全面推行经济重建的新方案是为了去除贸易的外部壁垒,使国有企业公司化,成为私有化的先驱,减少对工业和农业的扶助,取消价格控制,还有最重要的是,为了减少通货膨胀。然而,人们从没有认真来论证这些政策可能产生的就业效果,事实上,在改革行进的同时,业已存在的积极的劳动市场项目却被逐步削弱乃至淘汰(Shirley et al. ,1990:84—86)。相反,工党的财政部部长罗格·道格拉斯(Roger Douglas),这个被许多评论家(Jesson,1989;

4 澳大利亚和新西兰:以需要为基础的社会保护战略

Easton,1994b)视为1984年以后货币主义政策和哈耶克定律形成的智慧发电站的人,还有他所领导的财政部,就是想要他们的措施立即产生影响,尽快实现结构调整的利益。其结果则是,经济领域和国家所有区域中的就业遭到严重削弱。

相比较而言,按照经济合作与发展组织国家的标准,澳大利亚把放松管制的强力推进作为改革的主要内容,其政策主要根据三方工业计划和协议进行微观经济改革,其背景是政府和工会达成一致意见,同意对稳定的商业预期加以鼓励,进行高端投资,但是,尽管如此,澳大利亚远没有新西兰那么同心协力(Chapman et al.,1991)。劳工党的主要政策工具是有意识地建立一套公司化的或者准公司化的制度安排和有关协议的阐释理解,十年多来,根据制度安排和协议,政府和工会在经济转型过程中成为合作伙伴(见Matthews,1991:191—218;Gruen and Grattan,1993:111—134)。在20世纪80年代后半叶,关于塔斯曼海两边的澳大利亚和新西兰的劳动力市场政策的形式和内容,有这样一个生动的比较,就是在新西兰,政策被热心于财政的芝加哥学院所推动,在澳大利亚,政策由曾经多年担任澳大利亚工会联盟(ACTU)主席的首相(Bob Hawke)所左右。在就业问题上,至少,这种政策比较的方法形成了相当巨大的差异。1982到1990年之间,澳大利亚登记就业率每年以2.6%的速度增长,在经济合作与发展组织国家中最为突出,而在新西兰,每年的平均增长为零,就业状况糟糕,仅次于爱尔兰(OECD,1993:5)。

其他重要领域的差异就是关于工资、就业条件、就业收入的税收等议题。在澳大利亚,起初使用协议机制(Accord mechanism)与传统的仲裁机构相连接,从而使人们认为,为加强竞争,实际工资

第一部分 发达的福利国家在衰落还是在复兴?

必须下降,同时要为低薪工业的工人提供持续的最低工资保证。在澳大利亚,虽然工资不平等明显提高,但是,至少也有一些对保护工资公平的尝试。还可以看到,劳资关系的变化向着更为分散的、以企业为基础的、工资定位的方向逐步转变(Plowman,1990:155—156),但是,协议机制防止出现任何严重削弱集权的劳资关系制度的情况,从而保障最低工资和工作条件,防止出现工资断裂。竞争的需要也刺激到税收领域,经济理性主义改革者认为,累进制税收减弱了工资不平等所产生的激励,也就是说,工资不平等在他们看来是必须存在的。然而,又是作为工党和工会之间协议关系的结果,政府逐渐退出计划,把强征的一般消费税作为减少边际税收率的回报。虽然最高边际率从60%减少到49%,传统的工薪者福利制度不征收消费税的主张还是获得了胜利。取而代之的是,工党在商业支出基础上建立既有资本增值税和营业支出的累进附加收益税,这些措施与20世纪80年代欧洲经济合作与发展组织税收改革的递减趋势极不相同(参照 Heidenheimer et al., 1990:209—214)。

在有管理的工资限制方面,两个国家之间存在重大差异,新西兰几乎没有任何像澳大利亚协议*那样的可以在工会和劳工政府之间进行沟通的工作关系(Sandlant,1989)。这种关系的缺失在税收领域也清晰可见,与澳大利亚相比,随着人口的总体减少,新西兰在强制征收消费税,以及比澳大利亚预先设计的低许多、最高

---

* 澳大利亚工党政府上台的1983年,把其经济政策建立在与工会运动达成的一协议的基础上。该协定是一项范围广泛的协议,它主要围绕收入的政策而定,目的是要同时解决失业问题和通货膨胀。——译者

4 澳大利亚和新西兰：以需要为基础的社会保护战略

边际税率达到33%的累进税体制之前，缺乏广泛的咨询，更不用说与工会咨询了(Heidenheimer et al.,1990:211)。另一方面,除国家部门就业方面进行激烈改革以外，劳资关系可能是第四届工党政府不忘传统联盟的领域，显然在放松管制方面没有像以前那么多的热情(Wash,1991)。然而，1990年之后的国家党政府就不那么谨小慎微了，他们把放松劳工市场管制，看做是经济大厦重建过程中最不可或缺的部分。1991年通过的雇佣合同法案(the Employment Contracts Act),确实背离了近百年的劳工市场保护制度，废除了仲裁体制，并且严重地剥夺了罢工的权利，还使得工会基本丧失了组织自由。有评论家认为，所造成的明显后果是"本质的、几乎不可逆转的工会成员减少和集体谈判领域缩小，对就业条件以及就业保障的持续破坏,雇佣者力量和(在某种程度上)交战状态的某种增长"(Walsh,1993a:74)。

福利制度：倒退还是重整？

如果说工薪者福利制度的体制性拱桥的基石常常是约束或缓和劳资冲突的工资限定制度，那么，《雇佣合同法案》的出台就标志着新西兰工薪者福利制度的终结。这里与澳大利亚所作的对比，就不仅仅是各自结果怎样的问题，而是双方制度的完整性及其社会保护的潜力怎样的问题。我们已经指出，在过去十年中，澳大利亚劳工市场所提供的保护程度相当低，但是，它确实还是体现了通过对工资谈判过程的结果进行裁决的方式以解决劳资冲突的制度设计；对弱势工人群体在劳动力市场上免受剥削，它确实提供了重要的保护；它还通过税收机制来调节日益增长的工资不平等。而且，过去十年的外部环境与现在截然不同，由于人们普遍认识到不再可能去寻求传统的家庭防御战略，已建立的固定工资制度不仅

第一部分 发达的福利国家在衰落还是在复兴?

具有其与生俱来的合法性,而且更具弹性,同时,固定工资制度还由于介乎劳工党和工会之间的准官僚主义机构的发展所加强。按理说,在澳大利亚,要对工党执政十年中劳动力市场状况做个结论的话,那就是,有关工薪者福利制度的传统制度支持,虽然不再像过去一样有效地运转,但是,事实上已经进行了使其再次发挥作用的尝试,至少,对于广大工薪阶层来说,它可以作为生命周期保护的第二道防护网。

在传统雇佣劳动者的模式中,工资限制是福利的主要工具,社会保障是剩余的工具。现在,这种作用已经彻底转变了,社会保障成为制度型的,某种程度上是由于传统的劳动力市场策略失败的结果,而且,因为在许多其他国家,道德领域、家庭结构和女性劳动力参与模式的变化,改变了传统的家庭依赖的纽带。在此情境下,可能有理由假定,具有强大的普遍主义和慷慨支出政策传统的新西兰,会比澳大利亚更为积极地担负起福利责任来。然而事实上情况恰恰相反,在 20 世纪 90 年代中期,明显可以看出,就运用社会保障来进行社会保护来说,澳大利亚所建立的基础显然比新西兰的更为坚固,实际上,可以证实它比任何其他英语国家所建立的基础都更为坚固。

在澳大利亚,还没有发生走向普遍主义或者大规模慷慨地增长福利这样的突变结果。相反,在社会保障收入保护支出这方面,工党执政的十年成为选择主义得到加强的十年,对老年养老金制度强制实行资产调查,还有,原来无需进行收入检验的儿童津贴,变革为既要检验收入又要检验资产。还有其他大部分调整都更为精确地针对人们的需要,并鼓励人们从领取津贴转向参与劳动力市场,20 世纪 80 年代末在工党的主要刊物《社会保障评论》中,对

4 澳大利亚和新西兰：以需要为基础的社会保护战略

后者的强调就成为其主题。不管怎样，至关重要的是，预算变化的动力与其说来自削减公共支出的愿望，还不如说是控制其增长的愿望。结果，资产调查所遵循的指导原则，不是为了把穷人鉴别出来，而是为了消除"中产阶级福利"。在澳大利亚实行的新的具有严格针对性的资产调查制度中，收入低于6万澳元（大约相当于42000美元）的独生子女家庭仍然可以享受儿童津贴，有72%的老年人享有老年津贴。

而且，虽然实际津贴并没有大幅度提高，但是，20世纪80年代期间，它确实逐渐上升了（Saunders，1991：302），再考虑到社会工资和间接税收这两方面的变化，从1984到1988—1989年这段时期，三成最低收入者的生活标准提高了5%或者更多（Saunders，1994：183）。还有一些证据显示，如果把失业津贴和家庭津贴考虑在内的话，高就业增长年度的这一趋势，即便在20世纪90年代早期经济衰退时代，也得以保持下来（Harding，1994：16）。工党为低收入家庭儿童引进了额外补偿金政策，还有针对因缺少私人财产所有权而产生的家庭贫困，采取了重点加强租金津贴的应对手段，由此可以看出，贫困家庭，特别是单亲家庭，确实已经成为工党政策的特定目标。如果近来的模拟估算可信的话，那么，这些措施看来是相当成功的，它导致1989—1990年至1994年初期间贫困率和有子女家庭的贫困差距都明显下降（Harding，1994：15—17）。

在新西兰，第四届工党政府起初实行的社会政策，接近于澳大利亚那种更为严谨的目标措施，是对现有制度的一整套控制成本的修正。考虑到国民退休金的某些方面不恰当的慷慨——从60岁开始实行统一比率的人头补助金，它因此成为新政府实行压缩

第一部分 发达的福利国家在衰落还是在复兴？

预算的早期候选方案。征收津贴附加税实际上相当于津贴的收入检验。作为控制退休金成本的附加方式，政府进一步宣布逐渐取消 60—65 岁人群的享有退休金的资格，把退休年龄延长到 65 周岁以上。在家庭支持领域，尽管事实上家庭贫困提高了，普遍的儿童津贴的实际价值却下降了，不过，像澳大利亚一样，针对低收入家庭，引进了一种新的目标型津贴。到 1987 年，由于那些早些时候充当经济改革先锋的人提倡社会支出重点合理化、强调减少社会支出，工党内部出现政策意愿的重大分离。围绕着这一意见展开争论，其中最重要的就是社会政策皇家委员会的意见，再次证实了对新西兰社会存在"保障安全环境的社区责任感和集体价值观"的认同(Royal Commission, 1988:11)。然而，1990 年，工党在选举中建议对所有津贴而不仅是退休金实行单独的基础利率，这意味着对许多阶层的受益者来说，实质获得的津贴会减少。

当国家党 1990 年赢得竞选时，这些建议都失效了，但是，在劳动力市场领域，新的国家党政府在工党下台后继续沿着上述目标前进。国家党政府的新政策项目，"发挥效用的福利"，包括实行一项取消各种形式的社会救助的全面计划，这个计划包括医疗保健和住院护理。迄今为止，已经证实这个项目过于复杂而无法实施，对总体计划各部分的逐一采用，把资产调查引出的各种贫困陷阱混合在一起。起初，这个项目设计还包括了使养老金成为直接的、资产调查的、专门针对贫困目标的津贴，但是这一建议遭到了强烈的反对，国家党只好满足于提高附加税，把津贴水平冻结三年，并加快实行津贴从 65 岁开始支付的政策。尽管存在这些负面影响，但是新西兰还是朝着"一个更为严谨的目标化的福利制度"迈出了步伐(St John and Heynes, 1993:3)；完全废除了普遍儿童津贴，实

4 澳大利亚和新西兰：以需要为基础的社会保护战略

行医疗保健制度的资产调查——大大削弱了普遍的国民公共医疗卫生体制的理念(Kelsey,1993:85—88),这只是比较显著的案例。而且,在最初执政的几个月中,国家党降低了所有受益群体的实际津贴水平,导致在1989—1990年和1991—1992年这两个年度内贫困率差不多提高了40%多(Easton,1993:1—23)。

虽然,不可能像欧洲和斯堪的纳维亚的与收入挂钩制度那样,根据占以往收入的百分比来衡量澳大利亚和新西兰两国的受益替代率,但是,就像埃斯平-安德森在分析西欧社会最低标准时所使用的方式(第3章),可以参照相关津贴占人均国内生产总值的比例这一大致的和现成的数据比较标准。表4.2考察了有无配偶的领取人和指定抚养人享受不同津贴的替代率的情况。20世纪末,我们所进行的国家之间的比较显示,现在澳大利亚在收入支持领域赶上并超过了新西兰。在失业和疾病津贴两个领域,澳大利亚现在更为慷慨,对于21岁到24岁之间的失业受益者来说,也大致如此。就单亲家庭津贴而言,新西兰只比澳大利亚略微慷慨些,只是在退休养老金方面,新西兰保持了非常大的优势。

事实上,自20世纪80年代前半期,新西兰和澳大利亚的工党政府执政开始,两个国家在福利政策转型中出现了几乎是不折不扣的倒退。就收入补偿支出来看,由于新西兰收入支出形式多样,选择条件更少,所以,开始时看来是更为慷慨。但是,到20世纪90年代中期,我们所描述的各种变化导致了一种新的局面,那就是,在澳大利亚,各种津贴水平更高一些,而新西兰只剩下养老津贴明显地更为慷慨。而且,澳大利亚的收入检验,又把养老金排除在外,从起点水平看就比新西兰高许多。20世纪80年代初,新西兰也享有国民公卫医疗卫生制度,这一制度可以回溯到20世纪

第一部分 发达的福利国家在衰落还是在复兴?

30 年代末,还有人认为它是世界上最古老的制度,此时,澳大利亚自由党刚好废除了于 1974 年首次引进的劳工医疗银行计划(Labor's Medibank scheme)。但是,1984 年,澳大利亚新的工党政府以医疗保健的名义恢复了普遍的国民健康计划,比新西兰制定的曾经作为其普遍医疗保障制度主要组成的使用者付费制度(user charges),晚了差不多十年。最后,即使是新西兰所保持的更为慷慨的养老金提供者这一项长期记录,再过几十年,也必定会失去。在澳大利亚,起初引入慷慨薪酬制的传统工薪者福利制度,1986 年,其仲裁制度开始提供与收入挂钩的、雇主提供基金的计划。这一制度,现在已经由宪法修正并扩展,这样一来,几乎所有澳大利亚工薪者最终都会受益于该计划,到 21 世纪初,基金构成将包括 9% 的雇主缴费、3% 的雇员缴费和 3% 的一般收入缴费。虽然定期缴费是强制性的,但是,把它们划入私人管理基金,通常不作为公共支出来使用。根据官方预测,到 2031 年,普通退休者的养老金津贴总数可望达到退休前收入的 60%(Clare and Tulpule,1994)。

有关福利制度转型过程中各终结点之间的巨大差异,在最近两个国家出版的著作中都以尖锐的口吻加以强调。1992 年,新西兰著名的社会科学家们出版了一本论文集《这是体面的社会吗?》(Boston and Dalziel,1992),书的标题预示着评论家对把"体面的社会"作为 1990 年选举口号的国家党政府的政策进行全面的攻击。与此完全相反,在澳大利亚出版的那本书,书名就叫《体面地生活》(Travers and Richardson,1993),为一位社会政策专家和一位经济学家共同著述。此书运用与 20 世纪 70 年代斯堪的纳维亚生活水平研究类似的分析技术,对 20 世纪 80 年代末普通澳大利亚人

4 澳大利亚和新西兰：以需要为基础的社会保护战略

的生命历程进行了广泛的调查研究，并用这个题目来概括其总体特征，得出一般性的结论。

澳大利亚和新西兰历史上福利倒退的这十年，已经超越了地区利益（parochial interest）。澳大利亚劳工党有志向也有能力对普遍医疗保健和与收入挂钩的养老金这样重要的社会改良制度实行改革，与同一时期打出"无可选择"地削减公共支出招牌的新西兰和英国截然不同。有趣的是，养老退休金改革是作为工资制度的附属物而发起的，也许可以说，它是工薪者福利制度的延伸。但事实上，国内外评论家通常很少关注到这个项目，及其所体现的澳大利亚和新西兰福利模式的特征，大概是因为它没有公共支出和税收那么重要，因此，在劳工党执政这十年有关社会保障发展的争辩中，它很快就不被提及——几乎相当于给省略掉了，严格来说，就像描述瑞典的社会保护制度却没有提及养老退休金确定给付（ATP）制度一样。在对澳大利亚和新西兰政府这些年来所启动的社会政策进行比较时，劳动力市场改革仍然被视为政策态度差异的明显例证。这些差异都证明，事实上存在着可替代的选择：政策可以用来重组福利制度，如澳大利亚（见 Castles, 1994）；或者是用来破坏福利制度，如新西兰。这样看来，政策显然至关重要。

一些教训

政策至关紧要，这样一个重要的教训可以从澳大利亚和新西兰这两个国家有关社会政策发展的分析中来吸取，在黄金时代之前是如此，在黄金时代期间以及黄金时代之后也是如此。当然，还有另外一个教训，作为两个国家在过去二十年间对经济瓦解与后工业变迁的回应所呈现出差异的某种补充说明而出现。这是人类

第一部分 发达的福利国家在衰落还是在复兴？

制度的教训——并且,也许特别是社会保护制度的教训(见 Polanyi,1944)——它们常常比我们所想象的更具适应性。最近,新西兰的发展显然突出了后一个教训,他们提出保留福利制度遗留下的财产,甚至,可能还有把失去的东西找回来的强烈愿望。新西兰财政部的观点经由劳工党和国家党招牌的多数党政府推动而由议会通过,但在大约十年后的1993年,选民们用全民公决的机制,淘汰了被谴责为是使多数党政府对民众意见不负责任的票数多者获胜制(Mulgan,1994)。按理说,新选举体制下当选的政府对于"不成功就失败"的政策设计,实施起来将会更加小心翼翼。不论有多么迟缓,当针对社会保护现行标准和制度的攻击激发起民众的回应和反击时,还是应当对于支持社会发展事业的那些人给予帮助和安慰。

一个更为深刻的教训是,政策至关紧要,但它不是唯一重要的。黄金时代的世界不会因为希望它复归的政策而复归。政策选择形成的原因极为广泛,包括经济动力,以及社会和文化结构,而这些,会形成一个世代的困境或机会。令人悲观的是,目前这一世代的困境所包括的经济制约和权衡选择的类型很多是与前黄金时代的选择相同的。令人充满希望的是,在女性更为解放、受教育机会更多的一些领域,考虑到社会保护的限制放开,后工业社会看来至少提供了一些政策选择,看来已经超越了黄金时代所认可的制度结构之限。工薪者福利制度男性主义至上的假设,在过去二十年中,经受了缓慢的瓦解过程,就澳大利亚和新西兰而言,这对社会发展来说是有所得,而不是有所失。

最后的教训是,那些轻易断定在探索社会发展的事业中总会有一条最好道路的人,会遭遇到挑战。本章中所考察的这些国家,

4 澳大利亚和新西兰:以需要为基础的社会保护战略

常常受到的批评是,其收入保护的替代率低,毫无疑问就是社会保护水平低。在黄金时代,对这种批评的最好反驳就是指出工薪者福利制度有能力提供"其他形式的社会保护"(Castles,1989)——通过保障工资水平与高度的房屋所有权来实现。而且,即便是今天,在工资保障遭受威胁或者破坏的情况下,仍然有一些以需要为基础的保障性制度要加以保护,当然,对一些建立在社会保险(享有权利的保证)或者普遍主义(待遇的平等)基础上的制度也要加以保护。

表4.2显示,澳大利亚和新西兰的收入保护制度确实适合出自依赖而产生的需要。该表中的数据无法与埃斯平-安德森报告(见表3.1)中的社会最低标准作比较,因为后者未包括依赖者的额外付费。然而,最近有研究(Bolderson and Mabbett,1995)对瑞典、荷兰、法国、德国、英国、美国和澳大利亚的单身受益者以及有两个孩子的夫妇,按照年龄、病残和失业津贴的替代水平(占产业工人平均工资的百分比)进行了比较,确实得出了某些初步结论。如有一个结论人们可能想象得到,对单身受益者来说,均一比率的补助金使得澳大利亚的替代水平通常比大多数其他国家低。然而,针对有两个孩子的夫妇家庭来说,结果就极不相同了,澳大利亚在各种津贴类型的分布中都居前列。至于作为后续的失业津贴(例如当领完社会保险之后,再申请最低社会保障),澳大利亚列在第二,仅次于荷兰。在此分析中没有包括新西兰,但是从表4.2加以外推可以看出,与此大致相同的结论也一定适用。这意味着在应当实现以需要为基础的制度的区域——比如,在需要最大化的地方——它至少确实实现了同大多数其他类型福利国家同样满意的结果。该制度的一个特征就是,对于刚刚开始试图建立可行的

第一部分 发达的福利国家在衰落还是在复兴？

社会保护制度的国家，或者迫于财政压力，试图改进现有社会福利制度的国家，可能具有相当大的吸引力。

参考文献

Åberg, R. (1989) 'Distributive mechanisms of the welfare state-a formal analysis and an empirical application', *European Sociological Review*, 5(2):167-82.

Australian Bureau of Statistics (1994) *Australian Social Trends 1994*. Canberra: AGPS.

Bolderson, H. and Mabbett, D. (1995) 'Mongrels or thoroughbreds: a cross-national look at social security systems', *European Journal of Political Research*, 28:119-39.

Boston, J. and Dalziel, R. (eds) (1992) *The Decent Society? Essays in Response to National's Economic and Social Policies*. Auckland: Oxford University Press.

Bradbury, B. (1993) 'Male wage inequality before and after tax: a six country comparison'. University of NSW, Social Policy Research Centre Discussion Paper, no. 42.

Brosnan, P. and Rea, D. (1992) 'Rogernomics and the labour market', *New Zealand Sociology*, 7(2):188-221.

Brosnan, P. and Wilson, M. (1989) 'The historical structuring of the New Zealand labour market', Victoria University of Wellington, Industrial Relations Centre, Working Paper no. 4.

Brown, R. G. (1989) 'Social security and welfare', in K. Hancock (ed.), *Australian Society*. Cambridge: Cambridge University Press.

Bryson, L. (1992) *Welfare and the State*. London: Macmillan.

Castles, F. G. (1985) *The Working Class and Welfare: Reflections on the Political Development of the Welfare State in Australia and New Zealand, 1890-1980*. Sydney: Allen and Unwin.

Castles, F. G. (1988) *Australian Public Policy and Economic Vulnerability*. Sydney: Allen and Unwin.

Castles, F. G. (1989) 'Social protection by other means: Australia's strategy of coping with external vulnerability', in F. G. Castles (ed.), *The Comparative History of Public Policy*. Cambridge:Polity Press.

Castles, F. G. (1992) 'On sickness days and social policy', *Australian & New Zealand Journal of Sociology*, 28(1):29-44.

Castles, F. G. (1993) 'Changing course in economic policy: the English-speaking nations in the 1980s', in F. G. Castles (ed.), *Families of Nations*. Aldershot:Dartmouth.

Castles, F. G. (1994) 'The wage earners' welfare state revisited: refurbishing the established model of Australian social protection, 1983-1993', *Australian Journal of Social Issues*, 29(2).

Castles, F. G. and Mitchell, D. (1993) 'Worlds of welfare and families of nations', in F. G. Castles (ed.), *Families of Nations*. Aldershot:Dartmouth.

Chapman, B. J., Dowrick, S. J. and Junankar, P. N. (1991) 'Perspectives on Australian unemployment: the impact of wage-setting institutions', in F. H. Gruen (ed.), *Australian Economic Policy: Conference Proceedings*. ANU:Centre for Economic Policy Research. pp. 21-57.

Chifley, J. B. (1944) *Social Security and Reconstruction*. Canberra: Government Printer.

Clare, R. and Tulpulé, A. (1994) 'Australia's ageing society', EPAC, Background Paper no. 37.

Curtin, J. C. (1992) 'The ministry of women's affairs: where feminism and public policy meet'. MA dissertation, University of Waikato.

Davidson, A. (1989) *Two Models of Welfare: the Origins and Development of the Welfare State in Sweden and New Zealand, 1888-1988*. Uppsala: Acta Universitatis Upsaliensis.

Du Plessis, R. (1993) 'Women, politics and the state', in B. Roper and C. Rudd (eds), *State and Economy in New Zealand*. Auckland: Oxford University Press.

Easton, B. (1983) *Income Distribution in New Zealand*. Wellington: NZ Institute of Economic Research.

Easton, B. (1993) 'Poverty and families: priority or piety?' Unpublished

第一部分 发达的福利国家在衰落还是在复兴？

paper, Economic and Social Trust on New Zealand, Wellington.

Easton, B. (1994a) 'Economic rationalism in New Zealand', 'Australia, New Zealand and economic rationalism: parallel or dividing tracks'. Institute of Ethics and Public Policy, Monash University, Occasional Paper no. 7, pp. 15-30.

Easton, B. (1994b) 'The ideas behind the New Zealand reforms', *Oxford Review of Economic Policy*.

Esping-Andersen, G. (1990) *The Three Worlds of Welfare Capitalism*. Cambridge: Polity Press.

Gregory, R. G. (1993) 'Aspects of Australian and US living standards: the disappointing decades 1970-1990', *The Economic Record*, 69(204): 61-76.

Gruen, F. and Grattan, M. (1993) *Managing Government*. Melbourne: Longman Cheshire.

Hammond, M. B. (1913) 'Judicial interpretation of the minimum wage in Australia', *Annals of the American Academy of Political and Social Science*.

Hammond, S. and Harbridge, R. (1993) 'The impact of the Employment Contracts Act on women at work', *New Zealand Journal of International Relations*, 18: 15-30.

Harding, A. (1994) 'Family income and social security policy'. Unpublished paper, University of Canberra, National Centre for Social and Economic Modelling.

Heidenheimer, A. J., Heclo, H. and Adams, C. T. (1990) *Comparative Public Policy*, 3rd edn. New York: St Martin's Press.

Henderson, R. (1978) 'Social welfare expenditure', in R. B. Scotton and H. Ferber (eds), *Public Expenditures and Social Policy in Australia*, vol. I. Melbourne: Longman Cheshire.

Henderson, R. F., Harcourt, A. and Harper, R. J. A. (1970) *People in Poverty: a Melbourne Survey*. Melbourne: Cheshire.

Higgins, H. B. (1922) *A New Province for Law and Order*. London: Constable.

ILO (1949) *Systems of Social Security: New Zealand*. Geneva: International

Labour Office. ILO (1972) *The Cost of Social Security*. Geneva: International Labour Office.

Jesson, B. (1989) *Fragments of Labour*. Auckland: Penguin.

Kangas, O. (1991) *The Politics of Social Rights*. Stockholm: Swedish Institute for Social Research.

Karmel, P. H. and Brunt, M. (1962) *The Structure of the Australian Economy*. Melbourne: Cheshire.

Kelsey, J. (1993) *Rolling Back the State*. Wellington: Bridget Williams Books.

Kemeny, J. (1980) 'The political economy of housing', in E. L. Wheelright and K. Buckley (eds), *Essays in the Political Economy of Australian Capitalism*, vol. 4. Sydney: Australian and New Zealand Book Company.

King, S. and Lloyd, P. (1993) *Economic Rationalism: Dead End or Way Forward?* Sydney: Allen and Unwin.

Le Rossignol, J. E. and Stewart, W. D. (1910) *State Socialism in New Zealand*. London: Harrap.

Lydall, H. (1968) *The Structure of Earnings*. London: Oxford University Press.

Maddison, A. (1991) *Dynamic Forces in Capitalist Development*. Oxford: Oxford University Press.

Matthews, T. (1991) 'Interest group politics: corporatism without business?', in F. G. Castles (ed.), *Australia Compared*. Sydney: Allen and Unwin.

Mulgan, R. (1994) *Politics in New Zealand*. Auckland: Auckland University Press.

Myles, J. (1990) 'States, labor markets and life cycles', in R. Friedland and A. F. Robertson (eds), *Beyond the Marketplace*. New York: Aldine de Gruyter.

O'Brien, M. and Wilkes, C. (1993) *The Tragedy of the Market: a Social Experiment in New Zealand*. Palmerston North: Dunmore Press.

OECD (1976) *Public Expenditure on Income Maintenance Programmes*. Paris: OECD.

第一部分 发达的福利国家在衰落还是在复兴?

OECD (1992) *Historical Statistics 1960-1992*. Paris:OECD.
OECD (1993) *Employment Outlook*, July. Paris:OECD.
OECD (1994) *OECD Observer*, June/July. Paris:OECD.
Plowman, D. (1990) 'The stone the builders rejected', in M. Easson and J. Shaw (eds), *Transforming Industrial Relations*. Sydney: Pluto Press. pp. 145-59.
Polanyi, K. (1944) *The Great Transformation*. New York:Rinehart.
Pusey, M. (1991) *Economic Rationalism in Canberra*. Melbourne:Cambridge University Press.
Rankin, K. (1992) 'New Zealand's gross national product: 1859-1939', *Review of Income and Wealth*, 38(1).
Royal Commission on Social Security (1988) *Towards a Fair and Just Society*. Wellington:Government Printer.
Rudd, C. (1993) 'The welfare state: origins, development and crisis', in B. Roper and C. Rudd (eds), *State and Economy in New Zealand*. Auckland: Oxford University Press.
St John, S. (1993) 'Income support for an ageing society', in P. G. Koopman-Boyden (ed.), *New Zealand's Ageing Society*. Wellington:Daphne Brasell Associates Press.
St John, S. and Heynes, A. (1993) 'The welfare mess'. Unpublished paper, University of Auckland, Department of Economics.
Sandlant, R. A. (1989) 'The political economy of wage restraint: the Australian accord and trade union strategy in New Zealand'. M Arts thesis, Auckland, Department of Political Studies.
Saunders, P. (1991) 'Selectivity and targeting in income support: the Australian experience', *Journal of Social Policy*, 20(3):299-326.
Saunders, P. (1994) *Welfare and Equality: National and International Perspectives on the Australian Welfare State*. Melbourne:Cambridge University Press.
Sawer, M. (1990) *Sisters in Suits:Women and Public Policy in Australia*. Sydney:Allen and Unwin.
Shaver, S. (1993) 'Women and the Australian social security system: from

difference towards equality'. University of NSW, SPRC Discussion Paper, no. 41.

Shirley, I. (1990) 'New Zealand: the advance of the right', in I. Taylor (ed.), *The Social Effects of Free Market Policies*. London: Harvester/Wheatsheaf.

Shirley, I., Easton, B., Briar, C. and Chatterjee, S. (1990) *Unemployment in New Zealand*. Palmerston North: Dunmore Press.

Statistics New Zealand (1993) *All About Women in New Zealand*. Wellington.

Summers, R. and Heston, A. (1991) 'The Penn World Table (Mark 5): an expanded set of international comparisons, 1950-88', *Quarterly Journal of Economics*, 106(2): 327-68.

Thomson, D. (1991) *Selfish Generations*. Wellington: Bridget Williams Books.

Thorns, D. (1984) 'Owner occupation, the state and class relations', in C. Wilkes and I. Shirley (eds), *In the Public Interest: Health, Work and Housing in New Zealand*. Auckland: Benton Ross.

Thorns, D. (1993) 'Tenure and wealth accumulation: implications for housing policy', in P. G. Koopman-Boyden (ed.), *New Zealand's Ageing Society*. Wellington: Daphne Brasell Associates Press.

Travers, P. and Richardson, S. (1993) *Living Decently*. Melbourne: Oxford University Press.

UN (various dates) *UN Demographic Yearbook*. New York: United Nations.

UNESCO (1993) *UNESCO Yearbook*.

Varley, R. (1986) *The Government Household Transfer Data Base 1960-1984*. Paris: OECD.

von Rhein-Kress, G. (1993) 'Coping with economic crisis: labour supply as a policy instrument', in F. G. Castles (ed.), *Families of Nations*. Aldershot: Dartmouth.

Walsh, P. (1991) 'The State Sector Act 1988', in J. Boston, J. Martin, J. Pallot and P. Walsh (eds), *Reshaping the State: New Zealand's Bureaucratic Revolution*. Auckland: Oxford University Press.

第一部分 发达的福利国家在衰落还是在复兴?

Walsh, P. (1993a) 'The Employment Contracts Act', in J. Boston and P. Dalziel (eds), *The Decent Society? Essays in Response to National's Economic and Social Policies*. Auckland: Oxford University Press.

Walsh, P. (1993b) 'The state and industrial relations in New Zealand', in B. Roper and C. Rudd (eds), *State and Economy in New Zealand*. Auckland: Oxford University Press.

Wentworth, W. C. (1969) 'Social services and poverty', in G. C. Masterman (ed.), *Poverty in Australia*. Sydney: Australian Institute of Political Science.

5 当市场失灵时:加拿大和美国的社会福利

约翰·迈尔斯

在现代福利国家中,北美和斯堪的纳维亚一样,占据着特殊的地位。与欧洲其他福利国家相比,加拿大,尤其是美国,典型地扮演着福利制度"落伍者"的角色(Kudrle and Marmor,1981)。美国的现代社会福利立法比其他资本主义国家晚一些,立法后,它一直坚持资产调查和最适度社会津贴这些传统的"自由主义原则"(Esping-Andersen,1990)。北美洲的收入不平等程度高于国际标准(Smeeding,1991),直至1980年代,其失业率也远远超出欧洲水平之上(McBride,1992;Therborn,1986)。

与其他地区相比,20世纪,北美人更大程度上把市场看做最主要的"福利资源"。而且,在20世纪的大半个世纪里,他们有充分的理由坚持这一观点。早期的美国劳工领袖抗拒欧洲模式的社会保险方案,因为他们有现实的物质基础做保障。就如美国劳工领袖塞缪尔·甘波斯(Samuel Gompers,1910)所述,在世纪之交,普通的美国城市居民几乎无法想象在欧洲工人中普遍存在的贫困。

20世纪大半时期,美国人一直相信市场,因为,他们认为,大多数时候,市场是有效的。尽管现代社会福利方案并不那么慷慨,北美劳动者在战后扩张的"黄金时代"仍然享有令人羡慕的经济福利。由于北美的工资水平大大高于欧洲,还有不断增长的经济,使得它仍然成为人们向往的"机会之地"。20世纪四五十年代,"强

第一部分 发达的福利国家在衰落还是在复兴?

大的工资紧缩"政策减少了劳动力市场中的不平等(Goldin and Margo,1992),生产力的快速增长也使北美劳动者及其家庭可以享受"中产阶级"的生活标准(Levy,1988)。现行的退伍军人安置机构为退伍军人提供住房、教育津贴和泛滥的其他社会津贴项目(Amenta and Skocpol,1988:108)。尽管福利制度薄弱,在谈判桌上,工会和公共部门的劳动者还是赢得了不断增加的慷慨的养老金、医疗保健及其他收入保障条款(Stevens,1988)。

自20世纪70年代以来,一切都改变了。到20世纪80年代末,北美洲,尤其是美国,"不平等国家"的声誉更加稳固。从20世纪70年代起,其工资和收入水平就停滞不前。在加拿大和美国,最底层1/10工人的收入所得只达平均收入的40%,而在德国和斯堪的纳维亚,最底层1/10的工人收入达到平均收入的70%甚至更高(见表5.1)。劳动力市场收入产生了两极分化,"工作的穷人"[1]这一阶层在扩大。

表5.1 部分国家1990年前后的收入不平等情况:
平均数上下各十分位的收入以及1980年代每5年的变化情况

	加拿大	美国	德国	法国	瑞典	挪威
十分位比						
D1/D5	0.42	0.40	0.71	0.65	0.74	0.76
D9/D5	1.85	2.22	1.64	1.96	1.54	1.50
1980年代的变化						
D1/D5	−0.01	−0.03	0.03	0.01	−0.02	0.02
D9/D5	0.03	0.03	0.01	0.02	0.00	0.02

资料来源:经济合作与发展组织(OECD),1993:表5.2。

在美国,"市场失灵"导致社会福利总体水平实际上降低了。家庭收入更加不平等,儿童贫困倒退回1965年的水平,就是林登·约

5 当市场失灵时:加拿大和美国的社会福利

翰逊(Lydon Johnson)声称美国向贫困开战的那一年。1973—1987年间,美国最贫困的20%的家庭收入下降了22%,而最富有的20%的家庭收入提高了25%。

迄今为止,在加拿大,社会转移支付补偿了日益增长的劳动力市场不平等(Econonic Council of Canada 委员会,1991)。自1970年代以来,家庭收入和儿童贫困的最终分配几乎没有任何改变(Love and Poulin,1991;Myles and Picot,1995)。无论如何,"市场失灵"意味着对转移支付需求的急剧增加,促进了公共部门的负债增长,现在,这种负债足以超出经济合作与发展组织平均水平之上。

然而,自相矛盾的是,北美劳动力市场机构和福利制度的式微,现在却被人们认为是促进全民就业和抑制长期失业这两方面取得相对成功的原因(OECD,1994b)。北美劳动力市场管制的缺乏、低水平的所得税和低水平的社会津贴,现在却被作为劳动力市场的"灵活"模式提出来,而高失业率的欧洲经济正在赶超这一模式。像 OECD 报告中所提到的(OECD,1994b:35),也许可以指望通过允许扩大工资不平等而增加就业率,而且从北美洲实际情况来看,似乎如此[2]。

但是,扩大的薪金差别给福利国家创造了一系列新难题,这些难题与高失业率所带来的后果也没什么不同。如凯恩斯和贝弗里奇认识到的,资本主义经济的社会福利基础依赖于劳动力市场。就是说,充分就业,而不是慷慨的福利制度,是通向经济福利的关键。充分就业意味着对社会收入转移的低要求,意味着有充足的税收基础,可以为针对老年人、残疾人和少数无工作者的慷慨的社会福利方案提供财政支持。只有大多数人大部分时期可以在市场

第一部分 发达的福利国家在衰落还是在复兴？

中获得"福利",慷慨的福利制度才有可能实现。

薪金差别的扩大引发了相似的问题。"工作的穷人"队伍扩大,社会收入转移的需求增长,还有因为低收入者几乎不必缴税,政府财政收入也下降了。

冷战结束后,西方国家又陷入了在"两条道路"之间选择的困境,没有看到"第三条道路"。欧洲大陆的"高工资-低就业"的模式虽然制约了美国式的下层阶级的成长,但是它所付出的代价是,在有工作的人和没有工作的人之间出现了内部人—外部人问题。美国的"低工资-高就业"战略虽然维持了就业的增长,但是它是以战后人们难以接受的不平等和贫困水平为代价的。

就像可以把斯堪的纳维亚拿来与欧洲大陆模式作对比一样,也可以把加拿大同美国模式作一个对比。20世纪80年代,斯堪的纳维亚,尤其是瑞典,通过大量的公共就业政策避免了欧洲低就业率的弊病出现,现在这一政策的效果已经达到极限。加拿大通过社会收入转移措施,大大地避免了美国那样不断增加的贫穷和不平等的弊病。但是,到20世纪90年代,加拿大也出现了沉重的公共负债,不得不遵循美国原则对各种社会方案进行削减和大规模重组(Battle and Torjman,1995)[3]。

战后社会方案的设计围绕着以下三个基本模式:(1)战前遗留下来的通过资产调查支付向穷人支付补助金的社会救助模式;(2)以劳动力市场的运作为基础的社会保险的工业业绩模式;(3)普遍社会津贴的公民权模式。美国主要依赖前两种模式,为无望工作的人(老年人和残疾人)提供社会保险,为工作适龄人口提供剩余型的资产调查方案。加拿大采用以上三种模式的混合形式,包括作为公民权利的全民医疗保健、家庭津贴和养

5 当市场失灵时:加拿大和美国的社会福利

老保障。

20世纪90年代有关社会政策的争论中,这三种政策设计都面临着挑战。传统的社会救助方案被看做是"福利陷阱",因为它不能激励劳动力进入市场,不能激励穷人获得更高的收入。向中等收入的工人提供保障的社会保险方案计划,被抨击是浪费为数不多的收入转移资金,或是因为老龄化的人口结构压力而难以控制资金。加拿大已经放弃了收入转移模式的公民权方案设计。只有医疗保健作为公民权利战略提出没有出现任何疑义,这是因为,无论从政治声望还是成本优势两方面来说,加拿大的国民健康保险模式都优越于美国私人保险模式。

当代福利制度所面临的挑战,是如何应对由于经济重组和新家庭形式出现而产生的新的生命周期的经济风险分布。具体说来,因为劳动力市场迅速变化、高离婚率、单亲家庭增多,都导致经济不安全因素和风险增大,这就意味着工作年龄家庭(working age families)必须要应对这些新的经济不安全因素和风险。同时,还有延续下来的传统的战后方案,它现在要支撑不断扩大的老年群体。

为适应"低工资-高就业"战略的消极影响,北美国家从两个方面作出广泛的社会政策回应。一个是对教育、就业培训和其他积极的劳动力市场创意进行社会投资,目的是促进劳动力市场再入和薪资的向上流动。另一个是按照负所得税(NIT)标准建立起"有选择性的工资和收入补助金",这可以看做是传统社会救助方式的现代化,它将对人们工作产生激励并防止福利陷阱的出现。

这一章的主要目标是要描述北美洲福利困境的起源以及可能产生的结果。第一部分描述了北美洲福利组织的现存结构。第二部分描述了推动加拿大和美国社会政治学模式建立的政治动力。

第一部分　发达的福利国家在衰落还是在复兴？

在第三部分，我认为当前讨论的选择性战略，是为了应对过去20年里的"市场失灵"。这一章得出悲观的结论主要有两个原因。首先是由于加拿大和美国面临的"财政赤字"，使政府进行重要的社会实验投资的能力受到限制。但是，更为重要的是，这两个社会所面对的"民主赤字"(a democratic deficit)，制约着政治化进程中受经济重组影响最大的那些人的表现形式。在当前的情境下，"第三条道路"指的是，能够为新的经济保障形式特别指定并实施总体的积极的解决办法。但是，民主赤字使得"第三条道路"的选择似乎不太可能。

北美福利制度

第二次世界大战中崛起的美国，已经具备福利制度的基本构成要素，它是罗斯福新政的产物。它包括老年社会保险、失业保险(UI)和针对寡妇和抚养儿童的离异母亲的社会救助方案(对需抚养儿童家庭的援助，AFDC项目)。1955年把残疾人纳入到社会保障体制中。加拿大于1940年通过了失业保险法，1944年，增加了普遍的家庭补助金，1951年，通过了老年保障法案，向70岁和70岁以上的公民提供每月40美元的保障金。

不管怎样，对于北美工人来说，在1940年代到1970年代长期的战后繁荣时期，市场是福利和保障的主要来源。市场至少在三个方面是成功的。首先，市场促进了第二次世界大战后1/4个世纪生产力的快速增长，不断提升实际生活水平。在结构上产生了史无前例的"向上流动"——在代际之间产生并贯穿整个生命历程。里维(Levy,1988:78—82)这样描述美国[4]，在20世纪50年代，一个年轻人18岁离开家，到30岁时，他挣到的收入比他在家

5 当市场失灵时:加拿大和美国的社会福利

时他父亲挣的多 15%。在 20 世纪 50 年代,一个男人从 40 岁往 50 岁过渡时,平均来说,能增加 34%的实际收入。

第二,与 20 世纪 80 年代不同,劳动力市场带来了更多的平等。人们所称的"大紧缩"时代(Goldin and Margo,1992),在 20 世纪 40 年代至 50 年代期间使得工资不平等显著下降,这是由于战时工资控制、非技术工人需求的增加,以及相对强大的劳工运动所导致的结果。

第三,市场成为收入保障的来源。随着第二次世界大战结束,由于国会拒绝建立全民医疗保险以及扩大社会保障,美国联盟开始急切地寻求——最终成功地找到了——私人部门社会保险金[5]。联邦政府鼓励上述这些努力。1948 年,全国劳资关系委员会(NLRB)作出裁定,要求雇主对养老金进行谈判。这些措施超越国界蔓延到加拿大,在那里,大量的工业工人受美国公司雇佣,由美国工会的隶属机构组织维权,因而有资格享受到同样的津贴[6]。

到 20 世纪 60 年代,市场驱动模式的某些缺陷暴露出来。有些群体(如老年人)和有些区域(阿帕拉契山区、沿海各省)失去了战后繁荣时期上升的趋势。在谈判桌上赢得的私人社会保险金把劳动力市场划分为两部分,以享有慷慨社会津贴的高薪劳动者为"核心"的部分,以及享有低工资及有限保障的劳动力市场的"边缘"部分。结果是,这给加拿大和美国这两个国家提供了着手进行社会政策改革的契机。1965 年,约翰逊总统宣布了"伟大社会"和"向贫困开战"的计划。加拿大的皮埃尔·特鲁多也顺理成章地宣布了他实现"公正社会"的议程。

但是,向贫困开战不能脱离战后美国社会福利基本的市场驱

第一部分 发达的福利国家在衰落还是在复兴?

动模式。丽贝卡·布兰克(Rebecca Blank,1994)指出,根据总统经济报告(GPO,1964)中提到的计划,向贫困开战的理性基础是强调经济自足。该报告的合著者詹姆斯·托宾(James Tobin,1994:147)指出,向贫困开战要依靠"普遍繁荣和增长的市场奇迹"来解决贫困问题。就业,而不是福利转移支付,可以提供解决的办法。政府发起各种形式的社会计划,为个人创造提高收入的机会——起点优先(Head start)、教育拨款、职业培训、公共医疗、社区行动方案等——而不是更多的收入转移或公共服务。通过公民权利立法解除就业和住房的障碍、改善教育环境、创造工作机会,目标在于创造吉尔·郭得哥诺(Jill Quadagno,1994)宣称的"机会平等的福利制度"。

按照这一规则,老年人的社会供给是个例外。1965年的医疗保障法案使得65岁和65岁以上的人都可以享受公共医疗保险。1969到1972年间,老年人的社会保障金提高了三倍,结果导致了23%的净增长,津贴实现对通货膨胀的指数化。

相反,加拿大追求"加强福利转移"的社会改革。从1965到1967年短暂的两年间,进行了全民医疗保险、社会救助以及失业保险的主要改革。疾病保险并入到失业保险方案(UI)中。创造了两个新的针对老年人的方案:与收入挂钩的加拿大和魁北克养老金计划(C/QPP)和有保证的收入补充计划(GIS)。

随后20年的发展显示,收入转移模式是这两种战略里最成功的。这两个国家中老年人的贫困显著下降。1980年,加拿大的收入转移方案弥补了工作年龄家庭增大的不平等。加拿大全民医疗保险的覆盖范围,不仅提供更为平等的机会使人们能参加医疗保险,而且在控制猛增的医疗保险费用方面更有成效(Evans et al.,1991)。相反,美国缺少良好的收入转移系统,意味着劳动力市场不平等增大,因此家庭收入更加不平等。还有,由于缺乏全民的医疗保险体系,有 3000 多万美国人无法覆盖在制度范围之内,就意味着医疗保健费用的激增。

自由主义福利制度的设计

按照学术惯例,通常对福利国家体制进行分类时,把澳大利亚、加拿大、美国和英国称作"自由主义"福利国家(Esping-Anderson,1990)。理查德·蒂特姆斯对"剩余型福利"和"制度型福利"的传统区分,接近于自由主义社会政策常规上所理解的福利:只有在两种传统的支持资源——家庭和市场——瓦解之后,公共干预才出现。救助程度越来越低,逐渐变成短期项目,接受救助往往从本性上被认为是惩罚性的和令人耻笑的行为。

表 5.2 突出了北美国家作为自由主义福利国家的经验性基础。美国和加拿大与欧洲国家相比,一方面继续依赖更精细的"资产调查"(剩余型的)福利模式,另一方面,又发展以市场为基础的私人保险。对资产调查模式和私人保险更多的信赖,意味着公共资金中流入国民收入的比例更小,结果是总的公共社会支出也更少。

在美国,资产调查式的救助为非老年人提供现金形式的补偿(AFDC)、食品券和医疗救助(Medicaid)。传统上,对依赖父母的儿童家庭的援助项目(AFDC)只限于单亲母亲家庭。到 20 世纪 60 年代,美国才允许把失业父亲纳入对依赖父母的儿童家庭的援助项目(AFDC)范畴,有一半的人享受到这种待遇。自 1990 年代以来,国家规定,当家庭的主要谋生者失业时,可以把这种待遇扩展到双亲家庭,但是每年只提供六个月的补助金(Banting,1992a)。

第一部分 发达的福利国家在衰落还是在复兴？

表 5.2 资产调查型的个人福利和社会支出

	加拿大	美国	18 个 OECD 国家
资产调查项目救助金占社会支出的百分比	16	18	6
私人保险：			
私人养老金占总养老金支出的百分比	38	21	13
私人保健支出占总支出的百分比	26	57	22
社会支出占 GDP 的百分比：			
1986 年经济合作与发展组织估算水平	22	18	25
1985 年国际劳工组织估算水平	16	12	19

资料来源：津贴和私人保险的数据来自 Esping-Andersen,1990：表 3.1。

在加拿大,最主要的资产调查援助方案是社会救助。与美国制度不同,在加拿大,单身者和无子女的夫妇也被包含在社会救助范围内,并且津贴水平比美国的还要高(见表 5.3)。结果,加拿大依靠福利生存的家庭的贫困率低于美国,而且当前收入与贫困线之间的差距,即"贫困差(poverty gap)"缩小了。

表 5.3 对非老年人的社会救助

	加拿大	美国
1987 年每月最高社会救济金：		
单身者	$266	无
单亲＋两个子女	$627	$384
为四口之家提供的总公共救助,1990 年加权年平均值	$14932	$8684
1986—1987 年有两子女的单亲家庭的贫困率和贫困差距：		
贫困率(美国定义,%)	26	41
贫困差距	$2519	$4172

数据显示的是该国货币。

资料来源：月救助金和贫困数据来自 blank and Hanratty,1993；公共救助数据来自 Banting,1992a。

5 当市场失灵时:加拿大和美国的社会福利

关于现代的资产调查项目,美国进行了适度的实验,加拿大的实验则范围宽广(Banting,1992a)。传统的资产调查建立在财产检验以及收入检验的基础上,要求家庭首先消耗尽他们本身拥有的资源,才有资格享受津贴。受益者经常遭到公共部门官员的侵扰性监视,还要服从道德行为准则。在决定谁有资格享受以及受益金水平上,有相当大的行政自由裁定权。而现代社会,资产调查的评判标准只有收入。享受资格仅取决于以年度纳税申报表为基准的收入调查。对受益者没有任何监视,行政上的自由裁定权通常与纳税回执的审计联系在一起。

1943年,由当时美国财政部的经济学家密尔顿·弗里德曼首先提出,支撑自由主义的现代面孔的固有模式是负所得税(NIT)和保证收入制度(GI)(Moynihan,1993:50)。在负所得税模式下,低收入人群有权得到税前收入,还有政府收入补助。负所得税设计的基本理念很简单:当年景好的时候,工人向政府纳税,当年景不好的时候,政府向工人纳税。

最具重要意义的设计范例是加拿大1966年引入的针对老年人的保证收入的补充协定(GIS)。GIS为单身老人提供相当于中等单身家庭收入54%的补助,对老年夫妇家庭提供相当于中等家庭收入59%的补助(见表5.4)。相反,美国依赖传统的资产调查方案(补充社会保险收入,SSI),为财力有限的老年人提供保护。如果把食品券也算上的话,SSI向老年夫妇提供相当于中等家庭收入37%的补助,向单身老年人提供相当于中等家庭收入34%的援助。卢森堡收入调查(LIS)的结果是,加拿大的老年人贫困率不到7%,美国则达到22%。

第一部分 发达的福利国家在衰落还是在复兴?

表 5.4 最低养老金和老年人的贫困水平

	加拿大 (1987)	美国 (1986)	12 个 OECD 国家的平均水平 (1984—1987)
最低养老金占中等收入的百分比:			
单身	54	34	52
夫妇	59	37	59
65 岁以上收入低于中等收入50%者占老年人百分比	6.8	22.4	6.4

资料来源:Smeeding et al.,1993。

1979 年,加拿大开始对家庭项目进行负所得税改革,引进了需偿还的儿童税收借贷方案(a refundable child tax credit)。到 1993 年,家庭补贴和儿童税收豁免已经合并为统一的儿童税收津贴(CTB),向所有有孩子的低收入家庭提供需偿还的税收借贷。津贴支付给有工作的和没有工作的穷人,并根据子女数安排不同比例的增长。1993 年,CTB 向 7 岁以下儿童和孩子比较多的大家庭提供额外补贴,按每个孩子 1020 加元付给。还为"工作的穷人"家庭提供了一个小额的"劳动收入"补充(每个家庭最多 500 美元)。

美国只是采取适度的步骤实施有关资产调查的项目,使其现代化。理查德·尼克松旨在向全体美国家庭提供年收入保障的家庭援助计划(FAP)失败后,20 世纪 70 年代初,美国对"工作的穷人"家庭实施了比较谨慎的收入所得税借贷(EITC)制度。收入所得税借贷不包括"没有工作的贫困者"(例如靠福利金生活的福利母亲),而且针对多子女家庭作了些微小调整。1991 年,规定可以为第一个孩子提供 1192 美元的最高借贷,而对多子女家庭,仅仅提供了 1235 美元的借贷。不管怎样,美国社会政策的改革方向跟加拿大的改革轨迹差不太多。1980—1992 年间,过去较为适度的 EITC 年度费用从 20 亿美元增加到 120 亿美元。还有,克林顿政府 1993 年的预算在过去五年里增加了 200 亿美元,与此同时,对"中产阶级"的项目支出,如医疗保险方面的支出等削减了几十亿美元。

作为中等收入工人社会津贴和最低工资立法的替代性选择,类似负所得税的方案获得了公司团体的广泛支持(Haddow,1993;Quadagno,1994)。由于这个方案的边际退税率(the marginal tax-back)低,所以,政策分析家认为它们替代了传统社会救助项目导致的"福利陷阱"。因为比起传统的社会救助方案来说,像这样通过税收机制进行管理,福利陷阱减少了,也更便于立法规范。对受益者来说,也不必承担任何像传统资产调查那样的耻辱或社会控制。

参加工会的工人则在心理上更为矛盾,因为负所得税方案也向低工资的雇主提供补助金和鼓励政策,有可能成为最低工资法和传统社会保险方案的替代品(Haddow,1993;Myles,1988)。在 NIT 模式下,福利国家的角色改变了:它不再为大多数工人提供收入保障(社会保险),而是向日益扩大的低收入人群和失业工人提供工资补贴。

不过,由于 NIT 模式创造的不同寻常的政治联盟,还有为高额社会保险支出提供了潜在的解决办法,而且,低工资就业岗位,以及传统社会救助的"福利陷阱"还在增加,所以,NIT 有可能成为未来福利改革的政策选择模型。在加拿大,收入保障领域的普遍的公民权利津贴计划已经取代了补充性收入调查(Banting,

第一部分 发达的福利国家在衰落还是在复兴?

1992)。而且,资产调查模式的倡导者提出,在加拿大(Courchene,1994)和美国(Peterson,1993),要按照 NIT 方向来对社会保险方案进行修正。

社会保险

加拿大和美国遵循社会保险模式——与收入挂钩的收入保障——这种模式主要集中在两个领域:老年人保障和失业领域。

加拿大和美国的老年人依赖公共养老金——加拿大和魁北克的养老金计划、加拿大的老年保障计划以及美国的老年收入保障计划(OASI)——获得大部分收入来源。直到20世纪70年代,这两个国家中"普通"工人的收入替代率相当低(见表5.5a)。只有美国传统的单职工家庭例外,这些家庭受益于国家为需供养的配偶提供50%的收入补充这一政策。加拿大在20世纪60年代中期、美国在20世纪70年代初实行的立法变革,使两国体制都实现了现代化。20世纪70年代,替代率一直在上升,到20世纪80年代末,两国普通收入劳动者的替代率水平基本差不多(见表5.5b)。但是,正如前面提到的,这两个国家在低收入的高龄老人的待遇方面存在很大的差异。

表 5.5 老年保障

(a)享有平均工资的制造业工人的养老金替代率,1969—1980,%			
	加拿大	美国	12个OECD国家的平均水平
单身工人			
1969	24	30	40
1980	34	44	49
老年夫妇			
1969	41	49	50
1980	49	66	61

续表

(b) 1989年低收入、中等收入和高收入者的养老金替代率(%)

	低收入者	中等收入者	高收入者
美国	58	42	24
加拿大			
没有GIS	61	45	22
有GIS	87	51	无

资料来源:(a)Aldrich,1982;(b)Banting,1992a。
GIS,保证性收入补贴。

尽管老年人一揽子收入中社会保险具有最重要的影响,但是,北美福利制度对私人养老金和财产收入的广泛依赖,仍然明显地体现为"自由主义的"特征。在加拿大和美国,公共转移项目大约占65岁以上人口收入的60%,而在欧洲和北欧国家,这个比例是70%—85%。斯密丁(Smeeding)等人指出,其结果是加大了老年人收入的不平等(参见Korpi and Palme,1994)。

美国的失业保险(UI)完全由各州运作,津贴标准及获取资格都很不一致。表5.6中,美国的总括统计是各州加权平均数。在加拿大,1971年实行失业保险改革之前,其津贴水平低于美国(见表5.6)。经过改革,现在加拿大的津贴标准、领取期限和平均替代率都比美国高出许多。与美国制度不同,加拿大的失业保险制度还提供疾病津贴,父母津贴和生育津贴。由于高失业率、高水平的劳动力参与、更为慷慨的津贴以及享受条件,加拿大失业补偿占GDP的份额要高于经济合作与发展组织的平均水平(表5.7)。相比之下,美国在失业补贴支出方面所占的份额明显较少。

第一部分 发达的福利国家在衰落还是在复兴?

表 5.6 失业保险

	加拿大	美国
平均每周失业保险金与平均每周收入的比率		
1968	0.24	0.34
1989	0.44	0.35
每周最高保险金,1991	$396	$186
保险金支付最长期限(周)	50	26
1989 年失业保险要求的平均期限(周)	18.1	13.2
1989 年平均每周失业保险接受者与平均每周失业率的比率	0.99	0.27

资料来源:Card and Riddell,1993。

表 5.7 1990—1991 年度劳动力市场项目的公共支出占 GDP 的百分比

	加拿大	美国	18 个 OECD 国家的平均水平
总支出	2.46	0.76	2.37
积极措施	0.54	0.27	0.81
收入保护	1.92	0.50	1.52

资料来源:编自 OECD.1993:表 2.B.1。

公民权利

公民权利模式——就是不管独立的个人是否需要、是否参与劳动,受益金自然给予目标人群,这一政策与美国的社会政策传统完全不同。最能体现这一模式的是老年医疗保健制度,尽管它是以保险为基础的,但是医疗保健覆盖到 65 岁以上人口的 99%。

加拿大 1944 年建立了全民家庭补助金项目,在 1951 年建立了全民养老保险金项目。这两个项目都是向全体公民提供每月的定额保障金给付(a demogrant)而不必与需要和缴费挂钩。包括医院治疗费在内的全民保险于 1957 年建立,1966 年,还增加了医

5 当市场失灵时:加拿大和美国的社会福利

师费和其他相关服务。

1988年,加拿大废除了按人头定额给付的传统,因为创立了对高收入者实行税收,以便对家庭津贴和老年保障进行收入调查的补偿机制。1993年,家庭补贴纳入到以收入调查为基础的儿童税收补贴折算上。因为老年人保障给付中的"补偿机制"的收入水平,仅在通货膨胀指数超过3%时才发生变动,所以它会渐次排除掉收入范畴中除低收入老年人以外的其他人。不过,在加拿大,国民医疗保险迄今为止在政治上仍然不可侵犯,这一方面是由于其政治声望,另一方面也是因为与美国相比,加拿大的国民医疗保险在控制医疗保健成本方面有明显的优势。

福利制度效能

20世纪80年代,加拿大明显地向更全面地加强转移支付的福利制度转变。与此同时,美国成为"新的不平等"的代表。工资和收入分配两极化,"中产阶级"人口开始衰退。由于双职工家庭成为中产阶级生活方式的标准,高离婚率和非婚生育使更多的孩子和大人陷入贫困的危险境地。从理论上来说,一个"有效的"福利制度能够抑制这些不良因素。但是,在实践中,自1970年代以来,对需抚养儿童家庭的救助(AFDC)和失业保险逐渐破坏了人们的价值观念,不平等趋势进一步恶化,最显著的结果就是,在1979—1990年间,由于抚养孩子而造成的贫困比率,从大约15%急剧上升到超过21%的比例。

虽然劳动力市场的发展趋势相似,但是,在20世纪80年代,由于两方面的原因,使得加拿大家庭在经济福利分配领域几乎没什么变化(Love and Poulin,1991;Blackburn and Bloom,1993)。首先,因为加拿大的劳动力市场的设立——更为强大的工会和最

第一部分 发达的福利国家在衰落还是在复兴？

低工资水平做保证，所以计时工资的不平等增长没有美国那么显著(DiNardo and Lemieux,1994)。第二，税收转移机制在很大程度上抵消了收入分配的变化。据汉拉蒂和布兰克(Hanratty and Blank,1992)估算,1979年加拿大社会救助和儿童补助金的综合平均值，比美国同样的受益金组合高出14%。到1986年，这一差距已经扩大到42%。1970年到1986年间，加拿大的贫困率(依据美国标准测量)从高于美国6.9个百分点下降到低于美国4.5个百分点。

OECD(1994c)社会保险公共支出的数据也显示,1980年代，加拿大的收入转移对各种新的变化更具有回应性。1980年到1990年间，加拿大的社会保障支出激增，趋于OECD的平均水平(见表5.8)。在美国，非老年人口享有的收入转移占GDP的百分比降低，是由于两个主要方案——非老年人口获得的AFDC和失业保险相对值下降了。1972—1990年间，一个四口之家的AFDC的平均受益金从每月761美元下降到每月435美元(Blank,1994:179)。失业保险的接受者在1975年达到52%的峰值，在1990年则下降到29%(Card and Riddell,1993:180)。

表5.8 社会保护的公共支出占GDP的百分比

	加拿大	美国	欧洲共同体	其他OECD国家
总支出				
1980	14.37	14.10	21.6	18.20
1990	18.79	14.58	21.69	21.15
非老年人				
1980	5.73	4.47	7.23	6.04
1990	7.58	3.54	7.46	7.60

资料来源:OECD,1994c:表1b和1c。

5　当市场失灵时:加拿大和美国的社会福利

对差异性的解释:联邦各州的社会分裂

对1980年代经济重组和新的宏观经济环境,加拿大和美国展示了两种不同的回应。在美国,针对非老年人群的社会保障采取适度方案,对工资和收入实行向下移动到劳动力市场的低点。向劳动年龄家庭提供的收入转移占国内生产总值的比重下降了、家庭收入不平等以及抚养孩子造成的贫困增加。尽管就业取得大幅增长,但是总的社会福利却大幅下滑。这一结果的出现,是1960年代福利制度方案的副产品,而不是美国1980年代新保守主义革命的产物。在1960年代和1970年代初,新政基础上的设计方案得到夯实:对老年人实行国家社会保险,对适龄劳动人口实行分散的、主要以资产调查为基础的社会保护体系。美国1935年的社会保障法案和之后的立法,使在一些重要领域,如国家控制的失业保险和AFDC范围内权力凌驾于合理性和保险金水平之上。社会支出分散的结果是司法部门之间的"财政竞争",他们对社会支出施加压力(Marmor et al.,1990;Pierson,1994:35),这种压力的一个明显体现就是从20世纪70年代开始缩减AFDC津贴和失业保险金。

财政的联邦主义方案,而不是财政竞争,成为战后加拿大福利制度建设的基础。在20世纪30年代,缺乏财政能力的穷省和自治区面临着经济大萧条时期的救济负担,因此,加拿大提出了收入保障责任"大规模集权化"进程的动议(Banting,1987:63)。其结果是在社会政策的关键领域,例如失业保险、儿童抚养金和老年年金方面,出现一整套的国际普遍标准,产生了大量的区域间转移支付,从富人区流向穷人区。20世纪60年代,在社会支出方面,除

第一部分 发达的福利国家在衰落还是在复兴？

受到国家标准的再分配的影响,还有直接的联邦—省之间的平衡补偿金的复杂混合作为补充。

美国社会方案的分权化和反转移支付的倾向,与持续塑造着美国社会政策政治学的根本分歧,即种族分裂有关(Piven and Cloward,1994;Skocpol,1988;Quadagno,1988;1994)。20世纪30年代的"新政"政治,由民主党内部不寻常的联盟所驱动和约束,这一联盟既包括北方劳工,也包括南部种植园主-商人的寡头统治者,为保护基于黑人劳工契约的前工业革命时期的种植园经济而进行斗争。如同吉尔·克达格那尔(Jill Quadagno,1988)所描述的那样,控制国会委员会的关键,是允许民主党中支持南部的人以"国民权利"的名义把黑人从新政中剔除,因为创建国家标准,会损害南方的经济,所以老年社会救助、失业保险和被抚养的儿童救助的享受标准和津贴水平,都由各州酌情考虑。农业工人被排除在老年保险(OAI)之外,因为即使是每个月只有 15 美元,这些钱也比一个种植者家庭一年所能收入的现金还多。

在 1960 年代,劳动力市场政策(Weir,1992)和新的社会方案的发展(Quadagno,1994)产生冲突,并转移到非洲裔美国人为其公民权而抗争这方面来。大批南方黑人迁移到美国城市,是由于南方农业的产业化带领他们进入城市,与城市白人工人直接产生竞争,竞争工作以及住房。20 世纪 60 年代的城市暴动和后来约翰逊政府时期的向贫困开战的政策,导致了白人工人阶级对新政联盟的强烈抵抗。劳动力市场方案聚焦于劳动力市场的边缘(城镇尤其是黑人"贫民"),对私营经济几乎毫无影响,对于想获得更广阔经济目标的战略,也没有赢得持久的政治支持(Weir,1992:62)。就像克达格那尔(Quadagno,1994:197)总结的那样:"黑人迁移到

5 当市场失灵时:加拿大和美国的社会福利

了城市中心,国家没有对他们在工作、住房和社会服务方面的需求产生回应,而是在城市中抛弃了他们。"

福利制度试图扩大转移支付的努力也在相似的背景下蹒跚行进。如同克达格那尔所指出的,家庭援助计划(FAP)的反对者主要来自南部的美国民主党党员,在那里 FAP 将会使本地经济发生革命。按照卫生教育和福利部的估计,在纽约,FAP 的受益者将会使"福利资金名册"(welfare rolls)增加 30%—50%,而在南部的低工资地区则会增长 250%—400%。更重要的是,奎达格诺指出(Quadagno,1994:184),FAP 将会使得南部农民工的平均工资水平增至三倍,渐渐破坏本地的劳动力市场。这项政策在议院的最终投票,155 票反对票中有 79 票来自南方腹地的 11 个州。

建立在错误路线上的里根政府在美国政治选举中获取了胜利,他们主张实行紧缩的政治。在里根时代,"福利"一词就是单身黑人母亲及其子女的同义词。

地区政策和种族分歧使得加拿大联邦主义出现了不同的动力。加拿大的地区性差异主要有下面三种:(1)加拿大中部的工业化中心交织着法裔(魁北克)和英裔(安大略湖地区)的分裂;(2)西方经济建立在农业和资源提取为基础上,在那里主要生产商根据贸易保护主义的经济政策被迫从中心地区购买昂贵的输入品和消费品;(3)经济不发达的东部地区。

要在国家"区域"和"两种建制人群"之上创造国家,对加拿大政治精英来说一直是主要的挑战。自 1920 年代起[7],福利制度就成为"胶浆罐",不管政党意识形态怎样往别的方向摆,这些精英也还是一起维持着国家的团结[8]。如同班亭指出的那样(Banting,1992b):

第一部分　发达的福利国家在衰落还是在复兴？

　　福利制度是基于地域上的国家一体化政治的核心组成部分——它不同于阶级……联邦福利救济项目,是直接针对个体还是通过各省政府进行,都是区域间再分配的强有力的工具。它们代表了联邦政府可能塑造超越语言和地区分割的号召力量中的少数方法之一。结果,社会政策强化了在强大的离心力恒定的压迫下建立起来的联邦政府的政治合法性。

　　全民方案实现了区域间的收入转移,它创造了加拿大中心地区产生的物品需求,反映了加拿大对经济大萧条作出反应的保护主义策略。结果,詹森(Jenson,1990)指出,加拿大在战后出现了收入保障的集权化体制,其建构是围绕"地区政治"而不是"阶级政治"实现。但是,英国的贝弗里奇改革是那种放弃传统的阶级分化的战略,加拿大的改革是"以消除地区之间救助金不平等的方式所体现的公正"。战后的社会重组意味着重新构建国家,给所有的加拿大人提供共同享有的社会权利,而不必考虑他们在加拿大纵横交织的版图上的非社会的地理位置。

　　直到20世纪60年代,魁北克在加拿大才起到类似美国南部在美国那样的作用,它阻挠了对各省主权和天主教堂在提供社会服务方面的主导地位产生威胁的社会立法。然而,不管怎样,20世纪60年代魁北克的"寂静的革命",都给具有强烈国家主义倾向的世俗化精英带来了力量。在20世纪60年代的批判时期,法裔加拿大人中的精英阶层,在扩大和增强公共工作的数量和质量上都起到了重要的作用。

　　1960年代,财政联邦主义方案需要一个公共体制,在这种体制中将通过联邦-省之间的谈判来设计经济和社会策略。作为一种政治制度,这将代表着从只代表个人利益的纯粹的自由模式的政策中分离出来。就像社团主义模式,在劳动、资金等重要基础上代表集体利益一样,这种联邦-省的模式也在领土的基础上代表了集体的利益(如加拿大法语区、较贫穷的省)。在整个20世纪80年代,联邦主义财政方案,使得渥太华思想保守的改革者难以扩大社会承诺的范围,只能在有限的领域里行事。就像班亭指出的(Banting,1992b),削减失业保险方案最重要的和最有影响的对手并非有组织的劳工,而是那些比较贫穷地区的州长。

在美国,缺乏相应的制度性机制,可以让美国的弱势群体在政治进程中体现其自身利益。穷人不能参加美国的选举,而且只有在周期性爆发的暴力事件和社会动荡时,他们才能引起人们的注意(Piven and Cloward,1994)。

20世纪90年代的福利制度政治学

我们可以根据先前提到的三种可供选择的分配模式,总结出近年来北美福利制度的发展趋势。

公民权利 在美国,公民权利一直比较薄弱。在加拿大,除了健康保险权利以外,其他公民权利都已经废除了。

社会保险方案 以养老保障和失业保险最为显著,他们作为节约成本的措施(养老保障)和保持低工资经济状况下的工作动机(失业保险),被加以调整。按照国际标准来看,加拿大的失业保险收入转移曾经很高,现在的目标则是削减。

传统的社会救助模式 建立在穷人财产调查方案基础上的传统社会救助模式也正遭受攻击。在美国,对传统社会救助,如抚养子女家庭的救助项目(AFDC)的拒绝出自道德主义和种族主义根源(见下文)。但是,自由党和保守党一致认为,严格的资产调查基

第一部分 发达的福利国家在衰落还是在复兴？

础上的传统社会救助,创造了"福利陷阱",它使得工作效率降低,而且几乎没有给穷人带来什么帮助。

当代福利制度所面临的主要挑战是,如何应对经济风险情况下新的生命周期分配,这种经济风险源自经济重建和新家庭形式的出现。具体说来,这意味着要应对工作年龄家庭遭遇的新经济的不稳定和风险,这些风险的出现,跟剧烈变化的劳动力市场有关,和高离婚率、单亲家庭都有关,同时,战后持续的社会保险项目,现在还要支撑快速增长的人口老龄化。

在北美,这种挑战的变异是在允许市场采取最低水平工资、最大限度雇佣劳动力这种经济社会制度下形成的。实际上,它的出现源于实际上和相对意义上的工资和收入都可以获准减少到市场的最低限度。结果是,想依靠经济扩张和劳动者增长来确保经济良好的美国策略永远都无法实现。工作的增加只是通过提高"工作的穷人"的社会地位,以限制"福利贫困者"的扩大。低薪水的工作也加深了"福利陷阱",并使得人们缺乏工作动力,除非像美国那样,保险金水平随工资水平向下浮动,就会减少人们只是接受福利的动机,而愿意去参加工作了。

为顺应低薪资的经济而进行社会行动方案调整的建议,有以下几种类型:

劳动福利计划 提高穷人劳动意愿的一个方法是提高利润中总收入的份额,即使转移收入对工作收入是等值替换,也要这样做(Blank,1994:169)。因此,除了那些没有能力工作的人(残疾人),其他不能够养活自己的人都要求他们提供劳动力,来换得公众支持。这样一来,通过强制手段,福利陷阱就会减少。这样做的目的不是加强福利,而是加强穷人的行为道德和文化标准[9]。

5 当市场失灵时:加拿大和美国的社会福利

工资补贴 如果现在的高就业是由于人们接受了低薪水的工作,与此相应,就要根据负所得税水平,为"工作的穷人"重新设计社会收入转移方案。EITC 就是这样的模式,它是一种收入调查方案,对有孩子的"工作的穷人"家庭给予低金额的补助。其固定模型是一种家庭的负所得税,它可以满足两个条件:就业率和照顾孩子[10]。

收入补贴 加拿大的儿童税收津贴不计就业条件如何,为所有有孩子的低收入家庭提供收入补助金,以儿童为基础的收入补偿金按照新兴工业技术的路线进行设计,是为了满足由于就业工资低和单亲家庭的增长而出现的新的需要。

社会投资 建议将社会支出从"消极的"社会保险模式转向"积极的"劳动力市场方案,为那些受到结构性失业影响的人们提供就业培训和帮助寻找工作等服务。与为了购买进口商品而消耗经济力的社会收入转移不同,对人力资本的社会投资还是在国内进行,这样可以提高劳动生产率和工人的盈利潜力,在有效的劳动力市场政策下进行社会投资,可以确保人们早日退出无工作(接受社会救助)、失业和低收入就业状态。

加拿大的经验表明,工资和收入补贴至少一段时间内可以使收入保持平稳。但是,作为一般的战略,由于补贴费用有限和工作激励等原因,工资和收入补贴效应很快就会达到最大极限。所有的 NIT 模式(包括美国的 EICT 模式和加拿大的 CTB 模式),都是根据以下三个参数定义的:保障水平(最大利益)、退税率(随着收入增加导致保险金比率降低)以及收支平衡点(利润消失时的工资水平)。高保障水平是为了确定适当的收入,低退税率是为了鼓励人们就业。但是高保障水平与低退税率的结合,则意味着收支

第一部分 发达的福利国家在衰落还是在复兴？

平衡点会很高,费用也会很高。习惯上,大多 NIT 模式提议为工作年龄人口提供低退税率(为了维持就业激励)和低保障水平(包含费用)。布兰查德估计,用充足的薪资补贴,使薪资差别恢复到美国十年前的水平,要花费国民生产总值的 4% 到 5%。

虽然雇主赞成用 NIT 模式来替代最低工资,但是,工资补贴仍然成为不太合理的产业策略,因为它为低工资雇佣者补贴劳动费用,以此来鼓励接受低工资和兼职就业队伍的扩大。

目前,为解决不愿就业、失业和低工资问题,一个重要方法,就是在教育、职业培训和其他活跃劳动力市场的政策方面广泛进行社会投资。社会投资策略的目的是增加就业机会以获得终生平等,而不是对福利制度收入进行重新分配,以取得暂时的平等。美国高素质劳动者和低素质劳动者之间日益增长的工资差异,以及两个国家高素质劳动者和低素质劳动者之间日益增长的失业差异,更促使人们对这个策略充满热情。

然而,教育和培训能否改善弱势群体的市场就业机会,还受到某些质疑,至少有两个原因,使我们怀疑更多的社会投资能否彻底解决劳动力市场两极分化这个问题。第一,成本问题。詹姆斯·海克曼(James Heckman)估算(引自 Blanchard,1995:51),为使美国的工资差异恢复到 1979 年的水平,在教育和培训上每年的花费将占到美国 GDP 的大约 3%。对于过去在刺激劳动力市场项目上投资很少的国家来说,这是一个很难达到的目标(参看表 5.7)。对于活跃劳动力市场政策的热情,也因为过去实验中取得的效果不太明显,而变得销声匿迹了。第二,社会投资策略的假设是供给自身会将创造需求:就是说,市场上更多高技能的劳动者,将创造更多的需要高技能人员的工作。而那些认为工资和就业问题大部

5 当市场失灵时:加拿大和美国的社会福利

分是由需求方决定的人,怀疑供给方自身可以提供解决方法的可能性。例如,尤恩和墨菲(Juhn and Murphy,1995)发现,自20世纪40年代以来,美国对技能需求岗位的增长率总体上没有变化。有变化的是最高技术水平上就业需求的集中,通过在大量的职业领域中提高劳动者的技能来满足就业岗位则不太可能。

然而,政策分析家的热情本身却不会创造政策。要转向一种社会投资和工资津贴系统,把现有模式转变成更活跃的自由干预制度模式,最主要的障碍在于政治方面。权力下放和分权使得在美国进行重大的政策改革是很困难的。在政治过程中,低工资的劳动者和少数人利益没有充分有效的代表者。结果,反贫困政策"体现的不是穷人在政治过程中的需求问题,更多的功能则是其他人决定给穷人什么和为穷人做些什么"(Heclo,1994:397)。为了使政府起到更积极的作用,种族政治继续分化各自然选区。

加拿大与美国在经济上日益融合,正在改变着曾经支撑联邦财政经济活动的东西轴线。随着南北贸易流量的扩大,对比较富裕的省区之间寻求区域内公平的热情下降了。高额的政府负债导致社会开支从中央政府向各省的转移。20世纪90年代,魁北克主权运动的恢复,促使财政权利下放,人们开始更多地关注区域性的解决办法,而不是全国性的解决方法。结果,加拿大的社会政策处在追随美国那种在地区与省之间进行财政竞争模式的边缘。

未来,两国进行政治创新的一个最重要的限制,是国家提高财政收入支持创新的能力有限。公司纳税特许、税收层次降低、边际税率下降、对负债资金的依赖等都给控制开支带来了巨大的压力,所以财政没有多余的钱,用于出台新的社会策略以及对社会策略实施进一步验证。然而,战后若干年,为了在选举中获胜,选举竞

第一部分 发达的福利国家在衰落还是在复兴？

争都采取了通过扩大社会项目来获取选票这种方式。20世纪90年代，各政党通过承诺降低"中产阶级"税收和"精简政府"来进行竞争。

对寻求自由主义模式的积极活动家而言，由于存在这些政治上的系统阻碍，在北美，要为后工业化资本主义社会福利供给提供新的社会实验的检验基础，是不太可能的。加拿大运用 NIT 类型的方案来提供可检验收入的收入津贴（如儿童税收补助）的实验，很可能会扩大传统社会保险方案的开销（如失业保险）。在美国，以地方（如州一级）为基础的"社会投资"策略也同样要引起关注（Osborne,1988）。

但是，北美国家不仅承受着财政不足的折磨，而且还承受着民主赤字的困扰。由于能够代表对立的社会和经济利益的政治机构相比之下比较薄弱，使得寻找非零和的解决方法很困难。在美国，有组织的劳动减少，使得工业化和后工业化之后，劳动阶级已经失去了政治上的声音。旧城区的市长在区域和国家政治中没有制度化的权利。在加拿大，联邦财政正在减少。所以，对未来自由经济的福利产生重要影响的，将是"市场奇迹"而非民主政治。

附录：1995年北美洲的福利政治

以当下的政治和经济环境为基础，来规划未来发展通常是很危险的。所以，我把本章重点放在北美劳动力市场和社会福利政策这两方面的长期变化模式上。然而，若是完全忽略这两个国家的福利制度政治的近期发展，肯定会给这里的讲述留下很大的漏洞。

1992年，在克林顿总统当选后的短时期内，美国自由民主党

5 当市场失灵时:加拿大和美国的社会福利

希望美国转变十多年来反对福利制度的言论及其政策制定。高度期待美国不久就会实施某种形式的国民医疗保健制度。但是,1994年,克林顿的医疗保健议案未获通过,共和党在参议院和众议院取得成功,共和党极有可能在1996年总统大选中取得成功,这种可能性改变了所有一切。

迄今为止,共和党议题的主要目标就是"福利"——一种针对"福利贫困者"(welfare poor)的社会救助方案。然而,除医疗救助外,通过削减甚至是消除这些福利计划,为美国也节省不了多少资金。例如抚养儿童家庭救助项目(AFDC),总共只有不到一个百分点的联邦财政预算。为了实现共和党"与美国的协议"这一更伟大的目标——削减债务、弱化联邦政府作用——其注意力必须转向养老金、社会保障和医疗保健这样庞大的、实际上更为普遍的项目上。

20世纪80年代大部分时期,由于选举的原因,养老金计划在自由党和保守党看来都是不可侵犯的。他们都把老年人看做有投票资格的富有凝聚力的庞大集团。在投票过程中,老年人可以惩罚任何威胁到他们"权益"的政客。迄今为止,共和党都以极其温和的态度去处理这些问题。

或许,更有启示意义的是授权委员会的指向。该组织在1994年秋夏之交,曾由克里(Kerrey)和丹福斯(Danforth)参议员担任主席。受前投资银行家彼得·皮特森(Peter Peterson)为首的协和联盟(the Concord Coalition)的重大影响,委员会联合主席将其目标设定为,通过对包括医疗保障和社会保障在内的所有社会津贴进行收入调查,以大幅度降低开支。由皮特森概括的这个基本构想,即削减对中、高收入群体的社会转移,同时扩充低收入群体

207

第一部分 发达的福利国家在衰落还是在复兴？

的福利项目,与负所得税模式十分接近。

尽管委员会的委员们并未达成一致意见,但是,华盛顿各界有种强烈的感受,认为这项议程仍然很有活力。与此同时,共和党还在犹豫,是否要削减富人的福利。但协和联盟总体战略的纲要将成为共和党与保守的民主党成功合作的基础,这样看来,加拿大过去十年的经验也具有指导性。

1984年,当以布赖恩·穆罗尼(Brian Mulroney)为首的保守党执政时,社会政策方面的第一项举措就是试图取消作为加拿大公共养老金第一支柱的普遍的老年保障计划。这个建议实际上在1985年初就已提出,但是由于随后爆发了数月的公共骚乱,保守党议员的财政部长麦克尔·威尔逊(Micheal Wilson)面临着极大的困境,所以这一议案就被撤销了。

1988年,保守党采取了另一种政策,这一次获得了成功。在减少"富人福利"这样的标题下,保守党提出对年收入超过54000美元的高收入老人进行收入调查。没有谁会为这些高收入老年人流眼泪,所以该议案没有遇到任何阻碍就通过了。然而,法案的关键在于长期效果。收入调查有效的截止点是当年通货膨胀指数不超过3%。因此,收入调查将按照收入等级缓慢地往下降,直到低收入老年人受益。财政部长保尔·马丁(Paul Martin)在1995年2月的预算中提到,要把注意力放到加速这一进程上,当这种被称做"秘密行动的社会政策"战略为人们所熟悉时,已经被广泛地运用于其他许多政策领域。

20世纪60年代,加拿大和美国的社会政策出现了尖锐的分歧。现在是否会重新趋于一致仍未确定。1995年,加拿大的预算包括削减联邦向各省的财政转移,并转向"一揽子补助金"体制,用

5 当市场失灵时:加拿大和美国的社会福利

于社会救助、健康保险和中等以上教育的投入。现在考虑比较周全的是,随着联邦转移支付的减少,各省将更热衷于那种美国式的"财政竞争"方式,即各省的社会支出也会连续不断地急剧减少。

在这两个国家,"市场失灵"创造了新的社会政策的发展轨迹,战后几十年的社会保险模式深受质疑,新的模式建立在为处于低工资经济状况中的工人提供工资补贴和收入补贴这一基础上,并且已经提到议事日程上。这个新兴的战略会怎样成长起来,我们将拭目以待。

注释

非常感谢凯斯·班亭(Keith Banting)、戈斯塔·埃斯平-安德森和吉尔·奎达冈诺(Jill Qoudagno)对这一章前几稿的评论。

[1] 关于美国,看 Levy and Murnane(1992);关于加拿大,参见 Morissette et al.(1994)。
[2] 虽然加拿大的失业率接近欧洲水平,但其原因在于高水平的劳动被迫参与,而不是停滞的工作增长量(Card and Riddell,1993)。
[3] 1994年加拿大财政预算使得失业保险金实际减少。1995年的预算带来了州财政转移在医疗、教育和社会救助方面的急剧减少,老年保障和失业保险的深入改革在1996年开始考虑。
[4] 加拿大的有关数据参见 Myles et al.(1993)。
[5] 正如斯蒂芬斯(Stevens,1988:141)注意到的,1950年70%的罢工都是劳动合同里针对医疗和福利条款的。
[6] 具有讽刺意味的是,至少在这段时期里,经济整合激励着公共部门的发展。美国的产业工人迫使渥太华在1951年通过老年人保障计划。缺少第一支柱的加拿大养老金系统,公司要支付足额的养老金,然后在谈判桌上进行磋商。
[7] 直到20世纪20年代,史密斯(Smith,1989)提出,资助而不是福利制度作为主要的手段被首相们用来"建立和维持选民忠诚度"。资助在塑造美国的福利制度模式时扮演的角色参见奥洛夫的著作(Orloff,1988)。

第一部分 发达的福利国家在衰落还是在复兴？

8 在保守党政府约翰·迪芬贝克(John Diefenbaker)执政期间，矛盾更加凸显，20世纪50年代末到20世纪60年代初，迪芬贝克的泛加拿大主义带来了全民发展政策、医疗保险的增长和皇家健康服务委员会的扩展，后者在自由党开始掌权时导致了采用全民医疗卫生保险(Smith,1989:138—141)。在1988年自由贸易选择时期，矛盾变得更加明显，此时马尔罗尼(Mulroney)保守党们被迫采取了最不保守的福利制度机制，来表示他们没有背叛加拿大。

9 从20世纪60年代开始，标准的等级有了明显的转变，那时人们认为"好"妈妈是留在家里照顾家的，而外出"工作的妈妈"被看作青少年犯罪的根源。女性劳动力参与的急剧上升改变了人们的看法，所以现在即便是独立抚养孩子的母亲，人们也期望她参加工作。

10 低工资的单身人群符合EITC标准，但是，保险金是少得可怜的。

参考文献

Aldrich, Jonathan (1982) 'Earnings replacement rates of old-age benefits in 12 countries, 1969-80', *Social Security Bulletin*, 45(11):3-11.

Amenta, Edwin A. and Skocpol, Theda (1988) 'Redefining the New Deal: World War II and public social provision in the United States', in Margaret Weir, Ann Shola Orloff and Theda Skocpol (eds), *The Politics of Social Policy in the United States*. Princeton, NJ: Princeton University Press. pp. 81-122.

Banting, Keith G. (1987) *The Welfare State and Canadian Federalism*. Kingston and Montreal: McGill-Queen's University Press.

Banting, Keith G. (1992a) 'Economic integration and social policy: Canada and the United States', in Terrance Hunsley (ed.), *Social Policy in the Global Economy*. Kingston: Queen's University Press. pp. 21-44.

Banting, Keith G. (1992b) 'Neoconservatism in an open economy: the social role of the Canadian state', *International Political Science Review*, 13: 149-70.

Battle, Ken and Torjman, Sherri (1995) *How Finance Reformed Social Policy*. Ottawa: Caledon Institute of Social Policy.

Blackburn, McKinley and Bloom, David (1993) 'The distribution of family

5 当市场失灵时:加拿大和美国的社会福利

income:measuring and explaining changes in the 1980s for Canada and the United States', in David Card and Richard Freeman (eds), *Small Differences that Matter:Labor Markets and Income Maintenance in Canada and the United States*. Chicago:University of Chicago Press. pp. 233-65.

Blanchard, Olivier (1995) 'Macroeconomic implications of shifts in the relative demand for skills', *Economic Policy Review*, 1(1):48-53.

Blank, Rebecca (1994) 'The employment strategy:public policies to increase work and earnings', in Sheldon Danziger, Gary Sandefur and Daniel Weinberg (eds), *Confronting Poverty: Prescriptions for Change*. Cambridge:Harvard University Press. pp. 168-204.

Blank, Rebecca and Hanratty, Maria (1993) 'Responding to need: a comparison of social safety nets in Canada and the United States', in David Card and Richard Freeman (eds), *Small Differences that Matter:Labor Markets and Income Maintenance in Canada and the United States*. Chicago:University of Chicago Press. pp. 191-231.

Card, David and Riddell, Craig (1993) 'A comparative analysis of unemployment in Canada and the United States', in David Card and Richard Freeman (eds), *Small Differences that Matter:Labor Markets and Income Maintenance in Canada and the United States*. Chicago:University of Chicago Press. pp. 149-90.

Courchene, Thomas (1994) *Social Canada in the Millennium: Reform Imperatives and Restructuring Principles*. Montreal: C. D. Howe Institute.

DiNardo, John and Lemieux, Thomas (1994) 'Diverging male wage inequality in the United States and Canada, 1981-1988: do unions explain the difference?', Irvine Economic Paper no. 93-94-16.

Economic Council of Canada (1991) *Employment in the Service Economy*. Ottawa:Economic Council of Canada.

Esping-Andersen, Gøsta (1990) *The Three Worlds of Welfare Capitalism*. Princeton, NJ:Princeton University Press.

Evans, R. G., Barer, M. L. and Hertzman, C. (1991) 'The 20-year experiment: accounting for, explaining and evaluating health care cost

第一部分　发达的福利国家在衰落还是在复兴?

containment in Canada and the United States', *Annual Review of Public Health*, 12:481-518.

Goldin, Claudia and Margo, Robert (1992) 'The great compression: the wage structure of the United States at mid-century', *The Quarterly Journal of Economics*, CVII(1):1-34.

Gompers, Samuel (1910) *Labor in Europe and America*. New York and London: Harper.

GPO (1964) *Economic Report of the President*. Washington, DC: US Government Printing Office.

Guest, D. (1985) *The Emergence of Social Security in Canada*. Vancouver: University of British Columbia Press.

Haddow, Rodney S. (1993) *Poverty Reform in Canada*, 1958-1978: *State and Class Influences on Policy Making*. Montreal: McGill-Queen's University Press.

Hanratty, Maria and Blank, Rebecca (1992) 'Down and out in North America: recent trends in poverty rates in the United States and Canada', *Quarterly Journal of Economics*, CVII(February):233-54.

Heclo, Hugh (1994) 'Poverty politics', in Sheldon Danziger, Gary Sandefur and Daniel Weinberg (eds), *Confronting Poverty: Prescriptions for Change*. Cambridge: Harvard University Press. pp. 396-437.

Jenson, Jane (1990) 'Representations in crisis: the roots of Canada's permeable Fordism', *Canadian Journal of Political Science*, XXIII(4): 653-83.

Juhn, Chinui and Murphy, Kevin (1995) 'Inequality in labor market outcomes: contrasting the 1980s and earlier decades', *Economic Policy Review*, 1(1):26-32.

Korpi, Walter and Palme, Joakim (1994) 'The strategy of equality and the paradox of redistribution'. Swedish Institute for Social Research, course pack.

Kudrle, Robert T. and Marmor, Theodore R. (1981) 'The development of welfare states in North America', in Peter Flora and Arnold J. Heidenheimer (eds), *The Development of Welfare States in North*

America. London: Transaction Books.
Levy, Frank (1988) *Dollars and Dreams: the Changing American Income Distribution*. New York: W. W. Norton.
Levy, Frank and Murnane, Richard (1992) 'U. S. earnings levels and earnings inequality: a review of recent trends and proposed explanations', *Journal of Economic Literature* 30:1333-81.
Love, Roger and Poulin, Susan (1991) 'Family income inequality in the 1980s', *Canadian Economic Observer*, September:4. 1-4. 13.
Marmor, T. , Bradshaw, J. and Harvey, P. (1990) *America's Misunderstood Welfare State*. New York: Basic Books.
McBride, Stephen (1992) *Not Working: State, Unemployment and Neo-Conservatism in Canada*. Toronto: University of Toronto Press.
Morissette, Rene, Myles, John and Picot, Garnett (1994) 'Earnings inequality and the distribution of working time in Canada', *Canadian Business Economics*, Spring:3-16.
Moynihan, Daniel P. (1973) *The Politics of a Guaranteed Income: the Nixon Administration and the Family Assistance Plan*. New York: Vintage.
Murphy, Barbara (1982) 'Corporate capital and the welfare state: Canadian business and public pension policy in Canada since World War II'. Master's thesis, Carleton University, Ottawa.
Myles, John (1988) 'Decline or impasse? The current state of the welfare state', *Studies in Political Economy*, 26 (Summer):73-107.
Myles, John and Picot, Garnett (1995) 'The changing economic position of young families and children: the impact of declining earnings, the transfer system and changing demographics'. Business and Labour Market Analysis Division, Statistics Canada, Ottawa.
Myles, John, Picot, Garnett and Wannell, Ted (1993) 'Does post-industrialism matter? The Canadian experience', in Gøsta Esping-Andersen (ed.), *Changing Classes. Stratification and Mobility in Post-industrial Societies*. London: Sage. pp. 171-94.
Nakamura, Alice and Lawrence, Peter (1993) 'Education, training and prosperity'. Bell Canada Papers on Economic Growth and Public Policy,

第一部分 发达的福利国家在衰落还是在复兴?

October.
OECD (1993) *Employment Outlook*, July. Paris: OECD.
OECD (1994a) *Canada. OECD Economic Surveys*. Paris: OECD.
OECD (1994b) *The OECD Jobs Study: Facts, Analysis, Strategies*. Paris: OECD.
OECD (1994c) *New Orientations for Social Policy*. Social Policy Studies no. 12. Paris: OECD.
Orloff, Ann Shola (1988) 'The political origins of America's belated welfare state', in Margaret Weir, Ann Orloff and Theda Skocpol (eds), *The Politics of Social Policy in the United States*. Princeton, NJ: Princeton University Press. pp. 77-80.
Osborne, David (1988) *Laboratories of Democracy*. Boston: Harvard Business School Press.
Peterson, Peter (1993) *Facing Up: How to Rescue the Economy from Crushing Debt and Restore the American Dream*. New York: Simon and Schuster.
Pierson, Paul (1994) *Dismantling the Welfare State? Reagan, Thatcher and the Politics of Retrenchment*. Cambridge: Cambridge University Press.
Piven, Frances Fox and Cloward, Richard A. (1988) *Why Americans Don't Vote*. New York: Pantheon.
Piven, Frances Fox and Cloward, Richard A. (1994) *Regulating the Poor*, rev. edn. New York: Vintage.
Quadagno, Jill (1988) *The Transformation of Old Age Security*. Chicago: University of Chicago Press.
Quadagno, Jill (1994) *The Color of Welfare: How Racism Undermined the War on Poverty*. New York: Oxford University Press.
Skocpol, Theda (1988) 'The limits of the New Deal system and the roots of contemporary welfare dilemmas', in Margaret Weir, Ann Shola Orloff and Theda Skocpol (eds), *The Politics of Social Policy in the United States*. Princeton, NJ: Princeton University Press. pp. 293-312.
Smeeding, Timothy (1991) 'Cross-national comparisons of inequality and poverty', in L. Osberg (ed.), *Economic Inequality and Poverty: International*

Perspectives. Armonk, NY: M. E. Sharpe. pp. 39-59.

Smeeding, Timothy, Torrey, Barbara and Rainwater, Lee (1993) 'Going to extremes: an international perspective on the economic status of the U. S. aged'. Luxembourg Income Study, Working Paper no. 87.

Smith, David (1989) 'Canadian political parties and national integration', in Alain Gagnon and Brian Tanguay (eds), *Canadian Parties in Transition: Discourse, Organization and Representation*. Scarborough, Ont. : Nelson, pp. 130-51.

Stevens, Beth (1988) 'Blurring the boundaries: how the federal government has influenced welfare benefits in the private sector', in Margaret Weir, Ann Shola Orloff and Theda Skocpol (eds), *The Politics of Social Policy in the United States*. Princeton, NJ: Princeton University Press. pp. 133-48.

Therborn, Goran (1986) *Why Some People are More Unemployed than Others: the Strange Paradox of Growth and Unemployment*. London: New Left Books.

Tobin, James (1994) 'Poverty in relation to macroeconomic trends, cycles and policies', in Sheldon Danziger, Gary Sandefur and Daniel Weinberg (eds), *Confronting Poverty: Prescriptions for Change*. Cambridge: Harvard University Press. pp. 147-67.

Turegun, Adnan (1994) 'Small state responses to the Great Depression, 1929-39: the white dominions, Scandinavia and the Balkans'. PhD dissertation, Carleton University, Ottawa.

Weir, Margaret (1992) *Politics and Jobs: the Boundaries of Employment Policy in the United States*. Princeton, NJ: Princeton University Press.

第二部分
正在崛起的新福利国家？

6 拉丁美洲社会政策的选择：
新自由主义模式与社会民主模式的矛盾

埃弗利娜·休伯

141　　拉丁美洲的社会政策今天正处在交叉的十字路口，一方面是由市场决定的、私有的、个人主义的、不平等的模式，另一方面是由市场矫正的、公共的、集体主义的、平等的模式。20世纪80年代，商界、银行界、国际金融机构、核心国家的政府，以及在许多拉丁美洲国家掌权的技术官僚中存在的新自由主义霸权，看来还是更倾向于前一种模式。然而，由于实行经济新自由主义和国家放弃社会责任要付出的社会成本已经很明显暴露出来，以及新民主党的治理问题已经成为最前沿的问题，所以，无论是国际机构还是地方政府，都不能忽略后一种模式，运用这一方式来认真地看待世界。20世纪90年代，追求后一种模式的主要障碍是，在政策结构性调整的过程中，社会和政治力量的平衡已经明显地转移到资本方面，而且远离了代表大众利益的最为重要的工会组织。在这一章，我要考察尝试不同选择模式的成本和收益，我将主要关注智利和巴西的案例，其次把它们与阿根廷和哥斯达黎加进行比较。其他有关一般发展轨迹的评论，则有助于探讨在拉丁美洲更大范围内对这些案例如何进行定位。

　　20世纪80年代的经济危机对社会政策产生了深刻的影响，
142　它导致了贫困增长、社会支出减少、公共服务恶化、社会保险项目在财政方面严重失衡。对这些问题的回应，从个体化和私有化的

6 拉丁美洲社会政策的选择:新自由主义模式与社会民主模式的矛盾

新自由主义解决方法,到公共项目的普遍化与一体化的社会民主主义解决方法,都各不相同。智利遵循的是新自由主义路线,哥斯达黎加遵循的是社会民主主义路线;阿根廷采纳了部分私有化,巴西从权利上来说(虽然并非事实上)几乎普遍实行了私有化,提高了最贫困地区的福利津贴。

背景

拉丁美洲社会政策中三个最重要的领域就是养老金、健康保险和价格补贴及其控制[1]。社会救助传统上就不发达。养老金和医疗保健支出大约占社会补贴支出的 2/3 以上,甚至是几乎全部(表 6.7)。当然,价格补贴及其控制,在社会支出数据以及任何其他可比较的数据中都难以找到。如果考虑到 20 世纪 80 年代紧缩政策以及结构性政策调整之前,穷人收入支出中花费在基本食物和交通上的比例,以及用于基本食物和交通上的补贴和(或)以可控价格出售的程度,其重要性就显而易见了。在 34 个拉丁美洲和加勒比国家中,只有 7 个国家设有家庭补贴和失业补偿(Mesa-Lago,1994:16)。与发达工业社会的福利制度相比,拉美的失业保险和社会救助都极其不发达。考虑到拉丁美洲国家持续存在的高失业率,保险实在是过于昂贵,令人难以承受;而在有保险的国家,补贴金也极为有限。

实际上,所有国家的社会保险发展都面临两个核心问题,那就是,由于庞大的非正规部门存在,还有高度的碎片化和权利不平等,其覆盖范围有限(表 6.1—6.4)。在大多数拉丁美洲国家,转移支付和服务的权利主要建立在保险原则基础上,并与有薪就业相连,这意味着,庞大的农村和城镇部门的贫民被排除在外。仅有

第二部分 正在崛起的新福利国家？

6个拉丁美洲国家（不包括不讲西班牙语的加勒比国家）的社会保障覆盖了60%以上的人口（阿根廷、巴西、智利、哥斯达黎加、乌拉圭以及古巴）；另外6个国家覆盖了30%—60%的人口（哥伦比亚、危地马拉、墨西哥、巴拿马、秘鲁以及委内瑞拉）；其余国家（玻利维亚、多米尼加共和国、厄瓜多尔、萨尔瓦多、洪都拉斯、尼加拉瓜以及巴拉圭）中享受到社会保障的人口就更少[2]。各国有关总的社会保障津贴支出占GDP比例的数据也证实了上述情况。仅有阿根廷、巴西、哥斯达黎加、古巴、智利、巴拿马以及乌拉圭社会保障津贴支出占4.6%或者更多；接下来的一组国家中支出最高的是玻利维亚，占2.3%，是巴西支出水平的一半（见表6.4）。在那些较早建立起社会保障项目，然后将其扩展到更大群体的国家中，谈论得最多的就是碎片化和不平等问题。保险项目的逐渐扩大，导致不同就业门类的众多项目缴费需求不同，受益也不同。从总体来看，这些项目在劳动力市场上产生了太多不平等；它们还主要通过间接税收，以及把雇主缴费转嫁到受保护的市场价格上，给那些未被社会保障覆盖的群体强加了某些财政负担，从而加剧了不平等。虽然，长期以来，国内外专家和政治家等群体已经认识到这些问题，但是，由于享有利益的特权群体强烈反对，所以，对社会保险一体化和标准化的探索总是失败。只是在20世纪60年代和70年代，阿根廷、智利、巴西、乌拉圭和秘鲁的军人体制，在某种程度上实现了制度的统一和标准化。

表6.1 纳入社会保障计划的从事经济活动人口的百分比（包括医疗保健）

	阿根廷	巴西	智利	哥斯达黎加
1970	68	27	69	38
1979—1980	52	49	64	49

资料来源：Isuani,1985:95。

6 拉丁美洲社会政策的选择:新自由主义模式与社会民主模式的矛盾

表6.2 按部门分类的全体从事经济活动人口的分布(%)

	年份	城镇 非正规部门	农村 传统部门	全部 非正规部门
阿根廷	1950	15	8	23
	1980	19	6	26
巴西	1950	11	38	48
	1980	17	28	44
智利	1950	22	9	31
	1980	20	9	29
哥斯达黎加	1950	12	20	33
	1980	12	15	27

资料来源:Isuani,1985:93。

表6.3 从事非农业活动的经济人口的分布(%)

	年份	自营业者/家庭服务/无薪家庭雇佣	小企业	总体
阿根廷	1980	25.6	13.0	38.6
	1985	30.4	13.3	43.7
	1990	30.8	14.9	45.7
巴西	1980	24.0	9.9	33.7
	1985	30.2	14.5	44.7
	1990	28.6	23.9	52.5
智利	1980	36.1	14.3	50.4
	1985	34.2	19.1	53.3
	1990	31.7	18.3	50.0

资料来源:Schoepfle and Pérez-Lopez,1993:251,256。

表6.4 总的社会保障津贴占GDP的百分比

拉丁美洲				若干经济合作与发展组织	
阿根廷	8.9	圭亚那	0.9	澳大利亚	21
巴巴多斯岛	2.1	洪都拉斯	0.7	西班牙	15
伯利兹城	1.0	牙买加	1.2	法国	25
玻利维亚	2.3	墨西哥	2.0	德国	23

第二部分 正在崛起的新福利国家？

续表

拉丁美洲				若干经济合作与发展组织	
巴西	4.6	尼加拉瓜	2.0	希腊	12
哥伦比亚	2.2	巴拿马	5.3	意大利	20
哥斯达黎加	6.3	秘鲁	2.0	挪威	20
古巴	11.3	圣路西亚	0.2	瑞士	13
智利	9.9	特立尼达岛		瑞典	31
多米尼加	0.4	和多巴哥岛	2.1	英国	16
厄瓜多尔	2.1	乌拉圭	7.0		
萨尔瓦多	1.4	委内瑞拉	1.1		
格林纳达	1.7	美国	12.1		
危地马拉	1.0				

资料来源：《社会保障成本，1981—1983》(*The Cost of Social Security, 1981—1983*)，OECD。

必须考虑"进口替代工业化"(ISI)的政治经济背景，才能理解拉丁美洲社会政策的发展。ISI创造了社会保险的城市支持者，就是说，雇佣的中产劳动阶级在由于意外事件、疾病和老年阶段收入遭受损失的时候，享有利益保护。特别是，比起自营业者、失业者和农村地区的劳动力队伍来说，这些群体能够更好地组织起来，因此，他们的需要得到了更大的满足。政治上，对于被制度覆盖的保险者来说，受益金相当慷慨的社会保险计划的通过，与其说是由雇主实际上不必承担缴费成本这一事实所促进，毋宁说是因为在受到保护的市场中运作，其缴费能够直接传递给消费者。因此，ISI的危机及其随后开放的市场，必定导致对社会保险财政支持的冲突。然而，社会保障体制的财政问题要先于市场的开放问题。

在社会保险项目建立时间更长久、制度更先进的国家中，养老金项目的成熟、生命预期的提高、医疗保健不断上升的成本、逃避

6 拉丁美洲社会政策的选择:新自由主义模式与社会民主模式的矛盾

缴费的广泛存在、投资收益储备极其可怜的投资回报,所有这些因素结合在一起,即使在20世纪80年代经济危机尚未爆发之前,已导致了严重的财政负担和危机。接下来,20世纪80年代,国家的债务危机和普遍的财务危机,导致不太先进的制度产生,结果进一步加剧了财政困境。由于正规部门的失业增加,实际工资下降,逃避税收增多,还有,国家财政没有能力承担对社会保障的义务,其结果是,社会保险收入下降。恶性通货膨胀使得养老补助金的实际价值降低,并强迫养老金作出调整,尽管从养老金领取者的角度来看,养老金总是拖欠,而且养老金也不够充足,但是,这些调整仍然给那些制度强加了足够沉重的财政负担。

国际货币基金组织(IMF)推行的应对预算平衡危机的稳定政策,不仅要承担社会服务支出和转移支付的减少,而且承受着减少基本食品和公共交通津贴的压力。这些削减,再加上失业上升、实际工资下降,结果就引起了贫困的增加。既有制度的财政危机,与缺乏能力应对日益增长的贫困问题结合在一起,要求必须对现有制度进行改革,从对智利制度的激进的彻底变革和私有化的努力,到巴西进一步转向统一的公共养老金以及健康保险供给,这些变革都各不相同。其他国家试图重建某些项目,提高缴费,或者建立一些新计划,特别是增加针对特别贫穷者的计划。

智利和巴西制度改革范围宽广。针对高度发达但很碎片化、不平等的以及成本高昂的体制,智利采取了激进的新自由主义的回应方式,巴西则由此逐步转向统一覆盖的制度。智利社会政策体制正走向双轨制和剩余福利制度的方向,那些有自我保障能力的人通过市场能享受到好的保护,国家仅仅帮助最贫穷的地区。巴西已经为统一的福利制度创立了法定基金,旨在为所有公民提

第二部分 正在崛起的新福利国家?

供基本的收入保障,但是,这些政策的实施遇到阻碍,包括国家汲取能力不足,以及政治体制缺乏通过改革减少对特权群体的社会支出的能力。阿根廷和哥斯达黎加的发展落到了智利和巴西之后。阿根廷采取了养老金改革,有些新制度模仿智利作出了调整;但是,阿根廷保留了统一的公共制度;哥斯达黎加在社会民主主义一致和平等原则的激励下,无论是项目扩展,还是福利制度改革,比任何其他拉丁美洲国家都取得了更大进步。

四个国家遵循不同的调整路线,来应对债务危机和进口替代工业化(ISI)危机,他们还制定了不同的出口策略。智利凭借的是原材料和低廉的劳动力基础,运用由皮诺切特政府推进的反劳工政策策略,在国际市场上进行了成功竞争。巴西则保持了较高水平的保护,还依靠更复杂精细的制成品,展开国际市场竞争。其他拉丁美洲国家则效仿智利和巴西模式。在当前还恋恋不舍地徘徊于新自由主义霸权之时,前一种形式显现出更大的吸引力,比如,阿根廷和秘鲁,都在追随这种形式。然而,从长期来看,特别是在民主的游戏规则下,以及在政治领导人巩固民主政权的需要的情况下,有充分理由说明,巴西、哥斯达黎加的与社会干预主义国家相融合的渐进式经济改革模式更具有吸引力。

第二次世界大战后社会政策的发展

探讨发达工业社会和拉丁美洲的社会政策模式的不同点,关键在于理解拉丁美洲后发性和依附性发展的本质,及其对职业结构和阶级结构的影响。在显著的工业化发生之前,拉丁美洲出口经济的增长建立在农业产品或矿产品基础之上,这些产品发展引

6 拉丁美洲社会政策的选择：新自由主义模式与社会民主模式的矛盾

起了城市化以及国家的成长。只有阿根廷和乌拉圭例外，它们通过肉类和羊毛出口创造了附加工业。这意味着，与产业工人阶级相比，拉美现阶段城市中产阶级力量比发达工业社会的相应发展阶段的中产阶级的力量更为强大。政府雇员、私人部门的白领雇员、知识分子以及专家、技工、店主和小企业的数量增长，他们一旦组织起来，就会获得某种政治影响。对那些在重要的出口经济部门，比如铁路、港口，和海运岗位工作的工人，还有矿工和石油工人来说，同样也是如此。从 20 世纪 30 年代起，进口替代工业化（ISI）确实使工人阶级壮大，但是，没有再次达到像发达工业社会相应发展阶段那样壮大的程度。而且，在工业方面，还有第三部门，都由小企业占主导。这些小企业多以家长式的劳动关系为特征，许多小企业遵循的是非正规部门的运作体系，就是说，这些企业并没有按照劳动法、社会保障法规以及带有规定货币工资的契约型劳动关系运作[3]。这种状况，使得战略性部门之外的劳工组织发展非常困难，劳工组织软弱，这意味着缺乏来自工人阶级的强大压力，无法敦促统一的、平等的社会保险制度建立。哥斯达黎加及其他国家的部分地区除外，其土地所有制模式，以大规模占有为主。大土地所有者在国家层面上运作，控制地方并对地方施加重要的政治影响，直到 20 世纪 60 年代或 70 年代，农业工人总体上仍未动员起来，也享受不到公民权。因此，缺乏形成工农联盟的潜在动力，来支持社会政策实现统一。

在大多数拉丁美洲国家，建立和巩固国家政权的过程非常艰难。独立战争和后来的边界战争，以及在不同的精英群体之间发生的武装冲突，把军队推到国家政治的重要位置上。20 世纪初，从某种意义上说，在中央政府独裁组织武装力量下，国家权力的巩

第二部分　正在崛起的新福利国家?

固普遍成功地建立起来,但是,在大多数情况下,军事组织仍然保持着政治上的影响地位。在这种普遍化浪潮中,巴西政府是重要的例外,它轻而易举地获得了独立,持续影响到国家机器的巩固。然而,军事也在国家机器中占有重要的一席之地,在政治中扮演着重要的作用,直到 1964 年,军事政权都在扮演着支持或者反对总统及其候选人的角色,直到 1985 年,它凭借自身的力量掌握了统治权力。

拉丁美洲社会保险制度的发展就反映了这种力量格局。在各个国家,社会保险几乎毫无例外,都是从军人、公务员和法官开始,接着,覆盖到中间力量和最有组织的工人阶级,还有具有战略地位的部门,比如记者、银行职员、教师、铁路及港口工人和海上商人,只是那时,工人阶级集中在采矿、公共服务和更为巨大的制造业等部门[4]。之后,各种志愿的或者强制的制度才延伸到自我雇佣的工人。然而,许多自我雇佣者和大多数非正规部门的受雇者,或者是仍然被排除在正规的社会保险制度之外,或者是通过逃避缴费游离于制度之外。社会保险制度覆盖扩展到农村地区非常晚,如果从根本上来找原因的话,就是因为缺少帮助农村地位低的阶级改变其状况的相应的政治力量。不过,在农村地区,仅仅一小部分劳动力有相当稳定的独立就业,甚至在覆盖范围扩展到城镇和农村自我雇佣者的地区,自我雇佣者通常要缴纳相当于雇主的那部分费用再加上雇员那部分费用,这样的话,对大多数农村穷人来说,缴费就太高了。

尽管上述各种力量共同促成了社会保障的扩张,但是,不同时段和特定类型的政治模式则是因不同国家的政治历史而形成,反过来,这也反映了国家建设与阶级结构,以及由于特定模式经济发

6 拉丁美洲社会政策的选择:新自由主义模式与社会民主模式的矛盾

展所塑造的阶级联盟之间的相互作用。社会保障制度覆盖群体最多的国家,包括有相当长的民主统治历史的国家(智利、乌拉圭、哥斯达黎加和加勒比的英语国家)[5]以及通过制度实施促使城市工人阶级强有力地联合起来的两个国家[6]。在第二组国家中,仅有哥伦比亚和委内瑞拉经历了实质上的民主时期,但是,在这两个国家中,民主都是由精英之间达成协定而发动的。协定刻意减少了选举竞争的显著性,排除了自治的民众运动和对现状的潜在挑战,因此,社会政策改革的政治压力就变得微弱。最后,覆盖率最低的一组是由那些工业化水平很低的国家所组成,他们在20世纪80年代以前仅有非常简单的民主经验,或者根本就没有任何民主经验。

在这里,我努力指出这些国家不仅具有最民主的历史或者最广泛的劳资联合,而且也有最早出现的和最为发达的福利制度项目,不是要证明,这些项目是通过中间阶层和工人阶级联盟来推动和阐释的。我是要说明,这些项目的引进是政治精英对中间阶级要求获取特别津贴的压力,以及对劳动大军的回应,是拉丁美洲受到欧洲案例启发的一个迅速应答。来自中间阶级和工人阶级的压力已经影响到民主政治制度的开放,比如,在乌拉圭和阿根廷,迫于选举的约束,精英阶层最终同意对组织完备的群体提供养老金等津贴。但是,即便在仍旧以选举或者直接的权威统治来保持寡头政治制度的国家,比如巴西,对劳工具有破坏性潜力的关注,也促使精英有选择地运用社会保障法规,来联合并控制军人群体。结果,就形成了埃斯平-安德森指出(Esping-Andersen,1990)的类似于欧洲天主教的/保守的/社团模式的社会政策模式。

智利

智利的社会保护制度,一直沿着前文所概括的普遍进程路线

第二部分 正在崛起的新福利国家?

发展,但是,1932年后,比起大多数其他国家来说,议会更多地参与到政策发展中来。结果,针对所有社会风险,所提供的覆盖范围更为宽广,但是,它也可能成为拉丁美洲最脆弱的制度。这种制度的碎片化是由于不同雇员群体和政党或私人政客之间相互连接的结果。它反映了权力下放和政治上的多样化,左翼政党运用议会代表制,在中间党和右翼党间周旋竞争,从而获得民众的选举支持。

到20世纪70年代早期,智利应对社会风险的社会保护非常广泛,覆盖了60%—70%的人口(Mesa-Lago,1978:41;Tamburi,1985:77;Raczynski,1994:72)。与拉丁美洲其他国家相比,因为智利享受津贴的委托群体渐渐扩张,其结果就是享有群体日益庞大,因此,智利所付出的成本高昂。1971年,智利社会保障支出达到GDP的17%(Mesa-Lago,1989:105),到1980年,下降到GDP的11%,与拉丁美洲最高支出范围在9%—11%之间差不多(1989:40)。不过,它在财政支持和津贴支出方面却极不平等[7]。比如,军人的一般养老金比蓝领普通工人的一般养老金要高出8倍多,银行雇员的养老基金要高出5到7倍(Mesa-Lago,1989:130)。最后,这一体制管理实在混乱,有35个预先扣缴基金(withholding funds)、150个不同的项目,还有2000个仍然未编辑和协调的法律文本(Raczynski,1994:17)。因为特权群体的强烈抵抗,试图进行标准化和统一化的改革失败。虽然阿兰德政府设想了创造一个统一的福利制度的全面改革计划,但是,在实施过程中,只是把覆盖群体扩展到自我雇佣者,以及使福利援助更容易获得而已(Borzutzky,1983:212—213)。

只有皮诺切特统治下的军政府(1973—1989)通过对所有公众政治组织和公众不满的无情镇压实现了改革。不过,那些涉及军

6 拉丁美洲社会政策的选择:新自由主义模式与社会民主模式的矛盾

人和警察的制度,还是没有进行改革。1974—1979 年的改革,消除了最显眼的、成本最高昂的特权,把享有资格标准化,对养老金的生活成本进行调整,引入统一的失业津贴,统一支付,设立家庭津贴的共同基金,统一最低养老金,并扩展了福利养老金,统一了医疗保健的权利资格。改革还消除了雇主对养老基金的定期缴费。最惊人的改革,是 1981 年开始的养老金和保健制度的私有化。虽然,这一改革在 1983 年拉丁美洲债务危机之前实行,但是,它作为智利新自由主义结构调整项目的一部分出现,因此,需要结合 20 世纪 80 年代变迁的背景来加以讨论。

巴西

在巴西,总统瓦格斯(Vargas,1930—1945 年)把社会保障作为工具,以追求一种明确的社团主义的体系,在这一体系中,国家推动劳工组织的发展。并通过劳工部正式承认公会的制度来加以控制。他把社会保护制度扩展到所有组织部门的城市工人阶级,并且把制度从以公司为基础转向以职业分类为基础,在 1934 年宪法中纳入了这一制度(Malloy,1979:68)。各种不同社会保障机构的管理——其中许多开始提供医疗保健和住房贷款服务——由共和国总统任命的主席所执掌,有雇主和雇员代表数相等的管理委员会,后者通过官方认可的工会正式选举。从 1945 年到 1964 年这段有限的民主时期,选举的重要性使得供给转换成为组织劳工和反抗一体化制度的力量的来源。社会保障机构也成为保护性就业的重要源泉。

和智利的情况一样,巴西仅在 1964 年掌握权力的官僚-权威体制下实施了重大改革,改革是为了削弱劳工组织这一重要目标。150 在社会保险管理中,劳工代表被废除,6 个重要的社会保障机构合并成一个。军人和公务员保留其特权基金。官僚-权威体制对城

第二部分　正在崛起的新福利国家？

市劳工的主要方法就是镇压,与新近出现的动员农民劳动力不同,它主要从事排除社团主义的计划。1971年,在全部农村地区建立起无须缴费的制度,并给予相当于最高档国民最低工资一半的统一比率的津贴,还有免费获得医疗保险。这个计划,由城市雇主缴付的薪资税与批发商缴付的农产品税支持。现金和医疗保健津贴,都由官方认可的农业工人或雇主的辛迪加所管理(Malloy, 1979:133)。1972年,国内工人开始享有社会保障保护,1974年,那些从某种意义上说促进了该制度发展的城市老年人或者残疾人也获准得到社会保障保护(Meyland,1991:245)。

此后,到20世纪70年代晚期,巴西的社会保障制度从法律上覆盖了城市经济活动人口(EAP)的大约70%—80%,理论上也包含全部农村地区人口。官方政府统计是达到全体人口93%的覆盖面(Malloy,1979:134)。城市非正规部门明显地排除在外,这部分人占城市经济活动人口的约17%—34%(表6.2—6.3),因测量标准不同而有所不同(Isuani, 1985:93; Schoepfle and Pérez-Lopez,1993),那些当时已经缴费的人不包括在内。然而,农村津贴相当低,拨款主要依靠资助。而且,医疗设备分配高度不平等,农村地区的医疗设施极不充足。对治疗医学而不是预防医学的严重依赖,以及对合同私营医疗提供者的严重依赖,也使这一状况进一步恶化。在1978年选举前,巴西政府所作出的主要努力是给东北欠发达地区提供卫生及基本医疗设备,尽管还存在许多问题,但是,到1979年,他们的努力已经惠及了几百万人口。在城市地区,则力图通过社会救助项目使制度覆盖到穷人,但是,由于资源的限制,收效甚微。从总体津贴的支出占GDP的百分比来看,巴西为4.6%,在拉丁美洲发达福利国家中最低(表6.4)。

6 拉丁美洲社会政策的选择:新自由主义模式与社会民主模式的矛盾

阿根廷

在阿根廷,由1943年掌握政权的军政府劳工部长,在1946年到1955年成为总统的胡安·贝隆(Juan Peron)建立了全面的社会保障基金。他通过动员、合并以及控制劳工,还有作为该策略一部分的社会保障,实现对权力的追求。起初只是针对警察建立起不同种类的养老金,之后是针对商人和产业工人,1954年扩展到农业临时工人和自我雇佣者、专业人士以及企业家。他还把医疗保健扩展到另外一些已经为养老金制度所覆盖的部门:他建立了军队医院和公共医院,后者是对工会建立的共同的医疗保健基金,以及艾娃·贝隆(Evan Peron)基金发起的对全体人口提供免费医疗保健的慈善医院的补充。贝隆建立的是一个非常广泛的、覆盖养老金和医疗卫生保健的社会保障制度,但具有更大的异质性和不平等性;而且,工会在福利基金管理(社会事业)方面具有很明显的影响,这种管理的主要责任是管理医疗保健项目。这个时期,虽然阿根廷盛行社团主义、分散化以及不平等的多样性,但在经济基本上实现了充分就业,以就业为基础的保险项目形成了福利制度的基础。接着,翁加尼亚(Ongania)的官僚独裁政府(1966—1970年)实施了一体化。现有的养老金基金,军人和警察养老金除外,都合并成三种基金,一种是针对私人部门的蓝领和白领工人的,一种是针对公共雇员的,一种是针对自我雇佣者的。前两个由同样的立法所规范。医疗保险则继续保持其碎片化的分裂形式。

20世纪80年代早期,尽管养老金制度相对统一,法定覆盖面非常广泛,但是,医疗保健制度仍旧非常复杂,在国家和地方,有许多公共保健基金共同存在,即便对已经为制度覆盖的人来说,保健所得还是不平等。因为多种隶属关系存在,要获得可信赖的医疗

第二部分　正在崛起的新福利国家？

卫生保健覆盖数字，实际上不太可能。在这一时期，养老金覆盖范围受到限制，因为 1976—1980 年间工业和公共就业下降。伊苏尼（Isuani,1985）的统计以从事经济活动人口给付缴费比率为基础，估算 1970 年覆盖率为从事经济活动的人口的 68%，但是，在 1979—1980 年仅有 52%[8]。失业保险覆盖范围非常严格，仅包括建筑工人。所有雇佣者（家庭内雇佣除外）、养老金领取者以及家计调查型津贴的领取者及其家属，都可以享受到家庭津贴。在拉丁美洲，阿根廷成为最慷慨的福利国家，社会保障津贴总支出在 1980 年为 8.9%（表 6.4）。

哥斯达黎加

与阿根廷、巴西和智利相比，哥斯达黎加的工业化水平非常低，劳工运动也更为脆弱，所以尽管存在比较民主的政治制度，其工人社会保障制度还是比其他国家晚了大概 20 年。哥斯达黎加的经济建立在咖啡和香蕉出口的基础上，香蕉出口完全在水果联合会控制之下。1941 年，改革主义的政府建立了养老金和健康、生育保险方案（Rosenberg,1979:122）。这个方案对所有低于一定收入的雇员都是强制性的，不论是受雇于公共部门还是私人部门。所以说，不像我们所讨论的其他案例，哥斯达黎加的社会保险制度一开始就是置于哥斯达黎加社会保险局（CCSS）之下一体化的，后来增加的一些小项目有所不同，但是，从根本上来说，还是如此（Mesa-Lago,1989:45）。这些项目虽然都实施了，但是，覆盖面非常低，到 1960 年仅达到从事经济活动人口的 1/4（Rosenberg,1979:124）。

之后，在 1961 年，由具有社会民主主义倾向的民族解放党主导立法，发起并通过了重大改革。这场改革采取宪章修订的形式，

6 拉丁美洲社会政策的选择:新自由主义模式与社会民主模式的矛盾

规定社会保险局在十年内实现统一覆盖的目标。虽然这个目标不容易达到,到1971年仅有43%的人口被覆盖(Rosenberg,1979:124),但是,这一修订是把制度推向统一和标准化覆盖的强大动力。统一的国民保健服务在1973年建立,把所有医院的转移支付都转给社会保险局。到1980年,在社会保障制度中,95%的医师从事有薪工作,虽然大约1/3的医师在某种形式上是私人执业,但仅有14%的咨询意见来自私人医生(Casas and Vargas,1980:268)。卫生部仍旧有预防和初级保健的责任,特别是通过社区和农村健康项目,这在农村地区是非常重要的,因为那里的社会保险健康设施不足。

到1980年,社会保障制度中的医疗保健覆盖了大约75%的人口,大约50%的人为养老金制度所覆盖(Tamburi,1985:77;Isuani,1985:95);那些没有被制度覆盖的人,或者是自营业者,或者是雇主逃避注册和缴费的雇佣工人。没有保险的低收入人口,可以免费或者只付一点点钱,就享有医疗保健(Casas and Vargas,1980:273;Mesa-Lago,1989:53)。虽然大多数被保险人属于一个单独基金,但仍有18种特殊的养老基金以针对不同类别的公共雇员,条件更为灵活,获取的养老金更高(Mesa-Lago,1985:337)。在所列的四个拉丁美洲国家中,从总的社会保障津贴支出来看,哥斯达黎加的支出占GDP的6.3%,排名第三(表6.4)。

比较的视角

到1980年,我们所讨论的四个国家成为最发达的拉丁美洲福利国家的案例(表6.4)[9]。它们也作为例证说明了向福利国家扩展的不同道路(表6.5—6.7)。在阿根廷和巴西,保守党精英通过了第一个立法,作为对劳工反抗的回应,后来,社团主义体制努力

第二部分 正在崛起的新福利国家？

表 6.5 社会保障总支出及津贴占 GDP 的百分比

	阿根廷		巴西		智利		哥斯达黎加	
	支出	津贴	支出	津贴	支出	津贴	支出	津贴
1965	—	—	4.3	3.4	12.1	9.8	2.3	1.9
1975	6.8	6.6	5.7	4.9	11.0	10.1	5.1	4.6
1980	9.3	8.9	4.8	4.6	10.7	9.9	7.1	6.3
1981	8.8	8.0	5.8	5.2	10.0	9.5	7.2	6.5
1982	6.8	6.3	6.1	5.6	15.6	14.3	5.9	5.2
1983	7.3	6.8	5.6	5.2	14.3	13.0	6.3	5.6
1984	7.3	6.8	5.1	4.6	14.7	13.4	7.0	5.6
1985	5.9	5.8	4.8	4.5	13.5	12.3	7.4	6.1
1986	6.1	5.9	5.0	4.6	13.1	12.0	7.3	6.0

资料来源：《社会保障成本 1981—1983，1984—1986》(The Cost of Social Security，1981—1983，1984—1986)，OECD。

表 6.6 社会保障原初收入（%）

	阿根廷			巴西			智利			哥斯达黎加		
	被保险人	雇主	国家	被保险人	雇主	国家	被保险人	雇主	国家	被保险人	雇主	国家
1965							19.6	42.0	33.8	25.1	37.7	26.0
1975	22.8	70.3	5.0				16.3	46.5	32.2	23.8	47.8	20.1
1980	38.3	49.3	10.2				20.5	38.3	34.2	27.6	45.9	20.4
1981	33.6	25.3	37.4	4.9	83.0	9.3	40.0	11.1	39.5	23.5	38.7	31.7
1982	34.1	25.9	37.2	17.3	75.5	4.5	32.2	2.6	52.7	23.3	38.8	31.9
1983	34.5	27.2	36.0	15.2	74.7	8.0	31.1	2.1	48.9	28.4	47.0	18.6
1984	33.0	31.9	28.9	21.2	65.0	10.9	31.8	2.1	52.6	25.0	52.5	4.3
1985	30.6	41.4	19.6	17.2	72.6	4.3	29.1	2.0	48.6	24.2	52.1	2.9
1986	31.3	45.6	19.6	38.5	53.5	3.8	30.1	2.0	48.9	25.5	49.2	2.6

资料来源：《社会保障成本 1981—1983，1984—1986》(The Cost of Social Security，1981—1983，1984—1986)，OECD。

6 拉丁美洲社会政策的选择:新自由主义模式与社会民主模式的矛盾

表 6.7　津贴支出的分配(%)

	阿根廷			巴西			智利			哥斯达黎加		
	疾病/生育	养老金	失业	疾病/生育	养老金	失业	疾病/生育	养老	失业	疾病/生育	养老	失业
1975	14	58	—	47	51	—	25	34	1.8	77	15	—
1980	24	58	—	38	54	—	24	44	4.3	80	15	—
1981	23	60	—	37	58	—	4	57	6.1	67	29	—
1982	25	61	—	36	60	—	18	64	3.9	68	28	—
1983	27	59	—	34	62	—	15	68	3.6	70	27	—
1984	26	59	—	32	63	—	15	70	2.6	67	25	—
1985		81	0.7	35	60	—	16	71	1.8	66	26	—
1986		77	0.8	32	63	—	17	71	1.1	66	27	—

来源:《社会保障成本 1981—1983,1984—1986》(*The Cost of Social Security* 1981—1983,1984—1986),OECD。

运用社会保障项目来增强并控制劳工运动。智利和哥斯达黎加的福利制度在民主主义支持下形成,但是两国政治重心不同。在智利,保守主义力量更为强大,在哥斯达黎加,社会民主主义力量更为强大。因此,哥斯达黎加的福利制度是仅有的一个在相对统一和社会连带主义的道路上形成的;其他三个都是在高度碎片化和不平等的结构中形成的[10]。20 世纪 60 年代和 70 年代,军事政权在某种程度上促进了制度的统一,但是,仍然存在着更大的不平等。福利覆盖范围仍然远未达到全体人群;实际上,大约 1/3 或更多人口尚未被制度覆盖。那些进入制度内的人群中,收入保护和保健津贴仍然按照以前的就业进行分类,不同职业各不相同。即使对那些医疗津贴已定为是由公共制度或者公共财政提供的人,由于不同地区可利用的医疗卫生保健制度不同,所以最终获得的津贴和服务也大不相同。

第二部分 正在崛起的新福利国家？

总体上看，养老金的保险者也参加了疾病和生育保险，有现金补贴和医疗保健两种形式。对那些没有参加社会保险或者参加了社会保险但是保险金不足的人，也有一些津贴供给，但是补助金非常低。四个国家法定上都保证最低养老金和资产调查的养老金供给（在哥斯达黎加称为家庭津贴，仅有 65 岁以上的人才能享有）[11]。此外，智利针对需要者建立了特殊的家庭津贴项目，哥斯达黎加和巴西也建有社会救助项目；但是，这方面支出非常低，比如在巴西，它只占社会保障支出的不到 1%。哥斯达黎加根本就没有失业保险。在阿根廷，虽然法律规定，雇主必须支付解雇金，但是，阿根廷的失业保险仅针对建筑工人。在巴西，失业保险仅覆盖那些在同一大企业工作达到 120 天的工人；超过 50 天，工人就必须得在两个月后保险生效时才能被解雇。在智利，只有前两年加入失业保险达到 52 周，以及登记就业，并有能力和愿意工作的人才能享受到失业保险。

四个国家的社会保障财政结构也各不相同（表 6.8）[12]。在阿根廷，1980 年改革后，废除了养老金制度的雇主缴费，社会保障制度中雇主和工人缴费比例大致相等；在巴西和哥斯达黎加，主要依靠雇主缴费；而智利，到 1981 年，已经取消了所有雇主缴费[13]。雇主缴费变化的不同，反映了四个国家中新自由主义冲击力量的差异。智利实行了最为开放的市场道路，在经济上减少了国家作用，其次是阿根廷，而在巴西和哥斯达黎加，国家对市场仍然具有更多保护性。

因为非正规部门的定义是，在劳动和社会保障法规和其他形式的国家规定之外，所进行的收入所得活动，因此在一个类似活动已被规范的社会环境中[14]（Castells and Portes，1989：12），从定义

6 拉丁美洲社会政策的选择:新自由主义模式与社会民主模式的矛盾

上看,非正规部门的雇主逃避了社会保障缴费的支付。表6.1—6.3显示了在城镇非正规部门和传统的农村部门(也因此是非正规部门)从事经济活动人口所占的比例,以及社会保障覆盖比率的不同。阿根廷、智利和哥斯达黎加(还有乌拉圭),是拉丁美洲传统上非正规部门最少、社会保障覆盖程度最高的国家。尽管如此,即使到1980年,这些国家仍然有1/4到一半的劳动力(测量方法不同所获得数据也不同)在正规部门之外就业,这些人因此也享受不到社会保障。从1980年到1990年,非农业部门的非正规性更进一步提高了[15]。

如果我们分部门来看劳动力分配,就会发现,与欧洲相比,拉丁美洲工业部门的比例低。1980年,阿根廷有34%的劳动力在工业部门就业,为拉丁美洲国家中工业就业比例最高的;巴西工业部门有27%的劳动力就业,智利为25%,哥斯达黎加为23%。拉丁美洲国家明显地处于欧洲大陆工业就业25%—35%的较低端。如果欧洲大陆的经验显示,福利制度模式建立在稳定的工业就业之上,而且如果不在这样的条件下,就不能工作得更好(埃斯平-安德森,参见本书第3章),那么,对拉丁美洲来说这种情况也许就更为适用。更重要的是,20世纪70年代后期和20世纪80年代,在智利和阿根廷,由于劳动法规的变革而尤其如此,即使在正规工业部门,就业条件也变得越来越严格。受雇于正式部门的工人,有些只有短期合同,有些则没有任何合同,根本享受不到任何社会保障。

社会保险项目仍然没有覆盖到大多数自营业者,即使国家做出计划,准备把这些人正式纳入进来[16]。究其原因,一方面是由于自营业者的缴费比雇主更高,因此自营业者逃避支付;一方面是由于自营业者在非正规部门就业的比例较高,与公共的官方体系没

第二部分 正在崛起的新福利国家?

表 6.8 社会保障来源的百分比

	1981 被保险人	1981 雇主	1981 政府	1991 被保险人	1991 雇主	1991 政府
阿根廷						
养老金	11	—	被保险人缴费以及资产调查的联邦养老金的139%	10	11	90%的缴费+对未缴费者资产调查型津贴
疾病/生育	4	4.5	—	3	5.4	—
工伤	—	全部	—	—	全部	—
失业	—	4	—	—	4	—
家庭津贴	—	仅限建筑业	—	—	仅限建筑业	—
合计	15	12	全部养老金领取者、资产调查	13	9	全部养老金领取者、资产调查
巴西		20.5			29.4	
养老金	8	11	各种税收	8—10	21.5	特定税收
疾病/生育		包含在上	—	—	包含在上	—
工伤	0.5—2.5	—	0.5%的农产品价值	—	2	—
失业	—	—	—	—	—	—
家庭津贴	工会会费	4	—	—	4	全部
合计	8	15.5—17.5		8—10	27.5	

6 拉丁美洲社会政策的选择:新自由主义模式与社会民主模式的矛盾

续表

	1981			1991		
	被保险人	雇主	政府	被保险人	雇主	政府
智利	旧/新			旧/新		
养老金	19/13	—	特殊津贴	19/13.5	—	特殊津贴
疾病/生育	4/4	1—4	部分津贴	6/7	—	公共体系的部分津贴
工伤	—	1—4	补助金	—	4—8	补助金
失业	—	—	补助金	—	—	全部
家庭津贴	—	—	补助金	—	4—8	全部
合计	23/17	1—4		25/20.5		
哥斯达黎加						
养老金	2.5	4.75	保险收入的 0.25%	2.5	4.75	保险收入的 0.25%
疾病/生育	4	6.75	保险收入的 0.25%	5.5	9.25	保险收入的 0.25%
工伤	—	全部	—	—	全部	—
失业	—	—	—	—	—	—
家庭	5	—	销售税	8	—	销售税的 3%
合计	6.5	16.5+			14+	

来源:USDHHS,1992.

第二部分 正在崛起的新福利国家？

有任何合同关系。考虑到非正规部门的规模是最终的结构性问题，扩展社会保障覆盖面的唯一有效的方式，就是打破错综复杂的就业关系，建立以公民权为基础的非缴费计划。巴西是我们讨论的唯一一个在农村地区建立起非缴费型社会保险制度的国家，但是，考虑到这个制度是由农村工人和雇佣工人组成的官方企业联合会来管理的话，它也偏向于正规部门发展。财政要提供大量资金支持这样的项目，补助水平要达到消除穷困的目的，这需要拉丁美洲国家强化汲取资源的重大力量。这也适用于社会救助项目的潜在扩张，即针对那些陷入困境的人以及还有没有被任何社会保险制度所覆盖的人的收入支持项目。

智利和阿根廷，以及巴西（稍逊色一些），都稳固地重组了埃斯平-安德森所指出的作为欧洲大陆福利制度代表的保守的、社团主义的福利制度。这种福利制度的基础，是社会保险原则，而不是公民权利原则；除医疗保健之外，没有直接的服务；社会救助项目影响也非常小。在疾病和年老时，家庭在提供保障方面依然起到重要作用。女性劳动力参与率相当低：在阿根廷、智利和哥斯达黎加，15岁以上的女性人口劳动参与不到30％，巴西则略高一些。欧洲和拉丁美洲福利制度影响因素的巨大差异，是后者的覆盖条件更为严格，由于劳动力市场的结构差异，在拉丁美洲，非正规部门的参与程度更深。因此，不论正规部门法定上覆盖怎样广泛，就智利和阿根廷的制度来说，实际上覆盖率至多只能达到其人口的70％。

对享受社会保障制度覆盖的部分人口来说，养老津贴相当慷慨；如果说不平等，在巴西可能最不平等，接下来就是智利，然后才是阿根廷。不符合慷慨原则的，是巴西农村地区的非缴费项目，领取津贴仅相当于最低工资的一半。拉丁美洲福利制度强化了阶级

6 拉丁美洲社会政策的选择:新自由主义模式与社会民主模式的矛盾

和地位差别,关键在于与劳动市场的连接。对处于正规劳动力市场之外的人而言,没有充足的安全网作保障。所以,1980年,拉丁美洲各国的贫困率各不相同,阿根廷最低,为10%,巴西最高,为45%[17](CEPAL,1990)。

相比之下,哥斯达黎加更像萌芽中的社会民主福利国家,与普遍覆盖的原则一致(仅限于保健方面),津贴标准化,管理统一,还有某些固定的财政支持。除公务员分为不同种类,所有的保险者都隶属于同样的保险计划,享受同样的条件,领取同样的津贴,对于非保险者来说,有资产调查形式的养老金作为安全网。但是,养老金与收入相连,社会救助养老金仅占平均养老金的约1/5。医疗保健体制对每个人都是相同的:无论是一般保险者还是特殊基金参加者,还未参加保险的人,也有权利直接享受到免费服务。此外,哥斯达黎加设立了强大的社区和农村健康项目,主要由卫生部负责,同时与社会保障机构合作。在国家财政支持项目形式上,实现对穷人的一体化原则。在废除收入上限之后,养老津贴结构上呈现出累进的特点,但是,还是有相当多的人群没有被养老金所覆盖,养老金制度的全面影响可能至多在分配上是中立的。1980年,从社会民主主义观点来看,哥斯达黎加体制中一个非常明显的漏洞就是失业保险。然而,考虑到哥斯达黎加的平均收入水平比巴西和智利要低许多,所以,其贫困率在1980年是24%,可以说与这两个国家水平大致相当。从生命预期来看,就更是如此,1984年,哥斯达黎加的生命预期是73岁,相比之下,智利是70岁,巴西是64岁(IBRD,1986)。

社会保障对劳动力市场的影响是复杂的。当然,社会保障覆盖与正规部门相连接的事实,强化了正规部门的吸引力。但是,现

第二部分 正在崛起的新福利国家？

在看还不那么明显的是,社会保障也影响到劳动力市场参与者的行为,对劳动者来说,正规部门的工作无论从哪个方面看都更具有吸引力,因为正规部门工资更高、拥有其他保护性劳动法规、就业也更为稳定。威尔逊(Wilson,1985:263)则指出,通过薪酬税这一形式,社会保障的财政使得正规部门就业减少,它相当于创造一个循环,因为薪酬税通过更高价格形式传递给消费者,由于非正规部门工人吸收该价格的能力有限,正规部门的产品需求减少,这就意味着必须限制正规部门就业,从而促使非正规部门就业增多。这种论证在原则上是可行的,但是,事实上,它并不是那么重要,因为有各种各样的物品,如果其价格降低,实质上会提高来自非正规部门的需求。有人当然可以接受这种看法,但是,强加在薪资上的高社会保障缴费,刺激雇主坚持在非正规部门形态下运作,至少有部分经济活动是如此。威尔逊进一步指出,薪酬税提高了对劳动资本的替代,虽然他认识到,由于优惠的信贷政策和资本货物补助为代表的进口替代工业化(ISI)促进政策,这种影响可能会消逝。关于薪酬税的主要观点是,薪酬税通过国内产品在保护性市场或是开放市场中的竞争力对劳动力市场产生影响。与保护性市场下的生产相适应的薪酬税水平,而对于开放国际竞争市场来说,则不可能保持与生产的适应。

20世纪80年代的经济危机及其对社会政策的影响

20世纪80年代,拉丁美洲经历了经济衰退以来最严重的经济危机。与进口替代工业化经济模式(ISI)增长陷入枯竭相关的持续的收支赤字,因两次石油危机在非石油生产国而更加加剧了,在20世纪70年代,只能通过沉重的国际商业银行借贷来应对。

6 拉丁美洲社会政策的选择:新自由主义模式与社会民主模式的矛盾

20世纪80年代初期,国际利率上升,发达世界经济衰退,再加上贸易比价的变化,使得拉丁美洲国家的出口收入减少,许多国家无力偿还其债务负担。银行采取突然停止向拉丁美洲国家借贷的方式,强迫拉丁美洲不得不出台严格的调整措施。20世纪80年代,拉丁美洲成为资本净输出国家[18]。

危机迫使各国对"二战"后发展模式的各方面进行批判性审查。这场批判性审查得出的结论集中在进口替代工业化增长的衰竭,以及国家在促进进口替代工业化中的作用等问题上。持续的收支平衡难题,显示重点必须从ISI转向出口导向的工业化。既然国家在促进进口替代工业化方面曾经起到重要作用,现在就应当调整国家在经济中的作用。而且,伴随着内部赤字和强大的通货膨胀压力,出现了外部赤字,为了使经济绩效得以改进,也需要减少公共部门赤字、提高效率并减少国家机构中的浪费现象[19]。实际上,拉丁美洲国家普遍接受了这种诊断。不管怎样,这一诊断可能会潜在地导向一系列正确措施的实施。实际发生的情况是,这场危机对国际金融机构,特别是国际货币基金组织(IMF)、私人银行以及在新自由主义经济世界中占据主导地位的债权人政府产生了重大影响。在拉丁美洲各国国内那些出于经济或政治原因,赞同重新调整的国内集团的支持下,这些机构打着"结构性调整"的旗号,将重新为生产定位,把适合于出口的严厉紧缩的政策措施和普遍紧缩的社会保障计划强加给拉丁美洲国家。起初,除了智利的皮诺切特政权及1976年之后的阿根廷小集团以外,大多数政府抵抗这些强制接受的策略。但是,在20世纪80年代,出现了或追求紧缩政策或追求开放政策的两种发展道路。第一,在失控的通货膨胀时期,强制接受严格的紧缩政策更为紧迫,在这种状况

第二部分　正在崛起的新福利国家？

下,也使人们更易于接受它们。第二,自由化措施的实行,在金融和出口部门的受益者中创造了内部支持机构,与强大的压力相结合,渐渐地使得"华盛顿共识"[20]在许多拉美国家成为霸权。

　　从新自由主义观点来看,国家几乎正在成为臃肿和无效率的代名词。而且,由于国家曾经在进口替代工业化战略中扮演了突出角色,就认为向出口工业化的转向,会使国家经济作用发生根本倒退,这可以说是妄下断言。尽管从成功的东亚工业化国家和欧洲小国中得到的是与此相反的证据,那种不加任何选择的国家萎缩论,还是成为激进的新自由主义议政的基础[21]。除了紧缩之外,为重振拉美经济所开出的药方,其主题就是自由化。自由化包括对贸易放松管制(降低关税、撤销进口控制)、金融流动(取消外汇管制、放松对私营金融机构和国外投资的管制)、价格(取消价格控制和津贴),还有国营企业私有化。放松管制和私有化会使臃肿的国家缩小,使市场成为经济决策中的主导力量,从进口替代工业化转向出口导向发展的重新定位,将由市场来决定。

　　紧缩(austerity)和自由化政策相结合,引起或加剧了经济活动的严重萎缩,正规部门,特别是公共部门的就业减少,实际收入下降,社会服务衰落。预算削减,导致公共部门解雇人员,社会支出削减,还有基本食品、公共交通和公共事业津贴都遭到削减。各种福利津贴减少或取消,连带大规模的贬值(由国际货币基金组织所开的药方),导致这些物品和服务的价格飙升,实际上在许多情况下这种涨价是非常突然的。考虑到穷人的收入大多用于这些物品的消费和公共交通上,那么,价格的提高对他们造成了巨大打击,使他们生活更加艰难[22]。

　　社会支出的下降,在国际劳工组织规定的占GDP百分比的社

6 拉丁美洲社会政策的选择:新自由主义模式与社会民主模式的矛盾

会保障支出数据中仅仅有部分反映:在阿根廷,这一支出数据从1980年的9.3%下降到1986年的8.1%;在巴西,实际上一直停滞在4.8%和5%;在智利,社会支出虽然甚至从10.7%提高到13.1%,但是,我们必须考虑到智利1974年和1980年的大幅度紧缩,当时,智利追求激进的新自由主义经济道路,而且其制度改革是以养老金制度私有化为代价的(见下文);哥斯达黎加的社会保障支出也一直稳定在7.1%和7.3%(表6.5)。如果看一下总体的社会支出,包括中央和地方政府在教育、健康、住房、养老和其他方面的支出,我们就会发现,其水平在1980年代出现重大下降,到1990年缓慢恢复,但是仍旧低于1980年的水平[23](Carciofi and Beccaria,1993)。智利这个实行最激进的新自由主义模式的国家,与其他国家相比,在社会支出下降方面有显著的差异。从下降的一般特点来看,有关公共事业和供给方面的投资下降幅度最大,比如对学校和医院的投资,还有教师、护士以及许多领域中管理人员的工资。那么在十年间,它们会影响到服务的提供。

公共和私营部门雇员的实际工资下降,正规部门就业的丧失,意味着更多的人被推向贫困。在智利和阿根廷,国有企业私有化,紧随而来的就是解雇,在智利、阿根廷和哥斯达黎加,进口开放引起了私人工业公司的萎缩或者破产。拉丁美洲和加勒比地区经济委员会(CEPAL)的一项研究显示(CEPAL,1990:42),从1980年到1986年,低于贫困线的人口比例有所提高:阿根廷从10%上升到16%;巴西停滞在45%[24];哥斯达黎加从24%上升到27%;秘鲁从53%上升到60%;委内瑞拉从25%上升到32%。一项由卡尔乔菲和贝塞里亚为联合国国际儿童紧急基金(UNICEF)和CEPAL准备的研究显示出同样的增长(Carciofi and Beccaria,1993:56),

第二部分 正在崛起的新福利国家?

尽管由于贫困线计算方法不同,各国贫困水平都比先前的研究低一些;这项研究显示,智利1986年的贫困率是38%,而1970年是17%(没有获得1980年的数据)。

社会保障计划的问题

拉丁美洲现有的社会保障计划,即使是在最高水平的时候也不足以应对结构调整政策所产生的社会成本。这些计划具有由于结构性弱点而引起的某些原有问题,这些问题由于经济危机的影响而进一步恶化。1980年,在阿根廷、巴西和智利,养老金项目中出现一些同样的难题,已经威胁到财政的稳定。考虑到这些问题已经出台大约半个世纪,趋于成熟,养老负担比率显著恶化。特别是在智利和巴西,特权制度的津贴和时间换服务的养老金[25]代价高昂。养老金积累的投资效率极其低下,当把养老金积累部分用于保健制度或者为政府保障的投资,遇到高通货膨胀时期,资产实际上流失了。其他的问题,比如雇主逃避缴费和自我雇佣者逃避缴费,或者长期拖延缴费,既影响到养老金也影响到医疗卫生保健制度,特别是在高通货膨胀的情况下,问题就更为严重。国家为这一制度的建立和发展,积累了巨大的债务,作为第三方缴费者,它推迟了支付义务。而且,由于机构重叠,以及利用社会保障机构来鼓励就业,使管理费用过高。最后,国际医疗技术成本上涨,造成医疗卫生保健成本上升。

20世纪80年代的经济危机,引起了更大的赤字,因为实际工资下降,正规部门就业减少,导致收入减少,由于贫困程度加深,公共健康设施负担也更为沉重。还有,国家对社会保障制度的债务也增长了[26]。通货膨胀导致养老金制度遭到严重破坏,养老金调整的议题成为政治斗争的中心。独裁政府使用各种办法对通货膨

6 拉丁美洲社会政策的选择:新自由主义模式与社会民主模式的矛盾

胀的程度轻描淡写,以减少工资和养老金调整的压力。结果是,养老金的实际价值在通货膨胀中继续恶化。结构性调整项目也使雇主缴费问题成为政治议题的高端问题。苛刻的关税和其他进口限制,以及对出口多样性的强调,意味着雇主不再能简单地取消对消费者的薪酬税。如此一来,雇主在物质上的自我利益追求,与新自由主义政策建议的意识形态倾向结合在一起,导致雇主缴费减少。当然,雇主缴费减少的数额,取决于调整过程的本质,还有行动者的相应政治力量。

改革的方法

一方面努力解决社会保障制度的财政问题,另一方面尝试解决结构性调整政策的社会成本,都是不同国家政治经济体制再造的重要途径。大多数国家都采取这样一些明显的措施,比如,对成本极其高昂的特权的废除、管理上的协作,还有对设施投资的减少。然而,除这些基本措施之外,不同的政府会选择不同的可行组合,比如(1)提高/降低被保险人、雇主、政府的缴费,以及强迫使用者付费;(2)减少委员会或者特定群体的津贴;(3)减少管理支出,例如人事费用;(4)从强调昂贵的治疗型卫生保健,向更注重成本效能的公共保健措施和流动人员和护理人员的主要保健转移;(5)在传统社会保障项目之外建立新的项目,特别是有目标地针对弱势群体;(6)对涉及社会保障的国家与市场责任,要彻底地重新限定,并进行相应的结构性变革。所选择的组合不同,反映出各国政府对国家与市场、国家与市民社会的关系模式的理解不同,以及各个国家在国际经济中的新地位的现实见解也各不相同。

智利

在拉丁美洲,智利皮诺切特领导下的军政府(1973—1989年)

第二部分 正在崛起的新福利国家?

寻求更为激进的新自由主义经济和社会重构[27]。其1975—1976年大规模的紧缩和调整措施,远胜于国际货币基金组织的要求。根本原因是经济政策已成为皮诺切特政治整体计划的一部分,这一政治计划不仅包括对以往存在的政治组织进行有形的镇压,而且包括通过摧毁劳工和左派的社会基础而严重削弱其力量。政府要建立的是一个原子化的、去政治的社会,在这个社会里,没有集体行动的基础,国家也不再是福利分配的中心。取而代之的是,由市场来决定资源分配,虽然,通过工会和集体讨价还价形成的法定限制形式,对资方也还有些帮助。

直到1981年前,政府大幅度削减国家支出,从大约占GDP的40%削减到30%(Vergara,1986:89);每年大约减少5%的国家机构(Foxley,1986:31);全国479个国有企业,卖掉了455个,只留下24个(Vergara,1986:90);大幅度削减关税,从平均94%削减到平均10%(Borzutzky,1983:247);放松对金融部门的管制,保证外国投资与国内投资同等待遇。采取这些政策的结果,是部分去工业化,比如传统部门的弱小企业如纺织业、鞋业和皮革业和布业,面临进口竞争和高利率,被迫退出商业竞争(Foxley,1986:40—41)。同时,20世纪70年代末,由于外国借贷和进口,导致突然出现消费繁荣,经济资产集中掌握在一些重要财团手中。到1981年末,消费繁荣破灭,因为金融体系陷入危机,政府开始接管银行和其他的财政机构以使其免于破产。地区债务危机之后,外国借贷随即停止,使智利经济发展进一步恶化。到1983年,有接近1/3的劳动力失业。政府在两个方面作出回应:一方面,与国际货币基金组织签订正式的稳定化协议;另一方面,继续接管濒临破产的银行和由这些银行控制的企业,并承担银行的外部债务。然

6 拉丁美洲社会政策的选择:新自由主义模式与社会民主模式的矛盾

而,这些接管措施都是应急措施,并没有预示经济政策过程的任何变化;相反,经济危机过后,银行和企业再次被私有化。

同样,强调降低国家作用和减少支出,转而依赖于市场,也是这种社会政策体制的特征。虽然社会支出占全部公共支出的百分比在 1974 年直线下降后,又恢复到以前的水平,但是,这意味着,由于公共支出总体上大幅度减少,实际支出就更低。而且,紧急就业项目和给雇佣新工人的雇主津贴补助,这两个新项目吸纳了大部分支出。1979 年总的人均社会支出是 1970 年水平的 83%,主要是住房、社会保障、保健方面下降,公共救助和就业方面则出现巨大上升。社会保障支出的下降,主要反映了平均支付养老金和家庭津贴的下降(Vergara,1986:97—102)。到 1989 年,人均公共社会支出指数(按 1985 年比索计算)仍旧低于基年 1970 年,保持在 92(Raczynski,1994:71)。

由于在更具社团主义倾向的技术统治者和激进的新自由主义者之间,存在不同的内部官僚政见,在后者决然获胜之前,社会保障制度的全面改革不得不推迟相当长一段时间。1974 年和 1979 年之间,虽然雇主缴费大大地减少,但失业补偿以及家庭津贴合而为一,而且,由于养老金和家庭津贴的调整落后于通货膨胀,其实际价值因而大大地减少了。1979 年,改革消除了成本最高昂的养老金权利,比如时间换服务的养老金;统一退休年龄,男性在 65 岁,女性在 60 岁;统一调整养老金制度,并把它与消费价格指数连接起来(Borzutzky,1983:298)。

1980 年的法案,建立起针对雇佣劳动者的基于强制性私人保险的新的养老金制度,完全实行资本化;自我雇佣者自愿参与。个人必须为个人账户缴费,这一个人账户,由私人赢利的养老基金管

第二部分　正在崛起的新福利国家？

理(养老基金管理委员会，AFP)，缴费者的养老金将取决于其缴费，再加上减去管理费用之后的养老基金投资回报。所以，养老金的充足与否将完全取决于智利经济的总体绩效，特别是实际工资水平以及通货膨胀与利息率之间的关系。雇主不必为新制度缴费；政府也不缴费，只是对缴费满20年的人保证其获得最低养老金，并承担由于体制转型而引起的各项责任[28]。每个新进入劳动力队伍中的人，都要参加新制度。对于以前参加养老保险的人，给他们5年时间，可以在旧制度和新制度之间作出选择，但是，他们一旦选择离开旧制度，就不能再退回到其中。大量的广告以及比旧制度更低的保险缴费比例，强化了新制度的吸引力，保险缴费比例在新制度中是从19.5%到20.7%，而在旧制度中是从25.6%到27.7%。为了激励人们转换到私人制度中，政府发行了针对新制度的认可债券，作为每个被保险者对旧制度作出缴费的认同；这些债券在退休时全部生效。

养老基金管理公司(AFPs)由政府对其投资来进行规范，但是他们以委托和手续费的形式所收取的费用不受管制。也许，竞争会在这些方面起到限制作用。然而，新制度迅速地高度集中化，到1991年，有三个养老基金管理公司(AFPs)控制了所有养老资金存量的68%。委托金通常形成统一付费和统一缴费比率，这意味着其影响的倒退[29](Diamond and Valdes-Prieto，1994)。具有讽刺意味的是，新制度的管理费用可能超过老制度，尽管老制度被批评缺乏效率、费用过于昂贵(Diamond and Valdes-Prieto，1994：309)。到1991年，90%的被保险者注册登记加入新的私人计划；仍然停留在旧制度中的人主要是快退休的人。到1988年，大约有1/5的劳动力未被社会保障制度所覆盖，大多数人是自营业者。

6 拉丁美洲社会政策的选择：新自由主义模式与社会民主模式的矛盾

然而，被社会保障制度所覆盖的人群中，仅有 56% 的劳动力既注册登记，实际又参加了缴费，而 24% 的人虽然已经注册登记，但是并没有缴费。陷入这一局面有多重原因。登记注册但是没有缴费的人群中，有一些人是临时工或者没有合同的工人或者是失业者；而另一些人是因为雇主虽然扣除了缴费，但是还拖延着没有进入到个人账户形式的养老基金管理公司中。除此之外，有相当多的隐性收入者，就像许多低收入者缴费，仅仅是为了得到最低养老金。最低养老金对那些已参加保险的人提供最低养老金保证，虽然，在 1991 年，大致是每月 75 美元，并不能充分满足养老的基本需要，但是，比起在 1992 年才达到大约 36 美元的公共救助养老金来说，是其两倍还多(Mesa-Lago,1994:117—121)。

转型还强加给政府相当的成本，考虑到它不得不承担老制度留下的赤字，与养老金应承担的义务相比，缴费迅速降低，并且必须把基金转入新制度。在 20 世纪 80 年代和 90 年代早期，这些成本每年达到 GDP 的 4%—5%(Diamond and Valdes-Prieto,1994：279—280)。全面的改革要实现从公共部门向私人部门的大规模的资产转移。到 1991 年，养老基金管理公司控制了相当于 GDP34.5% 的资金，估计到 2000 年，他们将会控制相当于 GDP50% 的资产(引用 Mesa-Lago,1994:124)。这个昂贵的私有化过程，在宏观经济未受到破坏的条件下可能实施，仅仅因为政府在承担改革之前，已经建立起财政盈余，还因为其他支出继续保持着相当低的水平。

在医疗保健方面，公共制度被重新组织起来，此外，还有为中产阶级和上层收入者所创造的私人健康保险制度。1979 年，政府统一了蓝领工人和白领工人的保健制度，把新的公共健康制度分

第二部分　正在崛起的新福利国家？

散开作为地方制度加以实行,由中央政府负责提供服务基础上的补偿(Borzutzky,1983:337—338)。私人养老金领域中的被保险者有资格加入私人保健计划(ISAPRES),这一计划提供一整套津贴,并且可以建立自己的设施或者与私人提供者签订合同。即使对大多数中等收入的工薪者来说,除了强制性的健康保险缴费之外,还要缴纳由私人保健计划收取的保险费,费用负担太高。因此,到 1990 年,仅有 16% 的人被吸收到私人保健计划中来,但是,其缴费总额超过强制性健康保险缴费的 50% (Carciofi and Beccaria,1993)。私人保健计划每年的花费是公共部门支出的 4 倍,此外,他们还创造了实质性的利润(Vergara,1994:257,n.10)。因此,较低收入/较低缴费的人仍旧停留在公共制度中,该制度也能满足穷人的需要。在 20 世纪 70 年代和 80 年代,用于公共制度的投资和工资大大地减少,这意味着向双重保健制度的方向前进。

在 20 世纪 70 年代,即全面的社会支出减少时,政府创造了或者重新激发了一些直接针对穷人的项目。其中,特别重要的是紧急就业项目,在 1983 年,这一项目为 13.5% 的劳动力提供了临时性就业,为贫困母亲和婴儿出生前后设立了健康和营养项目,一种资产调查型的学校午餐项目,以及对贫穷孩子提供营养和其他保健的学前日间看护中心。尽管受到经济危机和严格的计划的影响,但是从结果来看,社会支出状况不仅没有恶化,而且事实上改善了婴儿死亡率等一些基本社会指标[30]。但是,应该指出,这些健康和营养项目的有效性,在很大部分上归因于在养老制度下已经建立起来的公共健康服务结构和覆盖范围(Raczynski,1994:80)。20 世纪 80 年代初期,全部社会支出从占 GDP 的 17% 提高到 1982—1984 年的平均数 22.3%,反映了养老金改革和失业以及紧

6 拉丁美洲社会政策的选择:新自由主义模式与社会民主模式的矛盾

急就业项目的成本费用,到 1990 年,又下降到 14%(Carciofi and Beccaria,1993)。大多数支出的减少继续针对最贫困的群体,在以多种方式改进贫困方面,确实不够充分。

融入世界经济的新的智利模式,主要建立在原材料——农产品、矿物及森林产品——出口的基础上并日益由轻加工来补足。对大多数制造业,尤其是农业活动来说,若要得到利润,便宜的劳动力至关重要。因此,建立在薪资基础上的社会保障缴费,除工伤外,都被军政府废除,民主政府也没有再强加缴费。相比而言,智利被保险者的缴费占收入的比例,是所述四个案例中最高的(表 6.8)。过去几十年的经济转型,给智利劳动力市场带来重要变化,一个变化就是,雇佣劳动力的庞大部门就业不稳定,就业给付低。1990 年,失业已经下降到 5.7%,平均工资和最低工资却没有回归到 1981 年的水平(Diaz,1993:21)。1987 年,正规部门 54%的工人和雇主收入比人均贫困线,这一满足核心家庭的基本生活的最低需要,还要低 2.5 倍(Leon,1994:41)。工会的地位是如此软弱,以至于生产力增长一直高于工资增长。大量的雇佣工人在非正规劳动关系基础上被雇佣,甚至在正规部门的公司中也进行非正规的操作。他们或是被私人雇佣,或是没有临时合同,工会和集体讨价还价在这些企业根本无法实现——可能的话,也是因为在弹性劳动力市场上,对劳工法规的强调。大公司利用这种状况来收编中小公司,结果是在正常劳工关系下稳定就业的核心工人的比例,比起数量庞大的兼职工人和临时工人比例来说,实在是太少了(Diaz,1993:13)。这明显表示,社会保障对后面的一组工人群体,或者根本没有覆盖,或者仅仅提供零星的缴费,至多能够使他们有权利享受到最低养老金。

第二部分 正在崛起的新福利国家?

工会和其他群众组织衰弱,也意味着缺乏有效的压力推动民主政府改变社会政策路线。尽管艾尔温(Alywin)政府通过提高税收来增加社会支出,并通过提高法定最低工资的办法,确实取得了重要进步,但是,在社会政策方面他们继续采取安全网的做法,甚至没有将社会保护的两级制度的任何制度参数变化列入政治议程。社会支出增加和最低工资增长的结果,与由于通货膨胀减少而引起的平均工资上涨,还与特定的劳动力市场紧缩结合在一起,使得贫困从1990年的40%减少到1992年的34%(Diaz,1993:22)。尽管如此,对穷人的社会政策仍然保持着救济的特征,仍旧将注意力集中在直接的消费方面(Vergara,1994:251—255)。一个革新是"团结和社会投资基金",其目标定位于改善以社区为基础的社会福利基础设施,并提高中小企业和非正规部门的生产力。然而,这个基金仅仅获得了公共社会支出的1%(Graham,1994:42—45)。而且,鉴于大部分贫困人口处于与正规部门相连的不稳定的有薪就业状态,所以即使基金水平再高,其影响也是有限的(Diaz,1993:25)。

巴西

与智利相比较,新自由主义的动力在巴西更微弱,军政府及接替掌权的新的民主政府在经济政策方面的整体态度还是相当中央集权化的。1964年后,军政府的全面发展计划建立在广泛的国家参与的基础上,但是,这种发展忽视了民众和劳工利益。巴西的军政府与智利不同,虽然直到1988年,巴西的军政府统治都没有受到来自选举方面的妨碍;但是自20世纪70年代,巴西就开始了自由化和民主化的过程,因此,军政府要应对来自支持者及分配政策的反对者提出的各种各样的需求。到20世纪80年代,来自国际

6 拉丁美洲社会政策的选择:新自由主义模式与社会民主模式的矛盾

货币基金组织和赞同正统调整措施的国内技术专家的变革压力,遭到联合力量的反对,反对力量包括那些只关心通过赞助维持其政权的传统政治家,还有赞成对经济和社会政策采取社会民主道路的左翼政治家。然而,当 1985 年新的共和国宣布成立,总体道路仍然是中央集权统治,巴西政治的这个赞助基础,对改革家全力实施意义重大的再分配政策,形成了巨大的阻力。

1982 年末期,巴西被迫转向国际货币基金组织提出的发展道路,并实施一系列严格的紧缩政策,致使国家陷入深深的衰退中。当 1984 年和 1985 年增长恢复时,通货膨胀也跟着恢复,到 1986 年初,通货膨胀已经达到年通货膨胀率 300%(Baer et al.,1989:34—35)。总统撒尼领导的新民主政府,启动了一项非正统的稳定计划,在没有牺牲增长的情况下,控制了通货膨胀[31]。克鲁塞罗计划(Plan Cruzado)及其他一些措施中包括了价格冻结、部分工资冻结、对指数化的限制,以及创造新货币。这个计划暂时获得了成功,但是,价格冻结的时间太长了,预算赤字没有得到控制,所以,1987 年初,通货膨胀大力反弹(Baer et al.,1989:37—39;Pang,1989:132—136)。延期偿付商业银行债务引发了国际金融界和美国政府的极强的负面反应,结果也只是短期延付,这相当于另一次非正统的稳定计划尝试(Pang,1989:137—139)。对通货膨胀以及预算赤字进行控制的多次失败,使总统科勒准备开辟新道路,在 1990 年他当选之后,就主张新自由主义的进攻路线,实行与正统紧缩措施相联系的迅速自由化和私有化。然而,该计划在 1992 年由于科勒遭到弹劾而中止,其继任者则再次采取了一种更为中央集权化的立场。所以说,在巴西,主要的经济问题仍然是通货膨胀和预算赤字,这两方面都需要进行改革,以提高国家收入。

第二部分 正在崛起的新福利国家？

1980年,联邦政府的全部社会支出占GDP的百分比保持在9.25%,1981年和1982年有所提高,1983年和1984年下降,然后又稳步提高,在1989年达到10.78%[32]。若按领域来划分,养老金和社会救助支出在1982年后下降,到1989年一直保持着比1981年低一点的水平,而健康和教育支出则提高了(Azeredo,1992)。20世纪80年代初,社会保障制度经历了严重的财政危机,部分原因与其他国家相同,比如,经济衰退时失业增加,实际工资下降,但是,与其他国家不同的一个重要方面,是由于实行私人提供服务的制度,它使各种决策越来越由医-药联合体来推动,从而导致保健成本提升。政府对这场危机的回应,是出台法令,遏制国会中的反对,甚至是来自自己党派中的反对方立场,强行对雇主提高2%的薪资税款,还有对被保险者实行活动薪酬税,把工资基数从最低工资的15提高到20,要求养老金上税,还指定2%的奢侈品税款,用于发展社会保障体系。

在新的萨纳(Sarney)民主政府统治之下,社会保障和社会援助部(MPAS)交给了反对派民主运动党(PMDB)中的进步派[33]。从这些政策的立场来看,是进步的技术政治专家在推动真正一体化的改革和较贫困区域的津贴的改善。20世纪80年代中期,至少有30%的城市人口事实上没有被社会保障制度覆盖,虽然从法定意义上,他们被覆盖在制度范围内,大多数农村人口享受最少的津贴。改革者试图减少最低所得者的缴费,以引导大多数的边缘人口能够加入到制度中。为补偿这些最贫困者的低缴费并提高津贴,他们倡导消除那些成本高昂的特权,比如时间换服务以及特殊养老金,由私人保健的提供者控制费用,对私有化进行调整,以及医疗卫生保健制度中的治疗倾向的调整,等等。在城市劳工组织

6 拉丁美洲社会政策的选择:新自由主义模式与社会民主模式的矛盾

力量下,城市劳动力和养老金领取者所支持的仅仅是一部分改革,不是一体化,因为他们担心失去已经享有的津贴,城市劳工组织还提出了重新计算养老金的需求,认为这样会提高养老金的实际价值。社会保障和社会援助部(MPAS)接受了这些要求,结果是,提出要进行这样的一揽子改革需要额外的资源,因此遭到财政部的强烈反对。之后,全部计划送到国会机构,政治家们接受了保持更高养老津贴的需求,包括计时服务的养老金,任何一个人超过 65 岁,所领取的福利养老金大概与其最低工资相当,伴随着这项政策的延伸,出台了任何收入替代津贴至少要与最低工资等同的规定。他们还通过征收新的销售税和公司利润税以提高社会保障收入。这些措施,在原则上确实帮助了城市居民和农村的穷人,但是,对于解决财政难题来说,实在是杯水车薪,而且还阻碍收入再分配改革的推进[34]。结果是,社会保障部与财政部之间的冲突继续,后者的立场由于被强加的国际货币基金组织严格的紧缩条件而强化[35]。最后,还通过了一个措施,以强化养老金制度的财政基础,就是提高缴费的最低年限,原来的享有条件是每年缴费 6 个月缴满 5 年,从 1992 年开始,养老金缴费至少要达到 15 年,才有资格领取养老金(US Department of Health and Human Services,1992)。

1987 年,医疗保健改革在一体化方面取得了一些进步,医疗保健供给使得任何人都有权利享受免费的医疗卫生保健,而不仅仅是在紧急情况下,而且不需要进行社会保障请求登记。尽管,由于设施不足,特别是较贫困地区,这种一体化权利要实现还相当困难。1987 年,改革者发动了一个统一的权力下放制度的保健计划(SUDS),由州政府统一承担重大的资源和责任转移,使社会保障系统与卫生部的医疗卫生保健活动协调起来,以改善对穷人的医

第二部分 正在崛起的新福利国家？

疗卫生保健服务。然而，这一计划没有取得预期效果，因为许多地方政府利用转移支付来追求其自身目标，比如，用于提高医药从业人员的补偿标准，或者减少部分的健康支出费用。而且，改革者试图强化国家对医疗卫生保健的私人提供者的控制，以减少后者由于利益驱动所造成的支出，但是，这一改革努力失败了。

总之，尽管到20世纪80年代末，巴西的社会政策模式名义上接近普遍性的福利制度，但是实质上它远远落后于这种理想模式，无论是从绝对的收入替代供给水平和服务上，还是从平等角度上来说，都是如此。从法律上说，每个巴西人都有权利享受以公民权为基础的免费的医疗卫生保健，社会保障覆盖了90％以上的人口，陷入困境的人有权享有不低于一个人最低工资的社会救助养老金。然而，在许多贫困地区，根本无法获得医疗保健，无力支付缴费使许多低收入的雇佣劳动者未能被制度所覆盖，以书面形式提出社会保障养老金或社会救助请求的要求，也使得许多人被排斥在外，因为大多数低收入人群没有这种书写能力。这种情况使得巴西政治中的庇护传统长期存在，如低收入申请者需要中间人对付社会保障以及社会救助的官僚体系。结果，各级政府为了政党和个人政治家利益，把控制社会保障机构作为垂涎欲得的政治奖赏，由于存在政治支持者，这些机构超编的倾向仍然很严重。许多政党和法定集团试图团结起来，真正为再分配和团结的社会政策而努力，但是，在巴西政治中，由于各自有支持财团，这一传统力量的存在，使得政党团结力量的形成，相当困难。

新近选举的总统费尔南多·亨利克·卡多索（Fernado Henrique Cardoso）明显地认识到制度上的缺陷，作为其执政策略中重要的一环，就是为提高国家的执政能力而进行改革，所以，他执政后，努

6　拉丁美洲社会政策的选择:新自由主义模式与社会民主模式的矛盾

力加强政党各方联合,在国会中建立政党联盟。他强调管理的一个关键目标就是要承担社会债务。早期的两个建议都是与NGO组织合作,建立社区团结项目,以抵抗饥饿和贫困;长期计划的目标是,要给700万个贫困的、没有可见家计支持的家庭提供基本收入(拉美周刊报告,1994年10月20日)。因此,巴西的社会政策改革的推进将会保持着统一的基本保障制度方向。

阿根廷

与智利相比,阿根廷受到新自由主义的冲击较为微弱,时间也比较短,但是,比起巴西和哥斯达黎加来说,这种冲击则要强大得多。新自由主义的第一次推动,在一场经济灾难以及民主转型中结束,第二次推动仍在进行中,并因社会政策领域中通过民主渠道所表达出来的反对意见而有所缓和。直至20世纪70年代末,阿根廷才围绕着主要城市劳动力基本充分就业这一假设,建立起福利制度。因此,它还没有能力驾取1970年代末的经济政策和1980年代的经济危机所引起的劳动力市场的变化。它无法阻止阿根廷的"拉丁美洲化",即由于非正式部门和公开失业的增长而导致贫困率上升。

军政府在1976年掌握政权,开始推行与智利相似的新自由主义计划。它开始推行极其严格的正统的紧缩政策、实行进口自由化并放松对财政的管制。其结果是,外债迅猛增加、进口大量涌入,导致阿根廷的去工业化和财政失败,随之而来的是严重的经济危机和国家的财政危机。军政府对私人外债的国家化,让继任的民主政府承担了巨大的债务。阿方辛的新民主政府在这场经济危机发生期间的1983年12月举行就职典礼。阿方辛顶住国际货币基金组织紧缩的压力,倾向于用非正统的方法来代替它,希望在不

第二部分 正在崛起的新福利国家？

使国家更深地陷入衰退的情况下，控制通货膨胀。他在1985年强制推行"南方计划"(the Plan Austral)，但是，无论是这个计划，还是后来更为正统的计划，都没能成功地控制通货膨胀。

追求稳定的尝试多次失败，为转向新自由主义打开了通道。梅内姆(Menem)，这位庇隆主义党的候选人，在经济严重衰退和平均每年超过3600%的恶性通货膨胀的背景下，赢得了1989年选举。他马上开始背离选举中所作出的承诺，推行正统的一揽子的稳定措施；后来，他开始推行快速的贸易自由化，减少公共部门就业，把国有企业私有化，在1991年，他引进了自由的汇兑流通政策。在社会政策领域，他试图仿效智利的养老金改革，但是遭到广泛反对，特别是国会不愿意推行这一改革，迫使对改革作出更多调整，并使得阿根廷保留了强有力的国家干预。

1976年后的调整措施和20世纪80年代的经济危机，对阿根廷劳动力市场，特别是国内工业和工薪劳动者来说，后果极其严重[36]。工业产量下降，从事制造业的蓝领工人的比例在第一个时期下降了40%，在第二个时期又下降了12%。工业部门平均的实际工资，在1991年仅是1974年的1/3(Smith,1991:66)。1993年，在大布宜诺斯艾利斯区，公开失业和可见的不充分就业，合起来增加到就业总数的19%(Lo Vuolo and Barbeito,1993:134)；还有约1/4的劳动力在非正规部门工作(Lo Vuolo and Barbeito,1993:134)。与此相应，1987年，大都市地区家庭的贫困率提高到39%[37](Golvert and Fanfani,1994:19)。社会服务的提供逐渐委托给省、市的权威部门，至20世纪90年代初，联邦政府仅在养老金制度和大学教育中起到重要作用。人均实际社会支出只是在1987年超过了1980年到1990年这十年之初的水平，而这十年间

6 拉丁美洲社会政策的选择:新自由主义模式与社会民主模式的矛盾

减少了 27%(Carciofi and Beccaria,1993)。

由于已到保险付款期,再加上生命预期增长、退休年龄降低,还有不断出现的恶性通货膨胀等原因,养老金制度在 20 世纪 80 年代步入财政危机,而就业水平和实际工资下降,又进一步加重了财政困境[38]。养老金的实际价值,从 1981 年到 1988 年下降了 25%,1988 年到 1991 年又下降了 30%(Mesa-Lago,1994:149),该制度对养老金领取者积累了巨额负债。这引起了许多关于养老金制度未履行义务的起诉,1986 年这一制度被宣布进入紧急状态。随后,采取了大量措施按照优先顺序补偿所欠债务,1993 年,国家石油公司私有化的收入被用于养老金分配,但是,基本问题仍然没有得到解决,养老金债务还在继续增加。

1992 年 6 月,政府向国会提交了一项对养老金制度进行全面改革的计划,经过多次修改后,在 1993 年 10 月最终获得通过。尽管政府主张的是新自由主义经济论调,但是,养老金制度在国会上一出现,就是一个混合的制度,它把普遍主义的基本保障、国家主义层面与个体主义与私营的特点结合在一起。新制度的覆盖范围仍然是强制性的,将自营业者包含在内;把现存的三个主要基金统一起来;所有人的退休年龄都将逐渐提高到 65 岁。公共制度将继续以现收现付为基础,对所有被保险者,根据缴费年限不同,提供基本养老金;其财政来源包括 16% 的雇主缴费、自营业者同等比例的缴费,还有来自特殊项目的税收,以及出售国有石油公司获得的收益(Mesa-Lago,1994:152—155)。补充性养老金建立在雇员和自营业者 11% 缴费的基础上,他们都可以选择继续参加公共制度,或者是加入到新的私营制度中。如果选择私营制度,其缴费将进入到私营基金管理的个人账户中,就像智利的制度那样,最终来

第二部分 正在崛起的新福利国家?

自这个账户养老金的份额,将取决于缴费数量,加上投资回报并减去委托金。此外,对于曾经为旧的公共制度缴费的个人,政府将在他们退休时对过去的缴费作出补偿。私人账户不仅可以由私营公司来管理,还可以由非营利的组织来管理,包括工会或合作社。新的私营基金在 1994 年中期开始运作,仅仅开始才几个月,就因对公共制度缴费比例不足,导致新制度产生赤字危机。

从表面上看,这项改革保持了普遍主义的福利制度志向。然而,阿根廷劳动力市场的特征,将使得这些志向难以实现。覆盖范围始终以正规劳动力市场的参与为基础,排除了大部分人群。而且,自营业者的总缴费达到其收入的 27%,即使是正规部门的自营业者,也必然会长期保持高逃避缴费率,因而导致制度的普遍覆盖无法实现。最后,福利制度非养老金项目的组成与普遍模式不一致。在失业领域,覆盖范围极其有限;至 1993 年中期,大概有 100 万失业者,仅仅有 8.4 万人享受到失业津贴(Lo Vuolo and Barbeito,1993:44—45)。家庭津贴也与被赡养者的就业状况相关。社会救助对需求的影响极小,分配到各种项目中的援助只占不到 GDP 的 1‰(Lo Vuolo and Barbeito,1993:50—51)。医疗保健制度互相不统一,虽然每个人都有权利从公共机构中接受免费的医疗保健,但是,这些机构大多还是由地方财政所支持。雇员及被赡养者由不同社会福利部门的健康保险制度所覆盖,其筹资来自雇主和雇员缴费,其管理则是通过工会。医疗保健制度的监督和协调非常不充分,导致不仅在不同的社会部门、在这些部门和公共制度之间,以及在地区内的公共制度内部,都存在质的差异,而且,由于私营提供者的利益驱动,致使支出过度(Lo Vuolo and Barbeito,1993:39—42),并且存在公开的腐败现象。

6 拉丁美洲社会政策的选择:新自由主义模式与社会民主模式的矛盾

哥斯达黎加

对拉丁美洲的社会政策研究必须关注哥斯达黎加,因为它是按照社会民主主义志向建立起社会政策模式的唯一的拉丁美洲国家;而且,因为它是一个小国,不仅能够抵抗向新自由主义模式转变的压力,还取而代之,保护社会民主主义模式,为我们提供了一个罕见的案例。哥斯达黎加这个国家,主要受益于里根政府对尼加拉瓜政策的策略定位;它接受了美国的大量帮助,同样是背负大量外债,它没有像其他国家那样,遭受到国际金融机构要求进行新自由主义结构调整政策的巨大压力。因此,它能够抵抗正统观念的侵犯,保护较贫困的地区免受来自紧缩和调整所产生的不适当的代价。到20世纪90年代,当尼加拉瓜冲突已经平息,因而对哥斯达黎加来说,也失去了适用性,这时人们已普遍认识到正统调整政策的社会代价,因此来自国际金融机构以及美国政府激进的新自由主义方法的压力也较少。

哥斯达黎加早已陷入债务危机,是第一个实行延期债务赔偿的国家。从1982年中期到1983年末,新当选的蒙哥政府不得不推行稳定的计划(Nelson,1989:144—145)。蒙哥作为民族解放党的候选人,早就认同社会民主主义,与劳工之间关系密切,他坚持稳定的渐进改革,把大幅度削减政府赤字、实行工资限制等正统的措施与严格的外汇管制、有利于低薪者的收入政策等明显的非正统方法结合在一起。1983年后结构性调整项目,也是遵循同样的基本取向而形成。基本的紧缩政策仍然继续,但是,在这一政策实行过程中还伴随着社会补偿计划的出现,以及对国家支付缩减的强烈抵抗。企业不得不通过提高税收和利用率来分担改革的成本,另外,实际工资下降和正规部门就业下降产生的费用,恰好抵

第二部分　正在崛起的新福利国家？

消了临时的公共就业项目、失业救助、食品援助和最低工资提高的费用。国家在促进非传统出口方面，也取得了相对的成功(Nelson, 1989:148—149)。

总体来看，20 世纪 80 年代，社会政策没有发生巨大变化[39]。政府宁愿选择按部就班的方法，以改善社会保险机构(CCSS)的财政状况，政府还建立了特别的救助项目，以减缓紧缩政策对穷人的影响。社会保险机构提高了雇主、雇员以及政府对医疗保健的缴费，还提高了政府用于养老金制度的缴费。而且，女性的退休年龄提高到 60.5 岁，男性提高到 62.5 岁，成本高昂的公务员制度，从新人开始停止[40]，这样，按照标准条件，所有新公务员的社会保险金都合并到社会保险机构中。

维护医疗保健的普遍性社会政策，运用社会救助计划缓和经济危机以及紧缩政策对力量微弱的社会部门的影响，这些努力从某种意义上来说获得了成功，基本社会指标持续进步，贫困率降低[41]。朱维卡斯(Zuvekas, 1992)列出了 8 项不同的贫困研究数据，指出虽然由于研究方法不同，所显示的贫困程度不同，但是，1980 年代早期这些数据都显示出持续上升的模型，随后，到 1980 年代末这十年来，贫困水平有所降低。虽然，智利也出台了针对最贫困地区的计划，试图阻止其社会指标的恶化，但是，智利和阿根廷的贫困率大幅上升，与哥斯达黎加的贫困率微弱下降仍然形成了鲜明对比。

当前趋势的阐释及其未来选择

20 世纪 70 年代和 80 年代，拉丁美洲四个国家所面临的财政危机，迫使它们在社会政策模式上作出调整，但是，由于各国政治、

6 拉丁美洲社会政策的选择:新自由主义模式与社会民主模式的矛盾

经济状况和政府政治议程的不同,因此各国所采取的调整形式也各不相同。智利追求的是最为激进的经济自由化方案。国内大部分工业遭到破坏,其着重点主要放在出口的多样化上。然而,这种对国际市场的新涉入,更侧重于以初级的轻加工产品出口为基础,这种产品主要依赖廉价劳动和高度灵活的劳动力市场而产生。这符合皮诺切特政府支持资本、反对劳工的政策,在这种情况下,智利福利制度朝着双轨制的方向转变。它创造出由公共政策支持的私人计划,国家保证向私人养老金账户不能产生足够收入的人提供基本最低养老金,但将这些基金管理而产生的利润留给了私营公司。为了使个人养老金账户利润丰厚以积累巨额资金,需要通过高水平的经济增长,使资金产生充足的回报,在高经济增长不能实现的情况下,大多数养老金领取者可能需要公共津贴补充,才能达到最低养老金。积累不足对低收入者来说特别是个问题,因为费用和佣金的递减性结构,而使其缴费处于不利地位。而且,大多数领取薪资的工人就业条件不稳定,即便要获得最低的养老金,也要累计缴满 20 年费用,这对他们来说比较困难,他们可能不得不依靠低社会救助养老金来维持生活。主要考虑到这个原因,还有,即便领到最低养老金,也不能够满足基本生活需要,所以尽管智利有国家最低养老金作为保证,我们也不能把智利模式看作基本的收入保障模式。雇主对雇员的福利责任已经退回到 20 世纪初期,只限于工伤保障。这一整体发展模式符合我们前面谈到的,智利刚刚与世界经济一体化这个特征[42]。智利社会政策中唯一积极的发展就是加强失业计划,虽然要有真正改变,其强大财政基础需要建立在扩大的课税基础上,这个问题我回头还要讨论。

智利模式的支持者指出,养老金项目私有化对于资本市场有

第二部分 正在崛起的新福利国家？

益。确实,自 1980 年代以来,智利资本市场大大成长起来。然而,社会政策的主要目标是要改善人类福利和战胜贫困,而不是要加强资本市场。而且,尽管强大的资本市场有助于经济迅猛增长,却未能生发这样一种发展模式,即通过提供安全和充分的有薪工作,以显著地减少大规模的贫困。如果没有大规模的政府努力,提高劳动力技能并促进更高技能和更高工资的出口生产,以及工会组织的更强大的保护,以确保生产增长后可以获得更好的利益分配,那么,持续的经济增长不可能解决贫困问题[43]。这种努力需要重建寻求产业政策的国家能力,还要作出相比资本来说,更强化劳动这种更加审慎的决定。在智利政治经济中,由于巨大资本的霸权地位,要对国家和私人部门之间,以及劳工和资本家之间的关系进行重新安排,是非常困难的。这种巨大资本的地位之所以得到强化,一方面源于皮诺切特政府的自由主义政策和私有化产生的经济汇聚,另一方面源于劳工和左翼政党草根组织的极度衰弱[44]。

在世界经济中,巴西展示出完全不同的参与模式。除了分支地区通过南方共同市场(Mercosur)与阿根廷、乌拉圭和巴拉圭整合外,它更多地呈现保护主义姿态。比起智利来说,它的内部市场也更为巨大,出口结构也更多地是以工业为基础。寇勒*运作的私有化和自由化方案既是渐进的,又是有选择的,提高了主要消费物品的关税壁垒(Sola,1994:155—159)。因此,巴西没有承受去工业化之苦;相反,其工业生产指数在 1981 年是 100,到 1994 年中期达到 124。迄今,巴西出口份额中大多是制造业,还有强大的运输和机械设备,以及化学这些相对高技能的分支(ECLAC,

---

* Collor,曾任巴西总统。——译者

6 拉丁美洲社会政策的选择:新自由主义模式与社会民主模式的矛盾

1994)。由此,同阿根廷、乌拉圭和哥斯达黎加一样,巴西也成为拉丁美洲地区社会保障制度中雇主缴费水平最高的国家之一[45]。巴西尚未解决的主要经济问题、国家财政危机和随之而来的强大的通货膨胀压力,对社会政策产生了严重的影响[46]。卡多佐* 1994年朝稳定方向所作的努力,显示了早期承诺的结果,无疑极大地促成了他在总统选举中的胜利。当国家对大多数人口的福利承担日益增多的责任时,卡多佐能够打造解决财政危机所必需的政治联盟,巴西就有可能成为这样的一种国家范例,它不遵照新自由主义蓝图,而采取成功调整的措施,并继续提高国家对大多数人口的福利所承担的责任。

考虑到巴西大部分地区是农村,其法定覆盖面已经极其广泛了。巴西是拉丁美洲唯一的、早在20世纪70年代就对农村地区的部分贫困人口采用非缴费型的社会保险计划的国家。这项计划赋予其成员享受最低工资养老金和医疗卫生保健权利。当然,问题是,为什么选择这个解决办法,而不是简单的扩展免费医疗保险(如哥斯达黎加)和针对农村地区最低的普遍的公民养老金。事实上,人们可能会争论,非缴费型的社会保险在概念上是个矛盾。当然,答案就是社会政策的政治使然。农村计划设计,是把权力给予官方认同的辛迪加,因为他们由津贴管理委员会所委托。而普遍性的计划既不会鼓励这种辛迪加作为成员,也不会给他们多少自由决定的权力,从而也不可能提供使委托人成为地方政治领袖的手段。在农村辛迪加实施过程缺少过滤作用的情况下,它也可能导致更多的索取。最后,巴西是通过国民健康制度,而不是由辛迪

---

* Cardoso,1994年当选巴西总统。——译者

第二部分　正在崛起的新福利国家？

加签订合同的私人提供者,来获取健康服务的供给。那么,巴西的体制表明了在这种遗产背景下——即建立在私营服务提供基础上的分裂的和不平等的社会政策模式以及以委托人制度和小党派为特征的政治制度——法律主义上的普遍主义的福利制度转变为事实上的制度的问题。

哥斯达黎加实施了严格的紧缩政策,但是没有按照新自由主义的蓝图行事,依然坚持其20世纪80年代开始的普遍性福利制度的方向。与其他国家相比,哥斯达黎加在医疗保险领域更接近这个目标,它还发起了一场重要的改革,促进养老制度朝着这个目标前进。与巴西相比,哥斯达黎加的医疗保健制度建立在公共服务供给优势的基础上。慷慨的缴费制度包括农村地区,对雇主来说是强制的,对自我雇佣者来说则是自愿的。缴费必备条件的最低限度,是合计缴费到疾病发作之前的那个月份。而且,低收入自我雇佣者对疾病保险的缴费比较低,大概是他们收入的5%左右,其他成本由国家来补充。

哥斯达黎加主要支持非传统的农业出口的发展,以及带有不同税收和津贴激励的装配型制造工业,但是不会降低雇主对社会保障的缴费。因为尼加拉瓜冲突,对哥斯达黎加的特殊待遇终结,导致新的紧迫性问题在于需要提高出口以降低贸易赤字,以及维持劳工成本的问题。这样一来,在20世纪90年代,雇主的社会保障缴费高度突出。这一结果,当然不仅是由于国家经济竞争压力所致,而且是由于政治权力分配的压力所致。智利的选择不是唯一可行的方式。如果说由于国际竞争,需要降低雇主缴费,那么,公共保健和养老金体制的财政支持,则在更大程度需要以税收为基础。

6 拉丁美洲社会政策的选择:新自由主义模式与社会民主模式的矛盾

除了新政治经济的要求以外,社会政策的变化也是对政府和反对派试图利用社会政策以达到政治目的的努力所作出的回应。这些政治目的既是为促进关于所希望的社会秩序之意识形态观点,也是要建立或者破坏其支持基础。在智利,由于皮诺切特政府支持原子化的、私人化以及去政治化的民间社会,使得社会保障私有化。它采取这种做法,完全忽视大众甚至是中产阶级群体的反对意见,也完全忽视其对更贫穷地区所实施的政策所造成的分配成果。唯一的例外是,有些特殊项目针对最贫穷的人和最弱势的群体。在智利的两个民主政府之下,新的权力分配对资方极其有利。经济集中的过程、对外国资本的依赖,以及通过暴力镇压造成工会力量衰弱,再加上工会组织传统基础的急剧萎缩,导致来自资方的反对大量劳工和社会政策改革的压力,很容易压过了来自劳工和其他民众群体支持改革的压力[47]。尽管1976—1983年在军政府统治下,阿根廷工会受到压制,同时,去工业化也严重地削弱了其基础,但是相比而言,阿根廷的市民社会,特别是劳工运动,还是比智利更为强大。所以,他们能够捍卫现有的医疗保健制度,以及养老金制度的公共责任的主要准则。这样,尽管(总统)梅内姆(Menem)加速朝新自由主义方向改革,但是,政府养老金改革项目并没有完全模仿智利模式,要说模仿的话,也仅限于补充年金部分。

在巴西,军政府也寻求反劳工、亲资方的发展项目。然而,与智利相反,巴西试图在农村地区建立有组织的支持基础,并由此创立经官方认可的辛迪加管理的非缴费型计划。长期权威统治转型过程中有关选举的考虑,进一步促进了互惠互利基础上的社会政策资源分配。在回归到民主后,先前的反对意见在官僚制立场中

第二部分　正在崛起的新福利国家？

获得了重要立足,并运用其在议会中的影响促进了普遍性和平等化改革。然而,巴西政治这种互惠互利的基础,以前促进了社会政策项目的引入,现在则阻止这些项目朝着更具普遍性的方向发展,再分配改革也受到限制。大众运动和工会的政治组织还不够强大,特别是因为缺少同纪律严明的政党的联络,不足以克服这些障碍。相比之下,在哥斯达黎加,社会民主党(PLN)和民间社会的力量,通过工会、合作组织和农民团体的形式,促进政府坚持追求比较平等的社会政策模式。即便在经济最紧缩的时代,政府还努力保护社会成就,社会民主党和反对党都对公众利益承担责任。

对未来发展的期望,这四个国家都有一个相似的准则,而巴西和哥斯达黎加就更为接近:它们都把法令转变为现实,特别是必须把普遍需要的、重要的额外资源分配给社会政策。由于国际竞争的限制,将不再提高雇主缴费和劳动成本,这些资源必须出自国家总收入。因此,政府必须提高国家税收。1990—1991年,阿根廷和哥斯达黎加的税收占GDP收入的15%,巴西是24%,智利是27%(IDB,1993),当然还有一定的提高空间。这种提高国家收入的需要已经得到认同,税收改革在各国政府的政治议程中排在首位。政府是否有能力提高收入,首先要依赖在支持税收改革中可能形成的政治联盟;第二,依赖国家机器加强法定税收的能力;第三,依赖扩大税收基础的经济增长率[48]。国家能力的改善,不仅对强化法定税收重要,而且对社会政策管理也是重要的。重复、无效率以及腐败,导致拉丁美洲国家社会保障制度有很多不正当的管理支出。结果是,为使福利制度更趋于普遍化,必须首先进行行政管理改革。

从前面对拉丁美洲国家仍然处于低水平社会政策发展模式的

6 拉丁美洲社会政策的选择:新自由主义模式与社会民主模式的矛盾

分析中,我们能够得出什么样的教训？在拉丁美洲,核心的问题是贫困和未就业或者失业。贫困不仅集中于老年人和伤病者,而且影响到一大批工作年龄的人口,还有他们的孩子。因此,传统的以就业基础的福利制度计划,并不是适当的解决办法。在尚未在正规部门中稳定就业的人群及其家庭中,贫困继续扩散。为回应全体人口中老年人贫困和由疾病导致的贫困问题,必须对在非正规部门工作的人实行非缴费的计划,或者最低缴费计划。基本的统一付费的养老金体系,由总收入进行财政支持,建立在公民权基础之上的政府津贴,会满足这些需要。这一制度应当由缴费型的、非津贴的、资本化养老金的公共制度所补充[49]。

在拉丁美洲,医疗保健被认为是最重要的福利制度项目。所有人都需要医疗保健,并且,正如哥斯达黎加案例所证实,就大多数拉美国家技术(如果不是政治的)能力而言,这是其能建立的一种有效的、趋于普遍性的制度。还有,缴费型必须和非缴费型制度的覆盖相结合,但是两种类别的设施应当是相同的,避免在非缴费计划中设施缺乏资金支持或者资金支持不足。特别重要的是,要强调对贫穷地区的预防性的和初级的健康保健。难以想象的是,这样的制度怎样能够建立在非公共服务供给的基础上;私营提供者可能将其偏好的在主要城市提供昂贵的治疗保健的做法强加上来,他们更可能对病人实施过度医疗并要求过高的公共付费。

在拉丁美洲,其他重要的福利项目还包括针对贫困儿童和母亲的营养项目,以及基本食品津贴。这种津贴的加强,确实也可以让中间阶层和上层收入者受益,但实际上他们受益的程度较低,那是因为这些群体在基本食品上的花费与其收入相比较低。而且,比起资产调查型的食物或食物券分配来说,这种津贴实施起来成

第二部分　正在崛起的新福利国家？

本更低,更为便捷,并且它们不容易被庇护权力滥用,这种滥用在后面一种类型的(津贴)项目中是很典型的。

"社会筹资"的方法,或者当前提倡的有针对性的紧急项目并由国际金融机构给予部分财政支持的做法,对减轻贫困可能具有重要贡献,但是要谨慎运作,以免成为权宜之计。这种项目可能非常有帮助,只要他们是为了建立长期的普遍项目和机构,而不从这个基本任务中撤离。危险的是,这种项目会导致资源的分散和复制,因为要创造新机构进行管理。如果能把它们与改革联系起来,并且整合到现有的制度和项目当中,以更好地服务于那些最弱势的群体,可能会长期有益。第二个危险就是这样的项目因为具有针对性,增加了政治领导人和官僚自由决定资源分配的权力,由此就会滋生庇护主义和腐败。

拉丁美洲国家还处于福利制度发展的较低水平,其政策制定者可以考虑向具有相对发达的福利制度项目的国家学习经验,可以从这种学习的反思中把握五个基本点。首先,最初的政策模式设计是非常重要的。如果政策模式建立在相互分离和不平等的项目基础上,以后要把它改变成普遍性的和平等的方向,将是非常困难的,因为特权群体会抵抗这些变革,他们谋求的是政治上更大的影响力,而并不怎么关心改革的潜在受益。只有持有平等价值的政策制定者才会关心这件事情,还有那些关注福利制度计划的财政偿付能力的人也会关心;相对小的有权利享受津贴的群体给整个制度带来了沉重的财政负担。第二,如果医疗卫生保健项目能够促进国家对民众健康以及未来劳动者的健康发展,那么,医疗卫生保健体制必须建立在公共设置的基础上。私营提供者将索取大量的医疗药品资源,并反对把资源用于预防性的目的以及贫困地

6 拉丁美洲社会政策的选择:新自由主义模式与社会民主模式的矛盾

域的初级保健。像受益者特权群体一样,私营医生、医院以及药品公司通常具有强大的政治地位,为保护其利益,国家曾经准许它们在医疗卫生保健体制中承担重要作用。根据许多国家的情况来看,要建立有效的公共保健制度,就需要对以前的国家机器进行行政改革。第三,假定新的更开放的经济环境出现,传统上以雇主沉重缴费负担为基础的财政方式就会改变。从总收入中获得财政支持不会提高劳动成本,也不会减少国家生产的竞争。第四,福利制度政策的覆盖领域还需要更为宽广,不能只限定在社会保险上。要达到覆盖在正规部门之外从事经济活动人口的1/4或者更多人,必须发展养老金和医疗保健的非缴费型计划。此外,营养计划需要整合进其他福利制度政策中,因为它们直接影响到健康和贫困的程度。第五,在所有福利制度项目中,为使腐败机会和颐指气使的官僚习气最小化,应当把官僚和政治家的自由裁决权力降到最低限度。因此,普遍性的规则,不仅从平等视角看是必需的,而且从效率的观点来看也是必需的,因为腐败和颐指气使的官僚作风不可避免地导致拉丁美洲福利制度项目中稀缺资源的浪费。

注释

我非常感谢塞吉奥·贝伦茨坦(Sergio Berensztein),帕梅拉·格类厄姆(Pamela Graham)和伦纳德·雷(Leonard Ray)为本章的调查研究所提供的帮助,还有戈斯塔·艾斯平-安德森、乔纳坦·哈特林(Jonathan Hartlyn)和约翰·D.斯蒂芬斯对早期文稿所作的评论。同样感谢瑞典社会科学高等研究学院,本章文稿的修改是在那里完成的。本章是为联合国世界峰会所撰文稿的简写本。原文稿已由驻日内瓦的联合国社会发展研究机构出版,可从那里获得。

第二部分 正在崛起的新福利国家?

1. 教育和视国家而定的住房政策已成为社会政策另外的重要组成部分。但是,考虑到本书的定位问题,本章还是主要关注社会政策中传统的社会保障内容,主要集中于养老金与医疗保健。

2. 本节中的保险方案数据全部来源于梅萨-拉戈的书(Mesa-Lago,1994:21—22)。要得到保险方案数据是极为困难的。因而,依不同的资料来源,对保险率的估算也大不相同。梅萨-拉戈致力于这个主题研究已有 30 年,被普遍认为是该领域的主要权威。因此,本节的目的纯粹是从分类而言,把他的数据作为可靠的近似值而接受。在讨论不同情况时,我们会考虑不同的数据。梅萨-拉戈(1989;1994)的计算数值,一般来说,大于其他资料来源计算得出的数值(如 isuani:1985:95;tamburi,1985:77)。最难处理的国家就是巴西,梅萨-拉戈提供的数字是 1980 年 96% 的经济活动人口被纳入到保险,伊苏安尼则给出 49% 的数值,坦博里给出 25% 数值,并指出缺少 1981 年的资料。伊苏安尼测算的数值明显很低,这是因为他所计算出的数值,非常接近支付社会保障税的劳动力百分比(Weyland,1991:581),因此排除了所有纳入非缴费的农村计划的人。梅萨-拉戈的计算结果接近于官方政府颁布的数据,代表了法定的权利。显然,这些数字要比具有社会保障申请记录的数字的比例大得多,而关于后者的资料现在短缺。参加健康保险的整个人口的范围或多或少与领取养老金的人口范围相当。

3. 波特斯和沃尔顿(Portes and Walton,1981:67—106)详细说明了非正规部门的概念。波特斯(Portes,1985)讨论了拉美地区的非正规部门的发展历程,并且认为拉美地区的非正规部门发展规模要大于美国同时期非正规部门的发展规模。

4. 历史上最初制定的社会保险计划一般是针对职业风险而设置,然后是生育保险、疾病保险和对丧失工作能力者、老年人、遗属的抚恤金。截止到 1980 年,在拉美地区与加勒比海地区的几乎所有国家都已建立这三种保险计划。

5. 关于经济发展和民主政体之间的关系分析,可见鲁森梅耶尔(Rueschemeyer et al.,1992),直到 1970 年,智利实行的都是有限的民主政体。大部分农村人口由于缺乏教育,因此不能真正享有民主权利。然而,在城市地区,由于政治选择竞争结果扩大了所有部门的工人阶级享有的权利范围。在 20 世纪 60 年代后期,基督教民主党与左派竞相在农村地区进行鼓动,于是也

6 拉丁美洲社会政策的选择:新自由主义模式与社会民主模式的矛盾

将津贴扩大到农村地区。

6. 某种程度上,具有最高保险额的国家也是最为发达的国家。反之,具有最低保险额的国家就是那些最不发达的国家。然而,还有一些重要特例说明政治运动在形成社会政策方面的重要性。哥斯达黎加的人均国民生产总值在 1980 年低于第一组其他成员的人均国民生产总值。但是它的特别政治史早已造就了一个社会政策模式,而这种模式比拉美地区任何一个国家更能符合社会民主福利国家。牙买加人均国民生产总值甚至略低于哥斯达黎加,但是以中产阶级和工薪阶级的暂时联合为合作基础的两个斗争激烈的政党构成了政界的双子星座,结果早早导致了社会政策范围的扩大。另一方面,在同年,墨西哥人均 GNP 要高于巴西和智利。连续几届墨西哥政府的发展趋向,导致了对社会政策的相应忽视,革命组织党(PRI)的领导地位,庇护了上层政策制定者,使其免受该地区民众压力的影响。

7. 由亚历山德里总统(Allessandri,1958—1964)下令对这个制度所进行的报告评估认为,未投保人通过税收和将雇主的缴费转移到商品和服务成本上,支付 41% 的社会保险费,而且仅有 42% 的未投保人的缴费额进入到满足 70% 投保人的需要的蓝领基金(Borzutzky,1983:98—113)。另一方面,拉契因斯基主要考察了用于不同收入等级的社会公共支出,并引用福克斯利(Foxley et al. 1979)的数据认为,1969 年社会保障体系产生了一些进步影响(Raczynski,1994:24—25,43)。然而,她没考虑到这样的事实,即完全受保护市场里的雇主缴纳的社会保险费转嫁到商品价格上,不仅对未受保群体还是对已受保群体都产生了影响。由于仅考察已受保人情况,另一项针对 20 世纪 70 年代智利的研究显示,社会保障对从高额受保人到低额受保人还是略微地产生了渐进的作用。

8. 他对领取养老金年龄人口百分比计算的结果是 1980 年 58%;1990 年 61%;超过 70 岁的人口百分比在 20 世纪 80 年代末达到 72%(Isuani and San Martino,1993:18—25)。

9. 作为最大的支出国,智利和阿根廷的支出额大概占了发达工业国家中最低支出国的支出额的 70%—80%,如美国 1980 年支出额为 12%,但远远低于中、高支出国的支出额,如澳大利亚 21%、瑞典 31%。阿根廷、巴西和智利较早地引入了养老金制度,因此该制度已经成熟,大量的社会保障支出都用于养老金支付;1986 年阿根廷 77% 的支出额用于养老金给付;巴西为 63%;智利是 71%。哥斯达黎加由于养老金制度发展较晚,因此仅有 27%

第二部分 正在崛起的新福利国家？

的社会保障支出用于养老金给付，66%用于疾病、孕产保险和医疗保健上（见表 6.7）。

[10] 例如，仅哥斯达黎加养老金制度有再分配功能，在过去十年保险期间，它的替代率是基于最高 48 个月的月薪平均值，其结构如下：最基本月薪 300 克朗的 70%，高出此数的 300 克朗的 40%，再高出 2400 克朗的 35%，3300 克朗以上的为 40%，另外再加上每个月缴费的 0.125%。退休资格：57 岁且连续缴费 408 个月或者 65 岁且连续缴费 120 个月。对于拉美地区社会保险的再分配影响还没有很好的比较研究（请见 Musgrove 1985：187—208）。大多数个案研究基本都指出了它的倒退或中立作用(Mesa-Lago,1983:95)，尤其是在那些社会保险费规定非常严格的国家。最具发展潜力的部分就是医疗卫生保健，梅萨-拉戈(Mesa-Lago,1991:106)引用了巴西和智利（尚处于旧体系阶段）医疗卫生保健情况的数据显示，低收入群体支付了医疗卫生保健制度缴费额中较少的一部分，但是却能享受到较高的健康保险津贴待遇。在哥斯达黎加，健康保险津贴提高了较贫困者总收入的 60%，主要是 20%的最贫困人口。拉契因斯基(Raczynski,1994:25)肯定了智利在旧体系下的公共健康支出的再分配作用。

[11] 本节所提供的所有关于社会保障计划特征方面的资料都来自美国卫生与公共服务部门(US Department of Health and Human Services,1982)。

[12] 所有百分比合计都是指养老金、疾病、孕产和医疗照顾、家庭补贴的缴费。这些数据是由美国卫生与公共服务部门计算得出。

[13] 在阿根廷，雇主缴纳 16.5%的保险费，工人则缴纳 15%，政府从理论上将投保人 139%的缴费额用于养老金制度。改革前，雇主就已支付所有社会保障缴费的 30%以上。在巴西，雇主缴纳 15.5%—17.5%，雇员为 8%；哥斯达黎加雇主缴纳 6.5%，雇员为 6.5%；哥斯达黎加政府要缴出整个社会保险收入和销售税收益的 5%。在巴西，政府缴出各种各样税收入。在智利，蓝领工人要拿出他们收入的 23%用于缴费。与此同时政府为各项基金提供专项津贴。在 1974—1979 年改革之前，雇主缴费达到应付薪金总额 30%或更多(Mesa-Lago,1985:344)。然而在完全取消雇主缴费之前曾一度降到 27%。

[14] 对于"非正规"概念的起源与变化的辩论，请见波特斯和肖夫勒的论述(Portes and Schanffler,1993:3—8)。

[15] 对自我雇佣和在小型企业任职的职员评估并不能区别高收入与低收入者

6 拉丁美洲社会政策的选择:新自由主义模式与社会民主模式的矛盾

之间的差异,并且所评估的所有人员也不包括在大型公司任职那些非正式工人。

[16] 例如,1977 年在巴西,自我雇佣的劳动人口有 75% 未参加保险,特别是低收入的 90% 以上自我雇佣者及 29% 高收入的自我雇佣者也未参加社会保险(Isaunai,1985:96;也可见 Lopes,1994:25)。

[17] 拉丁美洲和加勒比海地区经济委员会(CEPAL)所定义的贫困线,是在大城市或城市地区,在营养平衡情况下一揽子基本食品成本的两倍,农村地区是基本食物计划食品成本的 1.75 倍。智利未包括在这个 CEPAL 报告内,但莱昂引用 CEPAL1987 年的贫困率 38% 这一数字(León 1994:4)。智利政府自己所统计的数据是 1978 年达到 24%,1988 年达到 26%。这个数字似乎大大地说少了,因为 1982 年几乎有 1/3 劳动力失业,而且 1990 年新民主政府主持下的一项调查显示,贫困率达到 40%。

[18] 根据 PREALC(1988:10)估计,拉美地区 10 个国家平均每年向海外的转移资本(净资本转移加贸易进出口比价之差)在 1983 年占国内生产总值的 6.9%,1985 年占 7.5%,1985—1990 年期间为 5.3%。

[19] 关于研究债务危机、ISI 模型的枯竭和结构调整方面的著作相当多。例如见 Nelson (1989); Feinberg and Kallab (1984); Handelman and Baer (1989);Canak(1989); Haggard and Kaufman(1992)。

[20] "华盛顿共识"成为了与新自由主义政策调整十分相称的标志。而这政策是由里根政府与 IMF(Williamson,1990)艰难推动而成的。然而,范伯格(Feinberg,1990:21)指出,即使在 20 世纪 80 年代的华盛顿,如在美国议会部分议院、布鲁金斯研究院、世界银行,都存在反对激进的新自由主义模式广泛的对立力量。

[21] 新自由主义的捍卫者反对这些模式的有效性,其根据就在于东亚与欧洲小国家是有效的,而大多数拉美国家之所以无效率是由于他们的庇护制和腐败造成的。很大程度上,对拉美国家这种特性分析是正确的。但是实质上,所有的国家都有其有效率的组成部分,在行动上这意味着国家机器的其余部分应当被改革而不是被铲除。而后发国家在无政府干预下就能成功促进可持续性增长,更不用说做到公平,根本没有历史先例。

[22] 像这样价格上浮所产生的明显影响就是导致许多自发性暴乱的发生,以抢劫食品店、罢工和其他抗议的形式(见 Walton,1989:299—328)。

[23] 在阿根廷,整个社会支出在 20 世纪 80 年代起伏不定,从 1980 年占国民生

第二部分 正在崛起的新福利国家?

产总值的 22% 降到 1990 年的 20.8%;在这十年间,智利也出现了类似的波动情况,起初于 1980 年的 17%,在 1982 年上升到 22%,与 1970 年持平,到 1990 年下降到 14%。在哥斯达黎加,社会总支出在这十年开始占国内生产总值的 23%,1982 年锐减到 14% 的低点,然后于 1989 年恢复到 21.5%。如果我们考察实际社会支出的指数,以 1980 年的指数设定在 100,那么在阿根廷 1990 年下降到 85.5,哥斯达黎加在 1982 年下降到 71,然后逐步回升到 1989 年的 107;在研究中并未给出智利的可比数据,巴西也未包括在内(Carciofi and Beuania,1993)。从 CEPAL 的一项独立研究得到的有关巴西的数字表明(Azeredo:1992),20 世纪 80 年代联邦政府社会总支出额起伏不定,开始从 1989 年占国民生产总值的 9.25% 到最后以 10.78% 结束。同样的研究提供了联邦和州政府 1986 年的分类支出账目,两级政府各自对总支出中相应部分负责,因此,前面提到的研究(Carciofi and Beccaria,1995)中,其他国家可比较的数据大致是 1980 年为 18.5%,1989 年为 21.5%。

[24] 巴西跟许多国家一样,在很大程度上抵制激进的新自由主义的严格的与自由化的措施,寻求其他与新自由主义不同的非正统的调整路径。

[25] 计时服务津贴是与雇员年龄无关、由雇员在缴费达到一定年限后有权享受的一种津贴。这种养老金的存在导致了退休者的年龄低于总的领取养老金者的年龄。因此,在现收现付制中也就导致了对养老金领取者漫长退休期间的高额支出。

[26] 从 1980 年到 1986 年,阿根廷的社会保障体系出现了财政赤字问题。1981 年财政赤字高达国民生产总值的 -3%;智利出现了同样的情况,1982 年为 -7.2%;巴西社会保障体系的财政赤字在前 3 年内低于 -1%。1981 年到 1986 年在后 3 年时间收支平衡;而哥斯达黎加则在整个时期连续保持财政盈余,1981 年和 1982 年的 0.8% 到 1985 年的 2.6%(Mesa-Lago,1994:83)。

[27] 关于它的经济政策和这些政策的政治支持,请见 Foxley(1986)。

[28] 1991 年最低养老金达到的标准相当于 75 美元/月。

[29] 例如,梅萨-拉戈(Mesa-Lago,1994:123—124)评价,在 1987 年佣金相当于每月收入 1 万比索档次的投保人的存款中扣减 18%,但对于收入十倍于此的人仅相当于扣减 0.9%;1991 年普通投保人的佣金负担大约是 9%。

[30] 参见格雷厄姆(Graham,1994:21—25)讨论皮诺切特和艾尔温政府的反贫

6 拉丁美洲社会政策的选择：新自由主义模式与社会民主模式的矛盾

困计划。
31 正统的稳定货币计划,如 IMF 所规定的,强调货币贬值和减少或取消外国汇率管制,通过减少支出和增加税收收入削减政府的财政赤字,强调工资管制和提高价格管制。总体来说,对于非正统的稳定计划,国际货币基金组织并不赞同,它包括更多的管制如价格、金融机构的运作、外汇的管制。
32 正如前文提到的,1986 联邦政府支出额仅略高于社会总支出的一半,而另一半支出由国家与各市政府一起承担。因此同其他国家数据相比,其支付增加了一倍。联邦政府在社会保障与社会援助的支出比例占了 2/3,略高于教育支出的 1/3,健康支出额达 71%,但住房支出仅占 11%(Azeredo,1992)。
33 关于从 1985 年开始的改革尝试的整个讨论是基于威兰的(Weyland,1991)极为出色的调查研究。
34 尽管与立宪会议制定的具体决议相反,但是宪章确实将普遍再分配的福利制度原则奉为神圣的。因此没有一个有效的改革计划被实施去取代由宪章确立的社会权利(Faria,1994:8)。
35 这一冲突因财政部越来越诉诸用社会保障基金来弥补财政预算赤字,而将范围扩到另外一个领域(Melo,1992)。
36 从 1974 年到 1983 年工业产量下降 11.9%,从 1983 年到 1990 年下降 11.2%(Smith,1991:66)。至于工资,与 20 世纪 80 年代情形相较,在 1993 年平均实际工资达到 1980 年水平的 81%,薪资达到 49%(Eclac,初步统计结果,引自 Powers,1994)。大布宜诺斯艾利斯地区公开失业率从 1975 年的 2.6%上升到 1993 年的 10.6%。而在内陆集居区,在这段时期的公开失业从 6.4%增加到 8.8%;同一时期这两个地区的不充分就业分别从 4.8%增加到 8.2%,从 6.6%增加到 9.9%(Lo Vuolo and Barkbeito,1993:134)。大约有 1/4 的劳动力在非正规部门工作,包括家庭帮工、非正式城市部门、季节性民工和小农场主。根据国家统计和人口调查研究院对贫困的一项主要研究表明,在大布宜诺斯艾利斯地区,37%的家庭住户在贫困线以下,其他城市地区家庭贫困所占的比例甚至更高(Powers,1994)。
37 另一方面,在 1974 年到 1987 年主要以居住、卫生和基础教育方面的基本需求不能得到满足为标志的结构性贫困从占大城市地区家庭的 26%大幅度下降到 16%;但是,另一方面,该时期的贫困比率增加了。也就是说,基

第二部分　正在崛起的新福利国家？

    本需要得到了满足,但收入水平还在贫困线以下的家庭增加了。表现在基本商品与服务的一揽子消费从3%增加到23%。(Globert and Fanfani,1994:18—19)。

38 尽管在1984年再次强迫雇主对养老金制度缴费,并在1991年增加到16%,但是这些问题还依然存留至今。雇员缴费则从11%降到10%。在1990年被雇佣者中逃避缴费责任者就达到了70%(Lovuolo and Barbeito,1993:34—35)。

39 政府总支出占国民生产总值百分比从1980年的25%急剧降到1982年的18%。但截止到1989年回升到26%,社会总支出也从1980年占国民生产总值的16%降到1982年的13%,但在1986年又再次恢复到16%,并保持这一比例直到1989年。而教育支出是下降最明显的领域,从1980年占国民生产总值的6.1%下降到1989年的4.5%;健康支出也有所下降,从1980年的7.2%降到1985年不到5%,直到1989年才有所回升。一些分析家认为,支出的削减极为不利于预防性卫生保健,因此对较贫困地区影响特别大(Chalker,1994)。与此相反,社会保障和社会援助的支出增长显著,从1980年的1.8%到1989年的3.5%。

40 在1987年这些特别的独立的计划中(Mesa-Lago,1994:98—99),42%的养老金支出仅被用于20%的养老金领取者。

41 文盲比率从1980年的10%下降到1990年的7%,婴儿死亡率则从每1000个新生儿1岁以内的19.11人下降到15.3人,平均生命预期从73岁增加到75岁。

42 事实上,在1992年公开失业率下降到6%。智利雇主们开始向政府抱怨这会给工资水平与出口造成危险。智利政府的回应就是放松对与玻利维亚边界的管制,这就意味着大量的玻利维亚人成为季节性农业工人进入智利。在这里我非常感谢塞吉奥·贝伦茨坦(Sergio Berensetein)使我注意到这点。

43 类似的观点,包括植根于收入的集中和由军人政权政策导致的劳资关系中极端的权力不平衡的贫困问题,请见列恩的论述(León,1994)。

44 见加威滕(Garweton,1994)关于社会行动者的弱点和许多部门于社会政治舞台上被边缘化的观点。

45 阿根廷的经济自由化程度超过了巴西,并经历了具有重大意义的非工业化过程。阿根廷出口基础是将本国的牛肉、谷物和农业出口与加工制造

6 拉丁美洲社会政策的选择:新自由主义模式与社会民主模式的矛盾

出口结合起来。同智利的农业出口相比,牛肉、谷物和加工制造品的出口更少地依赖廉价劳动力;因此,对降低雇主缴费的压力较小。所以,阿根廷在军政府重新执政时期以及20世纪80年代,为应付财政危机,取消了雇主缴费。然而,雇主仍在奋力推动劳动力市场灵活化,特别是推动减少或取消解雇费。阿根廷、巴西和智利在过去的十年间都实现了连续贸易顺差。仅阿根廷从1990年开始随着汇率上涨贸易出现了逆差。

[46] 参见布雷瑟·佩雷拉(Pereira,1993)和索拉(Sola,1994)对财政危机起源和影响的解释。索拉认为1988年的宪章成为解决危机的主要制度阻碍,因为它进一步地巩固了国家和与联邦政府相对的市政当局的地位。

[47] 1990年,商界同意通过少量税收增长以促进社会支出,但到1994年,他们又迫使政府降低了税收。尽管比较来说,智利的税收已处于相对较低的水平。

[48] 这里所用的关于联合与权力制衡方面的争论与关于社会政策改革的争论是一样的。在智利,具有压倒性力量的资方和巴西政党的弱势都严重阻碍了最有支付能力的纳税人税负的加重。

[49] 梅萨-拉戈(Mesa-Lago,1991:118)的建议、想法某种程度上与此相同。他提议建立资产调查型的基本养老金,此外,建立与缴费相关联的补充计划,都由公共或私营组织管理。我赞成公共补充养老金胜于私营补充养老金这一看法的原因是,因为公共补充养老金计划在实际运作上要比私营补充养老金计划更具公平性。公共补充养老金运营,可委托私营机构管理。从理论上,这样做能淡化二者之间存在的差异,但由于得到授权,养老基金经营中得到的利润将留给私营机构。如前面所提到的,要使公营制度在拉美地区运转顺畅,一个不可缺少的必要条件就是进行行政管理改革。

参考文献

Azeredo, Beatriz (1992) 'O financiamento do gasto publico social na Argentina, no Brasil e no Chile: subsidios para uma analise comparativa'. CEPAL Proyecto Regional sobre Reformas de Política para Aumentar la Efectividad del Estado en América Latina y el Caribe, HOL/90/S45.

Baer, W., Biller, D. and McDonald, C. (1989) 'Austerity under different political regimes: the case of Brazil', in Howard Handelman and Werner

第二部分 正在崛起的新福利国家?

Baer (eds), *Paying the Costs of Austerity in Latin America*. Boulder, CO: Westview Press.

Borzutzky, Silvia (1983) 'Chilean politics and social security policies'. PhD dissertation, Department of Political Science, University of Pittsburgh.

Bresser Pereira, Luiz Carlos (1993) 'Efficiency and politics of economic reform in Latin America', in Luiz Carlos Bresser Pereira, José Maria Maravall and Adam Przeworski (eds), *Economic Reforms in New Democracies*. Cambridge: Cambridge University Press.

Canak, William L. (ed.) (1989) *Lost Promises: Debt, Austerity, and Development in Latin America*. Boulder, CO: Westview Press.

Carciofi, Ricardo and Beccaria, Luis (1993) 'Provisión y regulación pública en los sectores sociales: lecciones de la experiencia Latinoamericana en la década del ochenta', UNICEF/CEPAL Taller sobre Reformas de las Políticas Públicas y Gasto Social, Santiago, Chile.

Casas, Antonio and Vargas, Herman (1980) 'The health system of Costa Rica: toward a national health service', *Journal of Public Health Policy*, September: 258-79.

Castells, Manuel and Portes, Alejandro (1989) 'World underneath: the origins, dynamics, and effects of the informal economy', in A. Portes, M. Castells and L. A. Benton (eds.), *The Informal Economy: Studies in Advanced and Less Developed Countries*. Baltimore: Johns Hopkins University Press.

CEPAL (1990) 'Magnitud de la pobreza en América Latina en los años ochenta'. LC/L 533 (Mayo).

Chalker, Cynthia H. (1994) 'Social policy, equity, and adjustment: the case of Costa Rica'. Paper delivered at the XVIIIth International Congress of the Latin American Studies Association, Atlanta.

Diamond, Peter and Valdés-Prieto, Salvador (1994) 'Social security reforms', in Barry P. Bosworth, Rudiger Dornbusch and Raúl Labán (eds.), *The Chilean Economy: Policy Lessons and Challenges*. Washington, DC: Brookings Institution.

Díaz, Alvaro (1993) 'Restructuring and the new working classes in Chile:

trends in waged employment, informality and poverty 1973-1990'. United Nations Research Institute for Social Development, Geneva, Discussion Paper 47.

ECLAC (1994) *Economic Panorama of Latin America 1994*. United Nations, Economic Commission for Latin America and the Caribbean.

Esping-Andersen, Gøsta (1990) *The Three Worlds of Welfare Capitalism*. Princeton, NJ: Princeton University Press.

Faria, Vilmar E. (1994) 'The current social situation in Brazil: dilemmas and perspectives'. Kellogg Institute, University of Notre Dame, Democracy and Social Policy Series, Working Paper no. 1.

Feinberg, Richard E. (1990) 'Comments', in John Williamson (ed.), *Latin American Adjustment: How Much has Happened?* Washington DC: Institute for International Economics. pp. 21-4.

Feinberg, Richard E. and Kallab, Valeriana (eds) (1984) *Adjustment Crisis in the Third World*. New Brunswick, NJ: Transaction Books.

Foxley, Alejandro (1986) 'The neoconservative economic experiment in Chile', in J. Samuel Valenzuela and Arturo Valenzuela (eds), *Military Rule in Chile*. Baltimore, MD: Johns Hopkins University Press.

Foxley, Alejandro, Aninat, E. and Arellano, J. P. (1979) *Redistributive Effects of Government Programs*. Oxford: Pergamon Press.

Garretón, Manuel Antonio (1994) 'The political dimension of processes of transformation in Chile', in William C. Smith, Carlos H. Acuña and Eduardo A. Gamarra (eds), *Democracy, Markets, and Structural Reform in Latin America: Argentina, Bolivia, Brazil, Chile, and Mexico*. New Brunswick, NJ: Transaction Books.

Golbert, Laura and Fanfani, Emilio Tenti (1994) 'Poverty and social structure in Argentina: outlook for the 1990s'. Kellogg Institute, University of Notre Dame, Democracy and Social Policy Series, Working Paper no. 6.

Graham, Carol (1994) *Safety Nets, Politics and the Poor: Transitions to Market Economics*. Washington, DC: Brookings Institution.

Haggard, Stephan and Kaufman, Robert R. (1992) *The Politics of Economic Adjustment*. Princeton, NJ: Princeton University Press.

第二部分 正在崛起的新福利国家?

Handelman, Howard and Baer, Werner (eds) (1989) *Paying the Costs of Austerity in Latin America*. Boulder, CO: Westview Press.

IBRD (1986) *World Development Report 1986*. New York and Washington, DC: Oxford University Press for the World Bank.

IDB (1993) *Economic and Social Progress in Latin America: 1993 Report*. Baltimore, MD and Washington, DC: Johns Hopkins University Press, for the Inter-American Development Bank.

Isuani, Ernesto Aldo (1985) 'Social security and public assistance', in Carmelo Mesa-Lago (ed.), *The Crisis of Social Security and Health Care: Latin American Experiences and Lessons*. University of Pittsburgh, Center for Latin American Studies, Latin American Monograph and Document Series, no. 9.

Isuani, Ernesto Aldo and San Martino, Jorge A. (1993) *La Reforma Previsional Argentina: Opciones y Riesgos*. Buenos Aires: Miño y Dávila Editores SRL.

León Batista, Arturo (1994) 'Urban poverty in Chile: its extent and diversity'. Kellogg Institute, University of Notre Dame, Democracy and Social Policy Series, Working Paper no. 8.

Lopes, Juarez Rubens Brandao (1994) 'Brazil 1989: a socioeconomic study of indigence and urban poverty'. Kellogg Institute, University of Notre Dame, Democracy and Social Policy Series, Working Paper no. 7.

Lo Vuolo, Ruben M. and Barbeito, Alberto C. (1993) *La Nueva Oscuridad de la Política Social: Del Estado Populista al Neoconservador*. Buenos Aires: Miño y Dávila Editores SRL.

Malloy, James M. (1979) *The Politics of Social Security in Brazil*. Pittsburgh: University of Pittsburgh Press.

Melo, Marcus C. (1992) 'Explaining the failure to reform: social policy-making in Brazil's new republic'. Paper delivered at the XVIIth International Congress of the Latin American Studies Association, Atlanta.

Mesa-Lago, Carmelo (1978) *Social Security in Latin America: Pressure Groups, Stratification, and Inequality*. Pittsburgh: University of Pittsburgh Press.

Mesa-Lago, Carmelo (1983) 'Social security and extreme poverty in Latin America', *Journal of Development Economics*, 12: 83-110.

Mesa-Lago, Carmelo (1985) 'Alternative strategies to the social security crisis: socialist, market and mixed approaches', in Carmelo Mesa-Lago (ed.), *The Crisis of Social Security and Health Care: Latin American Experiences and Lessons*. University of Pittsburgh, Center for Latin American Studies, Latin American Monograph and Document Series no. 9.

Mesa-Lago, Carmelo (1989) *Ascent to Bankruptcy: Financing Social Security in Latin America*. Pittsburgh: University of Pittsburgh Press.

Mesa-Lago, Carmelo (1991) 'Social security and prospects for equity in Latin America'. Washington, DC, World Bank Discussion Papers no. 140.

Mesa-Lago, Carmelo (1994) *Changing Social Security in Latin America: Toward Alleviating the Social Costs of Economic Reform*. Boulder, CO: Lynne Rienner.

Musgrove, Philip (1985) 'The impact of social security on income distribution', in Carmelo Mesa-Lago (ed.), *The Crisis of Social Security and Health Care: Latin American Experiences and Lessons*. University of Pittsburgh, Center for Latin American Studies, Latin American Monograph and Document Series no. 9.

Nelson, Joan (1989) 'Crisis management, economic reform, and Costa Rican democracy', in Barbara Stallings and Robert Kaufman (eds), *Debt and Democracy in Latin America*. Boulder, CO: Westview Press.

Pang, Eul-Soo (1989) 'Debt, adjustment, and democratic cacophony in Brazil', in Barbara Stallings and Robert Kaufman (eds), *Debt and Democracy in Latin America*. Boulder, CO: Westview Press.

Portes, Alejandro (1985) 'Latin American class structures: their composition and change during the last decades', *Latin American Research Review*, 20: 7-39.

Portes, Alejandro and Schauffler, Richard (1993) 'The informal economy in Latin America: definition, measurement, and policies', in Gregory K. Schoepfle and Jorge F. Pérez-Lopez (eds), *Work without Protections: Case Studies of the Informal Sector in Developing Countries*. Washington, DC:

第二部分 正在崛起的新福利国家?

US Department of Labor, Bureau of International Labor Affairs.

Portes, Alejandro and Walton, John (1981) *Labor, Class, and the International System*. New York: Academic Press.

Powers, Nancy R. (1994) 'The politics of poverty in Argentina in the 1990s'. Paper delivered at the XVIIIth International Congress of the Latin American Studies Association, Atlanta. PREALC (1988) 'Asumiendo la deuda social: qué es, cuánto es y cómo se paga'. Oficina Internacional del Trabajo, PREALC/318.

Raczynski, Dagmar (1994) 'Social policies in Chile: origin, transformations, and perspectives'. Kellogg Institute, University of Notre Dame, Democracy and Social Policy Series, Working Paper no. 4.

Rosenberg, Mark B. (1979) 'Social security policy-making in Costa Rica: a research report', *Latin American Research Review*, 15(1): 116-33.

Rueschemeyer, Dietrich, Huber Stephens, Evelyne and Stephens, John D. (1992) *Capitalist Development and Democracy*. Chicago, IL: University of Chicago Press.

Schoepfle, Gregory K. and Pérez-Lopez, Jorge F. (1993) 'Work and protections in the informal sector', in Gregory K. Schoepfle and Jorge F. Pérez-Lopez (eds), *Work Without Protections: Case Studies of the Informal Sector in Developing Countries*. Washington, DC: US Department of Labor, Bureau of International Labor Affairs.

Smith, William C. (1991) 'State, market and neoliberalism in post-transition Argentina: the Menem experiment', *Journal of Interamerican Studies and World Affairs*, 33(4): 45-82.

Sola, Lourdes (1994) 'The state, structural reform, and democratization in Brazil', in William C. Smith, Carlos H. Acuña and Eduardo A. Gamarra (eds.), *Democracy, Markets, and Structural Reform in Latin America: Argentina, Bolivia, Brazil, Chile, and Mexico*. New Brunswick, NJ: Transaction Books.

Tamburi, Giovanni (1985) 'Social security in Latin America: trends and outlook', in Carmelo Mesa-Lago (ed.), *The Crisis of Social Security and Health Care: Latin American Experiences and Lessons*. University of

Pittsburgh, Center for Latin American Studies, Latin American Monograph and Document Series no. 9.

US Department of Health and Human Services (1982) *Social Security Programs throughout the World-1981*. Washington, DC.

US Department of Health and Human Services (1992) *Social Security Programs Throughout the World-1991*. Washington, DC.

Vergara, Pilar (1986) 'Changes in the economic functions of the Chilean state under the military regime', in J. Samuel Valenzuela and Arturo Valenzuela (eds.), *Military Rule in Chile*. Baltimore, MD: Johns Hopkins University Press.

Vergara, Pilar (1994) 'Market economy, social welfare, and democratic consolidation in Chile', in William C. Smith, Carlos H. Acuña and Eduardo A. Gamarra (eds), *Democracy, Markets, and Structural Reform in Latin America : Argentina, Bolivia, Brazil, Chile, and Mexico*. New Brunswick, NJ: Transaction Books.

Walton, John (1989) 'Debt, protest, and the state in Latin America', in Susan Eckstein (ed.), *Power and Popular Protest: Latin American Social Movements*. Berkeley: University of California Press.

Weyland, Kurt G. (1991) 'Democracy and equity: redistributive policy-making in Brazil's new republic'. PhD dissertation, Department of Political Science, Stanford University.

Williamson, John (ed.) (1990) *Latin American Adjustment: How Much Has Happened?*. Washington DC: Institute for International Economics.

Wilson, Richard R. (1985) 'The impact of social security on employment', in Carmelo Mesa-Lago (ed.), *The Crisis of Social Security and Health Care : Latin American Experiences and Lessons*. University of Pittsburgh, Center for Latin American Studies, Latin American Monograph and Document Series no. 9.

Zuvekas, Clarence Jr (1992) 'Costa Rica: the effects of structural adjustment measures on the poor, 1982-1990'. *Staff Working Paper No. 5*. Washington, DC: Agency for International Development, Bureau for Latin America and the Caribbean, Washington, DC, Staff Working Paper no. 5.

7 东亚福利制度:巡走游学、适应性变革与国家建设

罗格·古德曼　彭懿德

过去二十年间,关于东亚国家的研究文献迅速增多,而有关社会福利体制的主题,在本领域之外,却鲜为人所知。造成这种状况有几种原因。首先,最明显的理由可能就是,有关这一主题的英文书面资料非常少。因为在西方,使用东亚语言的社会福利专家和研究者不太多,信息获得有限。第二,在实现工业化的东亚国家,社会福利制度以往都比较零散,近几年才呈现出系统化的趋势。即便在日本,这个堪称东亚工业化国家中社会福利制度最"发达的"国家,直到20世纪70年代以后,才开始形成对这一话题的公开的学术讨论。鉴于这是一个新话题,即便到现在,东亚的社会福利研究者,往往还会依赖并接受西方学者对他们自己的社会福利体制的分析,而没有生发出本土性的分析[1]。

另外,有关东亚社会福利体制的精确知识相对缺少,可能还有一个不太明显的原因,就是无论在西方还是东亚国家,个人和政府都要把这一主题用于意识形态的目的,以便创造出某种"东方"制度的形象,而这一制度与本土现实并没有什么联系。在西方,比如小政府、公司/社团福利体制以及强大的"家庭"传统的福利模式,被政府和个人拿来论证各种事物,从有关扩大私有化和降低公共部门支出的好处,到有关社会福利负担转向社团部门并回归到家庭互助基础上的优点,等等(有关辩论见 Gould,1993)。从某种意

7 东亚福利制度:巡走游学、适应性变革与国家建设

义上说,北美和西欧关于日本社会福利的讨论,使我们获得更多有关那些国家——以及他们所关注的问题——而不是更多有关日本的情况。因此,虽然直至最近西方一直批评东亚国家是福利的落伍者,但目前在某些方面,他们却被视为市场-保守主义社会福利的领导者。同样,在马来西亚、泰国和亚洲其他地区,"向日本看齐"的发展模式只是政治上的不实之词,实际上都需要根据当地的政治、经济条件以及关于福利供给的争论来加以审视。最后,在日本、韩国和中国台湾地区,尤其是近年来,对福利的简单化阐释被用来反对公共社会福利权益的进一步扩展。

最近,有些社会福利的比较研究试图涵盖关于日本的分析(Mishra,1990;Esping-Andersen,1990;Heidenheimer et al.,1990)。当然,大多数分析还是考虑把日本归入从西方模式抽象出来的各种社会福利模式之中,而不是根据它自己的特点加以审视。采取以西方为中心的研究方法的结果,就是通常把日本社会福利制度视为"例外"规则,而不是一种新的模式。近年来,东亚新兴工业化国家(NICs),如韩国、中国的台湾地区、香港地区和新加坡的发展表明,实际上可能存在不同于西方模式的"东亚社会福利体制"(Jones,1990;1993;Midgley,1986)。

本章我们讨论以下内容。虽说从历史上来看,日本、韩国和中国台湾地区可能积极采纳了西方社会福利的不同方面,并根据其自身的文化、政治和社会背景重组和重建,使之融入到自身体制当中;但是,很难证明,这些社会福利体制模仿甚至追随了任何特定的西方模式;相反,对于这些国家的社会福利体制,需要根据其特定背景来加以考察。

日本社会福利制度的发展就是有关这一主题的好案例,特别

第二部分　正在崛起的新福利国家？

是 20 世纪 70 年代中期以后，日本社会福利制度模式明显不同于其他西方模式。这使一些学者如马场启之助（Baba,1978）提出一个论点，即日本应该形成某种可能被称做"日本型社会福利制度"的制度。他认为，这种社会福利制度的主要特征是：第一，它是一种单一主义的社会保险制度；第二，它把家庭作为社会福利和服务传递的提供者，对家庭具有强烈的依赖。这一论点在随后几年间得到强化。20 世纪 80 年代，日本政府积极地认可了这样一种模式，1981 年的社会福利管理和财政改革项目就可以说明这一点（近来关于日本社会福利改革及其含义的讨论，参见 Zenkoku Shakai Fukushi Kyōgikai,1989）。同样，我们再来考察一下韩国。近来，韩国政府再次强调把儒家家庭伦理作为其社会福利战略，来应对由于年轻人及其家庭从农村地区向城市中心流动而产生的急速家庭核心化，这也可以看做试图在传统文化框架内寻求解决办法，而不是按照西方模式来调整的某种尝试。我们认为，至少在新兴的东亚发达国家或地区，如中国的台湾地区、韩国及进入后工业社会的日本，大体上出现了不同于"西方"社会福利发展模式的转向。

确实，我们相信有中国的台湾地区，还有韩国这样的好例子可以用来谈论可能被称做"以日本为中心的东亚社会福利体制"的发展。这些地区的福利体制，像日本那样，虽然融入了许多西方社会的福利理念，但其实践经验却根本不同于西方。这并不意味着东亚国家的社会福利体制注定要遵循同一发展模式，但也不能否认，这些体制和西方发达国家的福利体制之间存在着潜在的联系。其发展可以揭示，首先，从现在开始，我们必须把东亚国家作为一个地区群，用不同于以往的视角来对其社会福利制度进行考察；第二，需要对这些国家和地区的社会福利的本质作出深入分析，以获

7 东亚福利制度:巡走游学、适应性变革与国家建设

得有关其异同的更为精确的描述。

本章分为四节。在第一节里,我们要搞清楚这些国家在政治、社会、经济和历史发展中潜在的相同点,以明确研究领域。在第二节里,我们将对这些国家战后社会福利的发展作一个简要的概括。接下来,就是要讨论更多有关"以日本为中心的东亚社会福利体制"(可能用这个称谓还比较恰当)目前的发展情况。最后,第四节将思考这些国家和地区当前所面临的问题及其对社会福利的含义。

研究领域界定

关于如何界定亚洲各共同区域,仍然有许多困惑。在作为一个整体的亚洲内,有许多不同的国家、不同的传统、不同的历史,与任何其他大陆相比,要谈论有关"亚洲文化"或"亚洲模式"似乎更不可能。在亚洲,我们通常谈论大量的区域性集团(通常是政治的和经济的,还有许多是文化的),比如说南亚(主要在印度次大陆)、东南亚(东盟国家)以及东北亚(中国、日本、韩国和蒙古)。其他一些界定集中在经济发展模式上(如中国香港、新加坡、韩国及中国台湾等新兴发达区域),以及我们通常所感知的文化背景,比如儒家文化[日本、越南、新兴发达国家(NICs)等]。在这一章里,我们把我们所说的"东亚"作为参考框架。正如罗兹曼所述:

在一个由上千个民族、上百个国家以及十多个地区所组成的世界里,东亚地区与西欧……作为世界历史上可能是最伟大的,最为持久的地区力量……起着支配作用。东亚日益代表了经济快速增长、较好的社会稳定、卓越的个人努力和持续的集体支持的罕见结合(Rozman,1991:4—5)。

第二部分　正在崛起的新福利国家？

在日本、中国和韩国这三个具有持久的"国家传统"的区域,有一些共同点——这里研究的是日本,中国的台湾地区和南朝鲜(后来称作韩国)[2]——考虑到对这三个社会进行福利比较研究,可能揭示富有启示性价值的东亚社会福利模式的发展。然而,要特别强调的是,东亚人自己很少接纳这种区域性中心的看法,比如日本,有时还要有意识地远离其邻国。它们有一些共同点大致列举如下。

历史的联系是强大的。日本,在某种程度上是由于对帝国的追求导致它进入"现代"国家,日本在1895年吞并了朝鲜,1910年对其实行殖民统治。1895年中日战争之后,中国的台湾地区被割让给日本。日本占领朝鲜和台湾地区,直到1945年。日本人想要把朝鲜和台湾地区的经济并入日本帝国之中(Long,1991:28ff),因此实施了某种同化的过程。虽然殖民统治期间,朝鲜和中国台湾地区人民的经历极为不同——日本在朝鲜带有极大的愤恨情绪[3],而对中国台湾地区则更为仁慈——但是两个地区都遗留下许多重要的金融、产业、教育和政治制度,这些制度即便在当今,与日本的现代制度仍然有很多共同之处[4]。

三个社会都依靠儒家学说这一共同语言和大乘佛教(在稍低的程度上)建立起种族认同(这两种学说经常把宗教和哲学汇合在一起,而这正是东亚地区的特征)。这些强大的修饰语在不同地域、不同时代得到极为不同的运用(见 Morishima,1982)。这种"语言"力量强大,用于建立与社会文化相适应的社会福利制度的阐释。虽然通常都认为,日本与邻国社会一样,都具有中国根基,但是,战后日本社会,经常提到的是日本特性论,而不是儒学。在中国台湾地区,政府把儒家理念和孙中山先生的政治理念有效地

7 东亚福利制度:巡走游学、适应性变革与国家建设

混合在一起(大多是受到俾斯麦政治理论的强大影响),以推进着重强调家庭和政府部门的作用而不是社区和公司部门的作用的福利混合的观念。

儒家的语言包含一些重要的观念,比如:同情弱者、孝敬长辈、父爱主义,集体观念先于个人、避免冲突、忠诚、尽职尽责、较少满足、勤奋学习、企业家精神和精英领导体制。在这个社会中,非常看重勤奋和辛劳。工作时间仍旧是世界上最长的。它很强调"家庭"团结、内外有别、家长制的权威、严格的性别角色区分以及女性从属、持守(long-termism)和家庭延续、唯恐受辱等观念。一些研究强调,韩国、中国和日本在亲属模式上存在共同点,并研究如何运用这一模式建立起"家族式"的公司。儒教原理中的一个基本原则是初始美德的原则:领导者率先垂范,上行下效,这是一种有力的"道德劝导"形式。这里面也包含了集体责任感以及承认等级的观念。

从传统上来看,每个社会都建立起了高度集权的官僚机构,"二战"后至今,都把一党执政看做必经的快速政治变革过程。中央政府,特别是中央官僚机构,是协调工业政策和经济增长的关键。在官僚机构工作的职员是最有能力的、被认为是代表人民利益而工作的人,他们被赋予极其尊贵的地位[5]。

每个社会在战后时期都经历了一段经济困难和国家荒废时期,接着就是反对共产主义的美国人的大规模援助以及经济增长的惊人迸发(日本是1952—1973年,年平均增长率在11%左右;中国台湾地区是1960—1980年,年均增长率10%;韩国是1960—1980年,年均增长率为9.5%),随后是近年来的速度放缓。伴随着快速城市化、农村人口减少,就业也发生重要变化,从第一部门

第二部分　正在崛起的新福利国家？

转向第二和第三部门。一些学者认为,大约十年到二十年以后,韩国和中国台湾地区就会走上与日本经济发展轨迹相似的道路[6]。这三个社会,从物质生活方面来看,其生活质量与西方国家差不多。特别是在日本,由于政治原因,收入再分配采取从城市流向农村,对小型农户进行财政补贴的方式。

近来经济增长的时代,每个社会都唤起更多的年轻人和更高学历的人推动这种增长。长期预测显示,当人口结构还比较年轻时,快速增长的寿命与同样快速下降的出生率相结合,会导致人口结构在21世纪20年代和30年代发生引人注目的转变,因此,也需要对社会福利的财政影响作出长期计划。这对日本来说是特别重要的,因为在这三个国家和地区中它的老龄人口比率最高,而且,其老龄人口的寿命看来更长,超老龄现象更为突出。日本的统计显示,超过65岁人口的百分比在2020年将达到25.5%,几乎是现在的两倍,超过了西方最发达的国家,包括美国、瑞典、德国和法国。而且,80岁以上的人将会提高到当前比例的三倍以上。

这几个社会都显示出相当高的储蓄率,可能与社会福利的国家供给缺少相关,特别是国家提供给老年人的福利缺少[7]。同样地,有些人以同样的理由来解释老年人的劳动力参与率[8]以及多重代际家庭的比例,与西方国家相比,这两个方面都比较高。事实上,韩国政府新近关注老龄社会的紧迫性问题这一证据,看来显示了某种对国家领导提前"构建"福利"问题"的策略的期待。[9]

经济增长主要建立在出口经济的基础上,包括对大企业的大规模投资,而对住房、公园、主干线的排污设备、博物馆等内部基础设施等投资很少。现有政府对住房投资非常少,改善这种状况、提高住房质量是所有三个社会中的主要问题。

7 东亚福利制度:巡走游学、适应性变革与国家建设

我们研究的几个社会,都认为劳动力投资对经济增长来说是非常重要的;因此,学生接受继续教育的比例很高,有90%以上的学生继续在非义务教育部门接受教育。这种现象通常是考虑到除了人力资源以外,其他什么资源都稀缺(特别是在石油、矿产和可耕的土地)的状况而出现的。教育投资的重大意义既表现在国家和地区层面——国家和地区寻求建立一种制度来生产有效的劳动力,又表现在个人层面上,个人主要根据他们的教育背景而不是家庭地位进行社会分层,教育是社会地位和财产保障的关键。教育在自然科学和数学领域特别有效,它主要关注那些精细的、重复的工作任务,以及分工合作的、机械的知识和技能,以便可以成功地把它们运用于工场实践。

精英领导和无阶级的意识形态,意味着在社会上失败的人几乎无所依靠,社会没有什么责任,而是他们自己要对失败负责[10]。残疾人——身体上的和精神上的——也被高度污名化,这也在一定程度上解释了为什么在日本,官方对残疾人的统计低至3%。同样地,与其他一些发达国家相比,日本对社会成员中的"弱者"也鲜有保护;最低工资水平、失业津贴、工作保障和高度安全的工作仅仅为获得精英的、核心地位的那些人而设置。因此,劳动力市场证实了深刻的核心—边缘的分界,对于解释已有的社会福利制度类型具有重大意义[11]。

女性劳动力参与率相当高并且快速增长,这意味着妇女是社会外部劳动力的重要组成部分——1989年日本妇女劳动力参与率是59.3%,中国台湾地区是45.3%,韩国是46.5%[12]——但是,在经济衰退时期,则有可能唤起关于劳动力性别分工(男性,公共层面;女性,家庭层面)的说法。还有可能把女性是家庭福利提供

第二部分　正在崛起的新福利国家？

者这种观念拿出来利用。西方意义上的女性主义运动影响不大，妇女经常会发现她们自己要做兼职工作，还要照看年老的亲属。

在"二战"后大部分时期，除了 1945—1947 年的日本以及如今的韩国和中国台湾地区是重要的例外，工会主义一直很衰弱，工会会员只覆盖了大公司中全职的、有固定合同劳工的 25％—30％；而且没有覆盖到那些通常由家庭开办的、很少有保障的小企业的大多数劳工。在日本，大企业工会通常只注重保护自己的商业利益及其精英劳动者的利益。

有证据表明（见 Marmot and Smith, 1989），"二战"后低失业率、登记的低犯罪率以及高破案率、下降的婴儿死亡率、低通货膨胀、种族（不仅仅是伦理的）同根（许多国家战后移民都非常少）的意识形态，以及无阶级性会导致更为稳定的——并且是可预见的——生命历程，它可以解释迅速增长的长寿模式。

高度集中的权威体制（即使在某些领域实施地方自治政策和财政的地方分权化）对于国家身份（建立在同一种族和无阶级的概念之上）的建立作出了很多的努力，这种国家身份的建立对于经济发展是重要的。其人民都把自己视为巨大的中产阶级一员——例如，根据国家调查，大约 90％的日本人认为他们自己是"中产阶级"——虽然这一"中产阶级"概念内部包含着显著的经济不平等。应该说，这种依靠强有力的本土观念建立起来的特别的"日本型社会福利制度"，某种程度上是在"日本特性（Japaneseness）"建立的情境下形成的[13]。在韩国，还有近来在中国台湾地区也发现有同样的过程。即便是个人有投资的优先安排（比如对孩子的私人的、额外的教育），但是，公开强调的仍然是先于个人需要的集体、社会或者国家。

7 东亚福利制度:巡走游学、适应性变革与国家建设

每一个社会都有相当数量的、比例不断上升的具有海外留学经历的精英,特别是在美国接受教育后,他们带着新观念回国以挑战当前的体制。

泛泛来说,福利政策为经济因素主导,而不是由反福利主义的潜在观念,特别是对政府社会福利供给进行抵制的社会因素所主导。当面临政治危机时,统治精英通常只接受社会福利的制度化理念;危机渡过之后,他们就会吸收"儒家的"文化意识形态,退回到"剩余型社会福利的理念"。从20世纪60年代开始,这种模式在日本尤其引人注目。

有关日本、韩国和中国台湾的社会福利发展

"二战"前的状况

必须指出的是,虽然直到最近,现代西方意义上的社会福利[14]在日本、朝鲜或中国台湾地区还没有完全建立,但是这并不意味着社会福利概念或是社会福利实践在这些国家和地区也不存在。毋宁说,从这些地区以往的历史来看,社会福利作用主要由家庭承担,有时是由地方的社区所承担。公共救助大多是以慈善和地方互助的形式出现,为那些真正穷困的没有任何家庭支持的个人所准备,而政府强行把儒家与佛教教义结合起来,对于市民社会福利所承担的则是一种可能被称作"边缘无责任"(peripheral non-responsibility)的姿态[15]。当儒家教义赞美孝顺、勤奋以及避免冲突的美德时,佛教教义更强调把这些价值与因果报应的理念相结合——利益和义务的观念——以及个人的仁善和对现状的接受(Peng,1995)。[16]

例如,在德川时代的日本(1600—1867年),国家为确保家庭

第二部分　正在崛起的新福利国家?

间相互扶助和互尽义务而组织成五人组制度。这一制度指定五个家庭为一组,作为基本的行政和法律的单位,以达到互助、税收征缴和社会控制的目的。到明治时代,这一制度又由"邻保相扶",即一种邻里守望和互助的组织形式所加强。这种组织使家庭成员和地方邻里和村庄的居民之间的相互依赖成为必需,并且由此减轻了国家的社会福利供给。在日本,这种守望和相互帮助的制度一直持续到第二次世界大战结束;这种形式今天还能够看到,特别是在许多农村地区。在中国台湾地区以及韩国,日本殖民政府也强迫实行同样的制度。

虽然从19世纪末期到第二次世界大战结束,社会福利政策只是体现在官方对家庭支持和地方互助的肯定并将其制度化,但是有证据显示,至少到二次世界大战时,人们的福利生活质量普遍有所提高。20世纪上半叶的大部分时期,这些进步都归因于强大的中央政府对经济增长的指导[17]。例如,在日本,在明治维新的十年里,封建阶级制度被废除,国民义务教育制度建立。明治政府还在1872年实行了土地改革。土地再分配政策的实行,使得许多农民自1643年以来首次拥有了自己的土地。而且,明治时期,政府对现代经济和工业基础设施的发展也投入重大资金,包括铁路制度以及新工业如棉花、纺织品、钢铁、军备和船舶组建的建设和管理(Akamatsu,1990;Nish,1992)。

回顾韩国的历史,日本1895年的入侵和随后的1910年的殖民统治,结束了朝鲜时代并打破了传统地位尊卑的体制。日本殖民政府(例如明治政府)在韩国强行推进与日本同样的一系列制度改革。包括1910年到1918年间地籍测量和土地改革,以及通过建立钢铁、化工、水力发电设备等现代重工业来引入资本主义经济

7 东亚福利制度:巡走游学、适应性变革与国家建设

制度。金(Kim,1991)认为,日本的殖民占领给韩国留下了两个相互矛盾的遗产。第一,它留下了"军国主义的、官僚主义的、独裁的政治文化"这样持久的印记,它阻碍了民主化的进程,但在形成独裁的国家主义的经济发展以及社会福利政策方面还是颇有效果。第二,它还创造了一种强大的"恨"感,"一种愤恨与懊悔情绪混杂在一起的状态,由强烈的沮丧和不公正所引起,并且往往造成对军政府的复仇或是仇恨的愿望"(Kim,1991:140)。权焕州(Kwon,1995)认为,事实上,韩国的社会福利政策已经由虽然强有力,但需要寻求自身的合法化的不符人心的政权建立起来了。

日本殖民政策对中国台湾地区的影响同样是矛盾的。虽然日本占领韩国和中国台湾是侵略性的,这是毫无疑义的——占领政府剥削着被占领国家的劳动力和资源,以此来支持日本战后重建的努力——但是,它留下了一些重要的制度结构:1896年到1906年间得以实施的土地改革;殖民政府也在被殖民地区建立了现代的交通体系,引进了新的农业技术,还建立了日本式的教育制度和其他的经济和工业基础设施。

"二战"后的发展

日本、中国台湾地区以及韩国经济在1945年后都经历了戏剧性的变革,最剧烈的变化就是大规模的西方资本特别是美国投资的进入。在美国占领政府(GCHQ)的统治之下,日本的社会福利制度经历了一次全面彻底的改造。像战后日本宪法一样,日本社会福利制度也遵从美国意识形态而重建。

虽然,有关社会福利的法理精神可以建立在理想化的西方(美国)社会福利模式的基础上,而事实的呈现却不同于此。新宪法的

第二部分 正在崛起的新福利国家?

解释常常出现与人们早期所奉行的明治民法的观念相冲突的倾向[18]。比如在儿童福利制度方面,新宪法规定,所有公民都有权利并且国家有责任保证这些权利,而事实上,按照民法准则,明确父母亲总是具有看护儿童的优先权(Goodeman,1993;Kinoshita,1991;Peng,1992;Takahashi and Peng,1992)。

同样,宪法第 25 条规定了政府有责任保证所有公民享有最低生活水平,日本最高法院历史把这条解释为一种"国家的政治和伦理责任的表达"——伯克斯(Burks,1985:41)称为"项目条款(program clause)"——如战后,把社会保障决策权委托给政府进行立法和行政管理(JNC-ICSW,1988;1990)。这种解释意味着,为应对战后那些年的直接需要,由占领国政府而发起一系列社会福利项目——如日常生活保障法(1946 年建立,1950 年修订)、儿童福利法(1947)、残疾人福利法(1949)以及社会福利服务法(1951)——除此之外,直到 1960 年都没有作出新的有关社会福利的规定。

确实,战后日本社会福利制度所遵循的发展轨迹显示,除了 20 世纪 70 年代早期明显是个例外,排在优先地位的总是经济增长和工业发展。在这种意义上,自明治时代后,日本政府的基本社会福利取向就没有显著变化。例如,甚至在 1955 年到 1975 年高速经济增长时期,政府对社会福利的支出大约稳定在占国民生产总值(GNP)的 2% 左右(Bronfenbrenner and Yasuba,1987;Tabata,1990),当然,这一时期社会福利费用的欠缺,由高达 13%—20%的家庭储蓄率所补偿(Tabata,1990)。还有人认为,战后出现的社会福利真空立即被战前模式的公司福利计划(养老金、住房和医疗保健)的扩张所填充,这些福利项目由最大的总公司追

7 东亚福利制度:巡走游学、适应性变革与国家建设

于工会的压力而为专职工人提供(Hiwatari,1993)。[19]

在韩国和中国台湾地区,都可以看到同样类型的经济增长和工业发展的社会福利模式。朝鲜在1945年分裂,之后5年多与南方的内部斗争给这个国家留下的是混乱无序。朝鲜战争持续了3年(1950—1953年),到最后,由美国支持的"反共"军队政体,在李承晚领导下接管了南部政权。这个官僚权威政体一直维持到1980年末民主化进程开始时。朝鲜战争大大挫伤了该国的经济和工业结构。在1953年到1960年之间,由于缺少经济设施,没有建立任何社会福利项目。[20]虽然1962年的第一个五年发展计划标志着韩国福利制度的开始,但是,它仍旧附属于经济和工业发展政策。直到20世纪80年代,韩国大部分社会福利还集中在雇员养老金和医疗保健项目上,几乎没有什么其他选择,如果享受不到生活保护制度(1961年推行)这一基本的贫穷救济方式[21],就只能依赖个人的工作努力和家庭支持了(Chang,1985)。

另一方面,中国台湾地区在1945年后即由国民党政府执政。在冷战时代,中华人民共和国在朝鲜战争中的介入,进一步加强了反共"政府"和美国之间政治上和战略上的联盟。美国直到20世纪70年代才承认中华人民共和国的地位,台湾地区从美国对其的认同中大大受益。即便在那之后,台湾地区除了享有美国军队和经济支持外,还继续享有在美国国内市场进口的优先待遇。但是,在美国承认中华人民共和国的地位之后,台湾地区的国际地位下降了:它被驱逐出联合国,在国际政治中日益成为边缘化力量。1970年后,台湾地区政治解放和社会发展的压力,在1975年蒋介石去世后进一步加强。

第二次世界大战结束后的前三十年间,所有三个地区——日

第二部分 正在崛起的新福利国家?

本、中国台湾地区和韩国——都经历了一段高经济增长时期,大多数学者认同,在战后大部分时期,经济增长大体上代替了社会福利。在日本,那些在 20 世纪 50 年代就对战前项目进行了扩展的大企业雇主,不愿意再为更多的公共福利而付出,以免破坏那些已被证实能够非常有效地控制和保留优秀工人的项目。大企业的工会对公共福利改革同样漠不关心,只有日本工会总评议会(Sōhyō)*,代表小公司的工人,迫切要求制定新的政策。中国台湾地区和韩国进口替代工业政策的成功在很大程度归功于各自的权威体制,对于确保劳工参与决策,避免频繁剥削工人,特别是避免对妇女的频繁剥削起到很大作用。比如,在中国台湾和韩国,工会罢工被禁止,过去存在的工会经常由国家来组织。而且,在高雄(Kaoshiung)和马山(Masan)这样的出口免税区,80%的劳动力都是女性,大多数是从农村地区来的年轻女孩,付给她们的报酬相当于日本水平的 1/3,美国水平的 1/5 到 1/10(Cumings,1987)。

在日本,20 世纪 60 年代,社会福利出现了自战后以来的首次的小规模扩张。这些扩张包括下列方案的引进:智障残疾人的福利(1960 年)、老年人福利(1963 年),以及生育福利和儿童福利(1964 年)。20 世纪 70 年代,公众对社会福利的关注程度进一步提高,要求提高"生活质量"的草根政治运动也进一步高涨。这方面可以由增多的社区以及公众对污染和交通事故问题的抗议为佐证。还有,在 20 世纪 60 年代末期,可以看到,新一代的受到良好

---

* 这个组织曾是左翼劳工运动的全国性中心,主要以公有企业为基础,结果解体了,1989 年与日本劳工联盟合并形成一个新的国家工会组织日本工会联合会。——译者

7 东亚福利制度:巡走游学、适应性变革与国家建设

教育的中产阶级青年,以及受西方解放思想影响的女性群体开始参与政治。比如,在20世纪60年代末期,出现了国家和反战(越南)的学生运动之间的暴力冲突,以及倡导对工作母亲提供儿童看护设施这样的妇女团体增加。后面的那些倡议,在很大程度上得到来自工会还有企业的支持,他们关心由国家而不是由他们自己来为这些扩展提供财政支持。结果,日本提供了大量的受补贴的日间护理机构的补助,在当时有可能超出其吸纳率的20%以上(Peng,1995)。

日本政府1973年引进的"福祉元年"的功劳主要在于,增强了改善福利的公共压力,政府对福利的关心不断高涨,从而避免其支持率的下降[22]。在这一时期,我们可以看到,公众对自由民主党(LDP)的支持下降:在1967年的众议院选举中,这个政党自1955年以来第一次获得低于50%的选票;1976年,自民党在众议院选举中失去了多数党议席(Tabata,1990)。虽然,在养老金受益水平[23]、养老金指数化以及对老年人的免费医疗保健方面,确实有了大规模提高,但能公开宣称日本终于开始达到新"福利国家"这一阶段,对于建立公共福利意识来说是最为重要的。没有预料到的是,1974年,由于石油危机冲击,在日本以及大多数工业国家,政府向福利时代的转变进程突然停止。1975年到1985年间,日本失业率上升了三倍,导致福利支出的提高。就是在这种特殊的经济环境下,新的新保守主义表示反对福利制度,起初以对西方(特别是英国和美国)经验批判的形式出现,然后通过"日本型福利"思想观念的形成而呈现出来(Shinkawa,1990;Tabata,1990;Hiwatari,1993;Japan,1993)。

从20世纪70年代中期开始,日本社会中对上涨的社会福利

第二部分　正在崛起的新福利国家？

供给成本日益关注。"对福利进行再认识"这种新的政治论调强调的是,在竞争的经济中,持续的福利扩张对于投资是危险的[24]。许多各负其责的重要利益群体——医疗、福利、财政部,还有大企业及其工会,都达成一致意见,福利领域的扩张不得已而缩减。这种意识认同的核心,还是大企业的经理人和工会,反映了20世纪50年代出现的"大企业公司福利"和"小公司政府福利"制度的双轨制(Hiwatari,1993)。1981年推动行政和财政的改革,财政改革的主要目标是减少中央政府社会福利成本的份额。改革的压力部分来自对日本未来经济展望的关注,特别是对迅速老龄化的人口的广泛忧虑。另一个没怎么公开表明的原因是,改革运动缘于对太多"西方化"危险的普遍焦虑。20世纪80年代,在大多数西方发达国家面临经济不稳定时,日本经济的增长,导致日本学者和舆论领袖对于解释日本在世界上的地位突然产生了兴趣。概括地说,就是日本从早些时候被视为跟随西方国家"模式"的理念中转移开来,获得了引人注目的地位。

伴随着1981年的行政和财政改革,出现了一些虽然微小但是渐进的变化,主要是减少福利扩张,以及把更多的社会福利负担转移给私人和社区。这些负担包括：(1) 对老年人的医疗的额外收费；(2)减少医疗保险的保险水平；(3)延长国民养老金的受益年龄(男人从60岁到70岁；女人从55岁到60岁)；(4)征收3％的销售税[25]。新近,政府把更多的努力放在促进"居民参与型组织"的理念上,半公共资助的、自愿地提供互助服务的福利银行,由地方政府和社区团体运作(Ichikawa,1994)。这一进步显示在社会福利中对私人和社区作用日益提高的期待,虽然这种自愿活动经常被说成是返回到"传统的"福利供给。

7 东亚福利制度:巡走游学、适应性变革与国家建设

日本公众看来没有任何抵抗就接受了这些变化。可能一方面是因为政府在提高公众关于老龄化社会以及潜在成本的意识方面是有效的。它还说明,形成西方式福利制度的观念的时间确实相当短,可能尚未扎下根基来。如德(Rudd,1994:17)则指出,日本公众之所以接受福利改革,还因为国家助长了社会耻辱感的形成,"许多日本人仍旧把这种社会耻辱与法定的社会救助联系起来"[26]。此外,自20世纪80年代末期开始,日本经济速度放慢,这进一步加大了政府和公众对未来上升的社会福利成本的忧虑。因此,必须强调的是,日本20世纪80年代的改革不应该被视为新自由主义对福利制度的攻击,这一改革主要是由群体共识和民意达成的,只有左翼(例如小公司)联盟和社会主义党持反对立场。当然,自由民主党当前所遇到的问题不应该被视为对推行这些改革的惩罚;20世纪80年代初期的证据甚至显示,他们的改革得到了选民的回报。

在中国台湾地区,尽管国民党提出三民主义,即民族主义(国家原则)、民权主义(民主原则)和民生主义(人民生存原则)的意识形态口号[27],国民党统治当初的那三十年,绝不是自由和民主的。事实上,台湾地区更确切地说就是独裁型的军队政体,直到1975年蒋介石去世一直都是如此。在这一时期,民主社会的基本要素,如言论自由、组织自由以及政治活动都被禁止,社会实际上在1950年实施的军事法的掌控之下(Lin,1993)。虽然蒋经国接替其父后,在20世纪80年代发起了一系列改革,但是,1988年他突然死亡,改革因此半途而废。在蒋经国统治下(1978—1988年),军事法和"应急法令"被废除,允许反对党建立自己的组织。这些措施受到那些在台湾出生、在西方接受教育的新生代政治家的鼓

第二部分　正在崛起的新福利国家？

励,而他们也逐渐代替了老一代的国民党成员。而且,在李登辉主政之下(1988年到2000年),还出现一些更具有自由化的迹象。

跟日本和韩国差不多,中国台湾地区战后社会福利发展相对适中,只是近年来才开始起飞。政府虽然在1958年引进了劳动保险计划,但是,之所以出现这一变动,主要是由国民党先前在大陆的经验所激励,而且在台湾,它被作为避免潜在的工人动乱发生而采取的减震措施得到广泛认同。从1958到1980年间,对现有的社会保险计划作出了小幅度增加的调整,但是,没有什么显著变化。1980年,在台湾地区采取经济和民主发展措施之后,才出现大部分更慷慨的福利措施。

当代中国台湾地区的社会福利,比起日本和韩国,仍旧更缺乏组织性。例如,在台湾,虽然有不少于十个新的主要医疗保险项目是1980年以来引进的,但它们全部是根据工作和职业联系而组织起来的。而且,除了劳动保险计划大约覆盖了总人口的37%以外,现有计划都没有覆盖到总人口的8%以上,1980年以后引进的新的保险项目,没有一个覆盖率超过1%。被保险人、雇主和政府支付的保险金的百分比也按项目从0%—100%不等。虽然其中大都包括疾病和工伤的医疗补贴,但是,根据对其他风险诸如残疾、老年、死亡、生育和丧葬等是否提供额外的现金补贴(或者与此无关),津贴类型也各不相同。在台湾,社会保险项目分裂的性质在未来也不可能消失[28]。相反,在这一地区,自20世纪80年代以来,利益集团政治高涨,加上缺乏部门性的劳工联合,都进一步增强了其混乱和多样性,而无助于实现社会福利制度的统一。统一的医疗保险计划承诺到1995—1996年实行,不论其确切形式和覆盖水平如何——实际上,它能否实施,还有待观望。

7 东亚福利制度:巡走游学、适应性变革与国家建设

与日本一样,在中国台湾地区,国家提供社会福利义务的法律规定与现有社会福利制度的现实之间存在着巨大的裂痕。不管国家提供社会福利的义务怎样,比如,在中国台湾地区"宪法"第155条和第157条"关于基本政策的章节"中,事实上没有提到什么具体措施来达到这些目标。政府的政策优先权首先放在经济发展和国防方面。例如,1988年,台湾政府花费了0.1%的社会福利支出用于劳动福利,而63.1%的支出用于军事福利。社会福利因此很少受到政府的关注。

与日本和中国台湾地区一样,直到最近,韩国社会福利的匮乏都是由高经济增长和高就业率来弥补的。例如,生计保护这一基本安全网,在中国台湾地区(台湾低收入群体的医疗减免和劳动保险在1950年建立,政府雇员的保险法在1958年确立)和日本(其日常生活保护在1947年实施)引进十年以后,才开始在韩国推行。雇员养老金、医疗保险和工伤赔偿等计划在20世纪60年代推行。不过,1970年,政府集中力量强化医疗保险项目,取得重大进展。对穷人提供基本医疗照顾的医疗救助法案在1977年引入,同年,对私人工业企业和公司雇员的医疗保险建立起来。1979年,这一医疗保险项目扩展到公务员和私立学校的老师。然而,直到1988年,基本的医疗保险项目才覆盖到所有农村居民;随后一年,覆盖到所有城市居民。20世纪80年代末,韩国把国民养老金计划推广并延伸到所有农村和城市居民,虽然,针对产业工人的特殊养老金自1960年就已经建立。

考虑到韩国的经济增长,其近来的民主化进程,以及其近来社会福利发展的性质,都是表明社会福利在不远的将来可以继续扩展的好兆头。这一结论有可能因为如下事实而推进,与日本不同,

第二部分 正在崛起的新福利国家?

韩国的老龄人口仍旧相对较少,年轻人口相对庞大。无论对韩国社会福利积极发展的潜在期望怎样,有些迹象表明,政府近年来试图重塑韩国的社会福利体制。例如,尽管老年人口相对比较少(超过 65 岁以上的老年人口比例在 1980 年占 3.9%,1992 年占 5.0%),但是,从 20 世纪 80 年代初期,就推行了一系列社会福利改革,试图解决老龄化社会问题。1981 年,政府实施了老龄福利法案,以改善对老年人的社会福利服务,1982 年,颁布了"尊重老年人宪章",传播了要强化"尊重老年人的精神"。与尊重老年人宪章相关的活动,包括为纪念老年人的特殊庆祝日,政府对两百个"尽责的儿子、孝顺的媳妇以及典型的传统家庭"的公开奖赏。这种对老年人的公开重视是由于对过去几十年迅速工业化和都市化所引发的核心家庭的关注所激励。所以说,不管社会福利怎样日益地扩展,国家还是认为,家庭将继续承担主要的社会福利提供者的角色。

总结

既然,日本、中国台湾地区和韩国的社会福利模式明显存在重大差异,那么,是否可以找到能够特别标明其特征的共同点呢?简单说,我们可能证实,日本具有如下特征:(1)家庭福利体制似乎抵消了对国家福利的大部分需要;(2)身份有别的、带有剩余型社会保险基础上的体制;(3)针对"核心"劳动者的法人职业计划。我们可以证明,日本的这种模式在韩国和中国台湾地区也大体存在。后二者都存在激烈地强调家庭福利而否定大部分需要由政府来支持的观念,阶层分层的模式和剩余社会保险制度的模式在中国台湾地区当前的医疗保险制度和韩国的养老金体制中都可以见到。法人职业计划的观念在台湾地区不明显,因为台湾的大公司相

7 东亚福利制度:巡走游学、适应性变革与国家建设

当少,但是,如果看一下劳动市场中的性别分裂,我们就会相信,跟日本和韩国一样,有关核心与周边的区分在台湾也存在。当然,与日本一样,在韩国和中国台湾地区,几乎所有保险项目都从能够缴费的富人开始,只是近来才开始把那些不太富裕的人整合进来。

如果我们来看作为 GDP 的百分比的福利支出,那么东亚国家和地区似乎比欧洲一些国家相应的支付要少许多——据某些估算,可能是英国水平的 50%,瑞典的 35%。然而,这些数字掩饰了某些重要的因素。例如,日本和朝鲜分别在 1980 年早期和晚期,建立起普遍的医疗保健权利,但是大体上通过收集保险经费的公共机构获得财政支持,政府津贴非常有限。这些支出,通常不被计算在政府支出之列,因此,国家所起的就是权焕州(Kwon,1995)所说的"调节者"的作用而不是"提供者"的作用。权焕州认为,如果把这些私营机构的支出统计进来,从支出的比较层面来看,其结果可能大不相同。

最后,这些与西方模式不同的特殊的东亚社会,社会福利项目的发展可能被形容为"零敲碎打的",通常是对政治和经济条件作出临时性的应答而不是系统性计划的一部分。后面分析中我们可以看到,要按照左的或右的政治运动来解释其战后发展比较困难——伴随工业化或关注就业而不是福利的意识而来的工人阶级需求的发展——当然,这些观点的要素,必定成为总体发展中的一环;而且我们始终应强调,韩国和中国台湾地区的发展不同于日本,前两者到目前为止从根本上还缺少民主。

不论战后时期社会福利的扩张如何,三个社会都显示出对完全采取"西方"型社会福利的某种抵抗。近来的趋势证明,随着现有社

第二部分　正在崛起的新福利国家?

会福利项目质量的提升[29],人们却越来越不愿意扩展社会福利和公民权利。社会福利中家庭的作用——还有私人转移支付——已经通过不同的国家宣传被有意识地再强调。在日本,20世纪90年代源自"老龄化"社会即将来临的社会福利危机,已经有效地运用到重申并提高个人、家庭和志愿部门的作用,还有强调自我充实和自助的重要性。这一时期,韩国注重社会福利政策的儒家传统教义的重建(特别是孝道、个人自助以及家庭相互依赖)。在台湾,在通过互助和社区建设推向"有计划的变迁"中也可以发现同样的观念。有趣的是,在三个社会,为与"西方型"福利体制发展的需求相抗衡,政治决策者竟然利用了相同的儒家词汇以及本土的传统。可能正是这种能力运用——或积极或消极——并整合西方的、本土的和地区的(儒家的)精神和"传统",代表了日本、韩国和中国台湾地区的社会福利制度。

分析

通过对三个国家和地区的考察,我们了解了它们过去几十年来社会福利的扩展和重建。然而,其社会福利发展呈现出模糊性,各个社会福利变迁的最初动力与其潜在的意义之间界限不清。以日本为例,社会福利改革发生在明治时代,再次改革是第二次世界大战之后,明显地是由赶超西方工业国家的目标所驱动。这个"赶超"的过程孕含着现代化,之后,就是工业化和西方化。现在,这一过程还包括吸收西方知识和技术,以及西方经济和工业机构,同时,保持本土社会制度结构的完整[30]。然而,在20世纪70年代后,这种经济和工业现代化的需要已经萎缩了,国家经济进程向着更谨慎地吸收"西方"模式的方向转移。在社会福利方面,日本人

7 东亚福利制度:巡走游学、适应性变革与国家建设

开始积极地辩论他们称之为"日本型社会福利模式"的发展[31]。在韩国和中国台湾地区可以观测到同样的模式。一方面,在韩国和中国台湾地区都可以看到,为了回应国际压力以及期待保持其在工业化国家中的地位,形成了发展社会福利的必要;另一方面,战后社会福利发展也引起了在这些国家和地区内部的有关变得过于"西方化"的焦虑。可以看到,在日益增长的自由主义和个人自治的趋势,以及担心这样会导致家庭制度和地方社区社会团结瓦解之间的张力,体现在比如说韩国有关社会福利的主张中对传统的儒家语言的再引进。在中国台湾地区,关注社会建设的"有计划地变迁"的观念以及20世纪80年代某种家庭和互助精神的回归,也表明了使得社会福利发展的西方化潜力适度的某种尝试。

这些竞争性的动力,是我们理解"东亚社会福利体制"发展的关键。确实,这些变动向我们提出了一个问题,就是这些国家起初到底该如何系统地或者有计划地实施社会福利项目。从历史的视角可以了解到,一方面,各个国家社会福利的形成中,其本土价值体系很少变化(例如,家庭基础上的支持和社区基础上的互助的理念在今天仍旧和一个世纪前一样),另一方面,社会福利采取的是发展一种反应的方式,就是回应社会发展中出现的问题,而不是一贯地、理性地实施计划。

日本、韩国和中国台湾地区有关社会福利发展的诠释

许多学者都试图解释东亚社会福利的发展模式。虽然大多数研究集中在日本,但近来也出现一些研究,试图把分析延伸到东亚其他的新兴工业化国家和地区,比如韩国、台湾(中国)、香港(中国)和新加坡。有些人提出,这些国家和地区左翼政党和劳工运动

第二部分 正在崛起的新福利国家？

的衰弱——以及它们明显没有能力为"工人阶级"的权利而战——是其福利水平低下的原因(Panitch,1979;Cameron,1978;Lin,1991)。而其他人则提出要用右翼和保守政治的力量来解释同样的现象(Castles,1978;1981)[32]。

琼斯(Jones,1993;1990)认为,在东亚新兴的工业化国家和地区——日本、韩国、台湾(中国)、香港(中国)和新加坡,可以发现社会福利制度的共同模式,其经济成功与其共享的儒家道德和伦理传统相关[33]。

有关美洲-太平洋社会福利体制的阐释(Rose,1989;Rose and Shiratori,1986)也对社会福利将普遍趋同于"欧洲型"福利制度这一"传统"假设的有效性提出了质疑。这种理论主张,不仅确实存在某种可能被称为美洲-太平洋的社会福利体制——它以政府极少干预和相当低的社会福利支出为特征(如美国、日本、加拿大和澳大利亚的案例所示)——而且可以考虑把这种"模式"看作是正常的规范而不是非规则的例外(考虑到这些国家构成了经济合作与发展组织国家总人口的3/4)。

最后,国家集权主义的理论家们则认为(Amsden,1985;Heidenheimer et al.,1990;Skocpol,1985),日本和其他东亚新兴工业化的国家和地区令人赞叹的经济发展成果,是由于政府推行积极的国家和地区建设过程的结果。

可以说,每一种解释都为有关日本、韩国和中国台湾地区在特定历史基点下的社会福利发展提供了有益的观察视角。然而,这些解释确实带有种族中心和非历史因素,部分是由于他们把理论假设建立在趋同于西方的共同分析的基础上。例如,把西方关于阶级的假设,拿来审视日本、韩国和中国台湾地区这些阶级概念和

7 东亚福利制度:巡走游学、适应性变革与国家建设

阶级冲突尚未在大多数人观念中形成的地区,特别是在"二战"后若干时期,就难以适用。确实,在日本、韩国和中国台湾这三个社会中,缺少那种"阶级意识",而且政府宣传也极力鼓吹无阶级。

与前面所提到的那些解释不同,我们认为,东亚国家和地区的社会福利发展可以解释为:围绕国家建设主要目标而采取的逍遥的适应性学习与发展的战略。根据这一理论,福利体制可以看成是受到内在和外在压力共同作用的结果。社会福利政策通常是应国家(地区)建设之需而设立的,这一事实说明,东亚的社会福利发展模式与西方经验相比,并不一致[34]。在这一节里,我们要解释该命题的不同组成部分,把日本作为一个案例研究来阐释我们的论点。

国家建设的要求

有关东亚国家和地区社会福利和经济发展可以归因于国家和地区建设需要这一观点,并不是什么新观点(Amsden,1985;Heidenheimer et al.,1990;Skocpol,1985;Allen,1981;Francks,1992)。特别是,那些秉持社会和经济发展有赖于集权统制这种解释的人,已经频繁地把这些国家和地区在"二战"前和"二战"后令人赞叹的经济增长都归因于有一个强大的政府,这个强大的政府以明确的目标、动力以及手段和力量来影响制度变迁为特征。其结果是,国家(地区)建设在"二战"后是最为急需的这一理念,被用来解释政府在运行经济政策时起到大的作用,也被用来解释社会福利是怎样成为经济优先的从属。而且,还有人指出,由这些建设目标所驱动,政府有能力操纵对其经济目标的支持,而且能够使社会福利发展的公共压力转移。它可以通过多种手段达到目标,包括教育制度和大众传媒手段。在中国台湾地区和韩国,除了学校课程中开设的伦理的和意识形态的内容以外,还有对工会实行

第二部分 正在崛起的新福利国家？

的积极的国家控制以及对民间活动(比如组织公共示威)的禁令。

我们赞同有关国家(地区)集权统制的这一理论。然而,我们提出质疑的是,政府作为一个机构,到底能够在多大程度上保持明确的社会福利目标,还有,政府制定的与社会福利相关的政策,其连续性和紧密性如何。毋宁说,上一个世纪的社会福利发展显示,在浮华虚夸之下,政府的福利制度举措是杂乱的,而且是极端教条的。在许多方面,他们都采取了可以被称为达至社会福利的"边干边学(learn-as-we-go)"的方法,不断地从国外寻求和获取福利信息和福利模式,并根据国内的形势加以调整。

巡走游学(peripatetic learning)

实际上,在日本、中国台湾地区和韩国发现的社会福利制度是不同福利模式的组合[35]。比如说,人们广泛认同的是,日本现代社会福利很大程度上是立足于西方模式之上;近些年来,中国台湾地区和韩国的社会福利不仅是直接立足于西方模式之上,而且还立足于如日本所建立的重组过的西方模式之上。的确,自19世纪末以来,日本、韩国和中国台湾地区都在积极地寻求和吸收西方知识以形成自己的社会福利体制。日本输入西方模式是从19世纪70年代初开始(见 Goodman,1992)。作为现代化项目的一部分,明治政府派学者和政府官员到英国、德国和美国这些先进的工业化和福利国家去"学习"他们的社会福利制度。日本向西方学习福利制度的结果,例如,吸收俾斯麦时期社会保险制度,这仍然体现在当今日本养老保险和健康保险计划的特征中,还有日本战前的方面委员制度和战后的民生委员制度模式都是由阿尔伯福雷德制度(the Alberfield system)[36]学习而来。

7　东亚福利制度:巡走游学、适应性变革与国家建设

日本恤救规则的建立吸收了1834年英国济贫法的理念[37];现代日本慈善工作理念的基础也主要是受到世纪末牛津理想主义传统的影响。在"二战"后,日本社会福利理论受到美国模式的强烈影响;日本"二战"后的社会工作职业紧紧地跟随着美国的社会工作实践而发展。在韩国和中国台湾地区同样都可以看到这些制度留下的印记。的确,现今仍然如此,这三个地区的社会福利和社会工作教育实践都非常紧密地建立在英国和美国社会福利理论的基础上。

不管"日本型社会福利制度"的现代浮夸程度如何,日本的福利官僚机构继续向西方国家的模式和理念看齐,并继续受到它们的影响。例如,自1990年以来,健康和福利部(厚生省)提出几项研究任务以考察未来日本的社会福利。其中有关家庭功能和出生率问题的特殊研究任务(家庭生育问题综合调查研究会)于1991年建立,就是密切关注欧盟和北美的发展经验并且向它们学习。作为对老龄化社会相关问题、提高妇女的劳动市场参与,以及变化中的家庭结构等问题的回应,日本政府也向西方寻求有关政策方向的观点和信息。政府派出个人和研究团队到英国学习它的社区照顾计划;去布鲁塞尔和丹麦获得有关家庭和工作如何协调的信息;去加拿大学习有关儿童福利的发展、儿童权益立法以及家庭服务法规的倾向(Takahashi and Peng, 1992; Peng, 1992; Peng et al., 1994)。

这些政府项目显示,第一,日本社会福利发展形成来源于向多种渠道的学习,而不是通过小小的理论观念主体连续不断的实施而发展起来的。第二,它也显示,在一定程度上,日本社会福利发展并没有受到有关意识形态局限性的阻碍。最后,它还显示,日本

第二部分 正在崛起的新福利国家?

社会福利发展大部分是问题驱动的;政策发展的基础从根本上看是注重实效的。

适应性的学习和发展

虽然日本社会福利发展模式输入了很多西方观念,但是,这些观念没有被简单地大规模采纳。在本文研究的三个地区中,为了满足国民目标以及文化取向的需要,对于外国社会福利模式,他们在学习之后,都根据本地情况重新建立。因此,其最终结果是对外国模式进行有选择性的采纳,这可以解释其发展的各种不均衡模式,而且这也是造成以上不同社会间差异的特定因素。例如,当前日本政府实行的总体政策框架就是日本型社会福利体制的进一步强化(就是说,它是一种建立在个人自助努力以及家庭和社区内合作基础上的制度),实际上,还出现了一些更为积极的变化。例如,目前,政府已经决定提高消费税,1995—1996 年的财政年度从 3%提高到 5%,用以为上升的社会福利支出提供资金[38]。除了健康和养老津贴之外,未来支出中很大一部分都会分配到新的集中用于家庭功能增强的项目,比如改善儿童津贴。

未来设想

要讨论有关日本、韩国和中国台湾地区的长期规划,可能比在世界大多数其他地区都更容易,因为每个地区虽然在实际的政策和决定上可能过于务实,并容易受到国内外环境变化的影响,但它们都是以长期的国家(和地区)建设目标为特征。在东亚国家,特别是日本,要找到为更好步入 21 世纪中叶而对发展前景进行全面规划的报告,是很常见的。当然,每个社会在解释其自身时可能会依赖于对它过去的阐释,然而,每个社会当然不会只依赖过去,或

7 东亚福利制度:巡走游学、适应性变革与国家建设

者表达出任何对当前地位的满足感。

变革的压力

变革来自许多不同的取向。

内在的压力

1. 成长中的中产阶级的期待不断提高;

2. 对近来的贫困没什么印象以及由此产生对工作的不同看法的年轻一代(在日本叫做"新人类");

3. 通过海外旅行、传媒等引起的社会国际化,它表明经济投资还有其他的可能性,而不只是简单地把资金投回企业做生意;

4. 工业基础从制造业到服务业的变革,导致对更加个体化、更少公司协定的津贴的需求。

外在的压力

外在的压力来自西方社会,主要是担心贸易赤字螺旋式上升,还有为减轻赤字而导致更多基础设施投资的需求(日本语称之为外压)[39]。

对变革的管理

在我们研究的每个社会中,官僚阶级享有较高地位,意味着他们——而不是政治家——通常被赋予实施改革的任务。因此,变革能够逐步实施,并且由一小撮精英化的、受过良好教育、受到尊重的官员进行协调[40]。而且,这些国家和地区的官僚阶级,获准可以在那些可能更适合私人领域而不是公共领域的地方实施政策,比如日本那些旨在提高出生率的项目。

特别是在日本,长期预测一直作为提高关于即将来临的社会问题的公众意识的有效手段。这可能被称作"震荡综合症(shock

第二部分 正在崛起的新福利国家?

syndrome)",每出现一种新的社会趋势,就会授予一个震荡的称号,比如 1992 年的 1.53 震荡——这一"发现"是每一位妇女在生育时期仅仅生育 1.53 个孩子(比名义上 2.1 的替代水平低得多)。当然,这些趋势仅仅是在日本变革背景下所作出的解释,而不是在更为广阔的世界背景下(与欧洲社会相比,1.53 的生育率并不算低)[41]。这一震荡过程的效果非常明显。例如,在日本,虽然公众感觉到它是世界上老龄化最为严重的国家之一,但它仍有相当多的年轻人口。大多数日本人意识到,老龄化将对收入结构和福利供给产生重大影响,因此接受了为挽救未来社会"必须进行"变革的观点。20 世纪 80 年代末,新消费税的引进也是基于这一情况[42]。

当前的焦点问题

在我们所讨论的三个研究案例中,日本经济最为发达,所以,我们来详细讨论一下这个国家当前的问题是很有意义的。

近来日本的社会"震荡"包括:青少年犯罪率增长;逃学率和辍学率上升;离婚率提高;晚婚化;农村人口减少。按照某些国际标准来看,对这些社会"震荡"根本无需担心。然而有趣的是,争论围绕随后二十年潜在的巨大劳动力短缺而展开。20 世纪 90 年代初的时候,人们一致意识到,到 20 世纪 90 年代末期将短缺 100 万工人,到 2010 年可能短缺 200 万工人。虽然,当前的经济衰退使这些数字有所改变,但是毫无疑问,未来还是需要更多的工人,而且重要的是,这些工人只能来源于女性或移民劳动者。因为大部分劳动力短缺出现在年轻日本人现在认为不屑于从事的工作领域(所谓的 3K 工作——费力的,危险的和肮脏的工作),自 1988 年

7 东亚福利制度:巡走游学、适应性变革与国家建设

开始,对此问题的回应主要表现为,移民工人数量增加(主要来自欠发达的亚洲和中东国家)[43]。为了控制这些工人的流动——降低他们对假定的劳动力队伍同质性的影响——政府鼓励拉丁美洲人进入(主要是日本血统的巴西人和秘鲁人),接受短期合同工作。从1990年到1993年,日裔拉丁美洲人总人口中有15%(大约15万人)进入到日本[44]。

当前日本经济衰退,还导致了基本社会政策问题的显现。尽管1973年石油危机后,出现了对福利的再认识论,但是可以证明的是,要取消那些已被认定为理所当然的权利,并非总是那么容易的(虽然通常是可能的)[45]。另一方面,那些支持私营实践的巨大努力,特别是日本的"公司福利模式"的意识形态,被看做是对西方式国家福利需求的否定(参见 whittaker,1990,详细描述了怎样利用灵活性来防止这种公司福利意识形态的破产)[46]。

另一方面,在日本,许多人主张,日本在社会福利方面仍然有许多重要的领域应该向西方体制学习。这些领域包括:

1. 使残疾人和精神疾病患者更好地融入社区(特别是农村地区);

2. 引进新的服务,以应对因劳动力短缺和高工资而被吸引到日本的、来自贫穷国家的外籍工人的涌入;这一点通常在社会国际化这种新的强大论调中引起争论;

3. 对医疗保健药物的使用进行再检查,削弱制药公司的权力;

4. 使妇女在公共领域中发挥更大作用;

5. 在教育体系和一般社会中引进和容忍更多的独创性和创造力;

6. 对住房、公共基础设施、公园、博物馆、休闲活动和缩短工作

第二部分 正在崛起的新福利国家？

时间等给予更大的关注。

上述所有观念都引起了大量的争论——当前日本的争辩集中在国际化、分权化、私有化以及某种新的对社会正义的强调——但是,迄今还没有看出什么实施的迹象。

总之,我们可以这样说,日本社会福利领域最有趣的争论(并且主要在中国台湾地区和韩国得到反映)就是有关"权利"——一个还需要构建的全新的词汇——的议题和"义务"的议题——它汲取了在前现代时期只是应用于精英(侍卫、两班、士大夫)的传统的儒家观念,但是在过去几十年大不相同的社会背景下被持续地激发出来。

这些争论代表了日本社会中有关西方社会发展"模式"与日本社会发展"模式"之间竞争的张力和"固有的文化争论"。在韩国和中国的台湾地区,也出现了同样的争论,虽然这些争论在很大程度上难以得到政府在政治上的更多认同,但它们是针对日本社会所发生的事实的反映,这一事实就是,台湾以及韩国的政策制定者和实践者越来越寻求以日本为导向来建构其政策。这就是为什么我们要在这里讨论东亚福利模式是"以日本为中心"的原因。

日本、中国台湾地区和韩国这三个社会可能还要继续汲取西方的[47]以及本土的经验,而韩国和中国台湾地区还要以日本模式作为其经济和政治情况的参照。每一种制度的历史就是一种偶然的调整及其与其他制度要素相结合——不断吸纳和调整的过程——允许有实用主义的变化。同样地,我们认为,未来社会福利政策的选择会建立在经济和政治实用主义的基础上,但是,它会通过有关"传统的"或者"西方的"模式而被合法化。

7 东亚福利制度:巡走游学、适应性变革与国家建设

注释

要在一章中涉及如此广泛的内容,其中必定包含了其他许多人的帮助。我们很高兴能有机会在此向他们致谢;当然,同时我们要强调,对于本文存在的错误,完全由我们自己负责。我们要向以下人致谢,他们是:Ronald Dore, Howard Glennerster, Janet Hunter, Jane Lewis, Chao-Yin, Michio Morishima, Robert Pinker(以上均是伦敦经济学院的学者);Marcus Rebick(牛津);Ian Gough(曼彻斯特大学);Kazuhiro Ichikawa(日本路德学院);Tsuzaki Tetsuo(佛教大学)和 Haeng-Jin Kim(韩国福利部部长)。此章的各稿曾向以下机构提交过,它们是比勒菲尔德的国际社会学协会、尼桑日本研究学院、牛津大学、伦敦经济学院 STICERD 研究中心。我们感谢在这些机构的讨论会上参与者们给予的非常有益的意见。我们还要感谢 STICERD 研究中心对彭懿德从事此项目研究的慷慨资助。

[1] 东京大学社会科学研究所的研究人员在 1979 年到 1985 年期间进行的有关社会福利,包括对日本社会福利制度进行比较分析的大规模研究项目,首次尝试摆脱先前在日本占主导地位的马克思主义研究方法,试图来研究在本国背景下的日本(关于这一项目的概述,请参见 Institute of Social Science, University of Tokyo, 1985:125—148)。

[2] 由于中国大陆在前述 40 多年时间里走的是一条不同于东亚的经济路线,所以中国大陆并没有包括在我们对东亚的讨论范围内。

[3] 就其原因来说,有关韩国和日本的比较研究迄今还存有诸多问题。特别是韩国不满于在两国比较中暗含着一些关于韩国落后于日本的说法。

[4] 换一种说法,例如,中国台湾人或韩国人对日本教育体制并不陌生,这一点却被那些研究日本教育并认为日本教育体制是"独一无二"的西方学者与日本学者忽视了。

[5] 最令人羡慕的官僚职位往往由一流国立大学(日本的东京大学、韩国的汉城国立大学、台湾地区的台湾大学)的毕业生所得到——尽管有些职位是保留的,就是因为能够进入到那些官僚机构中,他们便被视为是教育体制的最有能力的产品。

[6] 一些经济学家认为,中国台湾地区与韩国所遵循的是一种典型的依附发展模式。然而,正如巴雷特和秦(Barret and Chin, 1987)指出的,目前的证据表明其发展模式轨迹同依附式国家预期的路线大相径庭。

第二部分　正在崛起的新福利国家？

7　与此相反的论点,请见平冈的《消费与储蓄》(Horioka,1993)。

8　在经济合作与发展组织国家中,关于日本还存在相对高比例的老龄工人的原因,请参见雷比克(Rebick,1993)。

9　例如,参见韩国国会议员徐相穆在 1992 年一次国际大会的发言(Suh Sang-Mok,1992:36—36):"韩国人口组成在未来会有重大变化。总人口中老年人比重将会增大,而经济活动人口占总人口的比重会有所下降。在今后到 2000 年的五六年时间里,那些在 30—40 岁之间处于工作年龄的人口有所增加,劳动生产率达到最高。韩国老龄化预期发生率要快于日本老龄化的速率。到 2020 年,韩国将担负老年人口的重任。老年人的负担将加重,而现在要对韩国预期的最终老龄化发生之前做好一切准备。"为了支持他本人的论点,徐论证仅在 1980 年到 2000 年间,老龄人口(超过 65 岁的人口)预计占总人口比重将从 4.7%上升到 6.6%。

10　总的来说,国家对家庭的一揽子计划收入的补助是非常少的。就拿日本来说,平均说来,国家对"普通"家庭(如双亲带一个未独立孩子的家庭)的一揽子收入总的补助情况如下:94.5%的薪资/工资;1.0%的自我雇佣收入;2.1%的转移支付;2.4%的其他收入。诸如单身母亲为主的低收入家庭的一揽子收入结构如下:81.5%的薪资/工资;1.4%的自我雇佣收入;11.3%转移收入;5.8%的其他收入。这就表明处于边缘化工人(如单身母亲们,她们中有 87.5%在工作),她们的一揽子收入结构中主要收入来源并不是薪资/工资,而是更多地依靠转移收入和其他收入,如家庭补助等。同西方国家相比,在日本,一揽子收入结构中的转移支付比例偏低(较少依靠国家资助,更多地依靠劳动力市场的收入)。例如英国,平均每个双亲家庭的一揽子收入构成如下:76.5%的薪资/工资;2.3%的自我雇佣收入;20.9%的转移支付;0.3%的其他收入。而单身母亲家庭收入结构如下:21.3%的薪资/工资;2.3%的自我雇佣收入;66.6%的转移支付;9.8%的其他收入。与此对比,日本政府对家庭总的一揽子收入的支出是非常少的。尽管在日本有福利安全网,但是对于那些最期望受益的家庭即 11%的单身母亲家庭、5%的老年人家庭、0.8%带有残疾人的家庭而言,其提升的幅度还是很小。而公共援助总吸纳率在每 1000 人中仅占 1.5%或 8%(Peng,1995)。韩国的公共援助计划包括了那些没有收入能力和那些收入处于贫困状态的家庭。不过,后者标准是在 1990 年设置的,指那些每月收入不超过 45000 韩元的家庭(基于每周工作 65 个小时

7 东亚福利制度：巡走游学、适应性变革与国家建设

的最低工资）。与韩国工会总联盟计算的最低月收入 185383 韩元相比，这个收入是很低的(Kown,1995:126—127)。

11 这种核心—边缘差别在两个方面起作用。在大公司内部，固定工人（一般为男性）和季节性工人或兼职工人（一般是女性）存在着主要的差别。在产业内部，在大型公司和往往起着分包作用的中小型公司之间存在着主要的差别，而这种分包作用很容易受到市场力量的影响。据估计(Woronf,1982)，仅有 25% 的日本工人能得到终生就业、资历晋升和由公司工会保护的工作，它们被认为是日本就业三大顶梁柱。实际上，在公司规模和工资及奖金支付之间存在着直接的关系。与此相似，兼职、季节性和中小型公司工人所得到的公司福利津贴（在住房方面，基本不到 1/9）是大型公司工人福利津贴的 1/3。

12 这些数据（来源于 OECD,1991:66—67）并不包括超过 65 岁工人的参与率。

13 对于日本特性论方面的著作（日本理论）评论，请见格拉克(Gluck,1985)、戴尔(Dale,1986)、摩尔和杉本(Mouer and Sugimoto,1986)。

14 所指的经济援助和个人社会服务形式是由国家以公众支持的公民权利概念为基础提供的。

15 小松(Komatsu,1992)最初使用这个词来描述明治时期社会福利情况。

16 在这里被用做"治理国家才能"的儒家思想概念不同于学者所推举的知识体系。

17 当然，很大程度上，这是日本帝国主义之目的所推动而成的。截止到 20 世纪 30 年代，所实行的许多社会福利——甚至健康和福利部本身的建立——确实很大部分考虑到预期新加入者较差的自然情况。同样，政府津贴计划大多是在 20 世纪 30 年代后期和 20 世纪 40 年代早期制定的，而在此期间，政府需要缴费以便形成一般收入。

18 人们长期讨论认为"民法"需要改革，从 1984 年开始，政府力图改变法典的大部分内容，特别是涉及诸如家庭登记制度、姓氏和离婚法等家庭法条款。

19 截止到 20 世纪 80 年代中期，最大型公司（一般是拥有雇员在 5000 人以上）所提供的自愿性企业福利大约是较小规模的企业（员工不到 300 人）所提供企业福利的三倍（霍尔 Hall,1988:13—15）。

20 不过，韩国确实受益于像联合国儿童基金会那样的国际援助机构发起的救援计划，而且还从美国大规模的军事与经济援助中得到好处。在 1945

第二部分 正在崛起的新福利国家？

年到20世纪70年代中期,同中国台湾地区接受的56亿美元援助相比,韩国接受了大约130亿美元的援助。

21 要了解有关这一救助的水平,参见注释10。

22 1972年,田中角荣(Tanaka Kakuei)当选首相,他也非常期望通过实现大规模的全国计划,诸如扩大社会福利规模的举措作为他上任的标志。

23 根据雷比克所述(Rebick,1994:192—196),日本同瑞典、美国一样,都在20世纪70年代期间见证了养老金津贴实际水平的增长。日本与瑞典在20世纪80年代情况也是如此,在日本,雇员养老金增长最为显著,这是因为雇员养老金平均增长了三倍,公营雇员养老金现在是包括奖金在内的收入的40%,要得到公营公司养老金率的精确比率则更为困难。

24 一些官方计划暗示,如果最初的20世纪70年代的改革一直持续下去,这些改革甚至要比那些最有福利导向性的欧洲国家,产生更为慷慨的福利和更高的补助。

25 1994年,政府提出新议案,在1995—1996年财政年度预算中,将销售税增长到5%。现在政府制定的政策中一项关键但却颇具争议的条款就是,至少有一部分销售税,应当以国家福利税的形式发生作用。

26 平冈论证说(Hiraoka,1984:139),在20世纪80年代早期,由于对享有社会福利的权利意识的唤醒,以及人们价值观的变化,那种由于接受福利而带来的耻辱感大大地缓和了。这一结论也许下得太早,据估计,现在仅有约25%的低收入家庭接受了得到公共援助的权利。

27 这三个标语组成了现在称做的三民主义,它成为了国民党的政治平台,这一口号可以追溯到孙中山,他是政党前身的建立人,年轻时期在欧洲就受到俾斯麦社会保险制度的强烈影响。

28 例如在经过可以说是富有攻击性的游说之后,1989年农民们赢得了一个特殊的农民社会健康保险计划。

29 有许多——实际上日益增多的——团体提倡发展包括福利供给领域在内的各个社会领域的人权观念。然而这一运动连续不断地遭遇到如下的反驳,认为这些观念——他们经常包含在联合国权利公约中——是由西方起源的犹太-基督教帝国主义的最后堡垒,因此,他们与东亚社会背景并无关联,在东亚社会里,他们对"人"和他或她与更广泛的社会与国家的关系有着极为不同的概念(关于本内容一些案例研究和概观,请见Toodman and Neary,1996)。

7 东亚福利制度:巡走游学、适应性变革与国家建设

30 当然,在日本,社会结构发生了一些重要变化。例如,传统家庭制度即 "家"体制在"二战"后被合法地瓦解了。不过,起源于那时期家庭制度的许多习俗,如继承规则,实际上还依然存在。

31 关于这次动向最为极端的例子大概就是中川所声称的(Nakagawa,1979),在 20 世纪 70 年代末日本已是一个"超级福利大国"。沃格尔也作过同样的相当出色的论述(Vogel,1980:184-203)。关于比日本后发 15 年的韩国的相似解释可在裴的著作(Pae,1992:393-394)中找到。他在一篇题为"韩国:社会福利国家的领导者"文章中,明确地认为各国实质上可分为两种类型:经济上优先发展的国家和福利优先发展的国家,他明确地判断前者是处于优势地位,而韩国是其中的主导国家,"毫无疑问,韩国的社会福利服务模式是其他国家很好的借鉴。因为它的公共生命质量指数(PQCI)高,然而并没有陷入过度的福利服务消费,而是在政府鼓励外贸出口/市场经济、个人主义、私营企业和私有化方面发挥有利作用的原则基础上的持续的经济发展。"

32 从"二战"后日本过于单纯化的左右翼政党斗争角度,对社会福利发展所作的精彩评论,见 Collick(1988)。

33 正如早期所提及的,我们感到在这里必须明确儒家主义"传统"的影响与政治精英们为了发展特定的福利制度而利用儒家思想"词语"之间的差别。

34 可在佩姆派尔著作(Pempel,1982,1989)中找到最为接近我们的模式,他将日本情况归为"有创造性的保守主义"并指出如下几个部分之间的密切关系:(1)大的公司;(2)"小"但积极活动的国家;(3)一个高度竞争性的寡头垄断市场;(4)以劳动力市场为导向型的社会福利。

35 我们之所以称这个为"巡走游学"而不是兼收并蓄式的学习,是为了强调日本、中国台湾地区和韩国的政策制定者在历史上周游世界,在寻找知识过程中,直接地去考察可选择的制度。

36 根据这一制度,大量的志愿者在少数具有专业资格的社会工作者指导下,为地方社区提供社会服务。"二战"后,这个制度改变了原先的名称,这是因为人们普遍相信,在战争期间,这一制度是控制当地人口的一种手段。即使是在"二战"后,一些人仍然认为"民生委员"更有兴趣维持地方稳定,而不是为当事人提供支持。毫无疑问,比起"西方"的专业制度,民生委员更具地方性基础服务性。有关"民生委员"制度,有一个优秀的英文版民

第二部分 正在崛起的新福利国家？

族志引论,请参考本-阿里的著作(Ben-Ari,1991:125—189)。

37 "贫困救济规则":明治时期于1874年制定的一项法律规则。直到1929年贫困救济法律执行之前,这个法律依然有效。它为那些完全不能由家庭和社区照顾的贫困者、老年人、病人提供了救济。

38 另外一个较好的例子说明,关于20世纪80年代日本针对残疾人提供的服务于政策方面的社会福利供给不均衡地发展,很明显是特定的。请见西田(Nishida,1990:115)将其概括为"两个基本力量"之间的斗争,一个力量致力于"加强"服务,另一个因素致力于对这些服务作根本的"再评价",即对它们进行大幅度削减。

39 外部的压力或"外压"深刻地影响日本社会福利政策发展。在20世纪60年代后期与70年代早期,某种程度上,国际劳工组织设立了标准,人们期望日本养老金符合这一标准,由此导致了田中首相出台高社会福利总支出计划。

40 虽然在理论上对韩国适用,但是不得不说,至少在20世纪70年代和80年代,政府部长们——尤其是教育部长——有一种通过采取激进的、往往明显矛盾的改革来尝试在历史上"留下影响"的倾向。

41 这是明显不同于"1983年令人震惊的1.51震荡"。1983年日本离婚率达到每1000人中1.51的战后最高点。这一问题被普遍地解释成是日本家庭关系的"危机"。在这时期,英国与威尔士的离婚率是人口的3.2‰,美国的离婚率为4.8‰。不过,日益下降的出生率在某种程度上给政策制定者们敲响了警钟,在20世纪90年代,儿童津贴与产妇产假成为近年来社会福利供给增长的主要领域。

42 大概应指出,所有这三个社会实质上对技术都持有积极的看法,尤以日本越发看重和利用技术,以使技术从生理、心理上提供可能让老年人继续独自生活或在他们自己的家里同其他家庭成员一起生活。

43 在过去20年的经济扩张时期,通过逐步地再指导,"政府鼓励"劳动密集型产业工作转移到发展中国家,从而成功地延缓从外部引进工人。

44 关于更多的日本当前"移民"问题,请见塞莱克(Sellek,1994)和希马达(Shimada,1994)的著作。

45 媒体的作用,尤其是在20世纪70年代期间不应被低估。通过对刊物内容进行分析,武川(Takegana,1988:24)发现,截止到1975年,关于福利的所有文章要么持积极的态度,要么持中立的立场。而从1976年开始,大

7 东亚福利制度:巡走游学、适应性变革与国家建设

多数文章(大约占所收集样本的95%)采取了消极否定的态度。

46 在当前经济衰退期,通过总的就业支持计划,政府已投资了大量资金以保证就业。根据《日本劳动公报》(1994年5月1日)所述,1994年为"创造"100万份工作岗位,政府预算赤字达到3311亿日元。把"充分就业"作为福利政策也是遵循同一信念,这一点从厚生省对那些再培训和继续留用老年工人的企业的支持中就可以看到。

47 中央政府部门派遣有能力的年轻成员去国外学习其他管理模式,以及地方与中央政府预留一笔可观的年度预算用于海外"参观旅行"的传统在今天的日本依然非常活跃(尽管偶有关于这些资金滥用的报告),并且在韩国和中国台湾地区也日益普遍。

参考文献

Akamatsu, Tsutomu (1990) *Kindai Nihon ni Okeru Shakaijigyō no Tenkai Katei.* Tokyo: Ochanomizu Bunken.

Allen, G. C. (1981) *A Short Economic History of Modern Japan.* London: Macmillan.

Amsden, Alice H. (1985) 'The state and Taiwan's economic development', in Peter B. Evans, Dietrich R. Rueschemeyer and Theda Skocpol (eds), *Bringing the State Back In.* Cambridge: Cambridge University Press. pp. 78-106.

Anderson, Stephen (1987) 'The elitist origins of the Japanese welfare state before 1945: bureaucrats, military officers, social interests and politicians', *Transactions of the Asiatic Society of Japan,* 4th series, 2: 59-77.

Baba, Keinosuke (ed.) (1978) *Shakai Fukushi no Nihongata Tenkai.* Tokyo: Shakai Fukushi Hōjin.

Barrett, Richard E. and Chin, Soomi (1987) 'Export-oriented industrialising states in the capitalist world system: similarities and differences', in Frederic C. Deyo (ed.), *The Political Economy of the New Asian Industrialism.* Ithaca: Cornell University Press. pp. 23-43.

Ben-Ari, Eyal (1991) *Changing Japanese Suburbia: a Study of Two Present-Day Localities.* London and New York: Kegan Paul.

Bronfenbrenner, Martin and Yasuba, Yasukichi (1987) 'Economic welfare', in

第二部分　正在崛起的新福利国家?

The Political Economy of Japan. Volume 1 : The Domestic Transformation. Stanford : Stanford University Press.

Burks, Ardath W. (1985) 'Japan : the bellwether of East Asian human rights?', in James C. Hsiung (ed.), *Human Rights in East Asia : a Cultural Perspective*. New York : Paragon House. pp. 31-53.

Cameron, David (1978) 'The expansion of the public economy : a comparative analysis', *American Political Science Review*, 72 : 1243-61.

Castles, Francis G. (1978) *The Social Democratic Image of Society*. London : Routledge and Kegan Paul.

Castles, Francis G. (1981) 'How does politics matter? Structure or agency in the determination of public policy outcomes', *European Journal of Political Research*, 9 : 119-32.

Chang, In-Hyub (1985) 'Korea, South', in John Dixon and Hyung Shik Kim (eds), *Social Welfare in Asia*. London : Croom Helm. pp. 176-213.

Chao, W. (1988) 'Planned change in community development : its application in Taiwan', in P. C. Lee (ed.), *Dimensions of Social Welfare Transitions : Sino-British Perspectives*. Taipei : Chu Liu.

Chow, Nelson, W. S. (1985-6) 'Social security provision in Singapore, Hong Kong, Taiwan, and South Korea : a comparative analysis', *Journal of International and Comparative Social Welfare*, 2(1-2) : 1-10.

Collick, Martin (1988) 'Social policy : pressures and responses', in J. A. A. Stockwin, A. Rix, A. George, J. Home, D. Ito and M. Collick (eds), *Dynamic and Immobilist Politics in Japan*. Basingstoke : Macmillan.

Cumings, Bruce (1987) 'The origins and development of the Northeast Asian political economy : industrial sectors, product cycles, and political consequences', in Frederic C. Deyo (ed.), *The Political Economy of the New Asian Industrialism*. Ithaca : Cornell University Press. pp. 44-83.

Dale, Peter N. (1986) *The Myth of Japanese Uniqueness*. London : Croom Helm.

Dore, Ronald P. (1967) *Aspects of Social Change in Japan*. Princeton : Princeton University Press.

Esping-Andersen, Gøsta (1990) *The Three Worlds of Welfare Capitalism*.

Cambridge:Polity.

Francks, Penelope (1992) *Japanese Economic Development: Theory and Practice*. London:Routledge.

Fujita, Yoshitaka (1984) *Employee Benefits and Industrial Relations*. Tokyo:Japan Institute of Labour.

Gluck,Carol (1985) *Japan's Modern Myths: Ideology in the Late Meiji Period*. Princeton:Princeton University Press.

Goodman,Roger (1990) *Japan's 'International Youth':the Emergence of a New Class of Schoolchildren*. Oxford:Oxford University Press.

Goodman,Roger (1992) 'Japan: pupil turned teacher?', *Oxford Studies in Comparative Education*,1:155-73.

Goodman, Roger (1993) 'Children's homes and children's rights in contemporary Japan', *Research Papers in East Asian Studies*,1:31-65.

Goodman,Roger and Neary, I. J. (eds) (1996) *Case Studies on Human Rights in Japan*. Kent:Japan Library.

Gould,Arthur (1993) *Capitalist Welfare Systems:a Comparison of Japan, Britain,and Sweden*. London:Longman.

Hall,Rachel (1988) 'Enterprise welfare in Japan:its development and role'. Welfare State Programme, Suntory-Toyota International Centre for Economics and Related Disciplines, London School of Economics, Discussion Paper WSP/31.

Heidenheimer, A. , Heclo, H. and Adams, C. (1990) *Comparative Public Policy*. New York:St Martin's Press.

Hiraoka Kōichi (1984) 'Shakai hendō to tenkanki no shakai fukushi (Social change and social welfare in transition)',in *Keizai Shakai Gakkai Nenpō*, vol. 5. Tokyo:Jichōsha. pp. 127-52.

Hiwatari,Nobuhiro (1993) 'Sustaining the welfare state and international competitiveness in Japan:the welfare reforms of the 1980s and the political economy'. Institute of Social Science,Tokyo,Discussion Paper.

Ho,Samuel Ho (1978) *The Economic Development in Taiwan, 1860-1970*. New Haven:Yale University Press.

Horioka,Charles Yuji (1993) 'Consuming and saving',in Andrew Gordon

第二部分 正在崛起的新福利国家?

(ed.), *Postwar Japan as History*. Berkeley:California University Press.

Hoshino, Shinya (1988) 'Perspective of the Japanese welfare state', in Robert Morris (ed.), *Testing the Limits of Social Welfare: International Perspectives on Policy Changes in Nine Countries*. Hanover: Brandeis University Press.

Ichikawa, Kazuhiro (1994) 'Trends of non-profit organisation in the Japanese welfare state'. Unpublished paper, London School of Economics.

Institute of Social Science, University of Tokyo (1985) *Annals of the Institute of Social Science*. University of Tokyo, Japan. No. 27.

Ishida, Hiroshi (1993) *Social Mobility in Contemporary Japan*. Stanford: Stanford University Press.

Japan (1993) *Heisei-4 Kōsei Hakusho*. Tokyo: Kōseisho.

JNC-ICSW (1988) *Law, Social Welfare, Social Development. National Report of the JNC-ICSW to the 24th International Conference on Social Welfare*. Tokyo: Japan National Committee of International Council of Social Welfare.

JNC-ICSW (1990) *Social Welfare Services in Japan*. Tokyo: Japan National Committee of International Council of Social Welfare.

Johansson, S. Ryan and Mosk, C. (1986) 'Income and mortality: evidence from modern Japan 1900-1960', *Population and Development Review*, 12: 415-40.

Jones, Catherine (1990) 'Hong Kong, Singapore, South Korea and Taiwan: oikonomic welfare states', *Government and Opposition*, 25 (Autumn): 446-62.

Jones, Catherine (1993) 'The Pacific challenge: Confucian welfare states', in Catherine Jones (ed.), *New Perspectives on the Welfare State in Europe*. London: Routledge, pp. 198-217.

Kim, Kyong-dong (1991) 'Sociocultural developments in the Republic of Korea', in Thomas W. Robinson (ed.), *Democracy and Development in East Asia*. Washington, DC: AEI Press. pp. 137-55.

Kinoshita, A. (1991) *Shinken ni Tsuite*. Tokyo: Kodomo Gyakutai Bōshi Sentā.

Komatsu, Ryūji (1992) 'The state and social welfare in Japan: patterns and developments', in Paul Close (ed.), *The State and Caring*. London: Macmillan. pp. 128-47.

Korea (1994) *Report of the Ministry of Health and Social Affairs*. Seoul: Ministry of Health and Social Affairs.

Kwon, Huck-Ju (1995) 'The "welfare state" in Korea: the politics of legitimation'. DPhil thesis, University of Oxford.

Lin, Chao-yin (1994) 'The development of health insurance system in Taiwan, 1950-1990: a historical and political approach'. Unpublished paper, London School of Economics.

Lin, Wai-I (1991) 'Labour movement and Taiwan's belated welfare state', *Journal of International and Comparative Social Welfare*, 7(1-2): 31-44.

Lin, Wai-I (1993) 'State and social policy: comparative study in Taiwan and Sweden', *National Taiwan University Journal of Sociology*, 2: 95-147 (in Chinese).

Long, Simon (1991) *Taiwan: China's Last Frontier*. London: Macmillan.

Marmot, M. G. and Smith, George Davey (1989) 'Why are the Japanese living longer?' *British Medical Journal*, 299: 1547-51.

Maruo, Naomi (1994) 'The future of the social security system', *Economic Eye*, 15(2), 9-10. Tokyo: Keizai Kōhō Center.

Midgley, James (1986) 'Industrialisation and welfare: the case of the four little tigers', *Social Policy and Administration*, 20(3): 225-38.

Mishra, Ramesh (1990) *The Welfare State in Capitalist Society*. Toronto: Univetsity of Toronto Press.

Morishima, Michio (1982) *Why has Japan 'Succeeded'? Western Technology and Japanese Ethos*. Cambridge: Cambridge University Press.

Mouer, Ross and Sugimoto, Yoshio, (1986) *Images of Japanese Society: a Study in the Social Construction of Reality*. London and New York: Kegan Paul.

Nakagawa, Yatsuhiro (1979) 'Japan, the welfare super-power', *The Journal of Japanese Studies*, 5(1): 5-51.

Nenkin Seido Kenkyūkai (ed.) (1986) *Atarashii Nenkin Seido: Kokutnin*

第二部分 正在崛起的新福利国家？

Nenkin, *Kōsei Nenkin Hoken no subete*. Tokyo: Dai Ichi Shhyō Insatsu Kabushiki Kaisha.

Nish, Ian (1992) 'European images of Japan: some thoughts on modern European-Japanese relations', *Japan Foundation Newsletter*, 20: 3-15.

Nishida, Yoshiaki (1990) 'Reassessment of welfare services and the trend of welfare policy for the disabled', in *Annals of the Institute of Social Science*, no. 32. University of Tokyo, Japan.

OECD (1991) *Ennployment Outlook*, July 1991. Paris: OECD.

Pae, Sung Moon (1992) *Korea Leading Developing Nations: Economy, Democracy and Welfare*. Lanham, NY and London: University Press of America.

Panitch, Leo (1979) 'The development of corporatism in liberal democracies', in Philipe Schmitter and Gerhard Lehmbruch (eds), *Trends towards Capitalist Intermediation*. London: Sage. pp. 119-46.

Park, Byung Hyun (1990) 'The development of social welfare institutions in East Asia: case studies of Japan, Korea, and the People's Republic of China 1945-89'. PhD thesis, School of Social Work, University of Pennsylvania.

Pempel, T. J. (1982) *Policy and Politics in Japan*. Philadelphia: Temple University Press.

Pempel, T. J. (1989) 'Japan's creative conservatism: continuity under challenge', in Francis G. Castles (ed.), *The Comparative History of Public Policy*. London: Polity Press. pp. 149-91.

Peng, Ito (1992) 'Child and family services systems in Canada (Ontario), Britain, and Japan: a comparative review', in *Katei Shussan Mondai Sōgō Chōsa Kenkyū Suishin Jigyō Hōkokusho*. Special Research Commission on Issues Related to Family Functioning and Birth Rate, Ministry of Health and Welfare, Japan. Tokyo: Shakai Fukushi Hōjin. Discussion Paper no. 1, pp. 111-81.

Peng, Ito (1995) '*Boshi katei*: a theoretical and case analysis of Japanese lone mothers and their relationships to the state, the labour market, and the family, with reference to Britain and Canada'. PhD thesis, London School of Economics.

Peng, Ito, Iwakami, Mami and Takahashi, Shigehiro (1994) 'Kokusai Kazokunen o Kangaeru: EU no kazokuseisaku no ima, korekara (Thoughts on the International Year of Family: present and future of family policies in the EU countries)', *Mother and Child Well-being Around the World*, 37(10): 2-9.

Prybyla, Jan S. (1991) 'Economic developments in the Republic of China', in Thomas W. Robinson (ed.), *Democracy and Development in East Asia*. Washington, DC: AEI Press. pp. 49-74.

Rebick, Marcus E. (1993) 'The Japanese approach to finding jobs for older workers', in Olivia S. Mitchell (ed.), *As the Workforce Ages: Costs, Benefits and Policy Challenges*. Ithaca: ILR Press. pp. 103-24.

Rebick, Marcus (1994) 'Social security and older workers' labour market responsiveness: the United States, Japan, and Sweden', in Rebecca M. Blank (ed.), *Social Protection versus Economic Flexibility: Is There a Trade-Off?* Chicago and London: University of Chicago Press. pp. 189-221.

Rose, Richard (1989) 'Convergence and divergence in public policy: American Pacific versus Scandinavian Alternatives'. Centre for the Study of Public Policy, University of Strathclyde, Glasgow, Study Paper in Public Policy no. 178.

Rose, Richard and Shiratori, Rei (eds) (1986) *The Welfare States East and West*. Oxford: Oxford University Press.

Rozman, Gilbert (1991) *The East Asian Region: Confucian Heritage and its Modern Adaptation*. Princeton: Princeton University Press.

Rudd, Christopher (1994) 'Japan's welfare mix', *Japan Foundation Newsletter*, XXII(3): 14-17.

Sellek, Yoko (1994) 'Illegal foreign migrant workers in Japan: change and challenge in Japanese society', in Judith Brown and Rosemary Foot (eds), *Migration in Asia*. Basingstoke: Macmillan.

Shimada, Haruo (1994) *Japan's Guest Workers: Lrsues in Public Policies*, trans. R. Northridge. Tokyo: Tokyo University Press.

Shinkawa, Toshimitsu (1990) 'The political economy of social welfare in Japan'. PhD thesis, University of Toronto, Canada.

第二部分 正在崛起的新福利国家？

Skocpol, Theda (1985) 'Bringing the state back in: strategies of analysis in current research', in Peter B. Evans, Dietrich R. Rueschemeyer and Theda Skocpol (eds), *Bringing the State Back In*. Cambridge: Cambridge University Press. pp. 3-43.

Soeda, Yoshiya (1990) 'The development of the public assistance in Japan, 1966-83', in *Annals of the Institute of Social Science*, no. 32. University of Tokyo, Japan. pp, 31-65.

Sub, Sang-Mok (1992) 'Korea's welfare policy: evolution of past policies and future direction', in *Welfare State: Present and Future*. Papers from International Conference on Social Welfare, Seoul, Korea.

Tabata, Hirokuni, (1990) 'The Japanese welfare state: its structure and transformation', in *Annals of the Institute of Social Science*, no. 32. The University of Tokyo, Japan. pp. 1-29.

Takahashi, Shigehiro and Peng, Ito (1992) 'Jidō to katei ni kansuru sabisu shisutemu, no kokusai Hikaku', *Nihon Sōgō Aiiku Kenkyūjo Kiyo*, no. 28: 115-28.

Takegawa, Shōgo (1988) '"Fukushi kokka no kiki" sono ato ("The crisis of the welfare state" and after)', in Shakai Hoshō Kenkyūjo (ed.), *Shakai Seisaku no Shakaigaku (The Sociology of Social Policy)*. Tokyo: Tokyo University Press.

Vogel, Ezra F. (1980) *Japan as Number One: Lessons for America*. Tokyo: Tuttle.

Whittaker, D. H. (1990) 'The end of Japanese-style employment?', *Work, Employment and Society*, 4(3): 321-47.

Woronoff, Jon (1982) *Japan's Wasted Workers*. Tokyo: Lotus Press.

Zenkoku Shakai Fukushi Kyōgikai (1989) *Fukushi Kaikaku (Social Reform)*. Tokyo: Shakai Fukushi Hojin.

8 中东欧的社会保护:一个滑行的锚和破裂的安全网的故事

盖伊·斯坦丁

在不太恰当地被"中东欧"这个术语所覆盖的国家,人们把现代剧变中的改革理念转换成许多截然不同的委婉说法和形象,但几乎没有一个像"社会安全网"的理念那样无所不在而且具有误导性。"社会安全网"这个术语被广泛用于说明某种特定的社会保护津贴的设定,它用来保护社会转型的最主要的受害者,使他们不至于陷入贫困。具有讽刺意味的是,在中东欧国家,贫困的程度和社会剥夺已经无情地敲起了警钟,它导致预期寿命下降、生育率下降和社会冲突。

在大多数国家,政策制定者们努力引进某种相当于"剩余福利制度"的模式,按照理查德·蒂特姆斯(Richard Titmuss)的理解就是,一种建立在混合的社会保险和社会救助,以及社会政策部分私有化基础之上的模式。然而,这种改革的努力却要面对从本质上来说是无所不包的社会政策问题,如此一来,新近的社会改革也加重了对过去存在的社会问题的扭曲,它导致了某种矛盾模式的形成,使得未来的福利"体制"更加难以预测。

当前的争论异常激烈,因为这是一个社会经济实验的时代,人们要考虑各种形式的"福利体制"并且在一定程度上加以试验,不论是通过设计还是把它作为一种针对特定危机和冲突目标的特别反应的综合结果[1]。在这些争论中,最根本的难题是:怎样才能为

第二部分　正在崛起的新福利国家？

不断增多的、陷入困境的人们提供更好的社会保护,同时又减少总的社会支出,因为实际拥有的或者可以获取的资源是有限的。

在这一章里,我不打算去尝试那些不切实际的目标,我不想总结所有这些国家——从富裕的斯洛文尼亚飞地到乌克兰、白俄罗斯和俄罗斯联盟这样贫穷的核军事国家——的所有社会保护政策的取向。20世纪90年代初期和中期的东欧国家,特别是从前苏联独立出来的联邦国家,处于非常糟糕的结构性危机中。而以捷克共和国为首的中欧主要国家,到1995年还只有很少的公开失业,经济动力也相当可观。还有,匈牙利和波兰,虽然公开失业率很高,贫困问题也相当严重,但是它们拥有充满活力的私营经济。处于中间位置的是经历过漫长的滞胀、拥有强大经济的罗马尼亚、斯洛伐克和保加利亚,还有一些小国家,可能被认为形成或维持任何独立的社会政策都是不可能的,最终可能会采纳邻国的社会政策。

当思考"中东欧"这个无形的区域时,我们头脑中必须要有这种内在的区别意识。为了分析的目的而使用这个术语几乎是不太合适的。我们还应该记住,迄今为止,俄罗斯和乌克兰是这个区域中最大的国家,拥有两亿多人口。

所以,本章试图着重讨论已经显现的关键的政策冲突,聚焦于尚未解决并可能塑造新兴福利"体制"的社会福利政策领域,而不是试图给出一个描述性的评论或是给出一整套概念。我们视之为公理的是,福利体制有七个潜在的"功能"——贫困救济、贫困预防、社会保障供给、收入分配、社会团结的维护、劳动力流动的促进,以及经济和劳动市场重建和生产的促进。

粗略地说,以前的体制有些功能实施得相当好,特别是前四个

8 中东欧的社会保护：一个滑行的锚和破裂的安全网的故事

功能，有些功能实施得不好，特别是后两个功能。虽然改革可能使后两个领域表现出改善而使得前四个领域形势恶化，但是，当前的状况是对所有七个功能的改善都存有疑问[2]。最根本的问题是，这种变革的模式仅仅是对动荡的短期反思，还是长期关注的源泉。虽然本来就应该预料到，有更多的人会提出下面的问题：有没有一些有别于长期的社会保护制度的短期措施，可以改善成千上万处于极度贫困的人们的迫切需要？但是，在1995年来回答这个问题仍然为时过早。

另一种描述正在发生的变迁的方式就是，20世纪80年代崩溃的那个体制，与广泛的低水平的收入保障结合在一起，同时带有有限的不平等和体制僵化；而在"二战"后，处于高峰期的西欧福利国家提供了收入保障、有限的不平等和充分的就业灵活。尽管对充分就业有不同的解释，但两种体制都侧重依赖于对充分就业的保护。当有许多不同的因素在破坏旧体制时，中东欧和西欧国家都被推进到一个更缺乏保护、更不平等以及更具弹性的劳动力市场的时代。如果说有什么集中性的趋势，那便是进入了社会不稳定的时代。关于这一时期是否是转型时期已经成为公开谈论的问题。如果说这一时期是转型时期，那么它一定是个非常漫长的过程。

官僚集权主义的扭曲

冒着粗略简化的危险，可以说，在"苏联式"体制下，社会保护的主要形式是普遍化的、与就业相关的。它可能被描述为"重服务、轻转移"的形式。容易被人们忽视的是，全体人口都获益于消费价格补贴的系统性政策，而把生活消费水平控制得相当低[3]。同时，社会保护只能保证一个人就业。社会政策主要通过"工作集

第二部分 正在崛起的新福利国家？

体"实现,全面的和单独的社会政策计划在中央层次决定,由共产党通过各部委和党委工会官员把资源分配给企业,在企业由工会官员发放,在某种程度上,企业管理者被认为是"传输带"的代表者。

有保证的就业和大规模的消费价格补贴是社会结构合法化的手段。这一体制在正常水平下受到高度约束,津贴的供给由冗长的劳动法规加以详细规定。比起西欧体制来说,更有意义的是,这一体制在充分就业的基础上启动,专职的带薪就业集中在大规模的特别是雇佣好几千工人的稳定的企业和组织中,无论是男人和女人,都无法抵制这种规范。失业在现实中存在,但是对它的认识受阻,因为它作为一种"寄生性的活动"被禁止。由于获得的工资收入非常低,每个人事实上都被国家剥削。这份工资无疑只是"个人工资",而不是"家庭工资",具有讽刺意味的是,这种体制实际上要求所有作为个体的劳动者要充分付费以进行劳动力再生产。

这一体制的动力就是要达到列宁主义"劳动力去商品化"的目标,由此货币工资将会逐渐消亡。这几乎是已经发生的事实。这样一来,社会补助对货币工资的比率稳步提高,几乎对所有人来说,货币工资水平都非常低,职业工资虽然并非没有意义,但是差异不大。最低工资大致接近平均工资,而这两者都无法充分地提供某种收入,以便在某段时期劳动者赚钱能力中断时,通过它来提供足够的储蓄替代,这是欧洲福利制度社会保障传统的基本目标。

苏联从未有过社会政策的"黄金时代",然而毫无疑问,它提供了非常广泛的社会保护补助,并且只要经济增长,远离国际经济力量,它就能够相当充分地发挥作用。问题是,随着经济体制总体上产生变化,它却越来越缺少效率。

20世纪80年代后期,这一劳动制度承受着与社会保护发展

8 中东欧的社会保护:一个滑行的锚和破裂的安全网的故事

直接相关的五个方面的主要"扭曲"[4]。

第一,社会保护和社会服务的性质和发展水平不是建立在贫困者显示性偏好的基础上,而是由既不是福利受益者,也不是服务消费者,比如部委和企业这些主要的直接提供者来决定。这意味着缺乏了解补贴价值的手段,或是以平等的或充分的方式决定分配资源给特定类型的津贴或服务的手段。这样容易形成低质量的服务,因为存在低估为工人及其家庭提供的一系列从幼儿园到假日家庭的社会服务价值的倾向。有效分配的原则被忽略,"任意的"津贴占据了分配需要的主导地位,因为不论是否有权使用房屋、假日之家、健康照料等这些带有补贴性的物资和服务,还是其他类型的津贴,精英(党派成员、工会领导等)阶层都被获准优先享有。

非价格化的定量配给意味着在保护分配中的价格扭曲,其结果是体制性的"官僚不平等",即使在"去商品化劳动"的利益下,把覆盖广泛的低质量的服务和津贴以非常低的成本提供给消费者,通过排队来获得这些服务所花费的时间测量除外。最终,这一体制是最基本的或是最低收入水平上的全员享受,从形式上看,其合法性取决于所有成年人在工薪劳动中的强制性就业。

第二,在主要集中于企业的补助分配中有一种与生俱来的扭曲,企业的主流是拥有上千工人的巨大工业联合体,周围有意识到要为其需要提供服务的权威网络。因此,出现了"公司城",一两家大型企业不仅主宰着该地区的工业前景,还主宰着该社区中各种范围和层次的社会的、文化的和教育的服务。享有权利建立在个人在企业中的作用和就业期的基础上。无论从纵向还是横向来看,这些企业都被高度整合,那样他们就能参与主要产品各个阶段的生产过程,并且也生产出范围更广的产品和服务。

第二部分 正在崛起的新福利国家？

由此一来,生产和分配的垄断结构,渐渐与代际和社会服务分配的垄断性控制结合起来。最重要的是,这种体制以服务和转移支付的高比率为特征,创造了一种实际上是重服务、轻转移的福利体制。这与以下印象是相矛盾的,即认为中东欧的服务业长期不发达的印象。这一印象并不完全正确,因为不发达的是它们的服务的性质、基本原理和分配。

第三种扭曲形式是劳动力流动模式。在一个企业中长期就业(即使不是终生就业)是社会的常规,而地理流动则存在巨大的阻碍,简要概括为居留许可制度,从字面来看,它意味着如果没有得到官方批准,就不能进行合法的流动,况且还有住房市场的短缺。然而,要是相信在某个区域内劳动力市场是不流动的,那就错了。之所以存在相当的劳动力流动,主要是由于在不同企业间的跳槽。尽管当权者认为这种情况是有害的,并且认为这样是浪费,然而它却相当普遍地存在。所缺少的是那种为充满活力的、为经济所需的劳动力流动。这种流动涉及社会补贴的分配和类型,因为流动水平通常与在企业逗留期限相关,还包括政党地位和其他身份的考虑。在没有什么工资诱惑的情况下,社会津贴供给被用来留住和吸引工人。

劳动力流动并不为当权者支持,其中部分原因是由于就业水平和结构是如此稳定,还有企业生产结构也是稳定的。然而,在极其充分的就业背景下,只有在劳动者有居留许可的地区有其他企业,或者企业管理方能够为潜在的劳动者获得居留许可,劳动者才能够相当容易地进行工作流动,因为企业天生就要经历"劳力短缺"。企业所获得的资金、权力和管理声望与企业中工人的数量相关联,所以它们总是倾向于创造比就业申请更多的岗位空缺。

8 中东欧的社会保护:一个滑行的锚和破裂的安全网的故事

第四个扭曲,就是尽管所有的社会人口统计群体都被整合进劳动力和就业中,但他们是以分层和分隔的方式被整合的。这样一来,女性劳动力参与率几乎与那些男人一样高,按照国际标准来看,他们的工资可能差不多。但是,按照性别分界来看,仍然存在职业和产业隔离,特别是产业隔离。同样,残疾工人就业率高,以至于对于当权者来说几乎无需起用正式的法定配额。企业管理者试图提供"社会就业",因为尽管存在着职业分层,如同少数民族以及移民群体的工作分层一样,但是,企业管理者把帮助身体或精神有障碍的工人就业视为其社会责任的一部分。从20世纪80年代末开始,这种分层一体化的模式已经具备了社会福利体制进化的含义。

第五个基本扭曲,就是老年人和其他养老金享有者,包括接受残疾津贴的人,通常在接受残疾津贴后,还在薪资雇佣岗位上工作。因为,与年轻时领取的低工资相应,老人们领取的养老金也比较低,老年劳动者几乎没有能力依靠基本养老金过上舒适的生活。而且,在中东欧国家,按照国际标准来看,劳动者有权领取养老金的年龄——男60岁,女55岁——是相当早的。但人们期望的标准是那些养老金领取者会正常工作到超过这一年龄,会有工资收入来补充低养老金。20世纪80年代末期,因为出生率下降,老龄人口比例不断提高,引起困境不断出现。1989年以后,养老金成为社会政策改革最为尴尬的挑战之一。

除上述扭曲之外,当我们回顾中东欧地区以前的社会保护制度时,还有一些重要之处需要加以强调。社会保护制度虽然有缺陷,但在某种意义上,它们起到了一定作用。对于那些保持从事全职就业工作任务的人来说,它提供了广泛的、可靠的基本服务,设

第二部分 正在崛起的新福利国家？

立了覆盖广泛的社会保障，并且设立了一套再分配机制使得收入差距保持适度水平。尽管它只是人为维持的，但是，居民通过充分就业而整合。

中东欧社会政策的失败之处就在于不能随着变化的需求而促进调整，同时缺少对"充满活力的效率"的关注。最后，社会服务分配以及转移支付的官僚体制也是导致这一制度受到破坏的部分原因，并最终促使其坍塌。然而，令人无法忘记的是，它毕竟对全体人群实行了普惠的最低补贴制。

休克疗法中的扭曲

中东欧的改革进程从遗留下来的深度扭曲开始，原本就已存在的扭曲，与各国政府尝试进行的各种不同的"休克疗法"所带来的新的扭曲，混合在一起。该区域的国家猛然间被抛入到全球经济中之时，他们的工业化长期缺乏竞争力，承受着技术陈旧、劳动生产力低下、他们之间的一体化贸易模式很快断裂之苦。此外，还有由于设计或是失误，改革消除了以往制度合法化所依据的、大多数人依赖并珍视的三个支柱，即有保证的就业、通过补贴价格实现的社会保护，以及大多以实物和服务供给形式出现的、以企业为基础的社会福利津贴。

至于中东欧的社会和劳动市场政策改革，说它是社会政策历史上的一场革命，是社会政策首次受到国际金融机构的塑造和影响，这种说法大致正确。这并不是什么批判之辞，而是对各国政府实现运转所面对的现实和压力的认知。

社会政策改革具有相当大的再分配目标和结果，对于这一说法，人们很少有争议。不平等继续扩大，穷人失去补贴和工资收

8 中东欧的社会保护:一个滑行的锚和破裂的安全网的故事

入。在改革过程中,政策制定者、政治家和国内外"指导者"暗自担心,担心在当前体制下,由于受到过度保护,以至于需要一段时期的再教育才能改变人们的意识[5]。

从本质上说,经济改革"序次"加重了社会政策难题,这些难题在任何社会向以市场为基础的经济体制转型时都会引发。休克疗法的第一步,就是价格自由化,在某种程度上伴随着贸易自由化以及货币的可兑换性。紧接着,是金融和财政稳定政策的紧缩,旨在排除由价格自由主义引起的通货膨胀压力。再往后,就是社会安全网的引入,因为紧缩的货币政策出现,压制了国内的需求,并且导致公共支出受到控制,从而引起许多群体失业和收入下降。接下来,就会出现大规模的私有化,"严格的预算控制"将会变成企业规范,以至于为了寻求利益,导致预算控制会在改革进程的最终阶段,即企业进行生产重组阶段被滥用,由此导致大规模的工人失业、企业破产,再通过组建私人企业、新公司和经济多样化使生产复苏。

不管方法优劣,这一系列改革具有社会政策发展的含义。如果说,为创立更多小规模的、自主经营的单位以取代大公司,进行企业重组之前或重组之时面临着巨大价格自由化压力,那么,在企业垄断情况下,价格自由化所导致的通货膨胀压力还要大得多。垄断企业仅仅是提高价格、等待更多补贴,同时增加了巨大的债务。改革实际进程,使得通货膨胀所导致的贫穷更加剧烈,因为价格上涨比货币工资增长更快。如果企业由于市场压力所迫抑制价格,那么,通货膨胀的剧烈加速度,就其自身来说,迫使稳定政策的出台更为紧迫。稳定政策的出台需要如此紧迫,以至于许多政府没有能力或者不愿意坚持采取稳定政策的办法,或者走到半路就

第二部分 正在崛起的新福利国家？

后退，因为担心社会承受力和由此产生的抗议。

宏观经济政策，再加上经互会（COMECON）贸易体制的坍塌，以及其他破坏性的改革进程，导致了生产量巨大缩减，而且由于国有部门就业下降较私人部门就业下降明显要大得多，所以，尽管就业下降速度还较为缓慢，但是依然出现了大量的就业缩减。中东欧大多数国家，几乎是整个地区，都出现了同西欧一样剧烈的大规模失业。但是，由于中东欧国家缺乏应对就业和失业波动的社会保障制度，因此，所导致的结果就是到处蔓延的剥夺和贫穷。

以税收为基础的收入政策

最初的经济政策导致与福利制度发展相关的两种收入政策出现。第一种，外国经济顾问和某些国际机构推动政府引进了一种高度扭曲的"税收为基础的收入政策"（TIP）。这个政策，现在虽然有一些变化，但是，本质上还是对某些公司超出平均工资特定水平的增长型收入，实行惩罚性征税。在货币工资上涨、实际工资下降、工资差异迅速加大的时期，这种以税收为基础的收入政策会产生一些不当结果。比如，这一政策促使贫困工作群体巨幅增长，因为，若允许享有特权的工人群体的工资刚好超出规定线，那么为保持平均工资或者工资总体下调，那些缺乏技能的工人就只能靠非常低的工资维持生存，或者，就像在苏联和乌克兰这两个最大国家，被划入到"无薪休假"这一类型[6]。在这些国家，更多低薪酬的工人群体出现，意味着针对各种不同形式的福利补贴，特别是20世纪80年代末建立起来的社会保险和社会救助计划，权利缺失极其普遍，并且不断加剧。

谈到税收基础上的收入政策，具有讽刺意味的是，它在促使社

8 中东欧的社会保护:一个滑行的锚和破裂的安全网的故事

会更加碎片化以及工资更为不平等这一过程中,还鼓励了社会福利的不正当发展。在以前多由企业实行社会补贴的体制下,这种以税收为基础的收入政策鼓励企业把部分货币工资转移到不必征税的补贴份额中。这就意味着,这些企业的工人逐渐获得了那些原本只为大企业制定的福利获准条件,确切地说,就是当劳动力市场更加开放、大量失业出现,因此企业社会补贴必须快速转向国家和地方政府补贴——以国家份额代替合作份额时[7],这些企业也会获得国家和地方补贴。在大部分区域,这已经发展成为一个重要趋向,即福利获得的分裂过程,在这一过程中,某些特定群体可以获得企业补贴和新的或经过调整的国家补贴,其他人可以获得新的社会保险补贴和私人补贴,而更多的弱势群体既得不到企业补贴,也得不到新的保险形式的补贴。

举个例子来说明这种以企业为基础的社会补贴的普遍性和持续作用,表格 8.1 是以一个有代表性的工厂调查为基础,它显示,在俄罗斯,大多数工业公司一直提供一种覆盖广泛的福利补贴。目前,迫于财政压力,一些公司已经放弃这种补贴,或者因为工人群体分类不太稳定而退出,而其他一些公司则在加强其供给。

企业转向非工资的补贴这一趋向在其他方面是自相矛盾的。它的出现往往是由于政府受到国际金融机构的压力,政府一直试图减少社会支出,把它作为减少支出赤字的一种主要手段,作为社会稳定调整计划的一部分。休克疗法的次序不是这样,而是把企业重建作为这一过程的开始而不是结束,那么某些长期由工业企业实施的社会功能本可以由市政府承担。实际上许多国营和私营企业已经出现了某些倾向,即从货币工资转而实行津贴制,以逃避

第二部分 正在崛起的新福利国家？

表 8.1 1994 年俄罗斯工业按劳动者分类的福利权利（%）

福利权利	行政部门劳动者	固定劳动者	非固定劳动者
带薪休假	99.6	99.6	53.3
额外休假	46.3	69.4	22.0
疗养所	45.0	45.0	22.5
疾病津贴	93.0	93.9	61.7
带薪保健服务	54.6	54.6	31.3
补助性房租	15.3	16.6	6.2
托儿补助	41.5	42.4	21.6
奖金	75.9	77.3	50.2
利润分红	69.9	69.9	32.2
贷款	84.3	84.3	41.9
退休补助	78.2	78.6	29.5
补充性养老金	7.9	7.9	2.2
培训的可能性	51.5	54.6	21.1
补助食品	19.7	19.7	13.3
主食补贴或肉食补助	55.0	56.8	35.7
补助消费食品	9.6	9.6	9.3
交通补贴	31.4	33.2	18.5

这些数据建立在对苏联加盟共和国五个州 384 个工业企业调查的基础上。

资料来源：俄罗斯第四轮劳动力灵活性调查；斯坦丁，《死魂灵的复活：企业重建和俄罗斯失业》(Reviviy Dead Souls: Enterprise Restructuriy and Russian Unemployment)(1995)，第六章。

惩罚性的工资税，但是，企业在经营社会设施（比如健康诊所、培训机构、住所、疗养院等）上往往投资不足，所以，当企业奋力挣扎求生时，它们任由这些设施破败或关闭。

8 中东欧的社会保护:一个滑行的锚和破裂的安全网的故事

最低工资的独特作用

在寻求休克疗法调整策略的稳定政策背景下,第二种收入政策就是使法定最低工资跌到令人难以置信的低水平。与其他区域相比,最低工资对中东欧地区的社会政策起到了更为重要的作用,所以,经济政策制定者不断变化的治疗方案也产生了一系列的根本效果。在能够找到相关数据的国家,不论对最低工资水平怎样定义和测量,与平均工资相关的最低工资水平都大幅滑落,已经降到大大低于官方规定的收入维持水平[8]。

虽然按照合同领取最低工资的工人的数量已经很少,但它还是决定了许多工人的报酬,因为工资"税率"结构建立在最低工资的倍数的基础上。即使这种关联已经削弱,但是它还在继续产生影响。在一些国家,特别是中东欧地区两个最大的国家,仅拿到最低工资的工人数量剧增,其原因是由于行政离职(下岗)或是因为公司没有能力按照合同全额支付工资。而且,几乎所有国家都出现了社会转移支付直接与最低工资水平挂钩的项目,最显著的是失业津贴和家庭津贴。换句话说,特定的社会津贴以最低工资的某个倍数来计算,或是把最低工资当作底线或者享有保障的津贴水平。结果,尽快缩减最低工资变成减少社会支出的一个手段,政府的经济顾问也认识到最低工资是作为减少货币工资膨胀的便捷手段,因为许多国家坚持原有的工资"税率"制度,不同级别的工人都得到了作为最低工资基础水平的倍数的工资。

例如,在保加利亚,应国际货币基金组织和世界银行的要求,最低工资始终保持其货币价格达一年多时间了,在通货膨胀超过500%时,意味着最低工资实际价值大大降低,已经无法充分满足最低生活水平。再近些的例子是俄罗斯联邦。早在1995年,国会

第二部分　正在崛起的新福利国家?

希望提高最低工资,从少得可怜的每月 20500 卢布(大约相当于 8 美元,或是"维持生理需求的收入"的 20%)提高到每月 54000 卢布,但是,这一最低工资水平线仍旧意味着,没有人能够依此而存活下来。国际货币基金组织反对这一提议,并且把它作为拒绝向政府借贷的原因。其理由就是,如果提高最低工资,家庭津贴和其他转移支付将会上涨,联邦预算的赤字也会增大。政策答案看来唾手可得。切断最低工资与社会转移之间的联系当然至关重要,最低工资应当是为低收入工人提供保护的工具,而转移支付应该取决于需要和社会缴费。不过,这也表明,人们迟早会发现,社会保护政策中最低工资至关重要。

萎缩的社会安全网

休克疗法政策无疑促进了大量贫困和不平等的出现,并更广泛地影响了社会政策的发展。一些人可能质疑改革策略的直接效果,然而不论受到何种因素影响,确实出现了很严重的不利于社会经济的趋势。对那些关键的典型事实必须加以强调。

从中东欧地区总体来看,贫穷率一路高涨,1990 到 1992 年间上升最为急剧[9]。同时,不平等也极其快速地增长[10]。比如,在俄联邦,收入基尼系数从 1991 年的 0.256 提高到 1994 年的 0.409[11]。自 1980 年代末以来,伴随着异常快速的失业增长,一些受保护的,专职工资的工作也大量流失。在后一种趋势中,以波兰为主导——尽管失业津贴的合法权利一直很严格,不利于失业登记——但是,波兰到 1994 年末失业率仍然超过 17%;其他国家如保加利亚更糟糕,在 1994 年失业率高达 20% 以上。到 1995 年,只有捷克共和国避免了大规模的失业。这部分要归因于它与斯洛伐克共和国

8 中东欧的社会保护:一个滑行的锚和破裂的安全网的故事

这个基本以重工业为基础的地区的分裂,部分是由于它广泛地采用劳动力市场政策,还有一个原因是它声称由管理者实施所谓的通过维持"社会就业"来保护其统治地位的"家长制"[12]。

在东欧国家,最显著的是俄国、白俄罗斯和乌克兰,这些国家记录的登记失业水平比捷克还低[13]。但是,其低失业的出现是由于统计上的原因和专制的管理规范。实际上,在这些国家,就业快速下降,并且呈地区整体性下降。这些国家的发展对社会支出造成极大的压力,因为转移支付的需要在一段时间内上升很快,这时政府被迫削减预算赤字,而此时新的税收制度既没有建立,也没有合法化。

在公开失业上升的同时,平均的实际工资却在下降,一些国家下降超过50%,通货膨胀率在过去4年中上升500%,最糟糕的例子就是乌克兰,在1993年通货膨胀率超过10000%。贫困率上涨到只有在低收入发展中国家才能看到的那种典型,在保加利亚、罗马尼亚、俄国和乌克兰,有50%或者更多比例的人口生活在官方基于合理性解释而设定的最低收入水平线以下,在波兰则超过40%以上。

各个国家的预期寿命几乎都在下降,有关发病率的统计结果也令人沮丧。最糟糕的记录是俄联邦,在7年间,男性平均预期寿命下降了7岁,刚刚超过58岁,而女性预期寿命下降到68岁,这使其性别之间预期寿命的差异也成为世界之最。即使在相当有活力的国家匈牙利,男性预期寿命也下降了,从1970年的超过66岁下降到1991年的65岁。在保加利亚,男性预期寿命从1988年到1991年下降了一岁多,而女性预期寿命稳定[14]。在其他国家,如波兰、乌克兰和斯洛伐克,也出现了预期寿命下降的情况。

第二部分　正在崛起的新福利国家？

当与稳定性政策和收入政策相连的经济下滑令个体难以享受到正常生活标准时，要尝试创造所谓的社会安全网也难以实现。自改革开始，大多数国家的政府试图改革社会保护体制，主要是通过把普遍性的、与就业相连的混杂计划，转向对涉及市场"风险"或突发事件的社会保险以及资产调查型社会救助的更大依赖。他们所采取的津贴政策也更具针对性，这意味着享受已有补贴和新的补贴的权利，受到新条件的制约。故事到此并未结束，还有一些社会保护的悲喜片段在上演。在一些国家，迫不及待地引入了西方国家的那种社会保护计划，制造出混乱和困惑，还有不平等以及社会剥夺。

通过思考中东欧国家采纳的几种新津贴的主要趋势和形式，可以分析社会福利政策变动的特征。

失业津贴

失业津贴的引入成为社会保护制度发展的指标——开始是与收入挂钩的一种相当慷慨的体制，后来逐渐成为一个规范的工具，采取严格的权利规定，仅有少数处在困境的人可以享受。

1986年，匈牙利在中东欧国家中第一个引进失业津贴的形式；1989年，随着失业标准和享受权利特定化，形成了更为标准的失业津贴制度。其他国家在1990年引进同样的计划。起初，以国际标准来看，这些制度是相当慷慨的，对于那些有资格享受津贴的人来说，享受时间相当长，还有相当高的收入替代率。然而，在有些国家，一开始就把有权享受这一津贴的人数和复杂性从一开始就相当可观，如俄罗斯、白俄罗斯以及乌克兰根据各自情况修改执行1991年颁布的苏联失业法；在其他国家，如波兰，权利资格很快变得更为复杂。由于各国当局在制订计划时，更接近地模仿更具

8 中东欧的社会保护:一个滑行的锚和破裂的安全网的故事

限定性的"西方"模式,即典型的所谓盎格鲁-撒克逊的"自由主义"体制[15],所以,这种复杂化的趋势加速了。

当登记失业上升,这些政府承受着来自国际货币基金组织、世界银行和依据自身经济条件为改革提供财政援助的24个"捐赠"国(G24)的无情压力时,政府逐渐削减失业津贴,使得这一制度更难以享受,提供的津贴时间更短,替代率也比较低。结果可想而知,令人感到沮丧。

到1994年,在中东欧地区仅有一小部分失业者享受失业津贴。比如,在斯洛伐克仅有1/3失业者享受,俄罗斯可能不超过13%,克罗地亚和乌克兰不超过10%,立陶宛不超过25%,保加利亚不超过28%,阿尔巴尼亚大约有35%[16],捷克共和国大约为45%,波兰为48%[17]。接受失业津贴的人,津贴的平均水平通常低于传统概念上的能维持生活的收入。在波兰,1994年,统一比率的失业津贴,相当于就业前3个月社会平均工资的36%,通常给付期为12个月[18]。在能够找到对比数据的所有国家,就平均工资的"收入替代率"来看,在所有国家都下降了。例如,保加利亚这一比率从1991年的46%下降到1994年的27%,匈牙利从41%下降到26%,罗马尼亚从43%下降到28%[19]。

有关低津贴的最糟糕的案例是前苏联各国,即使该津贴制度被设定为与收入挂钩,只有很少失业者接受失业津贴,而且失业津贴的平均水平与最低工资差不多。也就是说,在乌克兰,失业津贴相当于维持生活的最低收入的10%,在俄罗斯,大约相当于维持生活的收入的20%。另外,失业津贴的这一条件和水平,不仅创造了传统的"失业陷阱"(如果赚得任何收入就会失去享受津贴的权利),而且阻碍失业者承担兼职或低收入工作,还惩罚那些放弃

第二部分 正在崛起的新福利国家?

没有出路工作的人(实际上是禁止"自愿"失业的人享有津贴权利),所以实际上阻碍了劳动力流动。

在俄国和乌克兰,取得居住权已经成为享受津贴的许多条件之一,如此一来,当地劳动力市场的移居者按照规定无法享受津贴[20]。在中东欧主要国家中,申请津贴的另一个标准,就是那些接受公司解雇费的"冗员",3个月内自动禁止接受失业津贴。想象一下,这样一个条件,在任何其他国家,会对登记失业率起到什么作用。

在每一个国家,享受权利的条件都会变得更为严格,特别是在东欧,大多数失业津贴变动的结果就是失业率常年无记录[21]。津贴制度本身促使与劳动市场相关的贫穷增长,并促使经济非正式化过程。这种非正式化已成为这一地区的地方病,这里面,包含有我们后面会考察到的社会政策的含义。

事实上,这些国家的政治和经济目标是为了使公开失业水平下降,使国家财政需求最小化,由于这一目标置于失业供给之上,失业津贴非常快速地从基本上以保险为基础的转移支付项目,转向有利于规范劳动力市场的更具有针对性的剩余计划。

积极的社会政策的威胁

作为这些目标的构成基础,人们可能会怀疑那种导向性的(directional)福利制度是否已经出现。受到世界其他地区社会政策发展趋势的影响,特别是积极的社会政策的理念已越来越牢固了。

在中东欧国家,失业补贴遭到的批评令人耳熟能详,与北美和西欧在20世纪80年代和90年代对福利制度的公开评论差不多,迄今为止,信奉社会民主福利制度的人还在默默地捍卫它。社会中还广为流传的是,中东欧地区的大多数失业是"自愿的",还

8 中东欧的社会保护:一个滑行的锚和破裂的安全网的故事

有——如果实际上并未鼓励这种行为——失业补贴至多是个"消极的"政策。虽然没有统计证据支持这种论断,即许多观察家和政策制定者声称失业——所说的仅仅是占大多数比例的登记失业者,且不说那些未登记的失业者——是"自愿的",这就是事实,他们总是爱引用那些可以轻易伪造的传闻和相关的事件(比如在一些国家,受到更多教育的人的失业率比那些受到更少教育的人的失业率更高,通常是由于年龄和地区原因而导致)。

即使失业补贴低得可怜,而且给付期限日益缩短——总体上比西欧国家还要短——通常人们还是认为,它引发了失业和"地下经济"(black economy)以及"非正式经济"的工作。由于认定会产生这些结果,所有假设都是关于缩短补贴领取时间和领取水平,以及加强权利资格审查的争论。在某种意义上,这些预设的结果可能都会实现,因为失业津贴的水平那么低,以至于一个人要想带有尊严地生存,必须有一些其他收入来源才行。

政策紧缩的过程可以用发生在波兰的情况来加以解释。1994年,对于被认定是由于自身的"失误"而失去工作的人,以及拒绝接受由专家认定为其提供合适工作的那些人,享有失业补贴的期限,被缩短到3个月。

这里假设了两种造成问题的原因:自愿失业和地下经济或非正式经济工作。还有一种委婉说法,就是失业补贴是一种消极的社会政策,因为你有办法消解其合法性。相比之下,不断出现"积极的劳动力市场政策"形式引出的积极社会政策,为失业者和潜在失业者提供训练、提供公共工作和更多的培训等其他形式,努力使他们成为有竞争力的雇佣者。再往下的政策就显而易见了,也就是说,消极的政策"挤出"积极的政策,结论就是应当削弱前者而允

第二部分　正在崛起的新福利国家？

许后者扩展。

再就是，随着供方经济的来临，在中东欧地区还出现了一种理念。为什么社会保护支出就应该"排斥"培训的扩展？这最终成为意识形态的争论，因为缺乏把两种政策形式的支出并列起来的理论依据。当然，依照管理情况来看，自改革进程伊始，劳动力市场政策和失业津贴的支付来源大体相同，通常都是由主要依靠企业定期缴费为基础的就业基金分派。事实上，自1989年以来，特殊基金的创造成为社会保障改革的一个特点。例如，在波兰，失业基金将用于应对失业津贴和创造工作，以及培训和职业指导活动。

无论有没有理论依据，这种政策语言已经引入进来，因此，消极社会政策与积极社会政策对应的委婉说法开始影响到人们对良好的福利制度发展的思考。"消极的"理念具有轻蔑的含义，而"积极的"听起来充满活力、富有动力和积极性。所以，社会政策逐渐显现出某种导向性，转向工作福利的理念，就是要求失业者或其他接受短期应急性社会津贴的人，不仅要满足收入调查条件而且还要满足行为调查条件，要求他们采取特定行动，获得一些微薄的收入支持，或者实际上免于接受这种收入支持。当然，谈论这些还为时尚早，但是，这一趋势促进了对社会转移权利的广泛剥夺，这种剥夺一直存在着，并正在导向某种规范化的方法，在中东欧，已经出现令人担忧的先例。

失业津贴的例子强调了社会政策发展的两个一般取向——"目标对准型"和"积极的"政策说辞。有如在世界其他地区，这些政策产生的威胁在于，由于严格的选择条件或所谓的社会安全网体系，把庞大人群推向被动走向贫穷的客户群。其他四种趋势与之紧密相连，包括养老金改革的性质、社会转移的筹资从企业和雇

8 中东欧的社会保护:一个滑行的锚和破裂的安全网的故事

主承担转向雇员承担、未解决的治理问题和某种程度上的社会政策私有化。

养老金改革

养老金改革具有高度优先权,这是理所当然的。一个基本事实就是,在中东欧地区的所有国家,现金转移支付中绝大比例都是养老金。例如,在匈牙利,养老金支出占社会总支出的1/3,1993年几乎占GDP的近11%[22]。在苏联式时代,可领取养老金的年龄比其他国家低,养老金水平相应地也比其他国家低。绝大多数人口都在接受各种不同的养老金,这种状况一直在持续。1994年,俄罗斯联邦1.48亿人口中有0.36亿接受养老金,接受养老金的人数比此前3年大约上涨了10%。1993年,约有60%的养老金领取者获得的是最低额度的养老金[23]。如表8.2所示,最低养老金大大低于平均工资。它也低于为满足生存所必需的最低收入水平。

表8.2 1985—1993年俄联邦平均养老金及最低养老金与平均工资的对比

	1985	1990	1991	1992	1993
平均养老金占平均工资的百分比	37	34	52	27	35
最低养老金占平均工资的百分比	25	24	31	18	19

资料来源:俄罗斯联邦社会保护部,莫斯科。

再比如说,1993年末,波兰最低养老金占平均工资的26.3%,在0.384亿人口中有850万人接受各种不同的养老金。最令人感到奇怪的是,大约有350万人,也就是41%的养老金领取者接受的是残疾人抚恤金[24]。

第二部分 正在崛起的新福利国家?

以往体制下领取养老金的年龄太低,养老基金也没有建立起来,再加上前面提到的原因,自1989年开始,政策制定者大致认可要提高养老金正常领取年龄,同时还希望提高国家基本养老金水平,使其足以使退休者在完全退休后不会陷入到贫困状态。在许多国家,政府还开始缩短退休年龄的性别差异,传统上男女退休年龄要相差五年[25]。

确切地说,提高养老金水平和养老金年龄是一个双重挑战,所面临的任务极为艰巨。有些国家已经开始提高养老金领取年龄,1994年,在波兰,男人领取养老金年龄提高到65岁,女人提高到60岁。其他国家,如保加利亚,也引进了不断提高养老金年龄的战略。再说匈牙利,虽然其政策看来已经滞后,但是也确定了女性领取养老金的合法年龄将从1995年的55岁提高到2003年的60岁。

在大多数国家,老年退休金的收入替代率是适度的(虽然大约占平均工资的30%—40%这个数字,用西欧国家标准看算是低的)。在大多数情况下,养老金具有最低水平和最高水平;在一些国家,以往那种把养老金同最低工资相连的做法已经废除,其最低养老金已经超出了最低工资水平。但是,在大多数国家,最低养老金大致低于官方规定的最低收入的水平。

虽然,在中东欧地区,残疾人的贫困化和边缘化是最严峻的社会趋势之一,但是,残疾抚恤金一般根据养老金情况变动。通常,只有未领取失业津贴的人才能够领取残疾人养老金,但是,作为对失业的一种回应措施,现在存在一种趋势,即将更多人转移到领取残疾抚恤金上去,比如在匈牙利就是如此。

在领取养老金年龄和养老金水平持续保持较低水平的情况

8 中东欧的社会保护:一个滑行的锚和破裂的安全网的故事

下,仅有少数几个国家引进了要接受养老金就必须完全退休这样的条件,虽然其中一些国家试图阻止养老金领取者就业。比如,1991—1992年期间,保加利亚政府对雇佣养老金领取者的企业实施税收惩罚,导致企业解雇了许多老年工人。更普遍的是,逐渐出现的高失业以及大量就业冗余,使得老年工人被剔除出劳动力市场,许多人提前退休。从这方面来看,中东欧国家跟西欧和北欧一些国家差不多。具有讽刺意味的是,在俄国、乌克兰和其他地区,政府在努力提高领取养老金年龄时,还把提早退休作为减少劳动力供给的对策,以应对失业的压力,据估计,在罗马尼亚,如果立法同意长期付费给有1岁以下孩子的母亲,还有同意提前退休,那么,失业会比1993年增加5个百分点以上[26]。

毕竟,养老金改革不能脱离"削弱国家供给"这一无情的外部压力,正因为如此,世界银行的代表们[27]往往在这一地区提倡各种不同版本的养老金的"智利模式",虽然智利模式并没有被全部采用,但它还是非常有影响力的,并且注定还会产生更大影响。结果,出现了"双层次"或"双层次、双支柱"的方法,依这种方式可以设想,会有一个低层次的国家养老金,强制性的与收入挂钩的养老金构成其上层,同时存在的还有私营的和职业的养老金计划。这种社会政策的部分私有化,对一个完整的社会福利制度来说,可能破坏至关重要的社会团结的基本原则,还可能促进收入差异的增长。

以最低的统一利率的国家养老金以及强制性私人养老金为基础,转向双层次养老金政策,再加上第三层次的自愿养老金计划,采取这一方式的趋向因世界银行最近出版的、明确倡导这种方法的书的出版[28]而大大增加了。世界银行提出,统一利率的最低养老金既可以是普遍的也可以是资产调查型的,虽然,它显然倾向于后

第二部分 正在崛起的新福利国家？

一种选择。它反对社会保险的方法,对中东欧国家政府在转向养老金私营化方面无疑施加了巨大压力。世界银行声称,在老龄化背景下,现收现付的养老金计划将会导致缴费率过度提高或者津贴减少,等等,因此,必须提高领取养老金年龄。但是,有一点并不明确,那就是基金型养老金计划是否可以更好地应对老龄化问题[29]。

再强调一下转向养老金和其他社会保护形式私营化趋势的特别含义。这个特别含义就是,私营的商业养老金投资于资本市场,接下来很容易把从一些国家不发达的证券市场赚来的钱投资于海外资产。这种做法恰好是世界银行所倡导的,认为与经济全球化一致[30]。这种做法还将导致大量资本流失,阻碍金融、财政和社会政策领域的国家自治。

最后,世界银行倡导建立起像智利那样的基本的公共养老金制度,也就是说,基本养老金大约占平均工资的12％。由于世界银行认识到,这一标准大大低于维持收入所需,所以他们还建议按照就业年数提高养老金,这样一来,基本的公共养老金在就业45年后就会提高到平均工资的35％。这就是养老金制度的未来吗？

养老金部分私营化的变革,与剩余社会安全网的设想是一致的,在这一设想中国家应集中资源,以应对最有需要的人,国家退出养老金提供者角色,把提高养老金水平的任务交给"市场"这个私营养老金提供者来处理,政府想通过他们提高养老金水平,而不仅仅是停留在维持生存的程度。需要重申的一点是:在之后的若干年,养老金制度可能成为社会经济差异的重要来源。在养老金走向私营化的条件下,甚至在俄罗斯联邦国家,私营养老金也令人吃惊地翻番增长,并且从根基上削弱国家制度的合法性。1993年中期时,俄罗斯有大约40家私营养老金在运作,到1994年中期,

8 中东欧的社会保护：一个滑行的锚和破裂的安全网的故事

就达到大约 400 家[31]。甚至企业也建立起自己的计划。看来，养老金私营化以及整个体系的碎片化近在咫尺。

社会保护的资金筹措：社会保险的艰难之路

至于说到社会保护的资金筹措，在中东欧大多数国家，各种津贴改革方向大致相同，特别是从雇主缴费转向雇员缴费，还有从定期缴费转向一般税收收入。后者的出现主要是因为转移支付需求增多，保险缴费收入减少，保险缴费减少则源于较低工资、较少就业以及没有收到应付缴费。比如，到 1988 年，波兰的定期缴费还一直包含各种社会保险的支出。自 1989 年下半年开始，全部费用中上涨的比例，都得由国家财政预算来支付。到 1991 年，定期缴费项目占支出的 84%；估计 1994 年不少于 80%[32]。

政策制定者会发现，在许多国家，一个最重要的挑战就是由政府直接建立基金转向对创建特定的应急"基金"给予财政支持，如养老金、就业或失业基金、医疗卫生保健基金，等等[33]。波兰早在 1987 年就建立起来各自分立的社会保险基金，之后，在社会保险机构(ZUS)之下建立起三个基金——一个是支柱型的基金，一个是农业基金，一个是神职人员的基金。1991 年 10 月开始筹资的分类改革，通过改革消除针对某些特定群体的特权，这种特权是中东欧地区大多数国家先前体制中都具有的特征[34]。

在所有国家，虽然出现了试图公开地把某些负担转移给雇员的变化，但是，由雇主付费的旧式想法仍然存在。实际运作的结果与最初的目标可能有很大差距，所以从总体来看，跟大多数西欧国家一样，通过一般税收收入缴纳社会保障基金的比例已经提高，差不多接近保险收入的比例。

当前的形势，在大多数情况下，对雇主来说实质上是"税收楔

第二部分　正在崛起的新福利国家？

入(tax wedge)"，任务艰巨，因为雇主定期缴费通常占工资总额的50%，只多不少。这一筹集资金方式对就业水平是否有效，尚有待于讨论，但是，认为这种筹资方式导致就业水平降低，那就错了。一个令人无法置疑的理由是，它降低了工资水平，以至于把成本转嫁到工人身上。它也导致了广泛的逃税避税，这样一来(如果经济理性和无数的传闻可以相信的话)，雇主——主要是私营企业的雇主，虽然国有企业也一样——就会串通工人向当局者报告工资水平，而这一报告数据，比实际工资水平要低许多。许多雇主还依赖"外部的灵活劳动力"，使用临时劳工、合同工或者"自我雇佣"的工人，虽然迄今为止兼职就业还不算多[35]。

最公开的例子要属捷克共和国(或当时的捷克斯洛伐克)，1990—1991年，许多雇主仅雇佣那些拥有自营营业执照的工人，这样就可以免缴社会保障费。1991年末，这一做法被禁止，但是它并没有改变人们从事这一做法的诱因。在实践中，还是有很多雇主继续这样做，还可以确信，雇主们还会继续寻找能够取得同样效果的其他方法。在中东欧地区的许多案例中，企业管理者不单单是不缴纳社会保障费，如果需要，他们还会去贿赂检查员或者拒绝向新当局泄露"商业秘密"，而新当局通常还没有树立起挑战雇主背后强大的传统利益的权威。像传闻一类的证据不太可靠，然而，有充分的原因和足够的理由表明，这一过程在中东欧地区已趋于普遍化。非正式化不断增多——植根于原有体制中广泛的"第二职业"——对于正确理解大多数中东欧国家的社会政策发展极为重要。

定期缴费(保险和其他形式的征税)的"征缴能力(collectability)"低迷；在一些国家，据估计，所筹集的费用还不到预期收入的1/3。

8 中东欧的社会保护:一个滑行的锚和破裂的安全网的故事

在保加利亚,未收到的定期缴费据估计大约占 25%,足够支持覆盖范围有限的医疗健康保险计划[36]。接着,社会预算赤字上升,导致定期缴费率提高的倾向,激发对征缴能力更进一步的损害,并加重了基金匮乏和补贴水平低的恶性循环,更促使对津贴受益者的领取资格进行更为严格的审查。另外,就业的变动以及进入到不缴费的"非正规经济"中的劳工合同,意味着越来越多的工人不能被日益发展起来的应急社会保险所覆盖[37]。就许多新形式的就业关系来说,工人在刚失业时没有权利领取失业津贴或者其他与就业相关的社会转移支付形式。

有一种趋势就是部分定期缴费由雇主缴费向雇员缴费转移。在大多数国家,雇员定期缴费仍然可以忽略不计。比如,1994 年,拉脱维亚 38% 的定期缴费中只有 1% 是雇员所缴,保加利亚和立陶宛的雇员缴费就更少。有些国家,雇员缴费所占的比例更高一些(在捷克共和国是 49.5% 中的 13.5%,在匈牙利是 60% 中的 11%)。然而,将缴费转向对雇员要求更高的比率,所取得的效果可能并没有它的倡导者所期待的那么有效。因为实际工资仍然很低,这种缴费会导致对工资施加更高的压力,并且几乎顺理成章的是,它还会导致部分工人顺从地接受那种根本无权享有社会保护的更不稳定的、灵活形式的就业。当然,定期缴费由雇主部分转向雇员,至少可以提高社会保险原则的"透明度"。

另外一个论题涉及可以称为"家长式个人主义"的特定环境。按照以往的制度来看,工资本质上是个人工资,就是要对单个工人的劳动能力进行简单再生产。家庭接受最低水平的低成本服务和转移支付,所有成年家庭成员要自己赚钱养活自己。因为国家通过企业雇佣工人,通过工会和地方政府这一传送带,提供更广泛的

第二部分 正在崛起的新福利国家?

各种社会服务和转移支付。所有成年人都有工作。欧洲大陆福利国家的家长式社会保险制度,与此极不相同,即女人们典型地是"次要劳动者",在经济中主要处于被动状态,接受家庭津贴,还依赖在稳定的充分就业体系中获得家庭薪资来"养家谋生"的男人。

在中东欧,较低的个人工资刺激了劳动密集型、低生产率生产岗位上的充分就业,从而促成1989年后中东欧地区经济令人恐惧地坍塌。粗略地说,低工资导致低生产率,低生产率导致工资停滞,工资停滞导致工人缺乏动力,生产率更为低下,等等。自20世纪80年代末改革开始,对部分经济群体来说,货币工资和实际工资均显著提高,而且,随着有一定特权的工薪者数量增长,提高与收入相关联的保险类型的津贴水平就会有压力。假使国家不能为他们提供社会保险津贴,那么,社会政策的私营化就会加速。所以,往往会出现某种张力,引发不平等,并通过社会转移支付供给模式,使得这种不平等加剧。

与收入相关的津贴会导致更多的妇女转变成为"次要劳动者",还是经济上处于被动地位的"家庭照料者"? 它会导致比现有更为严重的社会经济差异吗?后者看来是有可能的。前者则不大可能。虽然在某些领域,存在着诱使妇女离开劳动队伍的压力,但不要对此预期报什么期望。迄今为止,虽然自20世纪80年代末,妇女就遭受了可怕的经济水平下降之苦,但是并没有什么突出的证据可以表明,她们所承受的痛苦比男人更重,也没有证据表明,随着失业妇女的增加,她们已经被边缘化为"次要劳动者"[38]。实际上,由于各种错综复杂的原因,妇女对经济、社会和心理坍塌的阵痛更容易接受,可能更适宜在非正规的、市场调节的经济活动中

8 中东欧的社会保护:一个滑行的锚和破裂的安全网的故事

工作。在社会保护制度形成过程中,妇女的经济作用持久而突出,确实非常重要。

医疗保障

至于说医疗保障,旧有的制度是"劳动密集型的",与其他任何事物一样,医疗工作者服务于病人的比率非常高。在大多数国家,都有全面的健康服务网络,经济上主要由国家财政来支持,这意味着"休克疗法"之下紧缩的货币和财政政策,在服务方面则起到一些人把它形容为"毁灭性的"反作用[39]。从1989年开始,有政策倾向要把医疗保障转变成社会保险为基础的制度,最为突出的是在捷克共和国、斯洛伐克和匈牙利。然而,就政治方面,对新政府来说,即使在意识形态上同意缩减已经根深蒂固的普遍医疗保障制度,在实践中也是非常艰难的。旧有的对怀孕妇女规定有两年带薪产假这种鼓励生育的政策,如果没有政治冲击的话,这种制度难于撼动,尤其是在生育率极低并不断下降的这一时期。同样,就像1993—1994年在保加利亚发生的情况,要让养老金领取者支付部分医疗费用,并让他们在诊所外面瑟瑟发抖地等着排队,也不会使改革的政府赢得受大众欢迎的民主形象。

或明或暗的私营化这时也已出现,在商业化的私人诊所里和私下动用较好设备的做法已经蔓延,而投入公共医疗保障制度的资源遭到削减,私人部门涉足制药工业。在一些国家,公共保健系统的工作人员享有的工资和津贴下降,与其他群体相比不再有什么优势,而且从国际标准来看水平已经相当低。这一趋势在俄国和乌克兰可能最明显,这两个国家把"预算部门"的薪水急剧降低,同工厂劳动者水平差不多,而对于正在兴起的私人部门则任其发展。由此导致"内部人才流失",在这一问题还不太严重时,就应当

第二部分 正在崛起的新福利国家?

引起更为充分的警示,因为受过高级训练的和有经验的医生,还有其他人正受到利诱,离开其专业,而去从事一些商业活动,赚取更高收入,而不仅仅是果腹。

国家对公共社会服务部门的工资和收入控制得非常严格,所以,为"成功地"防止通货膨胀,这些部门工作人员的货币工资被控制在低水平上。而且,紧缩社会预算的做法,导致公共医疗保健系统、教育和社会服务领域通常发生普遍而严重的"工资拖欠"问题,如此一来,实际工资甚至比官方统计数据更低,这一点,在俄罗斯表现最突出。

社会救助

中东欧国家最令人担心的倾向,可能就是更普遍地转向资产调查的社会救助。这一强大转向表现在三个方面:因为保险型或普遍的转移机制未被引入而造成的未纳入;由于法规变更,导致接受津贴的条件更为严格而造成的明显的权利剥夺;潜在的权利剥夺,就是说更多的人根本没有享受津贴的权利。

有关明显的权利剥夺,比如说在波兰,家庭津贴于 1995 年 1 月变成收入调查式的,只有人均收入低于平均工资 40% 的人才有权利享受到这项津贴。收入按照六个月期间来设定,对突然失业情况,也是一样。问题是,作为一种节省预算的方法,这种变动可能使得处于困境的人更难获得收入支持,如果接受收入调查以及任何新的倾向于减少津贴领取的条件的话。

依靠社会救助的人数增长显著。例如,保加利亚 1989 年到 1992 年间依靠社会救助的人数增加了 340%[40]。在波兰,这一数字从 1990 年的 164.5 万增加到 1993 年的 300 万[41]。社会救助通常会以当地标准为基础进行任意分配。由于当权者要求平等、客

8 中东欧的社会保护:一个滑行的锚和破裂的安全网的故事

观地进行财产调查和收入调查,地方官员现有水平还不行,需要积累更多的经验、接受更多的培训。所以,有充足的理由可以认为,社会救助没有起到什么作用,不论是从对规则的随意实施来看,还是从那种带有耻辱感或是缺乏知识就无法申请的方式来看,在某种意义上,有许多需要财政扶持的人都被剥夺了权利。

可以想象,在社会救助制度执行能力欠佳、官员数量不多而转移支付的需要却快速增长的国家,吸纳率(take-up rates)非常低。吸纳率可能一般都低于50%。而且,社会救助津贴的水平极低,在一些国家,出于预算原因,往往使用于决定救助金水平的最低收入水平下调,从而导致救助津贴再次调低,较为显著的是俄罗斯和乌克兰,1994年初的救助金水平大约是两年前收入水平的20%[42]。总之,虽然对社会救助的依赖在增长,但是,为陷入困境的人提供保护的社会救助制度,却不一定能够公平或是有效率地施行。

捷克案例:领先者还是例外?

许多人把捷克共和国视为与众不同的案例,通常认为,与其他正在经历经济转型的国家相比,捷克在经济上更为成功。前面曾经说到,由于各种不同的原因,捷克的失业率比大多数其他国家更低——1992年达到最高点4.4%,1995年初大约为3%,其经济动力似乎比其他中东欧国家都更为强大。捷克共和国的社会政策发展是有争议的,因为同这一地区的其他国家相比,从更广泛更持久的意义上来看,捷克政府公开承认,他们实行的是自由主义的经济改革。

与这个地区的其他国家一样,1989年后,捷克当局转向社会保险这一方向,加强了起源于19世纪的社会保险这一强大传统。

第二部分　正在崛起的新福利国家？

1990年,它把保险制度扩展到作为迅速增长群体的个体营业者,并提供统一利率的家庭津贴。同年,政府取消了工会参与,把社会保险责任转移给政府。1991年,引入了新的失业津贴计划。

改革初期就出现了根本性的变化,包括把享受失业津贴的权利减少到六个月。有人提议,把包含基本养老金、补充养老金、疾病保险、工伤保险和失业保险在内的保险基金分离出来,但是,直到1995年初仍旧处于制度建立进程。医疗保障呈现出走向私营化的趋势,强制性医疗保险计划在1993年引入。虽然工会抱怨没有充分咨询他们的意见,但是,原则上,社会保护的管理受到一个三方的经济和社会协作委员会(RHSD)的监督。政府计划削弱它自身在委员会中的作用[43]。

虽然,国家养老金由雇员和雇主定期缴费来支持,但还是有走向依靠税收筹资的趋向。在1995年提出改革时,捷克政府指明,国家养老金应当由统一比率的部分组成,以与收入挂钩的生活成本指数相连。还提出在10到15年后,减少收入替代率,从平均工资的50%减少到35%,在此期间,鼓励公民参与私营保险计划,由国家根据缩减的程度实行补贴。同一时期,延长养老金领取者的年龄,男性从60岁上升到62岁,女性从52—55岁上升到54—57岁。

改革建议还包括向资产调查型津贴的转变,这种类型的津贴以当前收入为基础,有儿童津贴、家庭津贴和住房津贴等形式的转移支付津贴多达12种以上。因此,儿童津贴按计划从普遍的保险型转换成具有针对性的特定津贴,针对穷人的新的住房津贴也正在计划中。所有资产调查型津贴的水平将取决于收入维持水平,相关系数由政府确定。采取这种做法,主要是为避免由于设定多

8 中东欧的社会保护：一个滑行的锚和破裂的安全网的故事

种转移支付的不同系数而引起严重的贫困陷阱。然而，这种做法实施后，令人苦恼的可能不仅是行政成本和法定规则，还可能会有政治风险，因为人们根本无法预先估计大概能得到多少补贴。

在中东欧国家，社会救助的作用不断增强，最低收入保护制度于20世纪80年代中期建立，到20世纪90年代末再次以法律形式固定下来，出台最低收入保护法。虽然，领取救助金可以改善有权利接受救助的人的生活水平，但是，自20世纪90年代以来，享受的法定条件严格起来。仅靠领取社会救助金生活的人口比例相当低。

改革的提议中所显示的进步，会引起中东欧国家政策制定者和分析家的敏锐关注。看来，捷克当局不是要创造一个剩余的福利国家，而是要在更大程度上专注于私营化的社会政策，按照资产调查的社会救助政策，主要由国家为穷人提供低水平的统一津贴。不管怎么说，由于捷克具有长期社会团结和社会民主的传统，所以即使遭遇了苏联式时代的分裂政策，自由改革进程看来可能还是要实施下去[44]。但只是有这种可能性而已。

有关治理方法的挑战

在中东欧国家，关于社会保护采取什么样的治理模式才更为恰当，这一争论目前还没有答案[45]。人们是否会赞同转向目标对准型的、积极的社会政策，工作福利以及资产调查型的社会救助，在很大程度上取决于采取何种治理形式。这种治理形式指的是社会政策项目形成、实施、管理、控制以及评估所要遵循的制度性框架。

在中东欧国家，过去的治理模式实质上是"命令-传导型"的制

第二部分　正在崛起的新福利国家？

度，它带有个人随意性，但是，个人的判断受制于企业或者政党机器以及地方社区这一层面。由于这种制度坍塌，各国开始采用"三方委员会"的治理实验，在新部委和政府机构之间责任分工不清晰。从收支控制以及切实可行的社会保护政策规则来看，一些国家的地方分权程度比其他国家更为突出。中东欧最大的国家中俄罗斯和乌克兰的案例最为突出。

治理的主要论题有四方面：

1. 在 20 世纪 90 年代，尤其是在国际货币基金组织和世界银行准备采取独特政策，以及欧盟准备将新兴的社会保护制度扩展到其潜在成员国，使之成为各方都可接受的模式的压力之下，在一国实行独立的社会政策是否可行？

2. 真正民主的"三方"治理的前景是什么，或者说更广泛基础上为潜在的和实际的受益者代言以及起到决策作用的代表制的前景是什么？

3. 由政府主体根据"专家"和专业委员会成员的意见来主宰的国际社会政策治理的趋势在中东欧国家成为常态了吗？在何种程度上，这一进程可以解释为民主化的？

4. 社会政策中地区分权和制度分权的最适程度如何？或者社会政策应在何种程度上起到地区再分配的作用？

第一个问题是敏感的，并且有证据显示，或好或坏，等于社会政策制约性的压力被引入到世界银行和国际货币基金组织的借贷，以及从其他渠道获得的财政援助协议之中。社会制约性是一个需要进行公开讨论的重要论题，因为它似乎意味着对国内政策制定的干预。

第二个问题应当在劳动力市场的日益非正规化以及弹性化，

8 中东欧的社会保护：一个滑行的锚和破裂的安全网的故事

还有难以辨别雇主和工人的正当代表身份这样的背景下予以考虑。在对中东欧社会政策的重塑进行评估时，全部事实中最基本的事实就是，所有的制度都是微弱的，这样的话，寻求在相互竞争的利益群体之间达成一致同意的机会也是有限的和脆弱的。

第三组问题与前两个问题同样重要。各利益集团之间的公开说明和协商可能会受到损害，虽然确定这个还为时过早。有许多"专家知识"的表述规则，可能最终成为指导原则。

第四个问题需要引起人们更多的关注，因为在中东欧大多数人口密集的国家，如俄罗斯、乌克兰和波兰，特别是俄联邦，社会政策的区域性特征越来越明显，可能会导致重大的财政危机，特别是当失业和贫穷的地区差异走向极端时。

要应对为达到国家治理以及次级国家治理平衡所面临的挑战，就是要找到多种办法，实现国家控制，以确保再分配功能发挥作用，并且实现国家内的地区间控制，确保充分考虑到地方需要和集团利益。

结论：寻求再分配的公正

自20世纪80年代末以来，那些在中东欧地区生活和工作的人，很容易对这一时期的社会保护政策的发展道路失去信心。查看所有关于 J 曲线（伴随生活标准短暂下降，随后将是急剧地、持续地改善）的谈论，即便据1994年记载，在某些国家有所提高，但是，总体上来看，生活标准下降已经持续了很长时间，而且下降幅度很大。

为了引起读者的迅速关注，我们必须反复强调一个令人震惊的统计数据：1995年，在俄罗斯，男性出生时生命预期是58岁多

第二部分　正在崛起的新福利国家？

一点,在过去7年中大约下降了7岁。人们可能会抱怨这一数据,然而,不会有人质疑这一发展趋势的艰巨性。在这个统计数据背后,还有些令人费解的其他事实,比如说,同样是出生时的生命预期这个数据,对于女人来说是68岁,与过去相比是下降了,但是比照男人下降得要小得多,在俄罗斯,男人和女人生命预期之差为世界之最。其他国家虽然不如俄罗斯那么显著,但生命预期的下降也是急剧的。这些都是重大的调整,并不可以把它们当作无足轻重的东西,给抛到"民主改革"的欢欣注脚之外。

另一方面,这些数字显示,年轻人和中年男人的发病率和致死率上升,比较突出的死亡原因是与压力相关的疾病。当然,在给出明确的答案之前,还需要更多的研究,然而,一个极其可信的假设是,改革和重建过程中产生的经济、社会和心理冲击,会导致深刻而广泛的不安全感的形成,反映出人们无法适应全新的艰难的环境。正如1993年我与一位俄罗斯内阁部长讨论为什么人们不抗议显而易见的诸多剥夺时,他谈到,"他们只是回到家里慢慢死去。"

本结论以上述观点为开端,着重强调社会政策改革的紧迫性和严重性。现阶段,既不能秉持悲观主义,也不能推崇返古主义。之后的几年,中东欧将会面临社会保护发展的危机,危机在古希腊意义来说,既是威胁也是机会。威胁是,伴随着扩大的不平等和社会经济的分裂,将会出现持续的高度贫困;机会是,仍旧要创立新制度,新制度将建立在这一地区仍然盛行的社会团结感和对再分配的公正期待的基础上。值得强调的一个恰当观点就是,在匈牙利和波兰,虽然还有许多人依然处在贫困中,但是,社会转移支付确实能够大大降低贫困率[46]。

8 中东欧的社会保护:一个滑行的锚和破裂的安全网的故事

1989年一阵短暂欢欣之后,人们对市场自由存有广泛的期待,并期望它与国家强大的收入保障结合在一起。国家收入保障与市场从来不可能结合在一起,或者不可能由正在苦苦争取国内外合法性的政府来实现。创造特定类型的新自由市场经济的外部压力强大,不良的分配结果被说成是为获得长远利益而呈现出来的短期阵痛。虽然按照国际标准来看,福利开支仍然很高——比如,1993年匈牙利福利开支大约占GDP的1/3,几乎与瑞典差不多——削减支出的系统性尝试取得了成效。

在中东欧地区的许多国家,对社会苦难和不平等严重增长的关注,迫使人们对新自由主义存有戒心。人们对于极为严重的不平等有普遍反感;还有,对于普通人来说,"黑手党"成为恶棍的原型,一个涵盖着肆意从事机会主义经济行为人的非常广泛的用语,从脱离原来高高在上的国家"统治集团"摇身变为商业贵族的"有权势者"、获取垄断利润的商人、还有大多没有登记的非正规经济的成功参与者,以及几乎涉及各种类型的罪犯。

伴随碎片化的社会结构而出现的一个问题是,新生的富贵阶层发现他们大可以选择不参加那些旧的和新的社会保障制度,实质上相当多的少数派,甚或是大多数居民都不再认为他们是福利制度的直接参与者,这是极其危险的。

在中东欧颇有影响的社会政策改革中,有时会发现不利的犬儒主义倾向,事情的发生大概如下所述。该地区各国虽然负担不起全面的社会保护制度,但是,实质上,确保"中产阶级"长期支持"民主"发展至关重要。他们必须享受到充足的社会保护,才不会对社会不满。但是这样的话,就可能意味着不能给穷人提供足够的津贴,因为他们根本支付不起。正是这一原因,导致社会保护制

第二部分　正在崛起的新福利国家？

度无情地忽视穷人,所以,听起来毫不奇怪,一位当权人士以简单粗暴的逻辑得出结论,"我们必须要将这一代人一笔勾销。"这种令人毛骨悚然的推理引发了许多问题。最根本的问题是,它突出了在中东欧社会里,对有关社会保护的改革方向进行公开而透明的辩论的紧迫性。

在中东欧,这一争论恰好势均力敌。有些人相信,不论"西方"评论带有怎样的局限性,西欧的社会保险模式始终是最好的选择,因此,与就业相关的社会保障制度可以应对各种突发事件,而普遍津贴则可以应对与就业无关的任何风险,另外,社会救助制度可以防止或补偿贫困。其他人则认为,这条道路注定要失败,因为它适用于走下坡路的工业就业模式,因为来自保险型定期缴款(insurance-style contributions)的财力减少,因为要获取更多资源,可能只有通过一般税收才能实现,还因为几乎不参加定期缴费的人口在增长,这些人需要接受长期的转移支付。持后一种看法的人倾向于选择目标对准型,他们越来越赞成实行更为严格的享受条件和富于指导性的、积极的社会政策,并与社会政策部分私有化联系起来。还有一个事实就是,防范市场风险的社会保险制度还没有稳妥地建立起来,或者说,在捷克共和国和匈牙利,还没有重新建立起来,还需要花费时间和价值经验,从而促使采取这一路线的可能性增强。与埃斯平-安德森强调的欧洲大陆福利制度特点有所不同,那种根深蒂固的国家基础上的福利合法性,抑制了对实行私人计划的普遍期待的增长[47]。

第三种思潮过于激进和非正统,所以,迄今为止还没有引起什么讨论之声。这一思潮,就是要使社会保护体系的主流趋势倒转,主张建立体现公民权利的最低的普遍收入保护,并实行以需要为

8 中东欧的社会保护:一个滑行的锚和破裂的安全网的故事

基础的社会转移支付和更丰富的社会、社区服务,构筑强大的民主治理结构使之充实起来。尽管存在着黑手党的倾向,可以确信,在这一区域里,因为有足够的社会团结,所以可以认真考虑第三种选择。然而,令人遗憾的是,其他路线看来更有可能捷足先登。

注释

所有观点和结论都由作者本人,而不是国际劳工组织负责。

[1] 在这一背景下,有证据表明,分析家们谈及的"后极权主义的"或"后社会主义的"政权体制是一种征兆,它是为提醒怀疑主义者,应该认为,前缀"后-"的使用表明,我们对正在认定的事物还缺乏相关的知识。与此相似,"转型"概念也存在着疑问,因为,是否存在着某种转型,或者说是某种"从国家社会主义到市场资本主义"的简单的转变过程,都是完全不清楚的。

[2] 当然,在20世纪70年代和20世纪80年代期间,在该地区的一些国家确实存在着贫困。相关的研究评论,请见 S. 马克伦德(S. Marklund)的"后极权主义欧洲的社会政策和贫困"一文,载于《斯堪的纳维亚社会福利杂志》(*Scandinavian Journal of Social Welfare*),1993 年第 2 期,第 104—114 页。

[3] 例如,苏联 1988 年直接消费补贴占整个社会消费基金总支出的 1/2;凯茨和卡肖(S. Cazes and J. Le Cacheux)的"苏联的收入不平等、贫困和社会保障"一文,载于《经济观察和判断》(*Observation et diagnostics économiques*),1994 年 10 月,第 38 期。在波兰,1988 年的消费商品的价格补贴约占公共预算的 42%。

[4] 扭曲这一概念是令人怀疑的。我们使用这个词指的是区别其他已发现的经济类型的不同模式,它的运行是带来负效率与公平的结果。

[5] 对于这个观点的透彻批评,请见 S. 弗格(S. Ferge)的"人类资源的动员和社会一体化:寻求伟大变革中的新平衡"一文(布达佩斯,1992 年,这是一篇未发表的手稿);C. 奥弗(C. Offe)的"东欧转变中的社会政策政治学:先例、动因和改革议程"一文(载于《社会研究》(*Social Research*),第 60 卷,第 4 期,1993 年冬季,第 1—36 页)。

[6] 基于 1994 年工业调查所作的经验评估,请见 G. 斯坦丁(G. Standing)的《1992 年至 1994 年乌克兰工业的劳动力市场动力学:由 ULFS 引起的结

第二部分 正在崛起的新福利国家?

果》(*Labour Market Dynamics in Ukrainian Industry in 1992-94: Results from the ULFS*)(布达佩斯,国际劳工组织中东欧组,国际劳工组织,1994年);《俄国工业的企业重组和大规模失业》(*Enterprise Restructuring in Russian Industry and Mass Unemployment*)(日内瓦,《劳动力市场论文集》,第1卷,1995年2月)。

7 对俄罗斯环境下这一问题的分析,请见 G. 斯坦丁(G. Standing)的"苏联式劳动力市场中的工资和工作动力:为什么需要 BIP 而不是 TIP"一文[载于《国际劳动评论》(*International Labor Review*),第130卷,第2期,1991年,第237—253页]。由货币工资到"社会消费"和福利的转变在1990年至1993年这一时期对俄罗斯工业企业的前三轮调查中得到说明。

8 D. 沃恩-怀特海和 G. 斯坦丁(D. Vaughan-Whitehead and G. Standing)编的《从保护到贫困:中东欧的最低工资》(*From Protection to Destitution: the Minimum Wage in Central and Eastern Europe*)(布达佩斯和牛津,中欧大学出版社,1995年)。

9 联合国儿童基金(UNICEF):《道德、健康和营养危机》(*Crisis in Mortality, Health and Nutrition*)(佛罗伦萨,联合国儿童基金,《转变中经济的研究、地区监视报》,第二卷,1994年8月,表1.1,第2页)。

10 即使在前东德,尽管在1993年收入不平等性还未达到前西德的程度,但收入不平等却日益加重。超过60岁的东德老人相对收入要比西德情况更加糟糕。见 R. 豪泽,J. 弗里克,K. 米勒和 G. G. 瓦格纳(R. Hauser, J. Frick, K. Mueller and G. G. Wagner)的"收入的不平等:对东、西德统一前和过渡期间的比较"一文,载于《欧洲社会政策杂志》(*Journal of European Social Policy*),第4卷,第4期,第227—295页。

11 俄联邦国家统计委员会(The State Commttee of Satistics of The Russian Federation)的《俄国社会经济政策,1994年》(*Sotsialnoekonomicheskoe Polozhenie Rossii, 1994 g*),莫斯科,高斯克姆斯塔特,1995年1月,第147页。

12 见 I. 莫兹尼(I. MOzny)的"试对当前充分就业的非经济的说明"一文,载于《捷克社会学评论》(*Czech Sociological Review*),第2卷,第2期,1992年,第199—210页。

13 一些国外经济学家为了急于表明他们作为"顾问"角色的成功,声称它反映了改革的成功,或者固执己见地认为并没有"休克疗法"发生。因此,理

8 中东欧的社会保护:一个滑行的锚和破裂的安全网的故事

查德·莱亚德(Richard Layard)和安德斯·阿斯伦德(Anders Aslund)都坚持说,紧随产量的骤然下降之后,俄国 1994 年的失业率还不到 2%。

14 见 P. 基塞瓦(P. Kisseva)的《保加利亚:社会保护和社会保障的国家概况》(*Bulgaria: Social Protection and Social Security Country Profile*)(布达佩斯,国际劳工组织中东欧组,1994 年)。

15 我们已对那些专门来自"西方"国家的驻外机构对社会政策发生演变的影响作了分析。很明显,大批的美国、英国、德国顾问和机构的代表直接地又间接地通过国际金融机构促进社会政策的形成与发展。

16 见 A. 希考(A. Cico)的《阿尔巴尼亚的社会保障:国家概况》(*Social Protection in Albania: a Country Profile*),布达佩斯,国际劳工组织中东欧组,1994 年,表 13,第 28 页。这个数字是指 1993 年 12 月的数字。

17 1990 年,第 4 季度,波兰 79% 的登记失业人员领到了失业津贴;1993 年,第 4 季度,这个比例下降到了 48%。见 I. 托平斯卡(I. Topinska)的《波兰的社会保障:国家概况》(*Social Protection in Polan: a Country Profile*),布达佩斯,国际劳工组织中东欧组,1994 年,表 12,第 38 页。

18 这里有些特例,尤其是被指定为受到高"结构失业"损害的地区。

19 国际社会保障协会(International Social Security Association):《重建东欧的社会保障:最近发展指南》(*Restructuring Social Security in Central and Eastern Europe: A Guid to Recent Developments*),日内瓦,国际社会保障协会,1994 年。

20 1994 年,在俄国,这一条件终因总统令正式被取消。但是,行政区职业介绍所还在继续使用这一已被取消的条令。

21 引起未记载情况发生的诸因素在其他地方都被讨论过,请见 G. 斯坦丁(G. Standing)的"为什么经测量的俄国失业如此低:漏洞百出的网"一文,载于《欧洲社会政策杂志》(*Journal of European Social Policy*),第 4 卷,1994 年 2 月。

22 匈牙利财政部。所占份额于 1992 年达到 11.6% 的峰值。

23 克罗尼埃(M.-A. Crosnier):"俄罗斯:连接两个制度的社会保障"一文,载于《东方国家邮报》(*Le Courrier des Pays de l'Est*),巴黎,1993 年 10 月,第 383 期。

24 L. 文顿(L. Vinton),"波兰的社会安全网:概观"一文,载于 RFE/RL《研究报告》(*Research Report*)第 2 卷,第 17 期,1993 年 4 月 23 日;M. 斯契克荣

第二部分　正在崛起的新福利国家？

赫(M. Szczur)"波兰公共养老金制度改革的主要方面：实现这些方面的可能性",华沙,劳工和社会研究所,1994年11月。

[25] 妇女的平均寿命更高,自20世纪80年末,男女退休年龄的差距就开始扩大,结果许多妇女要有30年时间甚至更多的时间在领取退休养老金。这有助于形成这样的印象,即在该地区,女性劳动力参与率极高。诚然她们的参与率也很高,但那些参与率仍然被过高估计了。因为在统计资料里,对于就业的退休后年龄的妇女被计算在分子上,而分母仅包括了年龄在46—55岁或54岁左右的妇女人数。

[26] 劳动和社会保障部(Ministry of Labour and Social Protection)："罗马尼亚的社会保障制度"(The Social Protection System in Romania),在由国际劳工组织中东欧、塞浦路斯劳动部组织的关于社会保障的规划和管理的塞浦路斯圆桌会议上提交的论文,拉纳卡,塞浦路斯,1994年3月,第23—25页。

[27] 有时它由顾问们提出。例如R.霍尔滋曼(R. Holzmann)的《拉脱维亚的养老金改革概念》(Pension Reform Concept for Latvia),应世界银行要求准备的文稿,德国,萨尔大学,1994年5月。

[28] 世界银行(The World Bank),《防止旧时代的危机：保护老人、促进增长的各项政策》(Averting the Old Age Crisis: Policies to Protect the Old and Promote Growth),纽约,牛津大学出版社,1994年。

[29] 对世界银行的建议的有益批评,请见R.贝蒂(R. Beattie)的"关于世界银行养老金政策的反思"一文,载于《国际社会保障评论》(International Social Security Review),国际社会保障协会,日内瓦,3/4期,1995年。对中东欧提倡的智利养老金制度的批评,请见C.吉里昂和A.博尼拉(C. Gillion and A. Bonilla)的"对国家私营养老金计划的分析：智利的案例"一文,载于《国际劳动评论》(International Labour Review),第131卷,第2期,1992页。

[30] 世界银行,《防止旧时代危机》,第222—223页。

[31] I.戴欧弥纳(I. Dyomina)："养老金基金：是幸事还是新的不幸?"一文,载于《莫斯科新闻》(Moscow News),第33期,1994年8月19日。

[32] L.纳瓦斯基(L. Nawacki),"波兰社会政策改革三方会谈的经验"(Polish experiences in tripartite negotiations on social policy transformation),塞浦路斯圆桌会议上提交的论文。托平斯卡估计,预算的筹资份额从1990年

8 中东欧的社会保护：一个滑行的锚和破裂的安全网的故事

的 14.8% 提高到 1993 年的 26.3%[托平斯卡(Topinska)：《波兰的社会保护》(Social Protection in Poland)，表 22a，第 50 页]。

33 在拉脱维亚，1994 年社会保护部长詹尼斯·利特尼正提议建立七个国家基金[利特尼斯(J. Ritenis)，"拉脱维亚社会保护改革背后的推动力量"(Driving forces behind the social protection reforms in Latvia)，塞浦路斯圆桌会议上提交的论文]。

34 M. 斯契克荣赫，"波兰公共养老金制度改革的主要方面：实现这些方面的可能性"。

35 关于基于对保加利亚 501 个工业企业的调查证据，请见 G. 斯坦丁、G. 西拉克斯和 J. 温德尔(G. Standing, G. Sziracksi and J. Windell)的"保加利亚工业对外灵活性的发展"(The Growth of external flexibility in Bulgarian Industry)(在 1993 年 5 月 18—20 日在保加利亚索非亚举行的"关于调整重组和劳动力市场政策讨论会"上提交的论文)。

36 国际劳工组织中东欧组(ILO-CEET)：《保加利亚的挑战：改革劳工和社会政策》(The Bulgarian Challenge: Reforming Labour and Social Poicy)，布达佩斯，国际劳工组织中东欧组，1994 年。

37 1994 年底，由于认识到这一趋势，波兰政府宣布打算扩大社会保险收入渠道，从应支出的收入范围，到包括就业方面的《民法合同》。看看这一点能否实现会是很有趣的。

38 见 G. 斯坦丁(G. Standing)的"俄罗斯工业重组对妇女的影响"一文，载于《世界发展》(World Development)，第 22 卷，第 2 期，1994 年 2 月，第 271—283 页；L. 波克特(L. Paukert)的"四个东欧国家中的经济转变和妇女的地位"(Economic transition and Women's Position in Four Eastern European Countries, 1995 年 5 月 31 日至 6 月 2 日在国际劳工组织都灵中心召开的"企业重组和劳动力市场技术会议"上提交的论文)。

39 M. 克瑟若波尔斯基(M. Ksiezopolski)的"波兰在政治和经济转变中的社会政策：挑战和困境"(Social Policy in Poland in the Period of Political and Economic Transition: Challenges and dilemmas)，华沙，社会政策研究所，华沙大学，1992 年，第 11 页。

40 国际劳工组织中东欧组，《保加利亚的挑战》，尤其见第 6 章。

41 托平斯卡，《波兰的社会保障》，表 30，第 55 页。

42 国际劳工组织中东欧组(ILO-CEET)，《乌克兰的挑战：改革劳动和社会政

第二部分 正在崛起的新福利国家?

策》(The Bulgarian Challenge),布达佩斯,国际劳工组织中东欧组,1994年,第7章。

43 J. 克拉尔(J. Kral),"社会保障管理:捷克共和国的情况"(Social Protection Governance: the Case of the Czech Republic,1994 年塞浦路斯圆桌会议上提交的论文)。

44 对捷克居民的态度变化的系列研究的最新成果,请见 J. 维塞尼克(J. Vecernik)的"捷克共和国出现的劳动力市场和就业前景",载于《布拉格经济文集》(Prague Economic Papers),即将出版。

45 对于试图解决本节提出的问题所作的尝试有一组国内评论,请见 M. 西乔恩和 L. 塞缪尔斯(M. Cichon and L. Samuels)所编的《使社会保障生效:转变中国家的社会管理挑战》(Making Social Protection Work: the Challenge of Social Governance in Countries in Transition),布达佩斯,国际劳工组织中东欧组,1994 年。

46 见 P. 豪斯曼(P. Hausman)的"社会保障效果的比较研究"(A Comparative Study of the Effectiveness of Social Protection),尚未发表的论文,沃尔弗丹吉,1994 年 11 月。这些资料是 1991 年至 1992 年的资料。这些国家属于情况最好的国家,人们应谨防认为东欧都是这种情况。

47 见 G. 埃斯平-安德森(G. Esping-Andersen)的"欧洲大陆的福利国家:劳动力削减战略和社会保险的濒于超载"(The Continental European Welfare States: the Strategy of Labour Reduction and the Impending Overload of Social Insurance;未发表论文,特伦托大学,1995 年 1 月,第 4 页)。

结论

9　在一个抉择权衡的世界里寻找总体积极的解决办法？

戈斯塔·埃斯平-安德森

本研究计划的目标之一就是要指明福利国家未来的发展图景。学者们自然地躲避未来学，这意味着我们的工作集中于已知的事实和可见的趋势。结论这一章提供了一个自由学术讨论的机会。总的说来，我打算以思辨的方式再来回顾本书中的主题，给我自己提出看似简单的问题：我现在做得怎样，经过了一年多的工作之后，我理解了福利制度的困境和未来吗？虽然，我对这个问题提出的答案可能既不深刻也不令人信服，但是，它们确实提出了比计划初建时更为乐观的设想。

在该项研究中，有三个基本话题占据了显要的位置。第一个可以称作全球经济问题；第二个是有关再分配和平等主义福利制度的局限性问题，以及可能出现的不良后果；第三个问题，实质上是关于建立共识的政治问题。我们到哪里去寻找各种政策抉择的权衡，它们真的存在吗？如果这种抉择权衡真的存在，它们可以调和吗？

全球经济问题

这一充满危机的问题看似相当简洁：当今世界，一国国力的增长需要经济开放，而经济开放就意味着要在国际贸易、金融和资本运转中承受更为严酷的竞争、更易受到攻击。政府"随意"地安排财政和金融政策的自由因此受到更多限制：为维持就业或寻求再

9 在一个抉择权衡的世界里寻找总体积极的解决办法?

分配的宏伟目标而恣意泛滥的赤字支出将受到惩罚;凯恩斯主义,更别说社会民主,在一个国家里因而不再是一种选择。甚至有可能,就像当前养老金改革所揭示的那样,政府设计各自分离的社会政策的自由已经削弱了。世界金融体系日益显现,规定着什么是可能的和需要的;不仅在前共产主义国家或拉美如此,而且近来从意大利和瑞典看也是如此。有一个令人担忧的前景,就是全球化将最终削弱对民主的选择。

第二,世界范围的竞争意味着:高工资成本的经济更容易使工作岗位向那些使用廉价劳动力的经济流失。因此,新兴工业化国家(NICs)的蔚为壮观的工业化成就,每向前一步都伴随着发达国家中严重的产业岗位流失。实际上,"亚洲虎"在几十年内就已经取得了相当于欧洲一个世纪才获得的经济发展。全球竞争使我们意识到,自"二战"以来,发达国家已经考虑到,把第三世界的发展目标放在优先地位。新的新兴工业化国家(new NICs)的出现,给第三世界的发展增加了额外的推动力;尔后,第三世界的成功,可能会在日本、韩国及中国台湾地区引发"去工业化"。但是,这样的连锁反应真的会使第一世界和第二世界的福利制度遭受困扰吗?在目前发达的新兴工业化国家中,福利国家主义就可以排除在外吗?

让我们从福利制度的视角来重新审视全球化的这两个方面。说到前者,可能相当明确的是,在一个国家凯恩斯主义不再可能实现。然而,它曾经可能过吗?或者,换个角度来看,发生变化的条件究竟是什么?在回答这些问题时,让我们从一个谜题开始:整个战后时代,最发达的福利国家往往会形成最具有开放性的经济,如斯堪的纳维亚和德国;反过来,趋向剩余型政策选择的福利国家,大多集中在那些对国内经济进行更多保护的国家,像美国和澳大

结论

利亚。当我们承认,日本、韩国和中国台湾地区,并不是在强大的保护主义背景下谱写了经济成功的故事,那么在当今世界,这一谜题仍然存在。

这一谜题的答案,就像政治科学(现在还有宏观经济学)研究的主要内容所显示的那样,在于国内机构是否促进了广泛一致的解决办法的实现。所以说,在斯堪的纳维亚,大多数的工会以及雇主组织通过谈判达成共识,形成长期信任关系。在主要经济行动者被迫将其行动可能产生的消极副作用内在化的条件下,搭便车问题以及令人讨厌的内部成本问题就会减少。如此一来,充分就业和福利就会变成和谐一致的。日本实施的"无劳工的社团主义"是类似实践的另外一种版本。相反,如果主要行动者不能够调和各种相互冲突的需求,那么,在严酷的国际竞争中就变得更为脆弱。事实上,20世纪90年代,瑞典严重的福利制度危机与其说是受到全球化的影响,还不如说是合作的社会伙伴关系削弱的结果。如果不可能实现利益调停,冲突就更容易转向零和均衡。如我们所知,这种均衡的结果是一方的收获等于另外一方的损失。我们将在这一章第三部分中再来讨论这一论题。

关于竞争性劳动力成本的第二个议题,发达国家经济的压力主要是局限于低技能的、劳动密集的规模生产。这是欧洲大规模失业和北美低工资出现的一个主要根源。在韩国或中国台湾地区,日益上升的劳动力成本可能暂时会中止失业,但它不是长期的解决办法,因为在初始阶段,有大量的更为廉价的劳工可以雇佣。欧洲和北美面临最尖锐的全球化问题,可能实际上是由于非熟练劳动力市场已经成为国际性的问题。

各国对不合格劳动力的全球化作出了各不相同的回应,而这

9 在一个抉择权衡的世界里寻找总体积极的解决办法？

正是福利国家差异性之关键所在。在"去工业化"的第一次浪潮中,许多国家选择对基础性的无竞争力的纺织品、钢铁或者造船企业进行补贴。这个危机是持久的而不是周期性的,当这一点变得很明显时,政府转向了劳动力供给的管理方面。正是在第二次浪潮中,各国开始呈现出显著的差异,如同我们所看到的:欧洲选择了退出战略,对离开劳动力市场的工人给予补贴;北美和英国则偏好放松工资管制的战略,因而降低了相对工资成本;斯堪的纳维亚则强调再培训战略和福利制度工作岗位,后者是妇女就业的主要来源。

当然,任何地方对工资竞争的回应都不是单一维度的。北美和斯堪的纳维亚还引发了提前退休;瑞典建立起相当大的就业储备库,为被裁减人员——大多是老年工人——提供保护性工作。大部分欧洲大陆国家启动了一系列项目设计,准备对长期失业人员提供补贴帮助其就业。我们的研究相当清楚地显示,这些福利国家所作出的回应,每一个都很难以帕累托最优的方式把成本和效益结合起来。

美国式的低工资方法是积极的,因为它减少了失业,并且有助于整合青年人和移民,但是它也具有双重的负面性:它暗中对生产力低下的企业进行补贴,创造了巨大的不平等。由于贫困陷阱问题,工资下降会很容易形成降低福利国家津贴的压力。因而,可能会形成一个自我强化的负向螺旋,使越来越多的人陷入收入降低、福利津贴减少的境地。

欧洲大陆追求最优的劳工减少策略,从提高生产率和恢复国内工业的竞争性地位的观点来看,这无可争辩地是积极的。它们对弱势者实行慷慨的补偿,也意味着日益增长的不平等被防止了。但是,这一策略的负面作用是,它阻碍了弹性制,而且由于大规模

结论

的排斥，助长了内部人—外部人的分裂。正如我们所见，这种模式也具有内在的自我强化的负向螺旋作用。尤其是，它使得家庭传统上依赖于男性供养者的模式持续下去，它还抑制女性就业，也因此浪费了巨大的人力资本储备。大量的失业和劳动力排斥也不是应对这种困境的帕累托最优方法。

乍一看，北欧的方法好像很有吸引力，可能是个总体积极的解决方法。针对非熟练劳动者的问题，他们采取公共就业（补贴性工资）和培训项目相结合的办法来解决。而且，因为公共就业主要出现在受保护的非贸易部门中，缺乏竞争性的高工资成本对他们应当没什么影响：一般说来，日常照料的供给不存在国际间的竞争。然而，因为财政上要求对高风险部门和（或）公共部门上升的赤字增加税收，所以，情况就并非如此了。

那么，我们就难以逃避在工作与平等之间的权衡与选择吗？答案是否定的。有许多理由可以说明为什么我们对未来的评估无需如此宿命。第一个，也可能是最不令人信服的原因就是，迄今为止，由于从事非技能的大规模生产的经济，从长远看无法保持其低工资优势。在韩国，充分就业也意味着上涨的工资压力。在专政制度之下，这种压力可能被隐藏，但是，要在民主制度下隐藏它可就不那么容易了。还是由于工业化和民主这两个因素，这些国家不得不建立更为全面的社会保障体系。因此，税收水平和工资成本的国际差异就会缩小。然而，这里面的问题是，总是存在另外一个潜藏着的韩国，所以，工资压力依然存在。其实，过去的亚洲"虎"现在正遭受着泰国、印度尼西亚等国廉价劳动力的巨大储备的严重威胁，如同西方一样，它们把未来增长的希望建立在高附加值生产上。

9 在一个抉择权衡的世界里寻找总体积极的解决办法?

第二个原因则更具有说服力。在北美和欧洲失业或贫困统计中显示的低素质劳工的过剩,可能仅仅是转型中的福利问题。随着时间的推移,它可能会逐渐消逝,就像老年无技能的群体会慢慢消逝一样。焦点问题是这种状况是否会发生,以及如果发生了该怎么应对。在这里作一下历史比较是合适的。在战后时代,欧洲和北美国家大多经历了同样的发展历程,出现了大量剩余的从农业中解放出来的无技能工人。尔后,与当前不同的是,他们很容易被吸收进(收入不错的)工业流水线。如今,有些国家面临着大规模去农业化的独特问题,这一问题与劳动密集型的规模生产恰好同时存在,西班牙的过高的失业率可能正是由于这个不幸的时期而引发的。既然如此,换句话说,就是我们怎样才能够确保无技能劳动者会逐渐消失呢?

显然,答案就在教育和培训中。如大家所知,工资下降的压力主要针对那些无技能的劳动者,确实,有熟练技能的工人的相对工资津贴有了相当大的提高。正是由于这一原因,"终生学习"和"社会投资"战略可能提供了一个在就业与工资间达到均衡的总体积极的解决办法。其实,这样说有两个原因:第一,因为培训的普及将最终消除剩余的无技能工人;第二,因为即使是后工业社会,在消费和服务领域也会提供大量的相对差一些的低收入工作,如果保证公民有足够的获得技能培训的机会,这类工作就不会成为生命周期的陷阱。简而言之,未来的帕累托最优福利国家,可能恰好就是一种使社会公民权的着重点从现在的维持收入这一当务之急转向终生教育和资格获取的权利上。

战后福利国家设计的一个主要问题,就是他们更多是通过收入补贴,而不是通过劳动力供给的管理来追求"平等机会"。要说

结论

出其中的根源并不难：大多数福利国家承受着劳动力短缺的痛楚，一些国家为此被迫输入第三世界的劳动力；低技能者有了稳定的、收入较好的工作。当然，所有福利国家都大大地扩展其教育体系，但是他们这样做并没有改变传承下来的代际内差异。这就是说，如人们所知，今天的学校教育——像从前一样——在一代又一代人之间复制着特权和相对贫困。这意味着今天无技能的父母或福利母亲的子女，极有可能成为又一个失业者、低工资者或者是监狱里的又一个被统计的囚犯（特别是在美国）。"社会投资"型的福利国家，可能因此而选择某种程度上是目标对准型的人力资本保证。

"社会投资"战略背后的哲学并非革命性的。多年来它已经成为瑞典社会民主模式的一部分；它就是克林顿执政时期政府的官方修辞；而且它构成了"亚洲虎"在当今全球竞争中寻求回应的主要策略。事实上，"积极的劳动力市场政策"已经成为一种到处流行的社会政策行话。尽管如此，即便在瑞典，"积极的劳动力市场政策"也遭遇了灭顶之灾。为什么会是这样？

有些怀疑论者指出，当没有足够的工作满足人们的需要时，培训就毫无意义。他们开出的治疗药方是，让大家分享工作（通过减少工作时数）或者承诺给予最低工资。但是这种论调并非特别引人注目，比如在美国，大规模的就业扩展可能通过低工资而实现。因此，现在这个问题就转变成，进行什么样的培训和为谁而培训。斯堪的纳维亚模式的问题是，在私人部门和公共部门里之所以难以增加就业，是由于较高的劳动成本所致，在一些案例中劳动成本甚至超过了工人的边际生产率。结果，更大的工资差异可能就无法避免。第二个问题可能是，瑞典的积极培训项目，是针对长期由传统工业引导的经济类型而设定的，后者要求特别的、很有限的技

9 在一个抉择权衡的世界里寻找总体积极的解决办法？

能级别。在国际统计中出现的一个令人惊诧的事实是，根据平均学校教育水平来看，瑞典实质上落后于它的竞争者。对附加教育缺少显著的货币回报可能只是一个原因；另一个原因可归结于积极培训项目的原则。简言之，即便是瑞典这样的福利国家，也必须学会形成一种"社会投资战略"，以满足后工业经济的需求。

因为，从政策制定的视角来看，"社会投资"和"终生学习"是那么有魅力，所以，存在着把它当成传统的收入保护再分配的替代品的危险。显然，当代许多福利国家都把收入保护策略推到政策首位；南欧尤为突出。新的极端自由主义者和老的瑞典社会民主党都赞同的观点是：收入保护应当是"具有生产力的"，而且与工作相连接，而不是某种鼓励消极被动的手段。回应19世纪曼彻斯特学派理念的极端自由主义者，则试图通过惩罚懒惰者来达到这一目标。至少在斯堪的纳维亚，社会民主党通过扶持、转移支付和提供服务来追求同样的目标，使懒惰者产生积极行动，而不是仅仅依赖福利。结果，在瑞典，90%的单亲母亲参加工作，虽然她们的工作时间通常要短些。再加上瑞典强大的转移支付体系，结果，对这些家庭拥有的福利资源的要求与全体人口的平均水平并无二致。我们知道，童年时代的贫困和剥夺，通常同样会发生在这个人的成年时代，瑞典的这种慷慨的补贴性工作福利的政策，从未来投资有效性的角度来看是划算的。

进入后工业社会，人们的婚姻不那么稳定，妇女同样需要工作。妇女一定要工作，这也是后工业社会的普遍需要。如果确实如此，我们将面临一系列挑战：怎样确保高生育率、怎样确保家庭幸福，以及如何在未来几代之内保持充足的人力资源等。未来的总体积极的福利国家策略一定包含着一个强大的保障网络，它允许妇女工作,并保证生育的妇女不会受到不公平地对待。

在欧洲,人们担心全球化和放松管制将会导致"社会倾销"(social dumping)。比如随着资本向社会工资较低的国家转移,就会出现更具竞争力的劳动力成本,更为慷慨的福利国家就会被迫降低其福利标准。如我们研究中所指出的,几十年来,发达经济已经摒弃了许多传统的、劳动密集型工业,而且对于要保留它们的尝试,并没有令人信服的论证。事实上,如果说全球发展是一个目标,就有足够的理由要继续促进这种趋势的发展。实质上,社会倾销对于在发达经济中主要从事低技能工作的工人来说,是再一次的冒险,有可能使他们再次陷入失业或贫困的状况之中。若果真如此,我们确实需要一个致力于保护低技能工人大军的福利国家吗?一个总体积极的政策,看来将会是这样一个政策,它积极主动地消除劳动力缺少技能的缺陷,从而使其劳动力免受更廉价竞争者的冲击。

平等问题

我们不应该把福利制度与平等问题混淆起来。当然,不管怎样,福利制度都一定要以某种方式对收入和资源进行再分配。但是,它是否是一种从富裕到贫困的单向再分配,则是另一回事。社会保险是在生命周期或群体之间进行再分配的机制,而且正如已被证实的,在福利国家的许多领域内——特别是在教育和服务领域——中产阶级可能是最大的受益者。我们确信,不论是根据贫困率还是基尼系数来衡量,全面的、普遍的以及慷慨的斯堪的纳维亚福利国家模式,最终比其他国家都更为平等。还有,与通常认识完全不同的是,人们已经证实,那些把福利目标缩小到针对最需要

9 在一个抉择权衡的世界里寻找总体积极的解决办法?

者的体制,在再分配或贫困消除方面做得相当糟糕。

事实上,各福利国家追求不同概念的平等。斯堪的纳维亚这种社会民主模式以强调普遍的平等为特征——没有人享有特权,也没有人应当被排斥在外——它要确保所有人获得充足的资源。在某种程度上,这意味着收入再分配是全民共同努力的派生物,它要确保所有家庭在渴求得到所需资源时,社会上每个他人都能以共同援助的方式发挥作用。这是一种超越于金钱至上的平等的观念。

追求结果平等的政策,其内在的弱点在于它们可能引起不平等的感受——关于不平等("为什么某些从不工作的人获得与我同样的待遇,而我在工作?")从长远来看,斯堪的纳维亚模式能够遏止平等之战有两个原因:第一,其普遍主义政策以及偏向中产阶级的待遇;第二,对"生产能力"的强调(每个人都工作)。

典型的欧洲(以及东南亚)社会保险模式强调再分配之上的平等。因为地位一致是这种模式的重要目标,从理念上说,工作生涯中的差异在收入保护中会得到显现。精英工作者享受精英服务(特别是公共服务),而那些按劳动力地位处于弱势的社会阶层则被当作二等社会公民来对待;结果,这些人所面临的贫困风险增强。欧洲的福利制度,大多数项目强调平等原则,因而享有令人艳羡的巨大合法性。

剩余型福利制度,比如美国的制度,也强调平等,但是更多地是在市场定位上的那种个人主义的收入回报的平等,以及对贫困者给予限定的非缴费待遇那种意义上的平等;因此,在美国普遍盛行那种针对真正需要者严格分配公共资源的做法。针对稀缺资源的政策,是人们想象中最怪异的联盟所热情支持的方法:通常在传

结论

统的工人阶级联合体中以及新自由阶层,还有国际货币基金组织中盛行。它对工人来说基本意义明确,因为它建议通过对资本家征税来返还"剩余价值";它对国际货币基金组织意义重大,因为通过这种方式,稀缺资源似乎得到最有效的利用("将金钱尽其最大效用")。

我们认为这两种类型都不正确。通常说来,把范围缩小到直接对准目标,效率很差,因为它在管理上耗费成本,在保障那些最需要者获得充分福利的目标上显然是失败的,还有它培育了贫困陷阱。

具有讽刺意味的是,目标对准型的项目根本无法达到平等,因为几乎从一开始,再分配就把那些缴费很少以及可能根本就没有缴费的人给排除掉了。因此,就像在当代美国那样,公民和选举人能够很容易地被说服去支持对社会救助项目进行大幅削弱——但是在更具普遍性的项目,如养老金或医疗照顾上,并没有出现倒退。有一种情形可以说是对瞄准目标方法的赞同。那就是澳大利亚的方法,它表明,如果保障网络非常宽泛,如果对是否符合资格的判定是通过毫无恶意的税收返还,而不是通过带有歧视性的经济状况调查,那么,这种选择性的方法可能既有效又合法。

有证据表明,私人福利为减少公共支出负担提供了更好的选择,促进了总储蓄的增加,但是并无根据说它保证人人平等。也有人质疑它是否能够真正实现平等,因为它典型地是歧视的(强大企业的工人受益,而同样是工人,在小公司的却没有受益),它容易受到信息失灵问题的困扰:人们从来就不可能平等地寻求到最佳的福利协议。

不论这个方法怎样,现代福利国家的普遍特征是:其平等的观

9 在一个抉择权衡的世界里寻找总体积极的解决办法?

念处在双重危机之中。第一个而且可能是最为严重的危机,与这个概念本身所经历的历史转变有关。早期的社会改革与"工人阶级问题"——贫困、没有保障、大多数工人阶级发现自己身处悲惨境地——紧密地联系在一起。在"二战"后的联合时代,就是今天我们称之为福利国家的时代,出现了普遍社会公民权以及生存条件平等的理想。然而,20世纪50年代和60年代的研究带给公众的全都是令人惊异的事实,就是巨大的不平等和严重的贫困仍然存在,福利国家正摇摇欲坠。新的再分配和平等的要求现在很少来自工人阶级的"呐喊",更多地是从新的社会群体中生发出来。其中一些人,如养老金领取者,就是福利制度本身的创造物;而其他一些人,如女性和少数民族群体,则被简单地忽略掉了。

20世纪60年代出现的新的福利制度平等主义,日益把平等固化在"为当下的所有人"的平等上。其含义通常可以理解为给迄今为止被忽略的、受到歧视的或者处于弱势地位的阶层以特权待遇。这种方式有所不同,将美国和斯堪的纳维亚作个简单比较,就明显可见。美国实行的是把积极区别对待政策(affirmative action)与向贫困开战结合起来的战略,斯堪的纳维亚则重点强调资源与劳动力市场机会的均等化战略。可以证明,斯堪的纳维亚福利国家避免了某种"平等倒退(equality backlash)",是因为它们实行了影响更大的普遍主义,还因为它们实施了具有更广泛的合法性(和"生产性的")的满足女性经济独立要求的积极区别对待政策。尽管如此,福利制度的新平等主义概念引发的不仅仅是社会支出的加速,而且还有资产净值紧张状况的加剧。

几乎可以肯定,发达福利国家现在所面临的危机,与不再要求广泛认同的一套平等主义原则的设想有关。一方面,传统主义的

结论

"劳动者"平等主义的理念继续主宰着大多数社会政策的思想。比如,说到普遍主义,参照者大多为蓝领工人群体。另一方面,当大量失业出现,导致税收减少、成本提高,而且,像美国的情况那样,因为全力实行积极区别对待政策这种类型的平等主义而引起了日益艰苦的平等之战,同时,它还引发了看来无法停歇的、对提高优惠待遇的要求,所以,福利国家发现其自身越来越没有能力把握"为当下的所有人"的平等。

福利国家必须从根本上重新思考其平等原则:首先是因为社会已非常分化且异质性更强;第二是因为很难看清楚,我们怎样才能避免支付不平等和最终收入(比如说,由于家庭变迁)不平等的增长。目前展现的福利国家自身最富逻辑性的解决办法,就是我们重新思考再分配和权利的理念:接受针对某些人的不平等,接受当下的不平等,但是同时保证那些"当下"生活不好的人们将来并非总会如此不平等地生活;在任何人的生命周期中都不会出现永远得不到的权利。这种充满活力的、对生命机会平等的认同,是一种存在争议的总体积极的解决办法,它强调在社会政策设计中,要更加明确公民自身的责任,使公民充分发挥自身的能力。还有,社会公民权保证这一模式的核心内容,就是要把教育同积极的收入保护结合起来。

还有另外一个不那么明显的平等"危机",在这两个截然相反的福利国家模式,即过度平等的瑞典模式,以及严格地针对目标群体的美国模式中特别明显。在这两个例子当中,再分配制度对于后工业社会中上升的广泛而普遍的人力资本需求,是一种束缚。瑞典鼓励国家把平等主义与强大的工作激励相结合。这一政策乍看起来还令人比较乐观,但是,重要的是像这样平等地参与,而不

9 在一个抉择权衡的世界里寻找总体积极的解决办法?

在于参与程度如何。无论是左派还是右派,大多数瑞典模式的分析家现在都一致同意,过于平等的工资(还有社会工资)结构,使得人们不愿意从事长时间的工作,还使得人们不愿意提高技能和提升教育:因为边际工资收益实在是太低了。事实上,与美国相比而言,瑞典社会中有技能的、受过教育的工人供给不足,瑞典模式正遭受这一痛苦。因此,在这里需要重复一下,如果全球化的主要威胁就集中于缺少技能的人群中,并且如果这正是"社会倾销"的问题之所在,那么,人力资本的最大化的政策就必须优先于"当下"模式的平等主义。

美国模式的问题,当然不是这样一个过度全面的平等问题。它所面临的问题,集中在目标化培养出来的贫困陷阱上。把低技能工人的工资压低,就会产生非常严重的贫困陷阱,除非社会转移支付也直线下降。实际上,失业和社会救助津贴在过去二十年里已经弱化了。但是,考虑到专职岗位的最低工资就业导致收入仍然低于贫困水平,那么,对社会安全网确实必须大幅度削减了。简而言之,美国的工资设定与社会转移联结的这种模式,很容易阻止对工作或技能的改善,导致悲惨境地的进一步加剧。如我们所知,其结果不仅会导致收入产生两极分化,人力资本也会呈现出两极分化。取消母亲(甚至还有儿童)的福利金,是右派所偏好的解决办法。而左派,就克林顿政府而言,针对这种情况,就会寻求一种政策,把对日间照料给予补贴的保障与引导性的培训结合起来。

政治问题

因为显而易见的原因,有关福利制度的政治,通常在国际组织所作的报告和分析中都会避而不谈。然而,福利制度是从政治中

结论

孕育出来的,并且,其未来也离不开政治。确实,正是因为我们在研究中引入政治维度的时候,我们才倾向于认为,福利制度是属于这一领域的。

从表面上看,有许多因素会表明情况并非如此。建立福利制度的某些主要力量现在看来已经丧失了根基——这些力量值得关注的有工会,还有社会民主党,此外,在某种程度上,还有基督教民主党。由于这些组织的衰弱,新社团主义组织及其广泛的、在全国范围缔结社会协定的能力也衰弱了。同时,在 20 世纪 90 年代中期撰写本书时,让人感到奇怪的是,10 年或 15 年前,大多数人相信 10% 的失业率就必定会激发重大的动乱,甚至可能是革命。然而,欧洲公民最终接受了持续的两位数字失业水平这个常态。即使是对充分就业带有一种近乎宗教式执著的瑞典人,看来也不得不接受像欧洲共同体水平的失业率这样的未来了。

尽管如此,事实就是,各种政治力量联盟四处活动,让大家联合起来以维护福利国家现有的原则。这意味着遭到福利削减的是边缘项目,修整主要局限于"冗余"之处。更令人惊奇的是,左翼政府和右翼政府都遵循这一原则。实际上,有证据表明,对现有的福利大厦,右翼比左翼更为忠诚。

在发达福利国家发展的图景中,出现了两方面的巨大政治失败。第一个,即便是在新自由主义冲击最强烈、最协调一致的地方,结果却出人意料地极少取得胜利。尽管,在长期执政的撒切尔时代,稳固的多数党虽然可以控制住否则很可能早已出现的福利制度扩张,但是,他们几乎没有通过改革废除什么政策。他们所做的只是将一部分公共住房私有化,公共养老金不再像以前那样慷慨。同样,里根时代也没有给美国社会保护体制带来什么变化;削

9 在一个抉择权衡的世界里寻找总体积极的解决办法?

弱的只是那些剩余福利项目,并没有涉及主要的制度性福利项目[1]。第二个巨大的失败,就是没有出现那种能够说服或愿意去说服执政党的有效的政治联盟、选民还有强大的利益群体,从而支持另外一个重组的福利制度的出现。这种实行紧缩政策而回避根本变革的政治,可以最恰当地被形容为通过"圈掉最不喜欢的菜来节食"这种以最少痛苦的方式来挽救现有的福利制度体制。让我们再仔细地来看看为什么会这样。

公共选择派经济学家提供了一个极有说服力的答案。他们指出这是由赞同福利制度现状的官僚和委托人培育起的一种相互作用的共谋。即使是剩余型的或具有服务倾向的福利制度也雇佣了大量劳动力;在斯堪的纳维亚,公共部门雇佣的劳动力占到1/3。他们也是强有力的、专业化的、高度组织起来的游说团体。部长和政府更迭不断,而行政官员却保留下来。正如大量的政治科学文献中所指出的,大多数具有实际决定性的政策出现在官僚机构中,而不是议会中。

福利制度的受助者可能同等重要,也许更加重要。如果中产阶级从社会保障中受益,很难想象怎样才能说服他们对废除这一制度的想法给予支持。也正是这一因素,阻碍了里根和撒切尔政府努力减少福利制度保障的改革。在前面的例子中,即使是稍微削弱社会保障养老金就引发了抗议的风暴;在后面的例子中,对国民健康保险私营化的建议则招致灾难。需要强调的是,在两个案例中,激进的改革措施都是在工会运动遭到极大削弱,以及左派势力同样软弱这样的背景下发生的。所以说,福利制度不仅要服务于公民,而且要建立政治联盟。

第二个有说服力的答案是,新社团主义的广泛的共识机制的

结论

建立,实质上比人们所想象的更具适应力。工会可能已经削弱,紧跟着,雇主联合会可能宁愿选择让工会完全消失。迄今,至少在大多数欧洲国家,广泛的利益组织依然宁愿坚持通过谈判而非不稳定的革命手段达成共识。从宏观层面来看,也有许多证据表明,雇主阶级不愿以牺牲和谐的社会伙伴关系的稳定环境为代价,来换取最大的适应性。结果,就像我们的研究所揭示的,越是成功的福利制度,其削减政策几乎总是通过与主要社会伙伴达成全面协议,才能得以推广。在澳大利亚,相当成功的自由化策略就是如此,德国的养老金改革也如此,还有瑞典福利制度中持续增长的巨额福利削减,包括养老金、疾病休假和父母亲假这样最受人们所珍视的福利项目的削减,都是如此。

意大利1994—1995年的养老金改革进程可能提供了最有力的证据,说明福利国家削减支出不仅可能使新社团主义的协议成为必需,而且可能会使新社团主义本身复活。为了强行实施法案,贝卢斯科尼政府设法减少公共赤字,包括在年度预算提案内掩盖了对养老金体制的重大修订。当大多数人认同意大利养老金体制失去控制并且需要根本性的修订时,这种努力却导致了政府的倒台——主要地是因为它在这一事项上无法与新社团主义者达成一致。随后,迪尼政府管理者倾向于后者并成功地(大部分)进行改革,这将会逐渐使得意大利的养老金制度与主流实践保持一致。至于新西兰,正如我们所谈到的,是一个真正例外的、难以保证普遍推广的案例。

总之,在发达工业民主国家内,当代福利制度的政治就是这样一种状况。在福利制度处于萌芽状况的国家,就不尽如此。东亚的"儒家"家庭型的福利制度模式受到政府太多的限制,很难想象以它

9 在一个抉择权衡的世界里寻找总体积极的解决办法？

当前的模式能够延续多久。同样难以想象是否会出现可替代的模式。作为一个整体，拉丁美洲现在快速地放弃了传统上构成重要经济保护的社团主义原则。但是，在它那里不是只有这一个趋势，而是有两种趋势出现。哥斯达黎加和巴西所采取的原始社会民主主义路径，几乎看不出是在当代经济条件下进行的可行性的思考；可是，智利形式的私有化路径，从长期来看也不可能使公共部门福利有所提升。很明显，中东欧是最难解释的地区，是一个实践的真正实验室。如果从根本上来说，至少在这里有一个明显的趋势：实行新自由主义福利政策（经常由智利模式所激发）是要寻求成为最有活力的国家，可是事与愿违，在后来的民主选举中他们却受到了惩罚。如果说西欧看来是通过削减政策使新社团主义复活的地方，那么说，在东欧，新自由主义的福利政策看来是复活了社会主义。

作为结论，人们因此可以说，把这些卡片仔细地叠加在一起，是有利于福利制度目前的状况的。所以，对那些坚信福利制度原则的人来说这提供了乐观主义的证据。然而，正如我们的研究所揭示的，福利制度存在着相当大的问题，如果说对现有福利大厦进行重大而彻底的改革，意味着对后工业社会能产生总体积极的福利的话，那么这一改革必定会出现。投票和选举结果支持的赞同福利制度的大多数人主要是保守派，因为他们依赖福利制度，并希望它长久，早在一个多世纪前其收益结构就确定下来了。当今的政治问题是，怎样才能加强对可替代的、后工业社会公民权与平等主义的联合。

注释

1 这一讨论多参考借鉴了皮尔森(Pierson,1994;1995)有关削减的政治学的优秀著作。

结论

参考文献

Pierson, P. (1994) *Dismantling the Welfare State?* Cambridge: Cambridge University Press.

Pierson, P. (1995) 'The new politics of the welfare state'. Zentrum fur Sozialpolitik Arbeitspapier, no. 3.

索 引

（索引页码为原书页码，即本书边码）

absenteeism 旷工 13,37,48
administration bureaucracy and reform
　行政官僚机构及其改革,171,180,
　196,228,230
ageing population 人口老龄化,参见
　"population trends"
Antipodes 澳大利亚和新西兰
　economic and social change ～的
　　经济和社会变革 97-103
　nature of post-war welfare states
　　战后福利制度的本质,89-92
　origins and logic of welfare states
　　～福利制度的起源和逻辑,92-96
　responses to economic and social
　　change ～对经济和社会变革的
　　回应,96-97,103-105,106-110
　as 'wage earners' welfare states
　　～作为"工薪者"的福利国家,
　　91-92,93,94
　参见 Australia；New Zealand
Argentina 阿根廷
　Economic crisis and approach to
　　social policy ～经济危机和社
　　会政策方法,145,162,172-175
　Political context of social policy
　　～社会政策的政治背景,179
　Post-war development of social
　　policy ～"二战"后社会政策的
　　发展,150-151,159
　Social expenditure ～社会支出,
　　162,173
Asia 亚洲
　definition of areas in 地域的限
　　定,194
　参见"East Asia"
Australia 澳大利亚
　employment and unemployment
　　～的就业和失业,89,103
　Employment and wages policies
　　～的就业和工资政策,91,104-105
　income replacement rates ～的收
　　入替代率,89,108,112
　income testing ～的收入审查,89
　pensions ～的养老金,109-110
　post-war development of welfare
　　state "二战"后～福利制度的
　　发展,95-96
　social policy and benefit reform
　　～的社会政策和津贴改革,96,
　　106-107,108-110

索引

taxation ～的税收,105
wage distribution trends～的工资分配趋势,100

Banting Keith G. 凯斯.G.班亭,130
benefits 参见 social benefits
black economy activity 黑市经济活动,81
  参见"informal employment"
Brazil 巴西
  economic crisis and approach to social policy ～的经济危机和社会政策方法,145-146,162,169-172,177-178
  political context of social policy ～的社会政策的政治背景,169,171-172,179-180
  post-war development of social policy ～的"二战"后社会政策的发展,149-150,159
  social expenditure ～的社会支出,162,170
budget deficits 预算赤字
  in Bularia 保加利亚的～,244
  in continental Europe 欧洲大陆的～,72-73
  in Latin America 拉丁美洲的～,161,163
  Sweden 瑞典的～,43,44,51
Bularia 保加利亚
  collection of social insurance contributions ～的社会保险定期缴费的筹集,244
  life expectancy ～的生命预期,235
  pensions ～的养老金,240,241
  social assistance ～的社会救助,246
  unemployment ～的失业,235
bureaucracies 官僚,171,196,228,230

Canada 加拿大
  fiscal federalism and centralization of social policy ～的财政的联邦政治及社会政策集中化,128,130-131,134
  guaranteed Income Supplement ～的补充性收入保障(GIS),123
  income distribution ～的收入分配,127,132
  market failure and cut-backs ～的市场失灵和削减,117,118
  means tested benefits ～的资产调查津贴,122,123
  old age security programme ～的老年保障计划,124,126-127,135-136
  social expenditure ～的社会支出,127
  social policy reform and political context～的社会政策改革及其政治背景,118-119,121,130-131,134,135-136
  unemployment insurance ～的失

业保险(UI),125-126

Central and Eastern Europe 中东欧
differences within ~的内部差异,225-226
effects of shock therapy on social policy ~的社会政策休克疗法的效应,21-22,150-151,230-235
future development of social policy ~的社会政策的未来发展,251-252,267
governance of social policy reform ~的社会政策改革的治理,248-250
health care reform ~的医疗保健改革,245-246
nature of 'Soviet' welfare system ~的"苏联式"福利制度本质,227-230
pension reform ~的养老金改革,239-242
social assistance reform ~的社会救助改革,246-247,248
social insurance reform ~的社会保险改革,242-245
unemployment benefit reform ~的失业津贴改革,236-239

Central Europe, structural crisis compared to Eastern Europe 中欧与东欧相比的结构性危机,225-226

child care 儿童保健,11,47,71-72,203

child tax benefit(CTB) 儿童税收津贴(CTB),123,126,132

Chile 智利
economic crisis and approach to social policy ~的经济危机和社会政策方法,22-23,145,162,164-169,176-177
political context of social policy ~的社会政策的政治背景,179
post-war development of social policy ~的"二战"后社会政策的发展,148-149,159
social expenditure ~的社会支出,162,165,167-168

citizenship 公民权
as basis of Scandinavia welfare states ~作为斯堪的纳维亚福利国家的基础,36
social citizenship 社会公民权,1,2,27,264

citizenship programmes, in North America 北美的公民权项目,118,126-127,131

community, as providers of welfare in East Asia 社区,在东亚作为福利提供者,199

Confucianism 儒学,195-196,208

continental Europe 欧洲大陆
assumptions underlying welfare states ~置于福利国家之下的假设,74-76
limited reform ~的有限的改革,

401

68,77,82,84

post-war models of welfare states ～的"二战"后福利国家模式,68-74

responses to economic and social change ～对经济和社会变革的回应,68,75,76,79-80,82-84

responses to welfare state crisis ～对福利国家危机的回应,76-78

Costa Rica 哥斯达黎加

economic crisis and approach to social policy ～的经济危机和社会政策方法,145,162,175-176,178-179

political context of social policy ～的社会政策的政治背景,180

post-war development of social policy ～的"二战"后社会政策的发展,151-152,155,159-160

social expenditure ～的社会支出,162

Czech Republic 捷克共和国

economic and social policy reform ～的经济和社会政策改革,247-248

employer avoidance of social insurance contributions ～的社会保险缴费的雇主豁免,243

low unemployment ～的低失业,235,247

daycare 日间看护 参见"child care"

demographic change 人口统计变化 参见"population trends"

Demark 丹麦

economic change and welfare reform ～的经济变迁和福利改革,54-55

economic policy and industrialization ～的经济政策和工业化,42

financing of welfare state ～的福利制度的财政,43

income replacement rate ～的收入替代率,35,42

disability 残疾人

and employment in 'Soviet' system ～与在"苏联式"制度下的就业,229

invalidity pensions 病残养老金,69,240-241

stigmatized in East Asia ～在东亚被污名化,197

earned income tax credit(EITC) 所得税扣除(ETIC),123-124,132

East Asia 东亚

adaptive learning and welfare development ～的适应性学习和福利发展,212-213

core-periphery distinctions in labour market ～的劳动市场的核心-边缘区别,197

cultures and ethnic identities ～的文化和伦理特征,195-196

definition of ～的定义, 194
divergence from Western welfare models ～与西方福利模式的差异, 193-194, 208, 209, 211-212, 215-216
economic change ～的经济变革, 196
education ～的教育, 197
familialism ～的家庭主义, 9, 23, 24, 193, 195, 199, 207
future of welfare states ～福利制度的未来, 213-216, 267
limited knowledge of welfare states of ～福利制度的有限知识, 192-193
nation-building and welfare development ～国家建立与福利发展, 198, 210-211
peripatetic learning and welfare development 巡走游学与福利发展, 211-212
population trends ～的人口趋势, 196
post-war social welfare ～的"二战"后社会福利发展, 21, 23-24, 200, 207
similarities between social welfare systems within ～社会福利制度内部之间的相似性, 207-208
social class ～的社会阶层, 198
trade unionism ～的工会主义, 197-198, 202

参见"Japan"; "Korea"; "Taiwan"
Eastern Europe 东欧
Structural crisis compared to Central Europe ～与中欧相比的结构性危机, 225-226
参见"Central and Eastern Europe"
economic change 经济变迁
Antipodean policy responses to 澳大利亚和新西兰对～的政策回应, 96-105, 106
central and Eastern European policy responses to 'shock therapy' 中东欧对"休克疗法"的政策回应, 230-235, 251
as challenge to welfare states ～作为对福利国家的挑战, 8, 9, 119
East Asian policy responses to 东亚政策对～回应, 196, 203-204
Latin American policy responses to crisis 拉丁美洲对危机的政策回应, 145-146, 160-164
North American policy responses 北美对～的政策回应, 128-129, 130-133
Scandinavia policy responses to 斯堪的纳维亚对～的政策回应, 43-45, 49-55
economic growth 经济增长
European social policy based on assumption of 基于～假设基础上的欧洲社会政策, 74-75
substituted for social welfare in

索引

post-war East Asia "二战"后东亚以～替代社会福利,201,202

economic policy 经济政策

  Latin American responses to economic crisis 拉丁美洲对经济危机的回应,145-146,161-162,164-165,169-170,172-173,175

  motivated by nation-building in East Asia 东亚的国家建设对～的推动,211

  Scandinavia 斯堪的纳维亚的～,38-43

economic 经济

  and context of social welfare development ～与社会福利发展的背景,21,257

  global economy problem 全球经济问题,4-5,49,99-100,242,256-261

  education and training 教育和培训,259-260

  Antipodes 澳大利亚和新西兰的～,101

  Central and Eastern European 中东欧的～,238-239

  East Asia 东亚的～,9-10,197

  North American 北美的～,132,133

  private sector provision in Sweden 瑞典私人部门供给的～,47,60

  Scandinavia 斯堪的那纳维亚的～,14,37

EITC(earned income tax credit) 所得税扣除,123-124,132

elderly 老年人

  employment of ～就业,229-230,241

  income inequality in North America 北美的收入不平等,125

  Korean social welfare emphasis on 韩国对～社会福利重点,206-207

  old age security in North America 北美的老年保障,121,124,125,126-127,131,135-136

  and political context of social policy in USA ～与美国社会政策的政治背景,135

  population trends 人口趋势,7,24,73-74,76,77-78,206-207,214

  参见"pensions"

employers 雇主

  attitudes to welfare reforms in East Asia 东亚～对福利改革的态度,202

  contributions in Central and Eastern Europe 中东欧的～定期缴费,243

  contributions in Latin America 拉丁美洲的～定期缴费,163

  and resilience of welfare states ～与福利制度的恢复,266

  in Scandinavia 斯堪的纳维亚的～,39,40,50,52

welfare provision by ～提供的福利供给,201,215,228,232-233

employment 就业
- as basis of social policy and provision ～作为社会政策和供给的基础,18,67,69,74-75,120-121,174,227,228
- company-based welfare provision in Japan 日本的公司福利供给,201,215
- of elderly 老年人的～,229-230,241
- enterprise-based welfare provision in Central and Eastern Europe 中东欧企业基础上的福利供给,228,232-233
- high levels in post-war Antipodes "二战"后澳大利亚和新西兰～的高水平,89
- problems in continental Europe of 欧洲大陆的～问题,78-81,82-83
- in public sector 公共部门的～,11,13,14-15,35,72,79,100,245
- stratified in 'Soviet' system "苏联式"体制的～分层,229
- 参见"informal employment"; "Labour market"; "retirement"; "unemployment"; "wages"; "women's employment"

employment growth 就业增长
- relationship with equality ～与平等的关系,3,4,8,25
- and wage flexibility in North America ～与北美弹性工资,117

employment policy 就业政策
- Antipodes 澳大利亚和新西兰的～,104,105
- continental Europe 欧洲大陆的～,82-83
- passive and active policy in Central and Eastern European 中东欧消极的和积极的～政策,238-239
- and social reform in Chile ～与智利社会改革,167,168

equality 平等,261-265
- and efficiency ～与效率,25
- relationship with employment growth ～与就业增长的关系,3,4,8,25
- 参见"inequality"

equity, and equality in welfare states 福利国家的公平与平等,262-263

expenditure 支出 参见"social expenditure and finacing"

familialism 家庭主义
- in continental European social policy 欧洲大陆的社会政策中的～,20,66,75-76,79
- in East Asia 东亚的～,9,23,24,193,195,199,207
- in German social security policy 德国社会保障政策中的～,80

索引

family allowances 家庭津贴
  child tax benefit in Canada 加拿大儿童税收津贴,123,126,132
  in Latin America 拉丁美洲的～,155,165
Family Assistance Plan 家庭救助计划(FAP),123,129
family structure, changing nature of 正在变化～家庭结构本质,9,27,75,80,83,101-102
'family wage', concept of "家庭工资"概念,75,79,92,93,94
female employment 女性就业 见"women's employment"
fertility rates 生育率,7-8,67,78,83,214
Finland 芬兰,43
  economic change and social reform ～的经济变迁与社会改革,53-54
  economic policy and industrialization ～的经济政策与工业化,41-42
  income replacement rates ～的收入替代率,35
  food subsidies ～的食品津贴,181

gender differences 性别差异
  in life expectancy 生命预期的～,235,250
  in pensions and pensionable age 养老金和领取养老金年龄的～,70,76,240
  in 'Soviet' system employment "苏联式"体制就业的～,229
  参见"women's employment"
Germany 德国
  familialism in social security policy ～社会保障政策的家庭主义,80
  origins of social policy ～社会政策的起源,66
  pension distribution ～的养老金分配,71
global economy problem 全球经济问题,4-5,49,99-100,242,256-261
guaranteed Income Supplement 补充性收入保障(GIS),123

health care 医疗保健
  Antipodean 澳大利亚和新西兰～的,95,109
  Central and Eastern European 中东欧～的,245-246,247
  continental European 欧洲大陆～的,73
  East Asia 东亚～的,204,206
  Italian 意大利～的,69
  Latin American 拉丁美洲～的,142,150,151,152,167,171,174-175,181
  North American 北美～的,118-119,121,126,127
  private sector provision 私人部门供给～,47-48,60,182,245-246
  Swedish 瑞典～的,47-48,60

406

Henderson, Ronald 罗纳尔德·亨德森, 91
Home ownership in Antipodean 澳大利亚和新西兰的家庭所有权, 91, 94
Hungary 匈牙利
　life expectancy ～的生命预期, 235
　pensions ～的养老金, 239, 240
　unemployment benefit ～的失业津贴, 236

import substitution industrialization 进口替代工业化(ISI), 144, 161
income 收入
　rising in post-war USA "二战"后美国～的提高, 120
　参见"wages"
Income replacement rates 收入替代率
　Antipodean 澳大利亚和新西兰的～, 89, 91, 108, 111-112
　based on assumption of long and stable career 以长期稳定的职业假设为基础的～, 70
　North American 北美的～, 124-125
　Scandinavian 斯堪的纳维亚的～, 35, 42, 48, 52, 53
　upper ceilings for～的上限, 70-71
income subsidies 收入津贴, 132
income testing 收入审查　见"means testing"
industrial relations 工业关系
　Antipodean 澳大利亚和新西兰～

的, 105
　East Asian 东亚～的, 197-198, 202
　Scandinavian 斯堪的纳维亚～的, 39, 40, 50, 52
industrialization in Scandinavian 斯堪的纳维亚的工业化, 40-42
inequality 不平等
　in access to health care 医疗保障获得的～, 121, 151
　caused by liberalization policies 由自由政策所引起的～, 5
　in Central and Eastern Europe 中东欧的～, 228, 235, 251-252
　in Latin American 拉丁美洲的～, 143-144, 148-149, 151
　in neo-liberal approach 新自由主义方法的～, 16
　in North America 北美的～, 3, 4, 8, 117-118, 121, 125, 127
　in pension distribution 养老金分配的～, 71, 125, 148-149
　in social insurance schemes 社会保险计划的～, 143-144
　of wages 工资的～, 16, 117-118, 127, 244-245, 259
　参见"equality"; "poverty"
inflation in Central and Eastern Europe 中东欧的通货膨胀, 231, 235
informal employment 非正规就业, 19
　Central and Eastern Europe 中东欧的～, 243, 244
　in continental Europe 欧洲大陆

的~,80-81
in Latin America 拉丁美洲的~,
5,146,147,155,158,168
institutional model of welfare state,
in Scandinavia 斯堪的纳维亚福
利国家的制度化模式,34-35
internationalization 国际化
and Finnish economy ~与芬兰经
济,54
参见"global economy problem"
ISI(import substitution industrialization) 进口替代工业化,144,161
Italy 意大利
informal employment ~的非正规
就业,80-81
pensions ~的养老金,266
unemployment and health care ~
的失业和健康保障,69

Japan 日本,23
ageing population ~的人口老龄
化,24,196,214
corporate welfare provision ~的
法人的福利供给,201,215
divergence from and influence of
Western welfare models ~与
西方福利模式的差异及其影
响,193,204,208-209,211,212
economic growth ~的经济增长,
196,199,201,202
migrant workers in ~的移民工
人,214-215

nature of social welfare ~的社会
福利的本质,207
post-war development of social
welfare system "二战"后~的
社会福利制度的发展,200-201,
202-204,213
projections of social trends ~的
社会趋势方案,214
relationships with Korea and Taiwan
~与韩国和台湾地区的关系,
195,199-200
role of family and community in
social welfare ~的家庭和社区
在社会福利中的作用,199,208
social class and national identity
~的社会阶层和国民身份,198
social expenditure ~的社会支出,
201,204,213
trade unionism ~的工会主义,
197-198
Jones,Catherine 凯瑟琳·琼斯,210

Korea(South) 韩国
divergence from and influence of
Western welfare models ~与
西方福利模式的差异及其影
响,193,209,211,212
economic growth ~的经济增长,
196,201,202
emphasis on elderly ~对老年人
的重视,206-207
emphasis on non-state forms of

welfare ~对非国家形式福利的强调, 208
health care reform ~的医疗保障改革, 206
nature of social welfare ~的社会福利的本质, 207
post-war development of social welfare system "二战"后~的社会福利制度的发展, 201, 206-207, 209
relationship with Japan ~与日本的关系, 195, 199-200
trade unionism ~的工会主义, 197
Kwon, Huck-Ju 权焕州, 200, 207

labour market 劳动市场
changes in Antipodean 澳大利亚和新西兰~的变化, 100-101, 106
distribution of labour force in Latin American 劳动力在拉丁美洲的分配, 158, 173
flexibility in North American 北美~的弹性化, 117
future labour shortages in Japan 未来日本劳动力短缺, 214
'insider-outsider' divide "内部人-外部人"的分离, 18, 19, 79-80, 82, 197, 258
labour mobility ~的劳动流动性, 17, 228-229, 237
labour reduction strategy ~的劳工减少策略, 18-20, 68, 77, 79-80, 82, 258
link with social security ~与社会保障的联系, 160
low-wage strategy ~的低工资策略, 17, 25-26, 119, 132-133, 258
Scandinavian approaches to labour supply 斯堪的纳维亚劳动供给的方法, 10-15, 38-39, 258-259
Social investment approaches to labour 社会投资劳动的方法, 3, 14, 15, 119, 132, 133, 259-260
参见 "employment"
labour organization 劳工组织
East Asian trade unions 东亚工会, 197-198, 202
Latin American 拉丁美洲的~, 146, 149, 164, 168, 179, 180
Scandinavian trade unions 斯堪的纳维亚工会, 39, 40, 50
Latin America 拉丁美洲
comparisons of post-war social policy development in ~ "二战"后社会政策发展比较, 152-160
future of social reform and welfare states ~社会改革和福利国家的未来, 180-181, 267
nature of development ~发展的本质, 146-147
neo-liberal and social democratic policy models ~的新自由主义

409

和社会民主政策模式, 22-23, 141-142, 161-162

political context of social policy ～的社会政策发展的政治背景, 144, 146-148, 179-180

problems of developing social insurance ～的发展中的社会保险问题, 142-144

social policy responses to economic crisis ～的社会政策对经济危机的应对, 145-146, 160-164

welfare state crisis ～的福利制度危机, 144-145

参见 "Argentina"; "Brazil"; "Chile"; "Costa Rica"

leadership, in East Asia 东亚的领导权, 196

liberal economic reform 自由主义经济改革, 5

in Central and Eastern Europe 中东欧的～, 231, 247-248

in Latin America 拉丁美洲的～, 22, 161

liberal welfare states, design and future in North America 北美自由主义福利制度, 设计及其未来, 121-124, 134

life expectancy 生命预期, 77, 235, 250

lindbeck, Assar 阿萨·林贝克, 15

low-wage economy 低工资经济 见 "wages policy"

market 市场

and Latin American economic and social reform ～及拉丁美洲经济和社会改革, 20, 145, 161-162, 164

as source of welfare in North America ～在北美作为福利的来源, 16, 116, 119-121

market failure 市场失灵, 2

in North America 北美的～, 117, 131-132

Marshall T. H. T. H. 马歇尔, 1

maternity benefits 生育津贴, 52, 103

means testing 资产调查

in Antipodes 澳大利亚和新西兰的～, 88, 89, 106-107

in Central and Eastern Europe 中东欧的～, 246, 248

in North America 北美的～, 121-124, 131, 136

rare in Scandinavia 在斯堪的纳维亚少有～, 36

migrant workers in Japan 日本的移民工人 214-215

minimum wage 最低工资 见 "wages policy"

nation-building, and development of East Asian social welfare 国家建立, 以及东亚社会福利的发展, 198, 210-211

need, assessed in Antipodean systems

在澳大利亚和新西兰制度中评估的需要,88,89,93,111-112
negative income tax models 负所得税收入模式(NIT),123,124,132-133
neo-liberalism 新自由主义
  In Latin American social and economic policy 拉丁美洲社会和经济政策中的~,20,22-23,141,161-162,164,172,173,175
  reform of welfare states 福利国家的改革中的~,15-18,265
Netherlands, pensions in 荷兰的养老金,69,71
New Zealand 新西兰
  employment policy ~的就业政策,104,105
  employment and unemployment ~的就业和失业,89,103
  income testing ~的收入审查,89
  political reform ~的政治改革,111
  post-war development of welfare state ~的"二战"后福利制度的发展,94-95
  replacement rates ~的替代率,89-90,108
  social policy reform ~的社会政策改革,96,106,107-109,110
  taxation ~的税收,105
  wage distribution trends ~的工资分配趋势,100
North America 北美
  as land of opportunity and inequality ~作为机会和不平等的土地,3,116-117
  参见"Canada";"United States of America"
Norway 挪威
  economic policy and industrialization ~的经济政策和工业化,41
  income replacement rates ~的收入替代率,35,52
  responses to economic change ~对经济变革的回应,52-53
occupational benefits 职业津贴
  company welfare provision in Japan 日本的公司福利供给,201,215
  disappearing in USA ~在美国消失,17
  enterprise welfare provision in Central and Eastern Europe 中东欧的企业福利供给,228,232-233

old age security programmes see pensions 老年保障项目 见"pensions"

Palme,Joakim 乔金·帕姆,33-34
part-time employment 兼职就业,82,100-101
pensions 养老金
  Antipodes 澳大利亚和新西兰的~,109-110
  based on employment length and

411

索引

earnings 基于就业长度及所得的～,18,70,76
Central and Eastern European 中东欧的～,229-230,239-242,248
continental European 欧洲大陆的～,70,71,73-74,82,84
distribution of and inequalities in ～分配及其不平等,26,34,38,148-149,151,152
Dutch 荷兰的～,69
gender differences ～的性别差异,70,76,240
invalidity 残疾人的～,69,240-241
Italian 意大利的～,69,266
Japanese 日本的～,204
Latin American 拉丁美洲的～,155,163,180-181
Argentina 阿根廷的～,151,173-174
Brazilian 巴西的～,170-171
Chilean 智利的～,148-149,165-167
Costa Rican 哥斯达黎加的～,152,175-176
North American old age security 北美的老年保障项目,124,125,126-127,131,135-136
Palm's analysis of 帕姆对～的分析,33-34
private 私营～,71,82,84,165-167,174,241-242
retirement and pensionable ages 退休和领取～的年龄,18,70,76,171,175-176,229-230,240,248
Scandinavia 斯堪的纳维亚的～,13-14,34,35,38,45-46,48,56
Peru, poverty and economic crisis in 秘鲁的贫困和经济危机,162
Poland 波兰
social benefits ～的社会津贴,237,238,240,246
social insurance funding ～的社会保险基金,242,243
unemployment ～的失业,235
political context 政治背景
of Canadian social policy 加拿大社会政策的～,130-131,134,135-136
of East Asian social welfare systems 东亚社会福利制度的～,201-202,203,204-205
of Latin American social policy 拉丁美洲社会政策的～,144,146-148,164,169,171-172,179-180
of social policy in New Zealand 新西兰社会政策的～,111
of social policy in USA 美国社会政策的～,129,133-134,135
of welfare states 福利国家的～,66,265-267
Pontusson, Jonas 乔纳斯·庞图森,50
population trends 人口趋势
ageing population 人口老龄化,7,

24,73-74,76,77-78,196,206-207,214

fertility rates 生育率,7-8,67,78,83,214

life expectancy 生命预期,77,235,250

poverty 贫困

 in Antipodes 澳大利亚和新西兰的~,91,107

 in Central and Eastern European 中东欧的~,231,235,251

 in Continental European 欧洲大陆的~,69,75

 in Latin American 拉丁美洲的~,159,160,162,167,173,176,177,180-181

 in neo-liberal approach 新自由主义方法中的~,16,17-18

 in North America 北美的~,3,8,117,118,127

 Scandinavia 斯堪的纳维亚的~,34

 'war on Poverty' in USA 美国的"向贫困开战",120

price liberalization, in Central and Eastern European 中东欧的价格开放,231

price subsidies 价格津贴

 in Latin American 拉丁美洲的~,142

 in 'Soviet' system "苏联式"体系的~,227

private sector provision of services 私人部门服务供给,8,26

 in Central and Eastern European 中东欧的~,241-242,245-246

 in Continental European 欧洲大陆的~,71,82,84

 inequality and inequity of ~的不平等和不公平,182,263

 in Latin American 拉丁美洲的~,22,165-166,174

 in North American 北美的~,120

pension schemes ~的养老金计划,71,82,84,165-167,174,241-242

 in Scandinavia 斯堪的纳维亚的~,36,47-48,59-60

public sector employment 公共部门就业

 in Antipodes 澳大利亚和新西兰的~,100

 in Central and Eastern European 中东欧的~,245

 cross-national comparisons 跨国比较的~,72

 obstacles in continental Europe ~成为欧洲大陆的障碍,79

 in Scandinavia 斯堪的纳维亚的~,11,13,14-15,35

public services 公共服务 见"social services"

Quadagno,Jill 吉尔·奎达格诺,129

race,and social policy in USA 美国

索引

的种族及社会政策,129,134
replacement rates 替代率 见"income replacement rates"
retirement 退休
    employment of elderly 老年人就业,229-230,241
    labour reduction strategy of early retirement 提前退休的劳工减少策略,18,70,77
    and pensionable ages ～和领取养老金的年龄,76,171,175-176,229-230,240,248
Russian Federation 俄罗斯联邦
    inequality in ～内的不平等,235
    life expectancy ～的生命预期,235,250
    pensions ～的养老金,240
    unemployment benefit ～的失业津贴,237

Scandinavia 斯堪的纳维亚
    economic and labour market policies ～的经济和劳动市场政策,11-13,14-15,37,38-43,58-59,258-259
    future economic and social policy ～的未来经济和社会政策,57-60
    nature of welfare state ～的福利制度的本质,13-15,33-38,55-56,263
    public sector employment ～的公共部门就业,11,13,14-15,35

参见"Denmark";"Finland";"Norway";"Sweden"
self-employment 自我就业,81,147,158
services 服务 见"social services"
sickness benefits 疾病津贴
    Antipodean 澳大利亚和新西兰的～,91
    Scandinavia 斯堪的纳维亚的～,37,45,46,48
social assistance 社会救助
    in continental Europe 中东欧的～,246-247,248
    North American modes of 北美模式的～,118,119,122,131
    underdeveloped in Latin America 拉丁美洲欠发达的～,142
social benefits 社会津贴
    changes in Antipodean 澳大利亚和新西兰的～的变化,106-109
    'clawback' of Canadian 加拿大的弥补性～,126-127
    employer provision of 雇主供给～,201,215,228,232-233
    employment earnings as basis of 就业所得为基础的～,67,69,234
    levels of ～水平 见"income replace-ment rates"
    neo-liberal strategy of erosion 新自由主义策略对～的侵蚀,16
pensions 养老金 见"pensions"

private provision in North America 北美的~的私人供给,120
qualifying conditions in Scandinavia 斯堪的纳维亚~的享受条件,36
参见 means testing; social insurance
social change, as challenge to welfare states 社会变迁,作为对福利国家的挑战,101-103,119,131
social class 社会阶层
　East Asian concepts of 东亚关于~的概念,198,210
　status and social insurance coverage 地位和社会保险覆盖,67,69,146,147,148-149
social Democrats, economic and social policy in Sweden 瑞典社会民主、经济和社会政策,43-45
social expenditure and financing 社会支出和财政
　in continental Europe 中东欧的~,242-245
　in Central and Eastern Europe 欧洲大陆的~,72-74,77-78
　in East Asia 东亚的~,201,204,207
　Latin American 拉丁美洲的~,142-143,152,155,162
　Argentina 阿根廷的~,151,173
　Brazilian 巴西的~,150,170
　Chile 智利的~,148,165,167-168
　need for reform of ~改革的需要,182

in North America 北美的~,127
参见"income replacement rates"
social funds, emergency programmes in Latin America 拉丁美洲社会基金紧急项目,181
social insurance 社会保险
　in Antipodean 澳大利亚和新西兰的~,89
　in continental Europe 中东欧的~,242-245,247
　in Central and Eastern Europe 欧洲大陆的~,66-74
　coverage in Taiwan ~在台湾地区的覆盖,205
　development in Latin America of ~在拉丁美洲的发展,142-144,146,147,159
　employers contributions to 雇主缴费于~,163,243
　full and stable employment as basis of ~的充分而稳定的就业基础,18-19,67,69
　in North America 在北美的~,118,124-126,131
　参见"social benefits"
social integration, role of welfare state in 福利制度的社会整合作用,2-3,27
social investment strategies 社会投资战略,3,14,15,119,132,133,259-260
social order, erosion of social welfare

415

as threat to 社会福利受损会威胁社会秩序, 8

social policy 社会政策

　Constraints of global economy on 全球经济对～的约束, 256-257

　design of ～的设计, 181-182

　responses to economic change see economic change ～对经济变迁的反应, 见"economic change"

　参见"welfare states"

social security 社会保障 见"social" welfare

social services 社会服务

　favoured in 'Soviet' system ～在"苏联式"制度中受青睐, 228

　Scandinavian dissatisfaction with 斯堪的纳维亚对～的不满意, 46-47

　Scandinavian expenditure on 斯堪的纳维亚对～的支出, 35

　underdeveloped in continental Europe 欧洲大陆～欠发达, 18, 67, 71-72

social status 社会地位 见"social class"

social welfare 社会福利

　benefits 津贴 见"social benefits"

　expenditure 支出 见"social expen-diture and financing"

　insurance 保险 见"social insurance"

　Latin American coverage 拉丁美洲的～覆盖, 155, 158, 159

　　Argentina 阿根廷的～, 174

　　Brazilian 巴西的～, 145, 170, 171

　　Chile 智利的～, 168

　　Costa Rica 哥斯达黎加的～, 159

　North American market as source of 作为～资源的北美市场, 16, 116, 119-121

　North American models ～北美模式, 118

　参见"universal coverage"; "Welfare stataes"

South Korea 南韩 见"Korea"

Spain, temporary workers in 西班牙的临时工人, 81, 83

state 国家

　development of state power in Latin America 拉丁美洲国家权力的发展, 147

　neo-liberal view of role of 新自由主义观念的作用, 161

　structural adjustment policies, effects in Latin America 拉丁美洲结构性调整政策的影响, 161-162, 163

supplemental security income 补充性收入保障(SSI), 123

Sweden 瑞典

　egalitarianism in ～的平等主义, 264

employment and labour market policies ～的就业和劳动市场政策, 40-41, 43-44, 45, 48, 49-51, 260, 261

income replacement rate ～的收入替代率, 35

pensions reform ～的养老金改革, 45-46, 48

private provision of services ～的服务的私人供给, 47-48

responses to economic change ～对经济变迁的应答, 43-45, 49-51

sick pay reform ～的疾病支付改革, 45, 46, 48

welfare reform ～的福利改革, 45-49, 59-60

Taiwan 台湾

culture and ethnic identity ～的文化和伦理特征, 195

divergence from and influence of Western welfare models ～与西方不同及西方福利模式的影响, 209, 211, 212

economic growth ～的经济增长, 196, 202

emphasis on non-state forms of welfare ～对非国家福利形式的强调, 208

nature of social welfare ～的社会福利的本质, 207

post-war development of social welfare system ～的"二战"后社会福利制度的发展, 201-202, 204-206, 209

relationship with Japan ～与日本的关系, 195, 200

trade unionism ～的工会主义, 197

tax-based incomes policy 税收基础上的收入政策(TIP), 232-233

taxation 税收

in Antipodes 在澳大利亚和新西兰的～, 94, 105

in Brazil 巴西的～, 170

payroll taxes in Latin American 拉丁美洲的薪酬税, 160

potential reform in Latin American 拉丁美洲的～潜在改革, 180

reform in Japan 日本的～改革, 204

reform in Sweden 瑞典的～改革, 44, 51

of wives' earnings 对妻子们的收入的～, 74

temporary employment 临时就业, 19, 81, 83

trade unions 工会

in East Asia 东亚的～, 197-198, 202

in Scandinavia 斯堪的纳维亚的～, 39, 40, 50

参见"labour organization"

training 培训 见"education and

索引

training"

Ukraine, employment benefit 乌克兰, 失业津贴, 237

unemployment 失业
 in Antipodes 澳大利亚和新西兰的～, 103
 caused by international competition 由国际竞争所引起的～, 257
 in Central and Eastern Europe 中东欧的～, 231, 235, 247
 in EEC 欧洲经济共同体的～, 18
 high levels in continental Europe 中欧的～高水平, 75, 78-79
 public acceptance of 对～的公共接纳, 265
 in Scandinavia 斯堪的纳维亚的～, 43, 45, 48-49, 52-53, 54, 55, 58
 in 'Soviet' system "苏联式"体制内的～, 227
 of unskilled labourers 无技能的劳动者的～, 259

unemployment benefits 失业津贴
 in Central and Eastern Europe 中东欧的～, 236-239, 247
 in continental Europe 欧洲大陆的～, 73
 lack of unemployment insurance in Italy 意大利失业保险的缺失, 69
 in Latin American 拉丁美洲的～, 142, 155, 174

unemployment insurance (UI) in North America 北美的失业保险(UI), 125-6, 131

United Kingdom, pension distribution in 英国的养老金分配, 71

United States of America 美国(USA)
 fiscal competition and state differences in social policy ～的财政竞争及社会政策的国家差异, 128-129
 low-wage policy ～的低工资政策, 17, 131-132
 means tested benefits ～的资产调查津贴, 121-122, 123-124
 negative income tax ～的负所得税(NIT), 123
 pensions ～的养老金, 124
 poverty and inequality in ～的贫穷与不平等, 8, 16, 17, 117, 127, 264-265
 private welfare provision ～的私人福利供给, 8, 16, 120
 race and politics of social policy ～的社会政策的种族与政治, 129, 133-134, 135
 social expenditure ～的社会支出, 127
 structure of welfare state ～的福利制度结构, 16, 119, 120-121
 unemployment insurance ～的失业保险(UI), 125

universal coverage 全面覆盖, 262,

263-264
Antipodean lack of 澳大利亚和新西兰～的缺失,89
Latin American aim of 拉丁美洲～的目标,145,152,159,170,171,174
in North American welfare systems 北美福利制度的～,118,126

Venezuela, poverty and economic crisis in 委内瑞拉的贫穷和经济危机,162

'wages earners welfare states' in Antipodes 澳大利亚和新西兰"工薪者的福利国家",91 92,93,94
wage subsidies 工资补贴,119,132,133 参见"negative income tax"
wages 工资
 of Antipodean women 澳大利亚和新西兰妇女的～,94,102
 in Chile 智利的～,168
 declining in Central and Eastern Europe 在中东欧～的下降,235
 distribution trends in Antipodes 澳大利亚和新西兰的～分配趋势,100
 and employment of elderly in 'Soviet' system ～和"苏联式"制度的老年人就业,229-230
 inequality in Central and Eastern Europe 中东欧～的不平等,232,245
 inequality in North America 北美～的不平等,117-118,120,127
 international inequalities ～的国际性不平等,259
 in 'Soviet' system "苏联式"体制内的～,227
wage policy 工资政策
 Antipodes 澳大利亚和新西兰的～,89,91,104-105,106
 Concept of 'family wage' "家庭工资"的概念,75,79,92,93,94
 Concept of individual wage in Central and Eastern Europe 中东欧个人工资的概念,227,244-245
 Low-wage stategy of neo-liberal approach 新自由主义方法的低工资策略,17-18,25-26,119,132-133,258
 minimum wage 最低工资,15,16,89,91,233-234
 obstacles to flexibility in continental Europe 中欧弹性～的障碍,79,80
 and origins of Antipodes welfare states ～与澳大利亚和新西兰福利制度的起源,92-94
 role of minimum wage in social policy in Central and Eastern Europe 中东欧社会政策中最低工资的作用,233-234
 in Scandinavia 斯堪的纳维亚的

索引

~,50-51,52,58-59

welfare states 福利国家,福利制度
　crisis in Latin American 拉丁美洲的~危机,144-145
　design of liberal 自由主义的~设计,121-124
　economic contexts of development ~发展的经济背景,21,257
　economic and social change as challenge 经济和社会变迁挑战,6-9,119,131
　equality problem of ~的平等问题,261-265
　explanations of crisis ~危机的解释,1-2,15
　hybrid approach in East Asia 东亚~的混合方法,21,23-24
　neo-liberalist approach in Latin America 拉丁美洲和中东欧新自由主义~的方法,21-23
　political origins of ~的政治起源,66
　political problem of ~的政治问题,265-267
　resilience of ~的复兴,111,265-266
　social democratic approach in Latin 拉丁美洲~的社会民主方法,21,23
　social integration function of ~的社会整合作用,2-3,27
　types and adaptation strategies of ~的类型和调整策略,10,33

参见 social welfare

Western Europe, unemployment and equality in 西欧的失业和平等,4

Western models of welfare states 福利制度的西方模式
　influence in Central and Eastern Europe ~在中东欧的影响,236
　influence in East Asia ~在东亚的影响,193-194,208,209,211-212

Wilson Richard R. 理查德·R.威尔逊,160

women 妇女
　life expectancy ~的生命预期,235,250
　pension criteria biased against 对~养老金标准的不利偏向,70,76

women's employment 女性就业
　in Antipodes 在澳大利亚和新西兰的~,94,99,100,101,102-103
　in Central and Eastern Europe 在中东欧的~,229,240,245
　in East Asia 在东亚的~,24,197,203
　effect of tax systems ~对税收制度的影响,74
　and fertility rates ~与出生率,7,67,78,83
　implications for future welfare states ~对未来福利国家的含义,26-27,261
　in Latin American 在拉丁美洲的~,159
　low rates in continental Europe

欧洲大陆～的低比率,72,75-76,78,80

maternity benefits 生育津贴,52,103

in Scandinavia 在斯堪的纳维亚的～,11,13,38-39

work collectives, and Soviet social policy 工作集体和苏联社会政策,227

work injury insurance, changes in Sweden 工伤保险,在瑞典的变化,46,48

'workfare' "工作福利",14,132,261

workforce 劳动力 见 labour market

World Bank 世界银行,241-242

youth, Scandinavian social policy directed toward 斯堪的纳维亚对年轻人的社会政策导向,14,36

youth unemployment 年轻人失业,79

Zuvekas, Clarence Jr. 小克拉伦斯·朱维卡斯,176

译 后 记

接触本书的原稿是通过辽宁大学穆怀中教授，书稿由他从芬兰复印带回中国。在北京大学攻读博士学位时我曾研读本书，受益颇深，毕业后产生了把它翻译成中文的强烈愿望。翻译过程却辗转几载。因工作调动迁徙，2004年末，书稿由我从首都北京带到大连，接受教育部出国培训项目后，又把书稿带到日本东京。在东京大学接受武川正吾教授指导，一边研读社会政策，学习生疏的日语，一边重啃这本厚重的专业英语著作。翻译中一些知识是自己所不曾涉猎的，虽然花费了不少时间来细细思考，还是有许多地方可能差强人意甚至可能出现错误。

需要说明的是，2003年重庆出版社曾出版周晓亮先生翻译的此书中译本。本译作初稿完成后，我偶尔获得其译本，遂对照参酌，发现该译本尽管对社会保障的一些专业术语，如社会缴费、现收现付、替代率、看护服务等在翻译上出现误解，还有部分段落不慎遗漏，但还是一项不可多得的工作，在校译中给了我许多启发。

书稿翻译过程中，还曾得到穆怀中教授、钟家新教授、郑秉文教授、刘继同博士、李霞博士以及何蓉博士的指教，谨在此表示深深的谢意。

本书第3章初稿由东北财经大学研究生刘超协助翻译，第5章初稿由东北财经大学研究生邱金月协助翻译，也在此表示感谢。

译后记

当然，将本书翻译成中文，如果未能传达埃斯平-安德森教授等人之原意的话，其文责由本人自负。

"马拉松"式的翻译一直得到家人的莫大关心——"笑谈"化做激励。如果没有他们的支持，生活道路不知该如何继续，更不必谈专业翻译。

最后，还要特别感谢商务印书馆编辑的严格督促。严厉的试译让我体验到翻译工作的严谨和艰辛，严格的审稿更让我体会到专业研究来不得半点儿浮躁和大意。本书之出版，实有赖于所有关心者的共同努力。

杨　刚

二〇〇七年五月

于东京都世田谷区祖师谷国际交流会馆

图书在版编目(CIP)数据

转型中的福利国家:全球经济中的国家调整/(丹)埃斯平-安德森编;杨刚译.—北京:商务印书馆,2010
ISBN 978-7-100-06679-2

I. 转… II. ①埃…②杨… III. 福利国家－研究－世界 IV. D57

中国版本图书馆 CIP 数据核字(2009)第 089260 号

所有权利保留。
未经许可,不得以任何方式使用。

转型中的福利国家
——全球经济中的国家调整
〔丹麦〕戈斯塔·埃斯平-安德森 编
杨 刚 译

商 务 印 书 馆 出 版
(北京王府井大街36号 邮政编码 100710)
商 务 印 书 馆 发 行
北京瑞古冠中印刷厂印刷
ISBN 978-7-100-06679-2

2010年6月第1版　　开本 880×1230 1/32
2010年6月北京第1次印刷　印张 13⅞
定价:30.00元